LA PROTECTION JURIDICTIONNELLE DES DROITS DE L'HOMME AU MALI

ABRAHAM BENGALY

LA PROTECTION JURIDICTIONNELLE DES DROITS DE L'HOMME AU MALI

L'Harmattan Mali

5-7, rue de l'École-Polytechnique, 75005 Paris

http://www.harmattan.fr
diffusion.harmattan@wanadoo.fr
harmattan1@wanadoo.fr

ISBN : 978-2-343-05580-0
EAN : 9782343055800

REMERCIEMENTS

Nous adressons nos sincères remerciements à :

- Madame le Professeur Amsatou SOW SIDIBÉ, Agrégée des Facultés de Droit, Professeur titulaire à la Faculté des Sciences juridiques et politiques, Université Cheick Anta Diop de Dakar, Ministre-Conseiller du Président de la République du Sénégal, pour ses sages conseils et sa disponibilité constante, lors de la préparation de ma thèse de doctorat ;

- Monsieur le Professeur Eloi DIARRA, Agrégé des Facultés de Droit, Professeur à la Faculté de Droit de l'Université de Rouen, France, pour son inestimable soutien.

Nous remercions également, pour leurs précieux conseils, soutien et encouragement :

- Monsieur le Professeur El Hadj MBODJ, Agrégé des Facultés de Droit, Professeur titulaire à la Faculté des Sciences juridiques et politiques, Université Cheick Anta Diop de Dakar.

- Monsieur le Professeur Abdoullah CISSÉ, Agrégé des Facultés de Droit;

- Monsieur le Abdoulaye DIARRA, Recteur de la Faculté de droit de l'Université de Bamako.

- Maître Abdoul Wahab BERTHÉ, Avocat, Enseignant à la Faculté des Sciences juridiques et politiques de l'Université de Bamako, Mali ;

Enfin, nous exprimons notre gratitude à la Fondation Konrad Adenauer, Bureau de Dakar et au Programme des Nations Unies (PNUD) pour leur contribution à la publication de ce livre ; au Gouvernement du Mali pour la mise en place du Projet TOKTEN et le Programme Conjoint des Nations Unies pour la Promotion des Droits de l'Homme (PDH).

DÉDICACE

A la mémoire de mon père, feu Abdoulaye Niakoro BENGALY, Professeur d'enseignement secondaire, arraché très tôt à l'affection familiale.

A ma mère, Albine ZERBO, Maîtresse de Second Cycle, pour son affection maternelle.

A mon oncle Jean ZERBO, Archevêque de Bamako, qui a toujours cru en moi, m'a toujours guidé sur les chemins du savoir et de la quête de la connaissance.

PRÉFACE

Ce livre est l'adaptation de la thèse de doctorat en droit préparée et soutenue sous notre direction. C'est un document rédigé dans un style limpide et précis, sans fioritures.

Dr Bengaly traite un beau sujet qui permet d'apprécier la réalité de la protection juridictionnelle des Droits de l'Homme au Mali. Nous apprécions beaucoup son approche pluridisciplinaire et de droit comparé. En effet, des disciplines comme les sciences et la sociologie politiques, l'histoire du droit, etc., ont été sollicitées pour apporter le plus d'éclairage possible. Dans le même but, l'auteur a regardé ce qui se passe ailleurs, non seulement en France, mais aussi en Allemagne et en Espagne.

Cette démarche lui a permis de bien délimiter la notion de Droits de l'Homme par rapport aux Libertés publiques ou aux Droits fondamentaux. Dr Bengaly fait une bonne analyse sur la pluralité des instances juridictionnelles et autres institutions chargées de la protection des Droits de l'Homme au Mali : juges électoraux ou constitutionnels, juges administratifs, juges de tribunaux ordinaires et médiateurs officiels. Il a aussi mis en évidence les difficultés du juge dans l'exécution de sa mission, et celles du citoyen à comprendre le système judiciaire de son pays et à s'y identifier.

Ce constat l'a amené à proposer des mesures concrètes en vue de simplifier et, surtout, d'améliorer la gestion du système judiciaire malien ; mesures qui concernent aussi bien la formation et le recrutement des juges que la prise en compte de la conception authentique du droit et des attentes des justiciables.

Nous regrettons une chose : que le Dr Bengaly ait omis la question des mutilations génitales féminines.

Nous recommandons vivement ce livre à tous ceux qui s'intéressent de loin et de près à la question des Droits Humains. C'est un ouvrage remarquable à mettre dans toutes les bibliothèques universitaires. Les chercheurs y trouveront une mine inépuisable d'information.

Lors de la soutenance de la thèse, nous avions dit que la richesse de la personnalité de M. Bengaly (politesse, humilité, sérieux, perspicacité) en ferait un bon enseignant.

Nous demandons au Dr Bengaly, en tant que haut responsable (Directeur de Cabinet du Premier Ministre), de ne pas oublier toutes les propositions faites dans son livre pour améliorer la gouvernance de la justice au Mali.

Madame Le Professeur Amsatou SOW SIDIBÉ
Agrégé de Droit
Ministre-Conseiller du Président de la République du Sénégal

SOMMAIRE

INTRODUCTION GÉNÉRALE

« Si la justice disparaît, c'est chose sans valeur que le fait que des hommes vivent sur la terre. »[1]

« C'est assez dire que la justice est la première garantie des droits de l'homme. Il est temps de passer de la « promotion » à la « protection » des droits de l'homme, du discours incantatoire à l'impératif juridique. Le droit contemporain offre tout un maillage à la protection effective des droits de l'homme. »[2]

C'est à juste raison que le Professeur Emmanuel DECAUX poursuivant cette réflexion écrit : *« les droits de l'homme ne sont pas seulement un idéal abstrait, ils constituent des droits réels, des droits justiciables »*[3]. Les libertés et droits fondamentaux qui sont des règles juridiques constituent aussi des droits justiciables[4].

Le juge malien protège-t-il les libertés et droits fondamentaux ?

Une telle question peut paraitre paradoxale, dans la mesure où le champ de compétences traditionnel du juge touche les droits et libertés .Tel est pourtant l'objet de cette étude.

La protection des libertés et droits fondamentaux est une préoccupation essentielle dans un pays comme le Mali qui se veut démocratique. Depuis la révolution du 26 mars 1991, le Mali est cité comme l'un des pays de la sous-région ouest africaine, où le respect des droits de l'homme connaît des avancées notables. Si un certain nombre de principes semblent être acquis, en termes de démocratie et plus globalement de gouvernance, leur mise en application est loin d'être effective. La situation paraît plus compliquée à l'horizon, dans la mesure où l'année 2012 a sonné le glas de l'ordre et de la sécurité publics et institutionnels qui avaient jusque-là caractérisé le Mali.

La phase de consolidation du processus démocratique n'est pas achevée[5]. Et les réformes politiques et institutionnelles n'ont également pas permis d'assurer une véritable ascension économique et une réduction des inégalités ou de la fracture sociale. La pauvreté persiste et semble plus aiguë en milieu rural. Cette pauvreté serait la première cause de violations de certains droits humains fondamentaux

---

[1] Emmanuel .KANT, *Métaphysique des Mœurs*, Première Partie, Doctrine du Droit (1796), trad.fr par A. Philonenko. Paris, Vrin, 1988 Conf., plus précisément "Division de la doctrine du droit", "B, Division générale du droit", p. p. 111-113.

[2] Emmanuel DECAUX, *Justice et droits de l'homme* in Droits fondamentaux n°2, janvier –décembre 2002, p 79.

[3] Ibid. p. 78.

[4] Voir dans ce sens Grégoire PECES-BARBA, *« De la fonction des droits fondamentaux »*, Communication au Séminaire UniDem « le patrimoine constitutionnel européen », Montpelier, 22-23 novembre 1996, notamment p 3 cité par Frédérique RUEDA, *Le contrôle de l'activité du pouvoir exécutif par le juge : les exemples Français, Allemand et Espagnol*, LGDJ, Paris 2000, p 228.

[5] Après plus de quinze années de pratique démocratique, les autorités du Mali ont conclu que le système démocratique malien connaît des insuffisances qui sont devenues des sujets de préoccupation aussi bien pour la classe politique que pour la société civile. Ces lacunes et insuffisances concernent notamment le système électoral, le fonctionnement des partis politiques, l'organisation et le fonctionnement des institutions constitutionnelles.

comme le droit à la santé, à l'alimentation, à l'éducation, à un logement décent, à une justice équitable, etc.[6]

Comme nous le disions plus haut, l'avenir s'annonce difficile car depuis 2012 le pays vit dans une situation dangereuse faite de facteurs destructeurs : entre autres, la désacralisation des institutions de la République initiée par le coup d'Etat de mars 2012, les velléités séparatistes d'une partie de la communauté touarègue alliée aux fondamentalistes et intégristes religieux. La *zone grise* que constitue désormais le Nord du pays risque de sonner le glas de la protection et de la promotion des droits de la personne humaine et de sa dignité, et même de la souveraineté du Mali. D'ailleurs, les nombreuses atrocités commises jusque-là, présagent de la chosification et de l'écrasement de la personne humaine auxquels on risque d'assister si, entre temps, il n'y a pas normalisation.

Au regard de ce qui précède, le paradigme qui veut que le Mali soit un modèle d'Etat de droit, de démocratie, et des droits de l'homme en Afrique, souffre de zones d'ombre. S'il est vrai que le multipartisme est un acquis, il faut reconnaître que le processus démocratique est encore fragile en raison de l'insuffisance d'une culture des droits de l'homme[7]. Les principaux instruments juridiques relatifs aux droits de l'homme ont certes été ratifiés, mais leur application se pose avec acuité.

Aujourd'hui, la question de l'effectivité des libertés et droits fondamentaux, en tant que préalable à l'instauration de l'Etat de droit, suscite bien des interrogations du reste légitimes. L'ancrage de la démocratie ne peut, à notre avis, se produire sans le concours du juge. Et le rôle de celui-ci s'inscrit, désormais, dans une perspective plus large : *la consolidation de l'Etat de droit.*

Dans le langage courant on parle indifféremment de *Droits de l'homme, de libertés publiques, de droits fondamentaux ou de libertés fondamentales* .Pour le professeur Jean Jacques ISRAEL, ces expressions peuvent être distinguées, même si une approche commune n'est pas injustifiée[8].

. Il convient donc de préciser le véritable sens des notions de « libertés et droits fondamentaux » et de « protection juridictionnelle » avant de préciser le champ de l'objet de notre étude.

Jusqu'à une période récente les expressions « droits fondamentaux » et « libertés fondamentales » étaient ignorées du droit positif. Mais de plus en plus, le droit national est envahi par des concepts nouveaux nés du constitutionnalisme moderne. Nous avons délibérément opté dans cette étude pour les concepts de libertés et de droits fondamentaux. Il convient de préciser leur sens. Que

[6] Classé 175e sur 177 selon l'indice de développement humain par le PNUD, le Mali est l'un des Etats les plus pauvres avec un PIB de 336 US $ par habitant ; voir Rapport du PNUD sur le développement humain durable 2007.

[7] Ce constat a été établi par de nombreux observateurs maliens. Et pourtant le professeur Henri OBERDORFF nous apprend que les droits de l'homme et les libertés fondamentales constituent le cœur même des sociétés démocratiques. Selon lui, la démocratie ne peut exister si elle ne pratique pas la connaissance, la mise en œuvre et le respect des droits de l'homme. Voir sur ce point, Henri OBERDORFF, *Droits de l'homme et libertés fondamentales*, éd. Armand Colin 2003, p 2.

[8] Jean-Jacques ISRAEL, *Droit des libertés fondamentales*, LGDJ, Paris 1998, p19.

recouvrent, alors, les notions de *libertés* et *droits fondamentaux* ? Y a-t-il, derrière ces différences lexicales, une différence de contenu ?

Tout d'abord, il faut souligner que « *Droit* » et « *Liberté* » ne sont pas synonymes. Et la doctrine n'est pas univoque sur la manière d'évoquer les libertés[9]. Certains auteurs, comme Dominique ROUSSEAU, proposent une distinction entre les *libertés de la personne*, les *libertés de la pensée* et les *droits économiques et sociaux*[10]. D'autres, comme Jacques ROBERT, raisonnent à travers un tableau qui distingue les *libertés individuelles* des *libertés collectives*[11].

La liberté a toujours eu, aux yeux des hommes, de multiples significations[12]. Si nous devons en isoler une seule, celle-ci serait, élémentaire et instinctive, telle qu'exprimée ainsi : « *Est libre celui qui n'a besoin de personne ni de quoi que ce soit* ». Mais cette liberté ne se découvre qu'au prix de la solitude. Selon le professeur François TERRE, ce n'est pas cette liberté purifiée qui intéresse notre monde toujours peuplé et où le « Prochain », se fait chaque jour proche[13]. Mais c'est une liberté relative, s'exprimant par rapport aux autres hommes et au sein d'une société à la quelle s'attache le droit. Sa mission primordiale est d'équilibrer les antagonismes en préservant la sphère de chacun[14].

Compte tenu de son importance, il n'est pas inutile ici de rappeler le raisonnement des philosophes du contrat social[15].

Les auteurs comme, Hobbes, Rousseau et bien d'autres estiment que *la notion de la liberté découle du contrat social*[16]. Pour sa part, John LOCKE dans le

---

9 Jacques VIGUIER. « *Le juge constitutionnel français et la protection des libertés* » in RDP 1990 p.1250.

10 Dominique ROUSSEAU. *Droit du contentieux constitutionnel,* éd. Montchrestien, 1993, p.31

11 Jacques ROBERT. « *La protection des droits fondamentaux et le juge constitutionnel français : bilan et réforme* », in RDP, 1990, p.1258.

12 Pour le Professeur François TERRE, la soif que la liberté inspire est toujours exaltante et son discours est plus porteur d'espoir que le silence et l'oppression. Encore faudrait-il ne jamais oublier qu'elle est un bien fragile et qu'à vouloir trop souffler sur la flamme, on risque de l'éteindre. Voir François TERRE, *sur la notion de droits et libertés fondamentaux* in Droits et libertés fondamentaux sous la direction de : Rémy CABRILLAC, Marie-Anne FRISSON-ROCHE, Thierry REVET 2e éd. Dalloz 1995, p 11 ; Voir également 14e édition 2008 p 3.

13 François TERRE, *la notion de droits et libertés fondamentaux* in Droits et libertés fondamentaux *op. cit.* p 11.

14 Ibid.

15 C'est en 1762 que parait Du contrat social, l'ouvrage le plus célèbre de Rousseau. Il est indissociable du Discours sur l'origine de l'inégalité paru en 1755, qui décrit longuement l'état de nature. La théorie développée par Rousseau repose sur l'idée de liberté. Pour lui chaque homme est, car il s'engage à n'obéir qu'à la volonté générale. Or il participe, par le droit de vote et dans le cadre d'une démocratie directe, à la formation de la volonté générale. En lui obéissant, il n'obéit donc en réalité qu'à lui-même. Pour Rousseau, la liberté réside précisément dans cette faculté de n'obéir qu'à soi-même. Alors que la liberté naturelle, impossible à recouvrer, s'analysait en une liberté-autonomie, la liberté issue du contrat social est donc une liberté-participation, dont les effets sont supposés équivalents. Il est frappant de constater à quel point Rousseau rejoint Hobbes. Comme Hobbes, Rousseau débouche sur le positivisme juridique. Bien qu'il répugne à l'avouer son contrat social opère une transmutation intégrale des droits naturels en droits positifs. Voir sur ce point Gilles LEBRETON, *Libertés publiques et droits de l'homme* 7e éd. Armand Colin, 2005, p 62.

16 Ce contrat implique un abandon total de la liberté chez Hobbes et Rousseau. La préservation de la liberté a pour seule garantie la volonté du souverain supposée raisonnable (Hobbes) ou la volonté

Deuxième traité du gouvernement civil (1690) soutient, en effet que les hommes sont tous, par nature, libres, égaux et indépendants ...et nul ne peut être dépossédé de ses biens, ni soumis au pouvoir politique d'un autre, s'il n'y a lui-même consenti[17]. A ce titre, les « *Libertés* » seront donc des pouvoirs d'autodétermination[18], c'est-à-dire, des pouvoirs que l'homme exerce sur lui-même.

Ainsi définie, la liberté s'oppose au déterminisme. Jean Paul SARTRE figure parmi ceux qui pensent que l'homme est libre en ce qu'il est maître de son destin et qu'il échappe à tout déterminisme[19]. A l'inverse Calvin, Hegel et Comte sombrent dans le déterminisme en faisant de l'homme le jouet de la prédestination du mouvement de l'esprit[20].

L'intérêt de la définition ontologique réside ici dans le fait qu'elle permet de souligner la distinction entre « *Droits* » et « *Libertés* » en mettant l'accent plus spécifiquement sur les pouvoirs d'autodétermination comme déterminants de la liberté. Ainsi, la liberté d'aller et venir s'analyse comme le pouvoir exercé sur soi-même, de se déplacer.

Les libertés s'exercent donc, par essence, dans l'indépendance. Et pour qu'elles s'accomplissent, les tierces personnes sont tenues d'une obligation d'abstention[21] et de non entrave, plutôt que d'un comportement positif ou d'une obligation d'agir[22]. Il s'agira, alors, du « *droit de faire tout ce que les lois permettent* »[23], d'après Montesquieu[24].

Cependant, on peut regretter, que prise de façon isolée, cette définition ne soit assez limitative, car interdisant toute concurrence dans les domaines économique, politique ou autres. En ces termes, l'acception que propose

---

générale supposée infaillible (Rousseau).L'homme renonce à sa liberté pour la sublimer par la volonté générale. Voir sur ce point Jean MORANGE, *Libertés publiques,* PUF, 1985, p 47-48

[17] Chapitre VIII: "Du commencement des sociétés politiques" Voir sur ce point Jean MORANGE, *Libertés publiques* op. cit. p 47-48.

[18] Gilles LEBRETON. *Libertés publiques et Droits de l'homme* Armand Colin, Paris, 2003, p.11.

[19] Ibid. p 11.

[20] Ibid. p 11.

[21] François LUCHAIRE. *La protection des droits et des libertés*, Economica, Paris 1987 p.77.

[22] Gilles LEBRETON, op. cit. p. 11ss.

[23] Cette idée trouve son fondement dans l'article 5 de la Déclaration universelle des droits de l'homme. Celui-ci dans sa seconde phrase, dispose que" tout ce qui n'est pas défendu par la loi ne peut être empêché, et nul ne peut être contraint à faire ce qu'elle n'ordonne pas" .En d'autres termes, ce qui n'est pas interdit par la loi est permis et il n'y a pas d'obligation lorsque la loi n'en pose pas une interdiction ou obligation. V Pierre de MONTALIVET, La "juridisation" de la légistique à propos de l'objectif de valeur constitutionnelle d'accessibilité et d'intelligibilité de la loi in *La confection de la loi* (sous la dir.) de Roland DRAGO Cahiers des sciences morales et politiques PUF 2005. p 104.

[24] MONTESQUIEU, *De l'esprit des lois*, 1748, Livre XI chapitre 4 *Garmer - Flammarion* p 293. L'auteur observe que la véritable certitude se situe là où l'on confond dans une même contrainte les trois relations de l'individu à la collectivité : les lois, les mœurs et les matières. Il n'existe pas de garantie structurelle absolue de la liberté politique. La citoyenneté moderne dans une cité est là où ''la loi civile régisse chaque particulier comme toute la cité même'' et où ''la liberté de chaque citoyen est une partie de la liberté publique.'' Les principaux conflits proviennent de ce que chacun fait de ses intérêts propres, l'intérêt commun, alors qu'il faut que chacun aille au bien commun en croyant aller à ses intérêts particuliers. Or, le législateur est pris entre la nécessité de dicter des maximes générales, les contraintes qui ne relèvent pas des lois, des niveaux différents de la légalité et de légitimité. Il doit se montrer à la fois utopique et universel, contre les idées d'uniformité des petits esprits. Les systèmes juridiques doivent être fondés sur l'évolution de la société et des mœurs.

Montesquieu nous semble stricte, voire restrictive de l'espace des libertés. C'est pourquoi il ajoute : *"Si un citoyen pouvait faire ce qu'elle (la loi) défend, il n'aurait plus de liberté"*[25].

La liberté pourrait être admise comme un privilège que l'individu doit défendre seul chaque jour car même le plus démocratique des gouvernements tend à devenir oppressif si l'indifférence ou la lâcheté de ses sujets excitent sa propension à la tyrannie[26].

Aussi, notre vision des libertés sera-t-elle plus large, car comportant non seulement « *Tout ce que les lois autorisent* », mais encore « *Tout ce que les lois n'interdisent pas* ». Cette position semble largement partagée par la Constitution du Mali qui réconforte cette conception des libertés fondamentales, en disposant : « *Tout ce qui n'est pas interdit par la loi ne peut être empêché et nul ne peut être contraint de faire ce qu'elle n'ordonne pas* »[27]. Dès lors, la liberté devient le principe et il faut une loi non pour permettre de faire, mais au contraire pour interdire de faire.

Les « *Droits* », quant à eux, recouvrent, sous une même appellation, deux types de pouvoirs très différents l'un de l'autre. Tantôt, ils désignent des pouvoirs d'autodétermination et apparaissent comme des libertés. Dans ce cas, *droits* et *libertés* sont confondus. Par exemple, il n'existe aucune différence entre le droit d'aller et venir et la liberté d'aller et venir. Toute *liberté* étant d'ailleurs susceptible d'être qualifiée de *droit*. Tantôt, les « *Droits* » désignent des pouvoirs que l'homme n'exerce pas sur lui-même, mais sur autrui. Ils se différencient alors des libertés, car sous cette seconde acception, ils se rapportent à des pouvoirs d'exiger d'autrui un comportement positif et non pas simplement une abstention.

Le terme « *Droit* » est évidemment très porteur car mettant en avant l'idée que l'individu a des droits par lui-même et non par l'effet d'une grâce quelconque des pouvoirs. Autrement dit, ils sont une *possession de l'homme* et non une *concession de l'Etat*[28]

Dans son ouvrage intitulé *« La doctrine du droit »*[29], Kant définit la liberté comme *« L'unique droit inné qui revient à l'homme de par son humanité »* faisant ainsi une distinction, capitale pour la compréhension et la portée de la Déclaration Universelle des Droits de l'Homme au regard des systèmes juridiques nationaux et internationaux, entre le droit *« Comme la faculté morale de contraindre autrui au devoir »* et le droit comme *« principe légal concernant autrui »*[30].

---

[25] Ibid.

[26] TAGORE Rabindranath, *Le poète parle de la liberté civile* (1937)- Communication à la conférence sur la liberté civile en Inde qui s'est ténue à Londres le 17 Octobre 1937 in LAQUEUR Walter et RUBIN Barry, *Anthologie des droits de l'homme, Paris,* éd. Nouveaux horizons, 1989, p 160.

[27] Article 11 de la Constitution du Mali.

[28] Voir sur ce point Jean Claude COLLIARD, in préface de l'ouvrage de Roseline LETTERON, *Libertés publiques* Paris, 8e éd. Dalloz, 2005 p. XI.

[29] Emmanuel .KANT, *Métaphysique des Mœurs*, Première Partie, Doctrine du Droit (1796), trad.fr par A. Philonenko, Paris, Vrin, 1988, Conf., plus précisément "Division de la doctrine du droit", "B, Division générale du droit", p. p. 111-113.

[30] Ibid.

La notion de *« Droits fondamentaux »* n'est pas aisée à définir, car elle semble avoir reçu plusieurs acceptions. En outre, elle cohabite avec des notions voisines ou synonymes telles que celles de *« Libertés fondamentales »*, *« Droits de l'homme »*, *« Libertés publiques »*, si bien que l'emploi de l'une ou l'autre de ces notions prête parfois à équivoque. C'est ce qu'exprime le Professeur Fréderic SUDRE, lorsqu'il pose le constat que les termes *« Droits de l'homme »* et *« Droits fondamentaux »* apparaissent interchangeables et sont parfois indifféremment utilisés par la doctrine.[31]

Pour le Professeur Claude LECLERCQ, la notion de *« Droits fondamentaux »* s'apprécie plutôt par rapport au droit public interne de chaque Etat, étant admis que l'internationalisation des *« Droits de l'homme »* limite la souveraineté étatique et l'arbitraire, toujours possible de chaque Etat. Il lui adjoint, du reste, comme synonyme la notion de *« Libertés publiques »*[32].

Le Doyen René DEGNI SEGUI, quant à lui, estime qu'il y a un lien indéniable entre les interpénétrations de ces différentes notions. Pour lui, l'homme en est le centre névralgique, car c'est sa dignité qui est concernée[33]. A ce propos, le Professeur M. BEDJAOUI a pu dire que les *« Droits fondamentaux »* sont des droits primaires qui préexistent à toute formation sociale, à tout droit. Il leur confère le caractère universaliste[34].

L'expression de *« Droits fondamentaux »* renvoie donc à une certaine éthique, pour reprendre l'expression du Professeur SUDRE, qui pense que l'usage du terme *« Droits de l'homme »* renvoie plus au domaine de l'*« imaginaire*[35] et que c'est celui de *« libertés publiques »* qui sied au droit positif[36].

Celles-ci désignent de manière générale *« les droits et facultés assurant la liberté et la dignité de la personne humaine et bénéficiant de garanties institutionnelles »*[5], écrit-il.

L'adjectif « *fondamental* » utilisé dans cette étude n'est pas non plus exempt de critiques. Sur la question, les juristes ne s'accordent pas sur ce qu'il faut entendre par « libertés ou droits fondamentaux de l'homme [37]». La doctrine est

---

[31] F. SUDRE, *Droit international et européen des droits de l'homme*, Paris, P.U.F., 1989, p. 118.

[32] Selon le Professeur LECLERCQ, *« Une liberté publique se présente comme un aspect circonscrit de la liberté, traduit en droit par des textes constitutionnels et/ou internationaux et soumis à un régime de protection juridique précisé par ces textes et d'autres textes subséquents qui visent, par des procédures appropriées, à faire valoir la liberté ainsi définie »*, in *Libertés publiques*, 3e éd., Paris, Litec, 1996, p. 5

[33] René DEGNI-SEGUI, *Les droits de l'homme en Afrique noire (Théories et réalités)* 2e éd. Abidjan éd. CODA, 2001.

[34] M. BEDJAOUI, ``La difficile avancée des droits de l'homme vers l'universalité", in R.U.D.H., V. 1, 1989, p. 9.

[35] Ibid., p. 10.

[36] Il faut souligner que les caractéristiques des droits fondamentaux ont fait l'objet de nombreux travaux de la part des théoriciens du Droit. Une analyse in abstracto semble montrer que leur nature est double ; ce sont des exigences qui pèsent sur le système juridique, mais les contraintes qui en résultent consistent seulement en l'obligation de rendre illégales certaines configurations d'actions, de sorte que l'on peut aussi les penser comme des contraintes pesant sur les configurations d'actions c'est-à-dire sur les individus eux-mêmes. Voir sur ce point Frédérique RUEDA, *Le contrôle de l'activité du pouvoir exécutif par le juge : les exemples Français, Allemand et Espagnol*, Paris, LGDJ, , 2000 p 228 et suiv.

[37] Le juge constitutionnel français a, en effet, eu recours à des formulations diverses. Il a employé les termes de « liberté fondamentale » (décision n° 84-181 DC, 10 et 11 Octobre 1984, entreprise de presse

partagée entre deux approches sur la question de la *« fondamentalité »*. Il existe une approche dite *matérielle* et une autre dite *formelle*[38].

L'approche « *matérielle* » considère que ce qui est à la base de la *fondamentalité* d'un droit ou d'une liberté est son caractère essentiel et non sa présence dans une norme supérieure[39].

La conception classique et positiviste, quant à elle, considère que les libertés et droits « *fondamentaux* » sont ceux qui, d'une part, sont protégés contre les errements des pouvoirs exécutif et législatif[40] et, d'autre part, ceux qui sont garantis non seulement par la loi mais aussi par la Constitution ou les textes supranationaux[41].

De l'analyse de cette conception apparaissent deux critères de la « fondamentalité » de la liberté[42]. Il s'agit, d'une part, de l'existence du principe de la protection contre des atteintes des pouvoirs Exécutif et Législatif, et, d'autre part, du principe de la garantie juridique. Ces deux critères impliquent le respect de la hiérarchie des normes. D'après cette conception, la *« fondamentalité »* est liée au régime juridique des droits et libertés[43].

Ainsi, les libertés et droits *fondamentaux* seront identifiables à travers le régime spécial qui leur est applicable. Il y a là une forte influence du droit allemand dont la loi fondamentale débute par un chapitre intitulé *« Grundrecten »*[44], ce qui renvoie aux droits et libertés minutieusement aménagés et consacrés[45].

Pour mieux appréhender l'expression « droits fondamentaux », nous pourrions nous intéresser au droit allemand. En effet, les articles 1 à 19 de la loi

---

cons n° 37), de « droit fondamental » (décision n° 936325 DC, 13 août 1993, Maîtrise de l'immigration RJC-I, p. 539 cons. N°81) de « droit et liberté constitutionnellement garantis » (décision n° 85-198, 13 Décembre 1985, RJC I, p 242, cons n°11) ou de « libertés et droits fondamentaux de valeur constitutionnelle » (décision n° 89-269 DC du 26 janvier 1990, RJCI, p 392 cons n°33).

[38] Voir sur ce point David CAPITANT, *Les effets juridiques des droits fondamentaux en Allemagne*, LGDJ 2001p 2. Pour lui, l'économie de la définition de la notion de droit fondamental ne peut être complètement réalisée et il convient de se rapporter à deux éléments, formel et matériel pour circonscrire cette notion. L'élément formel fait référence au rang constitutionnel de la garantie ; l'élément matériel au caractère subjectif de celle-ci.

[39] Selon cette conception « essentialiste », un droit serait fondamental chaque fois qu'il peut être considéré comme essentiel quel que soit le niveau de la norme qui le consacre. Pour les tenants de cette approche, la fondamentalité ne se réduit pas à une conception formelle et un droit ou une liberté peut exister sans être inscrit expressément dans une norme. Dans ce cas ils affirment que le juge pourra avoir recours à d'autres sources « supra décrétales » telles que la loi ou les principes généraux de droits pour apprécier son caractère fondamental. Sur point, voir Véra MORALES. *« La protection juridictionnelle des droits fondamentaux : révélation d'une entente conceptuelle »*, communication au congrès français de droit constitutionnel, Montpellier, 9,10 et 11 juin 2005.

[40] Jean François LA CHAUME. « Droits fondamentaux et droit administratif » in AJDA, 1998, p.93

[41] PICARD (E), « *L'émergence des droits fondamentaux en France* » in AJDA, 1998 p.9.

[42] La classification posée par le Conseil Constitutionnel Français implique l'existence d'une hiérarchie entre les libertés, ce qui signifie que s'il y a affrontement entre les deux libertés, celle qui bénéficie du statut fondamental est supérieure à l'autre, entraînant un classement à valeur juridique. La première bénéficie d'une « constitutionnalité que l'on pourrait dire simple », tandis que la seconde jouit en quelque sorte, d'une constitutionnalité « renforcée ». Voir sur ce point Véra MORALES. *« La protection juridictionnelle des droits fondamentaux : révélation d'une entente conceptuelle »*, op. cit. p 8 et suiv.

[43] Véra MORALES ibid. p. 8.

[44] Ce mot signifie « Droits fondamentaux ».

[45] Roseline .LETERRON op. cit. P. X et suiv.

fondamentale déterminent, précisément, sous ce titre, les droits qui sont fondamentaux. Mais si on veut retenir une définition générale de la liberté fondamentale, nous dirons avec le Professeur J.J. ISRAEL qu'« *est fondamentale une liberté reconnue par un principe ou une règle au niveau juridique le plus élevé, soit constitutionnel, soit international* »[46].

Nous retiendrons que l'expression s'est généralisée en Europe[47]. C'est ainsi que dans la Constitution des Pays-Bas de 1983, le chapitre relatif aux droits et libertés est intitulé *Grundechten* ou « Fondamentaux »[48].

Nous retrouvons ailleurs l'expression *libertés fondamentales*[49], notamment dans le texte de la Convention Européenne des Droits de l'Homme (CEDH) qui comporte, explicitement, le titre de « *sauvegarde des droits de l'homme et des libertés fondamentales* »[50].

Toutefois, il faut souligner que le continent européen n'a pas l'exclusivité de cette consécration. Le Québec a repris le concept, puisque le Chapitre I de la Charte des Droits et Libertés de la Personne est intitulé « *libertés et droits fondamentaux* »[51].

Les *libertés fondamentales* représentent donc l'ensemble des droits subjectifs considérés comme primordiaux pour la protection de l'Etat de droit et de la démocratie[52]. Aussi, l'application des libertés fondamentales est-elle une nouvelle génération des *droits de l'homme*, moins théorique et plus pratique[53].

---

[46] V sur ce point Jean-Jacques ISRAEL, *Droit des libertés fondamentales* op. cit. p 37.

[47] Les peuples de l'Europe, en établissant entre eux une union sans cesse plus étroite, ont décidé de partager un avenir pacifique fondé sur les valeurs communes, en adoptant la charte des droits fondamentaux de l'union Européenne le 07 décembre 2000.Cette charte est juridiquement un accord interinstitutionnel entre le Conseil de l'Union, le parlement Européen et la Commission Européenne. Elle est fondée sur les valeurs indivisibles et universelles de dignité humaine, de liberté, d'égalité et de solidarité ; elle repose sur le principe de la démocratie et le principe de l'état de droit. Elle place au cœur de son action la personne humaine en instituant la citoyenneté de l'union et en créant un espace de liberté, de sécurité et de justice. Voir Henri OBERDORFF et Jacques ROBERT, *Libertés fondamentales et droits de l'homme*, 5e éd. Montchrestien E.J.A 2002 p 137.

[48] Dominique BREILLAT, *Libertés publiques et droits de la personne humaine,* éd. Gualino, 2003, p 25.

[49] Le législateur, ne peut jamais compromettre l'existence d'une liberté publique. Mais sous cette importante réserve, il est libre de restreindre l'exercice des libertés ordinaires. C'est bien ce qui a effrayé le juge constitutionnel français, et motivé sa décision de 1984. Désormais, les libertés qu'il qualifie de « fondamentales » jouissent d'une protection accrue par rapport à cette garantie minimale : le législateur n'est pas tenu seulement de respecter leur existence ; il lui est aussi interdit de restreindre leur exercice. C'est ce que la doctrine appelle, de façon suggestive, la jurisprudence de *« l'effet Clichet »,* cette technique fut développée par le juge constitutionnel français au cours de sa jurisprudence. Le premier usage de cette technique par le conseil constitutionnel français date de 1984 : Conseil constitutionnel, décision n°83-165 DC, 20 Janvier 1984, Libertés universitaires, RJC-I, p 171.

[50] La convention Européenne de sauvegarde des droits de l'homme et libertés fondamentales du 04 novembre 1950 consacre fondamentalement la notion de « liberté fondamentale ».Cette convention adhère à la Déclaration des Droits de l'Homme (DUDH) du 10 décembre 1948.V sur ce point Henri OBERDORFF et Jacques ROBERT, Libertés fondamentales et droits de l'homme, op. cit, p.27

[51] La Constitution du Québec peut être consultée sur *www.google.fr*.

[52] Pour cette définition, voir Amnesty international, « Protéger les droits humains : Outils et mécanismes juridiques internationaux » in Jurisclasseur, 2003, p. 413.

[53] La notion de droit subjectif se distingue malaisément de celle de liberté. Entre elles, le rapprochement s'opère naturellement à la lecture des déclarations de droits. Quand il est précisé, à l'article 2 de la Déclaration de 1789, que les droits naturels et imprescriptibles de l'homme » sont la liberté, la propriété,

Il importe de relever qu'une partie de la doctrine a largement adopté, de façon formelle, la notion de fondamentalité. Dans une démarche clairement inspirée du positivisme juridique, le professeur Louis FAVOREU définit les droits fondamentaux comme « *les droits et libertés protégés par des normes constitutionnelles ou (et) européennes et internationales* » et qui sont « *justiciables* » c'est-à-dire « *susceptibles d'être mis en œuvre par un juge* »[54].

Dans une perspective implicitement *jurisnaturaliste*, M. Etienne PICARD préfère les définir comme « *des droits assez essentiels pour fonder et déterminer l'ordre juridique tout entier, droits s'exprimant soit par le canal de la hiérarchie formelle des normes soit en dehors d'elle, voire à son encontre* »[55].

Ainsi, de ces différentes positions doctrinales on peut retenir que le trait commun, entre « *droit fondamental* » et « *liberté fondamentale*[56] » est la reconnaissance juridique ainsi que la garantie par les normes supérieures (constitution ou conventions internationales) sous le contrôle du juge[57]. Malgré les apparences, le droit positif établit de réelles différences entre les droits fondamentaux, droits de l'homme et libertés publiques. Il convient de les exposer afin de dégager la portée juridique de chaque catégorie de droits[58].

Les terminologies de « droits de l'homme » ou « droits humains », ont une vocation universelle du fait de leur emploi fréquent sur le plan international. Elles désignent l'ensemble des prérogatives humaines encadrées ou garanties par le droit[59].

---

la sûreté, et la résistance à l'oppression », il apparaît que, notamment, la liberté aspire à un exercice aussi étendu qu'il est possible, du fait de la coexistence entre les hommes, et se montre rebelle à un cadre précis ordonnant son existence et sa destinée. Voir François TERRE, sur la notion de droits et libertés fondamentaux op. cit p p. 11.

[54] Pour le professeur Louis FAVOREU, les textes de référence en matière de libertés fondamentales sont de plus en plus de niveau constitutionnel ou international. Il estime que cette situation coïncide avec le fait que les constitutions modernes contiennent des dispositions de plus en plus détaillées relatives aux droits fondamentaux. Voir sur ce point Louis FAVOREU, Universalité droits fondamentaux et diversité culturelle, communication au colloque sur *L'effectivité des droits fondamentaux dans les pays de la communauté francophone*, organisé par l'AUPELF- UREF à Port-Louis (République de Maurice) du 29 au 1er Octobre 1993 p.48.

[55] PICARD (E), *L'émergence des droits fondamentaux en France*, AJDA, 1998, op. cit. p 8 et suiv.

[56] Il faut tout de même relever que l'expression « libertés fondamentales », est absente à la fois du Vocabulaire Juridique CAPITANT (sous la dir.) de Gérard CORNU. Toutefois, le professeur Dominique BREILLAT dans sa tentative de définition relève que : « l'expression « liberté fondamentale » ou « droits fondamentaux » semble établir une hiérarchie puisque l'on peut estimer qu'a contrario, il n'y a des droits ou des libertés qui ne sont pas fondamentaux » Voir sur ce point Dominique BREILLAT, *libertés publiques et droits de la personne humaine* op cit .p 25 et suiv.

[57] Jean Jacques ISRAEL, *Droit des libertés fondamentales* op. cit. p. 36.

[58] V. sur ce point SY Mouhamadou Mounouri, *La protection constitutionnelle des droits fondamentaux en Afrique : l'exemple du Sénégal*, éd. l'harmattan, 2007, p 24.

[59] Les droits de l'homme ont été largement définis par la doctrine. Selon la conception de la démocratie libérale les droits de l'homme ou droits humains désignent les droits inhérents à la nature humaine, donc antérieurs et supérieurs à l'Etat et que celui-ci doit respecter non seulement dans l'ordre des buts mais aussi dans l'ordre des moyens. Selon la *Déclaration Française des droits de l'homme et du citoyen de 1789*, ce sont des droits naturels qui sont « inaliénables » et « sacrés », ce qui signifie que le pouvoir politique doit en assurer la protection et ne pas faire obstacle à leur réalisation. Pour M. Keba M'Baye, les droits de l'homme se présentent comme un ensemble cohérent de principes juridiques fondamentaux qui s'appliquent partout dans le monde tant aux individus qu'aux peuples et qui ont pour but de protéger les

M. Jean-Marc MAILLOT affirme justement : *« l'expression de droits fondamentaux, souvent assimilée à celle de droits de l'homme, désigne donc, au sens le plus strict, un noyau de droits essentiels et inaliénables de la personne humaine, valables en toute circonstance, sans possibilité de dérogation »*[60].

Les libertés publiques, selon la définition donnée par le professeur Jean RIVERO, *« sont des droits de l'homme qui reconnaissent à celui-ci, dans les divers domaines de la vie sociale, le pouvoir de choisir lui-même son comportement, pouvoir organisé par le droit positif, qui lui accorde une protection renforcée et l'élève au niveau constitutionnel en droit interne, au niveau supra-législatif en droit européen »*[61].

Nous retrouvons essentiellement les mêmes éléments dans les deux définitions ; d'où l'idée d'une communauté, voire l'identité entre les droits de l'homme (dimension internationale) et les libertés publiques *lato sensu* (dimension interne) proposée par certains auteurs[62].

Le Professeur TURPIN semble plus nuancé, lorsqu'il considère que *« parfois considérées comme synonymes, les notions de « droits de l'homme » et de « libertés publiques » ne se recouvrent pas totalement »*[63]. Il précise son idée en ajoutant que *« la première* [notion] *est plus ancienne, plus large, plus ambitieuse, mais moins précise, car plus philosophique ou politique* [...] *La seconde est plus récente, plus modeste, mais aussi plus juridique, donc plus précise »*[64]. Toutefois, ces deux notions diffèrent essentiellement par leur source et leur contenu.

Aussi retiendrons-nous qu'en droit constitutionnel comparé, les expressions *« droits fondamentaux »* et *« libertés fondamentales »* qualifient des droits et libertés protégés contre les agissements de l'exécutif ou du législatif par le juge constitutionnel ou le juge international en vertu de textes constitutionnels ou internationaux[65].

Au contraire, l'expression de « Libertés publiques » désigne essentiellement des libertés protégées contre l'exécutif par le juge ordinaire (administratif ou judiciaire) en vertu de la loi.

Le concept de droits fondamentaux pose, quant à lui, des problèmes encore plus substantiels. Discuté depuis près de trente ans, son contenu ne fait toujours pas l'objet d'une définition unanimement acceptée par la doctrine. La comparaison des notions de libertés publiques et de droits fondamentaux peut sans doute nous apporter un éclairage sur les relations entre ces deux notions aux contours incertains. La substitution progressive du concept de droits fondamentaux

---

prérogatives inhérentes à tout homme et à tous les hommes pris collectivement en raison de l'existence d'une dignité attachée à leur personne et justifiée par leur condition humaine. V. Keba M'Baye, *Les droits de l'homme en Afrique,* 2e édition, A. Pedone, 2002, p 35.

[60] Jean-Marc MAILLOT, *Les sources internationales des libertés et droits fondamentaux* in la protection des libertés et droits fondamentaux sous la dir. de Serge GUINCHARD et Michèle HARICHAUX 4e éd. Montchrestien juin 2008 p 11.

[61] Jean RIVERO, *Les libertés publiques*, PUF »Thémis », 1997, p 26.

[62] Parmi ces auteurs on note le professeur Jean-Jacques ISRAEL.

[63] Dominique. TURPIN, *Libertés publiques et droits fondamentaux*, Paris, Ed. Seuil, Févr. 2004, p. 7.

[64] Ibid. p 7.

[65] Louis FAVOREU, « Droit de la constitution et constitution du droit », RFDC 1990, p 71s, p 81-82.

(ou de libertés fondamentales) à celui de libertés publiques manifeste en effet un changement d'approche dans la question des libertés et surtout de leur protection.

Alors que les libertés publiques sont définies comme des libertés protégées par le législateur parce que reconnues et organisées par lui, les droits fondamentaux sont souvent présentés comme des droits protégés contre le législateur.

L'existence d'une telle garantie contre la loi n'apparaît en France qu'en 1971 avec la décision rendue le 16 juillet 1971 par le Conseil constitutionnel sur la liberté d'association[66]. C'est à partir de cette décision que la doctrine va progressivement tenter d'adopter en France le concept de *Grundrecten* figurant dans la Loi Fondamentale allemande de 1949.

Pourtant les différences sont nombreuses entre les situations française et allemande ; elles portent notamment sur la protection juridictionnelle dont bénéficient ces droits. Partant d'une analyse centrée sur le Conseil constitutionnel et souhaitant le rapprochement avec le modèle offert par la Loi Fondamentale, une partie de la doctrine a mis l'accent sur la garantie juridictionnelle en s'interrogeant sur le rôle du juge dans la définition des droits fondamentaux[67]. Il est en effet de plus en plus manifeste que la référence aux droits fondamentaux appelle et légitime en même temps l'accroissement du rôle du juge et la multiplication des garanties de procédure au point que la garantie juridictionnelle est consacrée comme un droit fondamental qui tend à absorber les autres.

Cependant, il est certain qu'entre droits fondamentaux et libertés publiques, la portée de la distinction ne doit pas être exagérée. Elle ne signifie pas une séparation entre les deux notions. La doctrine définit les droits humains comme étant les droits inhérents à l'être humain sans distinction basée sur le sexe, la couleur, la religion, la langue, l'origine nationale ou le groupe social, l'opinion politique, la fortune etc.

En réalité la distinction au fond est beaucoup moins nette. Il existe des traits communs aux libertés publiques et aux droits fondamentaux. Le trait essentiel est la reconnaissance juridique et la garantie par le droit sous le contrôle d'un juge, quel qu'il soit[68].

La conséquence qui découle des développements précédents est que, si on admet que la reconnaissance des libertés et droits par une norme supérieure (constitution ou convention internationale) leur confère la *« fondamentalité »,* on pourrait soutenir l'idée de l'existence des libertés et droits fondamentaux au Mali. En effet, on peut remarquer que sous les différents régimes, la prééminence a été accordée à ces droits dits *fondamentaux* qui ont été constitutionnalisés.

Toutes les constitutions et tous les textes organiques que le Mali a connus depuis son accession à l'indépendance, à savoir la Constitution du 22 septembre

---

[66] La décision CC n°71-44 DC du 16 juillet 1971, rec.29, DCC n°19.

[67] Voir sur ce point Louis FAVOREU, « Droit de la constitution et constitution du droit », RFDC 1990, p 71.

[68] Jean-Jacques ISRAEL, *Droit des libertés fondamentales,* op. cit., p36.

1960[69], l'Ordonnance n°01 du 28 novembre 1968 portant organisation des pouvoirs publics, la Constitution du 2 juin 1974[70], l'Acte fondamental n°01/CTSP du 31 mars 1991 et la Constitution du 25 février 1992, ont proclamé des droits et libertés de la personne humaine.

Cependant, de tous ces textes qui l'ont précédée, la Constitution du 25 février 1992 est celle qui accorde une plus grande place aux droits et libertés de l'homme[71]. D'abord, dans son préambule, elle intègre dans le bloc de constitutionnalité la Déclaration Universelle des Droits de l'Homme (DUDH) du 10 décembre 1948 et la Charte Africaine des Droits de l'Homme et des Peuples (CADHP) du 27 juin 1981.

Si toutes les trois constitutions ont solennellement proclamé les droits et libertés fondamentaux, force est de constater que les techniques utilisées n'ont pas été les mêmes. L'élaboration d'une nouvelle constitution en 1991 n'a pas remis en cause l'option du Mali pour la constitutionnalisation des droits et des libertés malgré le contexte politique. Mais à la différence des deux précédentes, la constitution de 1992 est intervenue dans un contexte sociopolitique d'exception. Elle a été l'œuvre de la conférence nationale qui a remplacé le collège des constituants[72].

A ce sujet, le professeur Maurice KAMTO relève, qu'en usant de la plénitude absolue de leur pouvoir de créer le droit, de bouleverser l'ordonnancement

[69] Si toutes les trois constitutions ont solennellement proclamé les droits et libertés fondamentales, force est de constater que les techniques utilisées n'ont pas été les mêmes. La première constitution n'a pas véritablement opté pour la constitutionnalisation des droits et libertés. En effet, le constituant malien de 1960 a placé les droits et libertés en dehors du corps même de la constitution afin de leur donner plutôt une portée plus forte. Les droits et libertés qui figurent dans le préambule de la constitution du 22 septembre 1960 sont : le droit au travail et au repos, le droit de grève, la liberté d'association. Par cette pratique, il a transposé dans le contexte malien le débat qu'a connu la France depuis plus de deux siècles sur la distinction entre le préambule et la garantie des droits fondamentaux. La question soulevée à l'époque était de savoir si la simple affirmation des droits et libertés hors du corps de la constitution peut en donner une portée contraignante. L'option du constituant malien peut se justifier aisément par l'influence du débat sur la portée juridique du préambule. En effet, jusqu'en 1973, la portée du préambule est restée incertaine en France dans la mesure où les droits et libertés sont absents du corps même de la constitution. C'est précisément à cette date que le Conseil Constitutionnel français s'est référé à la Déclaration des Droits de l'Homme et du citoyen (DDHC) dans sa décision sur la taxation d'office (CC 73-51, DC, 27 décembre 1973, « Taxation d'office », GDCC n° 21, F p 269) .Cette décision a eu un retentissement tant politique que juridique à propos de la portée du préambule de la Constitution de la Ve République. Voir également Dominique BREILLAT, *Libertés publiques et droits de la personne humaine*, op. cit. p 97 et suiv.

[70] Le constituant de 1974 a emprunté la voie de la constitutionnalisation des libertés et droits fondamentaux. La principale innovation introduite par la constitution du 02 juin 1974 est d'avoir constitutionnalisé les droits et libertés en dissociant formellement la déclaration et le texte même de la constitution. A la différence de la constitution de 1960, celle de 1974 consacre dans le titre II des droits et libertés sous l'intitulé « Des droits et devoirs fondamentaux de l'homme et du citoyen ». Ces droits sont : la sûreté, la liberté religieuse et culturelle, la liberté d'enseignement, le droit au travail, l'égalité devant l'emploi, le droit au repos, à l'assistance sociale et à l'instruction, la liberté de se grouper au sein d'organisations de son choix, le droit de propriété, la liberté d'entreprise et les libertés politiques

[71] Voir Alpha Oumar KONARE, *Les constitutions du Mali*, Document disponible au Centre Djoliba Bamako, 1986.

[72] Cette situation qui a caractérisé les pays francophones d'Afrique avec comme tête de file le Bénin, traduit en premier lieu l'échec du constitutionnalisme des régimes militaires. Ainsi dotés de véritables pouvoirs de constituants, la conférence nationale a procédé à une transformation radicale, voire révolutionnaire du constitutionnalisme en Afrique. L'acte fondamental n° 01/CTSP du 31 mars 1991 a conféré à la conférence nationale du Mali le pouvoir de créer le droit.

juridique y compris ses fondements positifs, en l'occurrence son socle constitutionnel, la conférence du Mali à l'instar de celle du Bénin a assumé la plus haute fonction de souveraineté[73].

La constitution du 25 Février 1992 consacre les « *droits et devoirs du citoyen* » tout en garantissant les « *libertés et les droits fondamentaux* »[74]. Le doyen René DEGNI-SEGUI met l'accent sur « la liaison dialectique entre droits et devoirs » qui, dit-il, constitue l'un des apports les plus spécifiques et les plus importants de l'Afrique aux droits de l'homme.

Aucun instrument mieux que la Charte Africaine des Droits de l'Homme et des Peuples, souligne-t-il, n'a poussé aussi loin l'importance du lien entre droits et devoirs. Toutes ces spécificités apparaissent dans les lois fondamentales des pays africains. Ainsi en est –il de la constitution malienne qui, en plus, mentionne les trois générations des droits humains (droits civils et politiques, les droits économiques, sociaux et culturels et les droits de la *troisième génération*).

En matière de droits civils et politiques, on peut noter que le titre premier de la Constitution, intitulé *« Des droits et devoirs de la personne humaine »* pose le principe de l'universalité des droits et libertés en ce sens que tous les Maliens en jouissent dans des conditions d'égalité, sans distinction d'origine sociale, de couleur, de langue, de race, de sexe, de religion et d'opinion politique[75].

Les droits et libertés individuels de la personne physique trouvent leur fondement dans l'article 1, al.2 de la constitution : *« Tout individu a droit à la vie, à la liberté, à la sécurité et à l'intégrité de la personne »*[76] . Il est également affirmé dès le premier abord que la personne humaine "est sacrée et inviolable"[77] *que* nul ne sera soumis à la torture, ni à des sévices ou des traitements inhumains, cruels, dégradants ou humiliants[78].

---

[73] Voir sur ce point Maurice KAMTO, « Les conférences nationales africaines ou la création révolutionnaire des constitutions » in Dominique DARBON, Jean du BOIS de GAUDISSON : la création du droit en Afrique, Paris éd. Karthala, 1997, cité par Abdoulaye DIARRA, *La protection constitutionnelle des droits et libertés en Afrique noire francophone depuis 1990 : Les cas du Mali et du Bénin,* p 7 et suiv. voir. *www.droit.francophonie.org.*

74 La Constitution malienne se réserve le droit de proclamer ou de reconnaître les droits et libertés fondamentales. Elle confie à la loi et à l'ordonnance le soin de fixer leurs conditions d'exercice. En effet, selon l'article 70 de la Constitution la loi fixe les règles concernant les droits civiques et les garanties fondamentales accordées aux citoyens pour l'exercice des libertés publiques et détermine les principes fondamentaux d'autres droits. En vertu de ce principe, toutes les Constitutions du Mali ont prévu des lois organiques pour fixer les conditions d'exercice des droits et libertés.

[75] *Article 2 de la Constitution,* Voir sur ce point Eloi DIARRA, *Constitution et Etat de droit au Mali,* in revue juridique n° 3, Oct.-déc. 1995, op cit, p 255.

[76] Il s'agit des droits et libertés de la personne physique qui trouvent leur fondement dans l'article 1, al 2 de la constitution Pour le Professeur Eloi DIARRA *« cette disposition générale a des aspects très divers signifiant que la personne a droit à sa sûretéet au respect de son intégrité physique ».* Voir sur ce point Eloi DIARRA, Constitution et Etat de droit au Mali, op cit p 255.

[77] Article 1er, al 1 de la constitution .Cette disposition constitutionnelle a été une demande formulée par Monseigneur Julien Mory SIDIBE, évêque de Ségou, représentant la Conférence Episcopale du Mali à la Conférence Nationale. Selon le prélat il était nécessaire d'insister sur la sacralité de l'être humain à un moment ou la dignité humaine était soumise à rude épreuve.

[78] Article 3 de la constitution du 25 février 1992.

Aussi, tout agent de l'Etat, tout individu qui se rendrait coupable de tels actes, soit de sa propre initiative, soit sur instruction, sera –t-il puni conformément à la loi[79].En outre, nul ne peut être poursuivi, arrêté ou inculpé qu'en vertu d'une loi promulguée antérieurement aux faits qui lui sont reprochés[80] .Et même dans ce cas « tout prévenu est présumé innocent jusqu'à ce que sa culpabilité soit établie par la juridiction compétente »[81].

L'individu a droit à la défense. Aussi a-t-il le droit, dès l'enquête préliminaire, à se faire assister par l'avocat de son choix.[82]Et si la personne est condamnée, sa peine ne peut être que personnelle[83].

Par ailleurs nul ne peut être détenu pendant une durée supérieure à quarante huit heures que par décision motivée d'un magistrat de l'ordre judiciaire .Nul ne peut également être détenu dans un établissement pénitentiaire que sur mandat délivré par un magistrat de l'ordre judiciaire. Le constituant reconnaît également les droits et libertés de la vie privée. Ainsi, « le domicile, le domaine, la vie privée et familiale, le secret de la correspondance et de communication sont inviolables »[84].

Les libertés et droits collectifs consacrés par la constitution comme : les libertés de conscience, de pensée, d'opinion, d'expression, de création, d'association, de réunion et de manifestation sont garanties dans le respect de la loi.[85] Sont également reconnues et garanties, dans les conditions fixées par la loi, les libertés de presse [86] et d'association.

Les droits économiques, sociaux et culturels sont reconnus et s'inscrivent dans une option idéologique libérale. Au titre des droits économiques, le droit de propriété est garanti et nul ne peut en être privé que*" pour cause d'utilité publique et contre une juste et préalable indemnisation.* [87]La liberté d'entreprise est aussi garantie dans le cadre des lois et règlements en vigueur[88].Enfin le droit au travail est reconnu et est égal pour tous.

Au titre des droits sociaux individuels, on peut relever le droit à l'instruction, à l'éducation et à la formation[89].D'autres droits sont consacrés, tel que le droit au logement, aux loisirs, à la santé et à la protection sociale[90].

Au titre des droits sociaux collectifs, sont reconnus la liberté syndicale[91] et le droit de grève[92].Enfin, au titre des droits culturels, la constitution consacre la liberté de création artistique et culturelle[93].

---

[79] Article 3, al.2 de la Constitution du 25 février 1992.
[80] Article 9 de la Constitution du 25 février 1992.
[81] Article 9 al 2 de la constitution du 25 février 1992.
[82] Article 9 al.3de la constitution du 25 février 1992.
[83] Article 9 al.1de la Constitution du 25 février 1992.
[84] Article 6 de la Constitution du 25 février 1992.
[85] Article 5 de la Constitution du 25 février 1992.
[86] Article 7 de la Constitution du 25 février 1992.
[87]Article 13 de la Constitution du 25 février 1992.
[88] Article 14 de la constitution du 25 février 1992.
[89] Article 16 de la Constitution du 25 février 1992.
[90] Ibid.
[91]Article 18 de la Constitution du 25 février 1992.
[92] Article 19 de la Constitution du 25 février 1992.

Certes, les droits et libertés consacrés dans la constitution lui confèrent un caractère démocratique. Toutefois, elle n'énonce pas explicitement les principes de la justiciabilité des droits et libertés et la possibilité d'une réparation en cas de violation de ces droits et libertés par l'Etat. Cependant, il est affirmé que le pouvoir judiciaire est le gardien des libertés et doit veiller au respect des droits et libertés constitutionnalisés. [94]

Les droits de la troisième génération sont liés à la notion de solidarité et de la dignité humaine. Ce qui est en cause, c'est bien la solidarité aussi bien nationale qu'internationale fondée sur la paix et la coopération équitable entre nations. A ce propos, la constitution malienne proclame les droits à l'amélioration de la qualité de vie , la protection de l'environnement et du patrimoine culturel [95], la promotion de la paix , de la coopération régionale et internationale , le règlement pacifique des différends entre les Etats », le respect de la souveraineté des peuples, c'est-à-dire le droit des peuples à l'autodétermination, à se donner le régime politique , économique et social de leur choix (droit au développement, à l'épanouissement de la personne , droit à la dignité humaine).

La consécration des droits et libertés appelle toujours deux notions importantes très proches l'une de l'autre, à savoir, d'une part, la promotion et d'autre part, la protection. Si l'on tentait d'opposer promotion et protection on pourrait dire avec le doyen Keba M'BAYE que la promotion est *« résolument tournée vers l'avenir. Elle tente d'empêcher que les droits de l'homme soient violés .Elle a donc un but préventif »*[96].

Quant à la protection, elle s'intéresse plutôt à ce qui est fait ou est en train de se faire. Elle est donc ancrée dans le présent et regarde vers le passé. Son objectif est de restituer l'ordre des choses quand il est dérangé par un acte attentatoire des droits de l'homme[97].La protection vise alors un but curatif car elle apporte un remède à une situation qui s'est produite ou qui se produit et qui n'est pas conforme aux règles régissant les droits de l'homme.

Dans un Etat de droit, tout citoyen a non seulement la possibilité de réclamer ses droits et libertés, mais encore la faculté de saisir des mécanismes de protection des droits de l'homme. En effet, rien ne sert de définir des règles si elles ne sont pas respectées. Dès lors se pose donc la question de leur protection.

Au Mali, la protection des droits de l'homme revêt deux formes : d'une part les mécanismes juridictionnels et d'autre part les mécanismes non juridictionnels.

La protection non juridictionnelle des droits de l'homme peut relever de deux catégories, selon qu'on l'envisage sous sa forme institutionnelle essentiellement représentée par les autorités indépendantes et les institutions de

[93] Article 8 de la Constitution du 25 février 1992.
[94] Article 81 de la Constitution du 25 février 1992.
[95] Article 15 de la Constitution.
[96] Keba M'BAYE, *Les droits de l'homme en Afrique,* op cit, 1992, p 70.
[97] Ibid.

défense des droits de l'homme ou par l'intervention des organisations non gouvernementale.

A coté donc des institutions constitutionnelles qui ont pour vocation de protéger les droits de l'homme et les libertés fondamentales de façon générale, il existe au Mali d'autres mécanismes intervenant dans la protection des droits de l'homme. Il s'agit du Médiateur de la République, de la Commission Nationale des droits de l'Homme et des organisations de la société civile. Ces institutions non juridictionnelles de protection des droits et libertés ne font pas l'objet de notre étude.

Ainsi notre réflexion sera centrée sur la protection juridictionnelle des droits et libertés. En principe, la voie normale pour le citoyen de faire respecter ses libertés et droits est le recours au juge[98]. En effet, la règle de droit à la quelle sont soumis à la fois les autorités et les citoyens, est en principe sanctionnée par un juge. Et la sanction attachée à la règle de droit est ce qui distingue cette dernière des autres règles, telles que les règles morales et de politesse.

Ainsi le juge, par sa connaissance du droit constitue dès lors un rempart contre l'arbitraire éventuel de l'autorité publique d'une part, et, d'autre part, contre les comportements illicites des citoyens dans leurs relations de tous les jours.

La *protection*, dans cette étude est avant tout « *juridictionnelle* ». Elle se rapporte à toute action du juge malien ayant pour finalité de faire reconnaître, sauvegarder et appliquer les libertés et droits fondamentaux reconnus aux citoyens maliens.

Nous entendons par juridiction, les organes chargés de trancher les litiges au moyen d'une décision (arrêt, jugement). En d'autres termes ces organes sont chargés de « dire le droit ».

Le système juridictionnel malien comprend deux composantes : la Cour constitutionnelle d'une part et, d'autre part, l'appareil judiciaire à proprement parler composé des cours et tribunaux ayant à leur tête la Cour suprême qui est la plus haute instance judiciaire du pays. Celle-ci est chargée d'assurer l'unité du droit national. Elle comprend au total trois sections : la section judiciaire[99], la section administrative[100] et la section des comptes[101].

---

[98] Plusieurs textes fondamentaux accordent ce droit à la personne humaine .On peut citer l'article 8 de la Déclaration universelle des droits de l'homme du 10 décembre 1945, l'article 7 de la Charte Africaine des Droits de l'Homme et des Peuples du 27 juin 198 7 et aussi l'article 2-3 du Pacte international relatif aux droits civils et politiques du 16 décembre 1966.

[99] La section judiciaire est l'arbitre suprême de toutes les décisions rendues en matière civile, sociale et criminelle par les juridictions de la République. Elle contrôle la légalité des décisions contre lesquelles il n'existe pas d'autres voies ordinaires de recours. En outre, elle se prononce notamment sur les demandes de renvoi d'une juridiction à une autre pour cause de suspicion légitime ou de sûreté publique, les règlements de juges et les demandes de prise à partie.

[100] La section administrative est le juge d'appel de droit commun de toutes les décisions rendues en premier ressort par les tribunaux administratifs. Elle est compétente pour connaître en premier et dernier ressort des recours entre autres : pour excès de pouvoir visant les décrets et les arrêtés ministériels ou interministériels ; visant les décisions rendues par les organismes administratifs à caractère juridictionnel

[101] La section des comptes juge les comptes des comptables publics, vérifie la gestion financière des agents chargés de l'exécution du budget national et des autres budgets que les lois assujettissent aux mêmes règles, contrôle les comptes matières, examine la gestion financière et comptable des organismes

Les Cours d'appel qui sont au nombre de trois (3) connaissent des appels interjetés contre les décisions rendues par les juridictions de première instance, les tribunaux de première instance (16) et Justice de Paix à compétence étendue (42).

A côté de ces juridictions, il existe les tribunaux de travail[102], les tribunaux administratifs [103](3), les tribunaux pour enfants[104] et les tribunaux militaires[105].

Dans la pratique, la notion de «*juge malien*», revêt un sens polysémique. Il existe, au Mali une pluralité de juges qui tirent leur légitimité des différentes sources du droit. Et à l'instar d'autres pays africains francophones, le Mali connaît plusieurs sources du droit. Outre, les droits traditionnels propres aux diverses communautés ethniques et religieuses[106], il y a un droit dit « moderne » dont la principale source d'inspiration est l'Etat. Le *juge* dont il est question dans nos réflexions, appartient à la seconde catégorie. Il s'agit principalement du *juge judiciaire,* du *juge administratif* et du *juge constitutionnel.*

Désigné sous le vocable de *magistrat*, le juge malien est un fonctionnaire recruté ou nommé par l'Etat et qui mène une carrière avec la perspective d'un avancement. Si le juge recruté relève soit de l'ordre judiciaire, soit de l'ordre administratif, le juge constitutionnel est, par contre, nommé par l'Etat.

Le recrutement du juge s'opère dans l'ensemble de deux manières : soit par voie de concours parmi les titulaires d'une maîtrise en droit ou équivalent, muni, d'un brevet de l'Institut National de Formation Judiciaire *(INFJ)* après une formation de deux ans, soit sur titre, après avis du Conseil Supérieur de la Magistrature. Il s'agit dans ce cas d'intégrer dans la magistrature des personnes ayant exercé des activités professionnelles dans les secteurs de la vie juridique[107] ou titulaire d'un doctorat.

Quel que soit son mode d'accession à la fonction, le juge malien est nommé par décret du Président de la République pris en réunion du Conseil Supérieur de la Magistrature. A l'issue de leur formation et après une enquête de moralité diligentée par le Conseil Supérieur de la Magistrature, les auditeurs reconnus aptes aux

---

dotés de la personnalité civile et de l'autonomie financière et dans lesquels l'Etat et les collectivités publiques ont un intérêt.

[102] Les tribunaux de travail statuent sur les différends entre les travailleurs et leurs employeurs ainsi que sur les différends relatifs aux conventions collectives. Chaque tribunal comprend un Président et deux assesseurs (l'un représentant les travailleurs et l'autre les employeurs).

[103] Les tribunaux administratifs constituent des juridictions de première instance en matière administrative et s'occupent des litiges opposant les citoyens à l'Etat.

[104] Les tribunaux pour enfants statuent sur les infractions commises par les mineurs, la majorité étant de 18 ans en République du Mali.

[105] Les tribunaux militaires sont des juridictions spéciales. Ils statuent sur les infractions dites militaires .Cette catégorie recouvre, d'une part les infractions susceptibles d'être commises uniquement par des militaires (désertion par exemple) et d'autre part les infractions de droit commun imputables à des militaires dans un cadre lié à leurs fonctions.

[106] A signaler, par ailleurs, que d'autres procédures alternatives prennent de plus en plus d'ampleur en matière de règlement des conflits. Il en est ainsi de la conciliation et de l'arbitrage, plus particulièrement en matière de droit civil et commercial. Voir *Rapport général du Forum National de la Justice au Mali de mars avril 1999,* op. cit.

[107] Sont concernés notamment les avocats et les notaires régulièrement inscrits au tableau de leur ordre et ayant effectivement exercés depuis 15 ans au moins. Sont également concernés tous les titulaires d'un doctorat en droit privé ou public.

fonctions judiciaires sont nommés aux grades, groupes et échelons correspondant à leur niveau d'études.

Avant d'être installé dans ses premières fonctions, en audience solennelle devant la Cour d'appel, le magistrat nommé prête le serment suivant : *« Je jure et promets de bien et fidèlement remplir mes fonctions, de garder religieusement le secret des délibérations et de me conduire en tout comme un digne et loyal magistrat. ».*

Ce serment fait du juge malien un citoyen *« particulier, différent de l'homme politique ; ne devant prendre aucune position publique ; se caractérisant par une attitude nécessaire de réserve et de neutralité politique en toutes circonstances dans l'exercice de sa fonction »*[108].

S'agissant du *juge constitutionnel*, il est également nommé par décret du Président de la République. Le processus de nomination obéit au mode de désignation tripartite. En effet, trois (3) organes y interviennent : le Président de la République, le Président de l'Assemblée Nationale et le Conseil Supérieur de la magistrature. Mais contrairement au « juge de carrière », le juge constitutionnel malien n'a qu'un mandat de 7 ans renouvelable une seule fois.

D'une manière générale, qu'il soit recruté ou nommé, le juge malien, qui est au centre de notre réflexion est un agent de l'Etat. Il est à la fois assermenté et constitutionnellement investi du pouvoir de protéger les droits et libertés des citoyens. Il est donc un arbitre devant incarner l'impartialité. A ce titre, sa mission consiste à la fois à protéger l'individu et aussi l'Etat contre les abus éventuels de toute nature.

De manière générale, l'affirmation de l'Etat de droit dans les pays africains apparaît comme de plus en plus incontournable, malgré des convulsions (coups de force politique) çà et là. Paradoxalement, le constat d'une justice « mal en point », constitue un phénomène qui persiste et qui ne semble pas trouver une issue proche. Le peuple malien, toutes les couches sociales confondues, exprime encore sa désapprobation face aux dysfonctionnements de l'institution judiciaire.

Au fond, c'est le problème de la crédibilité de la justice qui se pose aujourd'hui et, partant, celui de la légitimité du juge.

Pour parer aux lacunes du système juridictionnel[109] et répondre aux exigences démocratiques, les autorités de la IIIe République du Mali ont inscrit dans leurs priorités la reforme du secteur de la justice, fondement de l'Etat de droit. C'est ainsi qu'elles ont mis en place un Programme Décennal de la Justice

---

108 Amadou N'DIAYE, *La Cour suprême du Mali : démarche vers la constitution d'un Etat de droit* (1986 à la chute de la 2e République), document disponible à la Cour suprême, p 6.

109 Le reproche est ainsi trop souvent fait au juge de n'être pas équitable, de ne pas rendre la justice dans les délais raisonnables, de ne pas être accessible au justiciable moyen et d'être corrompu. Les structures de détention sont délabrées, surpeuplées, impropres ou inadaptés au respect des droits et de la dignité de l'homme. Rapport AMDH 2005, document disponible au centre de documentation de l'AMDH.

(PRODEJ)[110]. En dépit des efforts déployés dans sa mise en œuvre depuis bientôt une décennie, de nombreux chantiers restent ouverts[111].

Cette étude se propose d'appréhender avec beaucoup de profondeur, de réalisme et de sensibilité, les réalités et le fonctionnement du système juridictionnel malien à l'épreuve des droits et libertés fondamentaux.

C'est pourquoi nous avons privilégié une démarche qui tente de mieux faire comprendre la place et le rôle du système juridictionnel malien dans la protection des droits et libertés fondamentaux à un moment où la citoyenneté consciente et responsable est devenue un facteur déterminant de la construction démocratique. Nous espérons que nos réflexions seront d'un regard utile sur le système juridictionnel qui est confronté à d'énormes défis et une contribution à la construction de l'Etat démocratique au Mali.

Au plan jurisprudentiel, nous avons eu recours aux décisions qui concernent essentiellement les libertés et droits fondamentaux. Nous avons à cet effet choisi un échantillon de décisions rendues par les différentes juridictions en matière de libertés et droits fondamentaux.

L'analyse de l'œuvre prétorienne a porté essentiellement sur la période allant de sa création en 1992 à 2008 pour le juge constitutionnel et pour les autres juges (civil et administratif) la période allant de 1999 à 2008. Cette période coïncide effectivement avec l'application des textes législatifs adoptés dans le cadre de la réforme juridique entamée après les événements de mars 1991.

Notre méthode de travail a mobilisé les divers « outils » habituels de l'approche socio-.juridique. Aussi, avons-nous privilégié *la critique historique et la sociologie juridique*. C'est ainsi que nous avons eu recours à une méthode de travail fondée sur la *collecte et le traitement des données, l'analyse approfondie et la formulation des conclusions et recommandations*.

C'est ainsi que, par exemple, à propos de l'épineuse question de l'indépendance de la magistrature, nous avons interrogé parallèlement le Conseil Supérieur de la Magistrature à travers ses rapports, les principaux représentants de la Société Civile, notamment la presse, les organisations de défense des droits de l'homme et aussi les magistrats eux-mêmes[112].

---

[110] Le projet de réforme des institutions juridiques et judiciaires maliennes est le fruit d'un long processus de réflexion et de consultation qui a abouti, en novembre 1999, au dépôt d'une proposition de *Programme décennal de développement de la justice* (PRODEJ). La réforme, malgré la croissance du budget et des effectifs a été focalisée sur les infrastructures avec la rénovation et la dotation en équipements de TPI (pour lesquels le Canada a fortement contribué) et la construction de la Cour d'Appel (dont le financement, encore ici, provenait majoritairement du Canada). Évaluation à mi-parcours PACMO-PRODEJ Me Amidou DIABATE et Louise Annie DUPUIS février 2007, document disponible au Ministère de la justice du Mali.

[111] Géraldine MELH, *Etude sur la situation des droits humains au Mali*- Avril 2006.document disponible sur le site www.confedmali.gov.ml

[112] Les juges semblent confondre l'indépendance, l'abus et l'arbitraire. Ainsi ils se montrent en certains endroits avec arrogance, souvent ils prennent des décisions qui prêtent à confusion, donnant raison à toutes les parties. Ils s'érigent en potentats locaux dans les milieux où il n'y a pas d'avocat. Les citoyens, dans ces conditions, ignorent la possibilité de tout pourvoi en appel ou en cassation. La décision du juge

Nous avons donné la priorité à la documentation écrite mais sans pour autant négliger la documentation orale. Sur ce dernier point, une enquête ciblée, auprès de membres des différents corps de la magistrature, de simples citoyens ayant eu recours au juge, suite à une violation de leurs droits humains fondamentaux , des juges et d'éminents juristes, nous a permis d'acquérir une vue globale et satisfaisante sur la problématique de l'indépendance objective et subjective du juge malien.

Par ailleurs, nous avons consulté des théoriciens et praticiens sur la question de la protection des droits de l'homme ; ce qui nous a permis d'obtenir de précieuses informations sur la situation de la protection juridictionnelle des libertés et droits fondamentaux au Mali.

Etant donné que nous nous sommes assigné pour ambition de dresser l'état des lieux de la protection juridictionnelle des libertés et droits fondamentaux en République du Mali, nous avons opté pour une vision *synchronique* et *diachronique en vue d'apprécier* les différentes étapes dans la prise en compte des droits humains dans la vie nationale au Mali. En effet, par cette démarche, nous avons pu analyser l'évolution du système juridictionnel, à travers les vicissitudes de notre histoire nationale et les efforts réellement consentis aux droits de l'homme par l'action juridictionnelle de l'Etat[113]. Le recours à une rapide esquisse de l'histoire politique du Mali est paru à cet égard inéluctable. Dans cette perspective et pour une meilleure justesse intellectuelle, nous avons fait recours à la science politique.

Comme nous l'aurons démontré, le Mali, à l'instar d'autres Etats africains, a embrassé le droit écrit tout en gardant un fond culturel multiséculaire mais encore très prégnant. En conséquence, nous avons estimé que seule une approche par la *sociologie juridique* [114]pouvait nous permettre d'établir la plus ou moins bonne cohabitation entre les droits de l'homme et le droit issu des *us* et *coutumes ancestrales*, qui continuent à marquer profondément le vécu du malien[115].

Le recours à la « *légistique* » nous est apparu nécessaire, notamment pour comprendre l'évolution des textes législatifs et réglementaires touchant de près ou de loin la question des libertés et droits fondamentaux[116]. Elle devrait nous permettre aussi une meilleure compréhension du texte et du contexte de la jurisprudence ayant

---

devient ainsi parole de Dieu. Les populations déplorent le comportement excentrique de certains juges, asociaux et hautains. Voir Forum National sur la Justice au Mali mars - avril 1999, Rapport Final sur *www.justicemali.org*

[113] Cette démarche nous a amené à accorder une place de choix à la science politique à travers une analyse de la fonction de régularisation sociale du pouvoir. Nous nous sommes inspirés des techniques préconisées par Madeleine GRAWITZ, *Méthodes des sciences sociales,* Dalloz 2001 p 285.

[114] Le positivisme sociologique refuse la conception métaphysique du droit et repousse donc la notion de droit naturel. Il estime que le seul droit qui existe est le « droit positif », posé par les acteurs juridiques. Mais contrairement au positivisme juridique, le positivisme sociologique ne considère pas le droit comme un ordre clos. Il reconnait que le droit, étant issu de la réalité sociale, ne peut en être coupé ; d'où cette différence essentielle. Alors que le positivisme juridique ne se soucie que de procédure, c'est-à-dire de technique juridique, le positivisme sociologique s'intéresse aussi et surtout au contenu, c'est-à-dire aux valeurs véhiculées par la société, qui doivent être prises en compte par le droit. V sur ce pont G. LEBRETON, op cit. p 21 et suv.

[115] C'est pourquoi nous avons réservé une partie à l'analyse des coutumiers du Mali qui constituent une source importante des droits et libertés. V infra IIe parties p 294.

[116] Il s'est agi de procéder à une analyse rationnelle des lois sur les droits de l'homme.

trait à notre sujet. C'est à l'aide de ces démarches techniques et de ces approches méthodologiques que nous avons pu tirer nos conclusions et formuler nos recommandations.

Il est vrai que les libertés et droits trouvent leur expression dans le droit constitutionnel au niveau des Etats[117], mais il revient au juge national, la mission d'en assurer la protection, au regard de sa prérogative constitutionnelle de dire le droit[118].

Dès lors, apparaît notre question principale : ***le juge malien protège-t-il effectivement les droits et libertés et comment ; cette protection est-elle suffisante ?***

L'action juridictionnelle de l'Etat étant le principal mécanisme de protection des libertés et droits fondamentaux, il est apparu essentiel, dans un premier temps, d'interroger le système de protection juridictionnelle des libertés et droits au Mali. Cette analyse s'est faite à travers une évaluation du rôle du juge malien dans la protection desdits droits et libertés. Ce qui explique la raison pour laquelle, la première partie de cette étude sera dans une large mesure descriptive mais s'ouvrira à la production jurisprudentielle.

Dans un second temps, il s'agira d'évaluer, dans une vision à la fois critique et prospective, les défis auxquels est confronté le système malien de protection juridictionnelle et de proposer les pistes d'amélioration de son efficacité.

Cependant, pour éviter de nous égarer dans une analyse qui se voudrait exhaustive, nous avons résolument centré notre recherche sur un nombre limité de libertés et droits fondamentaux .Il s'agit notamment du droit à la vie, du droit à l'intégrité physique, du droit à la sûreté de la personne, de la liberté de presse, du droit au travail , du droit de la propriété , du droit au vote et de participer à la gestion des affaires publiques, du principe d'égalité et de non-discrimination , des droits fondamentaux de la femme et de l'enfant.

D'aucuns nous reprocheront d'avoir adopté un point de vue trop étroit et d'avoir de la sorte oublié d'autres libertés et droits fondamentaux sans doute tout aussi essentiels ; d'autres s'effaroucheront de notre audace d'avoir tenté une telle entreprise.

Notre choix est arbitraire et nous l'assumons pleinement pour deux raisons .En premier lieu, les libertés et droits fondamentaux retenus sont loin d'être isolés. Il existe en effet une interdépendance entre ceux-ci et les autres droits fondamentaux. En second lieu ces principaux libertés et droits fondamentaux sont au cœur de l'activité juridictionnelle.

Nous aborderons dans une première partie, *l'effectivité de la protection juridictionnelle des libertés et droits fondamentaux.* Sur la base des enseignements

[117] BIRUKA Innocent, *La protection de la femme et de l'enfant dans les conflits armés en Afrique.* (Etudes Africaines), L'Harmattan, Paris 2006, p. 23.

[118] Le juge est le défenseur traditionnel et le gardien naturel des libertés des droits fondamentaux puisqu'il intervient à la fois en cas de violation des droits et libertés individuels commis par l'autorité administrative et par les particuliers dans leurs relations. Voir sur ce point Kouritia SANDWIDI : la protection des droits de l'homme au Burkina Faso in *les droits de l'homme en Afrique.* , Dakar, IDHP-UCAD, 1991, p.89.

que nous aurons dégagés, nous tenterons, dans la seconde partie, au moyen d'une approche organique et fonctionnelle, de formuler des propositions pour l*e renforcement de la protection juridictionnelle des libertés et droits fondamentaux.*

PREMIÈRE PARTIE

L'EFFECTIVITÉ DE LA PROTECTION JURIDICTIONNELLE DES DROITS DE L'HOMME

« Un pays a beau être pauvre, les citoyens ont beau végéter dans la misère, s'il existe un minimum de justice, alors l'espoir demeure. »

Me Abdoulaye Garba TAPO, Ministre de la justice, discours devant les Chefs des services centraux, des juridictions et de parquet, Bamako, le 18 mars 2004.

INTRODUCTION

L'appréciation de la justice malienne peut être faite à travers l'évaluation du rôle du juge dans la protection des libertés et droits fondamentaux. Dans le contexte malien, la notion de protection juridictionnelle peut prêter à équivoque lorsqu'il s'agit de déterminer le juge habilité à l'exercer. En effet, cette mission est assurée par une pluralité de juges désignés es qualité. Il faut rappeler, à ce propos, que la doctrine n'est pas unanime sur la désignation du juge des droits et libertés fondamentaux. Pour certains auteurs comme Jacques ROBERT, le juge constitutionnel semble être le protecteur désigné des droits fondamentaux[119]. D'autres auteurs comme les professeurs Louis FAVOREU[120] et François TERRE[121], soutiennent sans ambiguïté que la protection des droits et libertés fondamentaux nécessite, pour être assurée contre les pouvoirs exécutif et législatif en application des textes constitutionnels (ou internationaux) qu'en soient chargés, non seulement les juges constitutionnels mais aussi les juges ordinaires[122].

Au regard de la doctrine la problématique de la protection juridictionnelle semble être liée à la nature des libertés et droits fondamentaux. Ils correspondent intrinsèquement tantôt à des droits subjectifs réclamés par l'individu et garantis par des textes, tantôt à des normes et règles juridiques dont le respect s'impose aux pouvoirs publics sous le contrôle permanent d'un organe juridictionnel[123].

L'importance acquise par le droit de recours montre que le juge occupe une place centrale dans la protection des droits fondamentaux[124]. Celle-ci introduit la notion de droits subjectifs qui implique la participation des individus[125]. Selon le professeur François TERRE, les concepts des droits et libertés fondamentaux sont sous-tendus par la notion de droit subjectif. Ils sont reconnus de manière égalitaire aux personnes physiques sujets de droits. Ils sont caractérisés par le fait qu'ils concernent non seulement les rapports entre les individus et la puissance publique (vertical), mais aussi les relations des individus entre eux (horizontal).

Pour le professeur Louis FAVOREU, du fait qu'il s'agit des droits subjectifs, les individus pourront demander aux tribunaux ordinaires, la protection de leurs droits fondamentaux à défaut de pouvoir le faire devant le juge constitutionnel[126].

Selon le professeur Joëlle REDON, la substitution du concept de droits fondamentaux à celui de libertés publiques correspond à un changement dans la perception de la source de protection des droits et libertés en lieux et

---

[119] Jacques ROBERT, *Le juge constitutionnel, juge des libertés*, Paris, éd. Montchrestien, E.J.A, 1999.
[120] Louis FAVOREU, *« Universalité des droits fondamentaux et diversité* culturelle » in l'Effectivité des droits fondamentaux dans les pays de la communauté francophone, colloque international de Maurice, 29 sept- 1er oct. 1993 éd AUPELF-UREF, 1994, p.48.
[121] François TERRE, sur la notion de droits et libertés fondamentaux, op cit, p 14.
[122] Ibid.
[123] Ibid.
[124] Voir sur ce point Marie Joëlle REDON, *Garantie juridictionnelle et droits fondamentaux*, CRDF n° 2002.
[125] Ibid.
[126] Louis FAVOREU, Droit constitutionnel, éd. 1998, p 788.

place du législateur ; c'est désormais le juge qui détient la clé de cette protection[127]. Dans ces conditions, l'extension continue des pouvoirs du juge et de la garantie juridictionnelle s'affichent comme des moyens indispensables à la protection des droits et libertés fondamentaux.

Au Mali, trois types de juges interviennent dans la protection des libertés et droits fondamentaux : le juge constitutionnel, le juge judiciaire et le juge administratif.

Le juge constitutionnel contrôle le respect par la loi du bloc de constitutionnalité pour éviter toute atteinte liberticide au regard de la constitution. Celui-ci est donc le garant des libertés et droits fondamentaux.

Le juge judiciaire en protégeant les individus contre les agissements entre eux, et le juge administratif en contrôlant l'action de l'administration et des personnes publiques envers les administrés s'érigent en gardien des libertés et droits fondamentaux

Ainsi, il existe une sorte de division du travail entre les juridictions maliennes en fonction de la nature de la question posée et du contentieux en présence. S'il est vrai que le juge est investi de la mission de protection des droits et libertés fondamentaux, il est légitime de se demander s'il a pu garantir leur effectivité.

L'effectivité de la protection juridictionnelle des libertés et droits fondamentaux s'appréciera suivant les deux missions confiées aux juges maliens par le constituant : un juge garant des libertés et droits fondamentaux **(Titre I)** et un juge gardien des libertés et droits fondamentaux **(Titre II).**

---

[127] Marie Joëlle REDON, *Garantie juridictionnelle et droits fondamentaux*, op cit.

Titre I

Un juge garant des libertés et droits fondamentaux

Le juge constitutionnel est chargé d'invoquer la primauté de la constitution et d'interpréter autoritairement cette norme fondamentale. Dans ce sens, il se voit attribuer une priorité relative dans la hiérarchie des organes juridictionnels.

L'institution qu'est la Cour constitutionnelle est revêtue des caractéristiques spécifiques d'une juridiction, en particulier dans le domaine des libertés et droits fondamentaux. Elle fait en tous cas partie de l'ordonnancement juridictionnel au sens large du terme, dans lequel elle est investie d'une mission spécifique : garantir les libertés et droits fondamentaux.

Le juge constitutionnel parvient-il à assurer cette mission ? Quelle est l'exacte étendue de sa vigilance ? Quelles sont les modalités de sa protection ? Où se situent les limites de sa garde ? Telles sont les questions qui nous interpellent.

Pour évaluer concrètement le rôle du juge constitutionnel dans la protection des libertés et droits fondamentaux, nous avons analysé les décisions qu'il a rendues de 1992 à 2008. Nous avons pu relever que pendant cette période, le juge constitutionnel fut à l'épreuve des libertés et droits fondamentaux **(chapitre I).** Cependant, malgré les progrès enregistrés, certaines contraintes d'ordre juridique et politique persistent. Celles-ci constituent en réalité les limites à la garantie des libertés et droits fondamentaux par le juge constitutionnel **(Chapitre II).**

Chapitre I

Le juge constitutionnel à l'épreuve des libertés et droits fondamentaux.

L'une des innovations majeures de la IIIème République a été de doter le Mali d'une véritable juridiction constitutionnelle. Après plus de quinze ans de pratique constitutionnelle quelle a été la place du juge constitutionnel dans la protection des libertés et droits fondamentaux ?

Dans un Etat de droit, la constitution vise un double objectif : déterminer l'organisation des pouvoirs publics et fixer la liste des droits et libertés.

Depuis son accession à l'indépendance, le Mali a adopté trois constitutions[128] ; toutes les trois consacrent les libertés et droits fondamentaux. Et le constituant semble effectivement vouloir faire, des droits et libertés, par une énumération particulièrement abondante, des valeurs essentielles du régime politique malien. Le pluralisme politique, la démocratie et les droits de l'homme constituent les références fondamentales de la vie politique au Mali.

La Constitution malienne du 25 février 1992, contient les principaux éléments de cadrage juridique d'un Etat de droit et de gouvernance démocratique. D'abord elle prend en compte une multitude de droits fondamentaux, individuels et collectifs, inspirés des conventions internationales et qui sont devenus, de ce fait, des droits constitutionnels. Elle établit ensuite un régime politique[129] basé sur le multipartisme qui suit la lignée des démocraties contemporaines. Elle observe enfin le principe de séparation des pouvoirs exécutif, législatif et judiciaire.

Après d'intenses activités, la pertinence du rôle du juge constitutionnel dans la consolidation de la démocratie se trouve largement justifiée. Il est évident que le juge constitutionnel a contribué à renforcer la démocratie constitutionnelle au Mali. En effet, il faut reconnaître qu'il a joué un rôle déterminant dans la construction démocratique à travers le contrôle des prescriptions juridiques **(Section I)** et la garantie des droits fondamentaux **(Section II).**

---

[128] Il s'agit de : la Constitution du 22 septembre 1960, la Constitution du 02 juin 1974 et la Constitution du 25 février 1992.

[129] Le régime politique du Mali est de type Républicain, laïc et semi-présidentiel. Le pouvoir exécutif est bicéphale : d'une part le Président de la République, chef de l'Etat élu au suffrage universel direct et d'autre part, le Premier ministre, chef du gouvernement. Le pluralisme politique intégral a été institué et intégré dans la Constitution du Mali. Ainsi, en vertu de l'article 28, les partis concourent à l'expression du suffrage. Ils se forment et exercent librement leurs activités dans les conditions déterminées par la loi. Plusieurs partis légalement constitués (116) se livrent une compétition pacifique pour la conquête du pouvoir.

Section 1 : Le contrôle des prescriptions juridiques

La protection des libertés et droits ne peut être garantie sans le contrôle de la constitutionnalité des lois. Selon le professeur El Hadj M'BODJ *«Le Contrôle de la constitutionnalité est une technique de garantie de la suprématie de la constitution. Il trouve son expression dans la mise en place d'un système efficace de contrôle de la conformité des règles subordonnées à la norme suprême »*[130]

Pour le Doyen Georges VEDEL, *« ...le contrôle de la constitutionnalité des lois met en cause souvent, sinon le plus souvent, la conformité ou la non-conformité d'un texte de valeur législative aux normes de valeur constitutionnelle définissant les droits individuels ou sociaux et les libertés publiques »*[131].

Le Professeur Dominique Rousseau insiste quant à lui, sur le fait que le contrôle de la constitutionnalité des lois est un critère essentiel d'appréciation des régimes démocratiques au même titre que la séparation des pouvoirs, l'indépendance du pouvoir judiciaire, la liberté du suffrage, le pluralisme des partis politiques et des moyens d'expression[132].

La validité d'une norme se détermine alors par le fait qu'elle a été créée conformément à une autre norme juridique. Comme le remarque Hans Kelsen, *«l'idée d'une norme contraire aux normes représente une contradiction in adjecto ; une norme dont on pourrait affirmer qu'elle n'est pas conforme à la norme qui règle sa création ne pourrait pas être considérée comme une norme valable ; elle serait nulle, autrement dit, elle ne serait pas du tout une norme juridique »*[133].

Le contrôle de la constitutionnalité des lois est une œuvre prétorienne. Il est né aux Etats Unis[134] et ne s'est imposé que tardivement en Europe.

Il s'est généralisé en Afrique à partir des années 1991 et à la faveur de la démocratie. Presque toutes les Cours constitutionnelles sont responsables du contrôle de la constitutionnalité des lois et des normes assimilées ayant force de loi.

Le contrôle de constitutionnalité est devenu une nécessité juridique et politique dans la mesure où il garantit le respect de la hiérarchie des normes et soumet tous les acteurs constitutionnels au respect de la norme suprême[135].

Au Mali, cette mission a été confiée à la section constitutionnelle de la Cour suprême jusqu'à l'avènement d'une cour constitutionnelle à partir de 1992. De façon générale, le contrôle de la constitutionnalité se déroule dans un cadre satisfaisant. Toutefois, pour mieux cerner cette pratique, nous évaluerons ici, d'une part, l'intensité du contrôle de la constitutionnalité des lois exercé par le juge

---

130 El Hadj M'BODJ, *Cours de théorie constitutionnelle*, UCAO-UUBA, 2008, p 124.

131 Georges VEDEL, "Le Conseil constitutionnel, gardien du droit positif ou défenseur de la transcendance des droits de l'Homme", in Pouvoirs n° 13, p 209-219.

132 Dominique ROUSSEAU, *La justice constitutionnelle en Europe*, Paris, 2e édition, Ed. Montchrestien, 1996, pp. 29-30 cité par Abdoulaye DIARRA, op cit p23.

133 Hans KELSEN, *Théorie pure du droit, op. cit.* p.356.

134 Le contrôle de la constitutionnalité des lois fut admis par la Cour suprême des Etats Unis dans l'arrêt Marbury c/ Madison (1803) rendu sous les auspices du Chief Justice John Marshall.

135 El Hadj M'BODJ, *Cours de théorie constitutionnelle*, op cit, p 128.

constitutionnel **(§1)**, puis le contrôle de constitutionalité des lois constitutionnelles **(§2)**.

§1. L'intensité du contrôle de la constitutionnalité des lois

La Constitution est la charte que s'est donnée souverainement et solennellement la Nation[136]. Elle est la norme suprême fondamentale. Toutes les normes, règles et procédures, procèdent d'elle, se réfèrent à elle. Base indispensable des normes juridiques qui règlent la conduite réciproque des membres de la collectivité étatique (...) assise fondamentale de l'ordre étatique, la Constitution doit être dotée d'une stabilité supérieure à la législation ordinaire en distinguant les normes constitutionnelles, soumises à la procédure rigide de révision des normes légales[137]. Le pouvoir constituant est supérieur à tous les pouvoirs constitués. Cette suprématie de la constitution implique, selon le Professeur Ahanhanzo GLELE, que toute loi ou toute règle ou tout acte qui lui est contraire puisse être sanctionné, annulé[138].

Au Mali, c'est le juge constitutionnel qui est investi de cette mission. Celui-ci tire son pouvoir de la Constitution. De manière générale, de 1992 à nos jours le juge constitutionnel malien s'est affirmé en matière de contrôle de constitutionnalité, tant en ce qui concerne les lois que les autres normes. Nous examinerons successivement les modalités d'exercice du contrôle de la constitutionnalité **(A)** et l'affirmation du juge constitutionnel en matière de contrôle de la constitutionnalité de 1992 à 2008 **(B).**

A. Les modalités d'exercice du contrôle de la constitutionnalité

La Constitution est la norme suprême à laquelle sont subordonnées directement ou indirectement toutes les autres règles juridiques. Elle définit les modalités du contrôle de la conformité des autres normes à elle.

Lorsque la constitution ne contient aucune disposition sur la question de savoir si le contrôle de la constitutionnalité des lois est possible, la réponse authentique à cette question ne peut se trouver que dans la *jurisprudence constitutionnelle.* Mais pour qu'il y ait une jurisprudence constitutionnelle, il faut qu'il existe un organe compétent pour se prononcer sur la constitutionnalité des lois. Cet organe est évidemment la « cour constitutionnelle »[139]. S'il n'y a pas de cour constitutionnelle, peut-on conclure que le contrôle de la constitutionnalité des lois n'est pas impossible ?

Il faut rappeler que selon la doctrine la conformité d'une loi à la Constitution peut faire l'objet d'un contrôle politique ou d'un contrôle juridictionnel[140]. Le

---

[136] Ibid. p 129

[137] David DOKHAN, *Les limites du contrôle de la constitutionnalité des actes législatifs*, LGDJ, p26

[138] Maurice Ahanhanzo GLELE, *La Constitution ou loi fondamentale Encyclopédie juridique de l'Afrique*, Tome I, éd., N.E.A., p 47.

[139] Quelle que soit son appellation (conseil constitutionnel, tribunal constitutionnel, Cour suprême, etc.) à condition que cet organe soit compétent pour se prononcer sur la validité des lois. Au Mali l'organe désigné est la cour constitutionnelle.

[140] El Hadj M'BODJ, *Cours de théorie constitutionnelle,* op cit, p 132.

contrôle politique repose sur l'idée de confier à une instance politique le soin de veiller à la constitutionnalité des lois et de sanctionner politiquement les autorités en infraction avec les règles constitutionnelles. Quant au contrôle juridictionnel celui-ci apparaît comme la meilleure garantie technique de l'application d'une norme juridique car le juge dit le droit avec l'autorité de la chose jugée qui en découle[141].

Le contrôle de la constitutionnalité des lois est possible dès lors que la Cour constitutionnelle s'est déjà déclarée compétente pour cela. Ainsi, s'il y a une Cour constitutionnelle, il faut se tourner vers sa jurisprudence qui constituera la référence en la matière.

Au Mali, la question est réglée par l'article 85 de la constitution qui dispose : « *la cour constitutionnelle est juge de la constitutionnalité des lois et elle garantit les droits fondamentaux de la personne humaine et les libertés publiques* ».

Le juge constitutionnel tire donc son pouvoir de la loi constitutionnelle du pays. Il statue obligatoirement sur la constitutionnalité des lois organiques et des autres lois (lois ordinaires, les règlements de l'Assemblée Nationale et les engagements internationaux) avant leur promulgation[142].

Mais tous ces textes ne sont pas soumis au même régime. Certains sont assujettis à un contrôle facultatif et à priori, alors que d'autres, avant leur entrée en vigueur, doivent être présentés devant le juge constitutionnel.

Les lois ordinaires sont celles qui sont élaborées et adoptées selon la procédure parlementaire traditionnelle ou par voie référendaire. Ces lois contribuent à l'encadrement du jeu politique, notamment les conditions de désignation des gouvernants qui sont le fait des codes électoraux.

Les lois organiques sont placées dans la hiérarchie des actes juridiques entre les lois constitutionnelles et les lois ordinaires. Adoptées selon des conditions particulières de majorité et soumises à un contrôle préalable et obligatoire de constitutionnalité, les lois organiques visent à préciser ou compléter certaines stipulations de la Constitution.

Les règlements de l'Assemblée Nationale contiennent des dispositions relatives à la structuration interne du pouvoir législatif, la gestion des services administratifs ou la discipline interne du groupe.

Les engagements internationaux sont les traités, accords et conventions conclus par l'Etat malien avec des Etats ou des organisations internationales et communautaires.

Au Mali, les lois organiques sont soumises au juge constitutionnel par le Premier Ministre avant leur promulgation. Les autres catégories de lois, peuvent lui être déférées avant leur promulgation, soit par le Président de la République, le Premier ministre, le Président de l'Assemblée Nationale ou 1/10e des députés, soit par le Président de la Cour suprême.[143]

---

[141] Ibid.

[142] Article 85 de la constitution du 25 février 1992.

[143] Article 88 de la constitution du 25 février 1992.

Le juge constitutionnel est tenu de statuer dans un délai d'un mois, selon une procédure dont les modalités sont fixées par une loi organique[144]. Toutefois, à la demande du Gouvernement et en cas d'urgence, ce délai peut être ramené à huit (8) jours.[145] Le recours suspend le délai de promulgation de la loi. Une disposition déclarée inconstitutionnelle ne peut être promulguée ou appliquée.

Quelle est la technique de contrôle en vigueur au Mali ?

Il faut préciser que la constitutionnalité d'une loi peut faire l'objet d'un recours par voie d'action ou par voie d'exception.

Le contrôle par voie d'exception est un procédé défensif qui présente les caractéristiques d'un contrôle a posteriori, incident, concret, largement ouvert et décentralisé. La voie d'exception peut emprunter deux formes procédurales différentes : préjudicielle146 ou préalable147. La particularité de la voie d'exception réside dans le fait qu'elle n'aboutit pas à une annulation de la loi inconstitutionnelle mais à sa neutralisation148.

Quant au contrôle par voie d'action, il présente l'avantage de rétablir la constitutionnalité d'une loi au cours même de la procédure législative. Il dissipe les incertitudes et évite que l'ordre juridique ne soit altéré par la mise en vigueur d'une loi inconstitutionnelle et, peut être, bouleversé ensuite par son annulation résultant d'un contrôle a posteriori.

Le Mali a opté pour la voie d'action qui est un contrôle préventif s'analysant comme un procès intenté contre une loi qu'on estime contraire à la Constitution.

D'ailleurs comme l'affirme le Professeur EL Hadj M'BODJ, ce contrôle qui a cours en France, s'avère être un bon produit d'exportation car il a été repris dans de nombreux pays africains[149].

Le contrôle par voie d'action permet de saisir directement le juge de la constitutionnalité d'une requête aux fins de lui faire vérifier la conformité d'une loi

---

[144] La loi organique n° 97-10 du 11 février 1997 portant loi organique déterminant les règles d'organisation et de fonctionnement de la Cour constitutionnelle ainsi que la procédure suivi devant elle.

[145] Article 89 de la Constitution du 25 Février 1992.

[146] Cette hypothèse qui a cours en Allemagne, en Italie et au Sénégal implique l'existence d'un juge constitutionnel. L'exception soulevée devant le juge ordinaire au cours d'un procès l'oblige à surseoir à saisir le juge chargé de la constitutionnalité des lois et à attendre sa réponse pour appliquer ou écarter la loi litigieuse. Voir El Hadj M'BODJ, *Cours de Théorie constitutionnelle* op cit., p 141.

[147] C'est le cas américain qui repose sur l'idée que le juge du fond est juge de l'exception. En d'autres termes, si au cours d'un procès une partie soulève devant le juge l'exception d'inconstitutionnalité, ce dernier devra, avant de juger le conflit au fond, apprécier la constitutionnalité de la loi qui sert d'argument à la partie adverse. Si la loi est conforme à la constitution il l'applique ; le cas échéant il l'écarte et tranche le différend sur d'autres bases. Hadj M'BODJ, *Cours de Théorie constitutionnelle* op cit p 141

[148] Cela implique que dans l'éventualité de son inconstitutionnalité, la loi n'est pas annulée mais écartée du différend. La décision ne vaut pas erga omnes mais son application est simplement écartée dans le litige considéré. Elle ne vaut que pour les parties concernées par le procès, le juge statuant inter partes. La conséquence est que la loi inconstitutionnelle ne disparait pas mais subsiste dans l'ordonnancement juridique. Elle est simplement gelée ou neutralisée pour le cas d'espèce. Dans l'avenir, elle est susceptible d'être appliquée ou servir de base à un autre litige. Les justiciables devront soulever chaque fois l'exception d'inconstitutionnalité pour faire écarter son application. Hadj M'BODJ, *Cours de Théorie constitutionnelle,* op cit, pp 141et 142.

[149] Hadj M'BODJ, *Cours de Théorie constitutionnelle*, op cit, p 138.

à la constitution. Son avantage est de réduire au minimum la période d'incertitude des lois adoptées par le législateur.

La spécificité de ce contrôle réside dans son caractère préventif qui résulte de ce que ce type de contrôle intervient a priori, après l'adoption de la loi votée par l'Assemblé nationale et avant sa promulgation. L'intervention du juge constitutionnel se situe en amont car celui-ci ne peut plus être saisi une fois la loi promulguée.

Le contrôle par voie d'action apparaît alors comme une étape de la procédure législative car l'organe de contrôle joue un peu le rôle d'une chambre spécialisée dans une dernière vérification de la loi sous l'angle de sa conformité à la constitution[150].

Le juge constitutionnel chargé de cette mission exerce-t-il effectivement le contrôle des lois ? L'analyse des décisions qu'il a rendues de 1992 à 2008 permet de conclure qu'il s'est affirmé en matière de contrôle de constitutionnalité des lois par voie d'action.

---

[150] Ibid.

B. L'affirmation du juge constitutionnel en matière de contrôle de la constitutionnalité de 1992 à 2008

Actes et Normes	**Période**	
	1992-2000	2000-2008
Lois ordinaires	3	2
Lois organiques	8	11
Lois constitutionnelles	0	1
Règlement des institutions	3	12
Traités et conventions	0	0
Nature législative ou réglementaire	1	2
Total	**15**	**28**

Tableau des saisines du juge constitutionnel par type d'actes contrôlés - Classement des actes ou normes par catégories, par période et nombre d'actes dont le juge a été valablement saisi de 1992 à 2008.

Au cours de la période allant de 1992 à 2008, le juge constitutionnel a rendu des décisions importantes. Au total 43 arrêts ont été rendus soit en moyenne 2,5 arrêts par an. Le contrôle de constitutionnalité des lois a débuté véritablement à partir de 1995. Le juge a examiné les différentes questions qui lui ont été soumises. Il s'est prononcé sur chaque situation juridique procédant ainsi à une construction jurisprudentielle.

Le juge constitutionnel a admis sa compétence, en se prononçant sur la constitutionnalité de certaines lois. Au total, de 1992 à 2008, 05 lois ordinaires, 19 lois organiques et 01 loi constitutionnelle ont été soumises au contrôle du juge constitutionnel.

La saisine la plus importante concerne les règlements intérieurs des institutions. Il faut préciser que l'Assemblée Nationale est l'institution qui a le plus saisi. En effet, sur 15 saisines 10 proviennent d'elle. S'agissant des lois ordinaires, il ya eu, au total, 4 saisines. Le juge constitutionnel a été saisi une seule fois à propos des lois constitutionnelles.

Enfin, il faut noter, une absence de saisine en matière de traité et des conventions.

De l'analyse du tableau ainsi présenté, il ressort que le juge constitutionnel exerce son contrôle chaque fois qu'il est saisi. Ce qui nous conduit à affirmer que le contrôle de constitutionnalité est effectif au Mali. En effet, la construction prétorienne du juge constitutionnel lui a d'ailleurs permis de dire qu'un principe ou une règle pour pouvoir être une norme juridique doit être suffisamment déterminée et claire ; qu'à défaut, le législateur, n'ayant pas consacré une règle de droit, avait omis d'aller jusqu'au bout de sa compétence.[151]Le juge constitutionnel affirmait par ce procédé qu'il était attentif à la qualité de la loi qui doit être suffisamment claire et précise pour être une norme[152].

Enfin, nous avons pu relever qu'en dehors des personnes habilitées, quelques structures et citoyens ont eu le courage de saisir le juge constitutionnel. Il s'agit, entre autres, de la Confédération Syndicale des Travailleurs du Mali[153], du Conseil National de l'Ordre des Comptables agréés et experts comptables agréés du Mali[154],

---

[151] Arrêt n°96-003 CC du 25 octobre 1996 portant sur le contrôle de constitutionnalité de la loi n°96-46/AN-RM portant loi électorale adoptée le 27 septembre 1996. Par lettre en date du 01 octobre un groupe de députés à l'Assemblée Nationale du Mali a saisi la Cour constitutionnelle conformément aux dispositions de l'article 88 de la Constitution et l'article 31 al1 de la loi organique n°92-028 du 5 octobre 1992 en vue d'examiner l'ensemble des articles de la loi votée le 27 septembre 1997 par l'Assemblée Nationale.

[152] On trouve la même exigence pour le Conseil constitutionnel français .Voir arrêt n°86-132 du 16 janvier 1982. Le juge malien a déclaré contraires à la Constitution les articles 5 ,14,16,18,20,50,66,68,76,150,159,168,174,175,193 de la loi votée le 27 septembre 1997 par l'Assemblée Nationale. Il a dans la même décision précisé que les dispositions des articles 5 ,14,16,18,20,50,66,68,76,150,159,168,174,175,193 ne sont pas séparables de l'ensemble de cette loi.

[153] Arrêt n°01-123 CC du 30 mars 2001 portant requête de la CSTM à la Cour constitutionnelle afin que celle-ci fasse appliquer l'arrêt de la Cour suprême portant annulation du décret n°99-272/P-RM du 20 Septembre 1999.Par requête n°75/99 du 29 Septembre 1999, la Confédération Syndicale des Travailleurs du Mali (CSTM) et d'autres syndicats ont saisi la Cour suprême pour annuler le décret n°99-272/P-RM du 20 Septembre 1999 pour non-conformité à la loi n°92-031 du 19 Octobre 1992 fixant l'organisation, le fonctionnement et les modalités de désignation des membres du Conseil Economique , Social et Culturel une des Institutions de la République. Suite à cette requête, la Cour suprême par arrêt n°30 du 28 septembre 2000 a annulé le décret n° 99-272/P-RM du 20 Septembre 1999 pour excès de pouvoir. Sur la base des dispositions de l'article 86 al3 de la constitution qui prévoit que la Cour suprême statue obligatoirement sur « les conflits d'attribution entre les institutions de l'Etat », la Confédération Syndicale des Travailleurs du Mali a saisi la Cour constitutionnelle afin que celle-ci fasse appliquer l'arrêt de la Cour suprême portant annulation du décret n°99-272/P-RM du 20 septembre 1999. Le juge constitutionnel dans sa décision s'est déclaré incompétent pour appliquer une décision de justice. Il a estimé qu'il n'y a pas de conflit d'attribution entre les institutions de l'Etat quand le pouvoir exécutif n'applique pas une décision. En conséquence il a affirmé que la requête de la CSTM est irrecevable pour défaut de qualité pour agir dans un conflit d'attribution entre les institutions de l'Etat.

[154] Arrêt n°02-129 CC du 29 janvier 2002 portant sur la requête du Conseil National des Comptables agréés et experts comptables agréés du Mali aux fins de faire respecter la règle de droit édictant la certification des comptes sociaux des partis politiques. Par lettre n°0004 en date du 02 janvier 2002, le Conseil national de l'Ordre des Comptables Agrées et Experts-Comptables Agrées, sous la signature conjointe de son président et de son secrétaire général, a saisi la Cour Constitutionnelle par la voie gracieuse aux fins de faire respecter la règle de droit édictant la certification des comptes sociaux des partis politiques. Les textes visés sont : les articles 26 et 27 de l'ordonnance n°91-075/P-CTSP du 10 Octobre 1991 portant charte des partis. L'article 26 dispose : « tout parti politique doit tenir une

du parti politique Solidarité Africaine pour la Démocratie et l'Indépendance (SADI)[155]. Cette situation renforce l'idée d'un élargissement de la saisine du juge constitutionnel qui s'est, pourrait-on dire, instaurée de facto. Quid du contrôle de la constitutionnalité des lois constitutionnelles ?

§2. La consécration du contrôle de constitutionalité des lois constitutionnelles

Le juge constitutionnel est compétent à l'égard des lois organiques, des règlements de l'Assemblée Nationale et des lois ordinaires. Cependant la Constitution ne mentionne pas les *lois constitutionnelles* **(A).** En d'autres termes, la Constitution malienne ne contient aucune disposition expresse sur le contrôle de la constitutionnalité des lois constitutionnelles.

Le système de contrôle constitutionnel des lois au Mali pourrait être compris alors comme un système dans lequel le contrôle de la constitutionnalité des lois constitutionnelles n'est pas expressément consacré. Pourtant le juge s'est affirmé compétent en la matière **(B).**

A. Une absence de la mention des lois constitutionnelles

L'examen des dispositions de la constitution du 25 février 1992 montre que le constituant se serait refusé à énumérer explicitement la possibilité pour le juge constitutionnel de contrôler les lois constitutionnelles. Toutefois, il est affirmé que *« les autres catégories de lois avant leur promulgation , peuvent être déférées à la cour constitutionnelle soit par le Président de la République, soit par le Premier ministre, soit par le Président de l'Assemblée Nationale ou un dixième des députés , soit par le Président du Haut conseil des collectivités ou un dixième des conseillers nationaux , soit par le président de la Cour suprême ».*

---

comptabilité régulière et un inventaire de ses biens, meubles et immeubles. Les documents et pièces doivent être conservés pendant dix années au moins. Le délai de conservation commence à la fin de l'exercice comptable ». L'article 27 dispose : « les partis politiques sont tenus de déposer leurs comptes annuels au Ministère chargé de l'administration territoriale et au ministère chargé des finances ....Le rapport doit faire ressortir le compte général des recettes des activités lucratives du parti. Le rapport doit être vérifié par des commissaires aux comptes désignés par l'Etat. La vérification porte sur la moralité et la sincérité des comptes du parti. Elle peut s'étendre à ses structures inférieures ». Le juge constitutionnel a rejeté la requête du Conseil national de l'Ordre des Comptables Agréés et Experts Comptables Agrées du Mali. Il a estimé qu'aucune disposition ni constitutionnelle, ni légale, ni réglementaire ne prévoit l'intervention de la cour constitutionnelle dans la procédure de soumission des comptes des partis politiques à la certification annuelle des commissaires aux comptes désignés par l'Etat.

[155] Arrêt n°08-189 CC du 28 novembre 2008 portant saisine par le Président du parti SADI aux fins d'interprétation de l'article 4 de la loi n°06-044 du 04 septembre 2006 portant loi électorale. Par requête en date du 20 octobre 2008, le Président du Parti Solidarité Africaine pour la Démocratie et l'Indépendance (SADI) a saisi la cour constitutionnelle aux fins d'interprétation de l'article 4 de la loi n° 06-044 du 4 septembre 2006 portant loi électorale. Le requérant soutient que les partis politiques de la majorité et de l'opposition ne s'accordent pas sur la lecture de l'article 4 de la loi électorale où il est question du partage de dix (10) sièges affectés aux partis politiques pour leur participation au bureau de la Commission Electorale Nationale Indépendante (CENI). Le saisissant se demande si l'article 4 de la loi électorale autorise un partage égal des dix (10) sièges entre la majorité et l'opposition c'est-àdire cinq (5) sièges pour les partis de la majorité et cinq (5) sièges pour les partis de l'opposition. Le juge a considéré que les partis politiques n'ont pas la qualité de saisissant constitutionnel à saisir la Cour Constitutionnelle au motif que les partis politiques n'ont pas le caractère d'institution ou de pouvoirs publics. En conséquence, il a déclaré irrecevable la requête du Président du parti Solidarité Africaine pour la Démocratie et l'Indépendance (SADI) pour défaut de qualité.

La notion d' *« autres catégories de lois »* peut être sujette à interprétation. Elle semble être relativement vague et englobe à la fois toutes les autres catégories de lois qui ne sont pas des lois organiques. Sous ce rapport, on peut soutenir que les lois constitutionnelles étant une catégorie autre que les lois organiques peuvent être soumises au juge constitutionnel. Ici, apparaît une difficulté d'interprétation du texte constitutionnel malien.

Les lois constitutionnelles visent à compléter ou à modifier les dispositions constitutionnelles existantes ou en ajouter de nouvelles. Elles sont adoptées selon les règles de procédure de révision de la Constitution .Elles intègrent la Constitution une fois qu'elles ont été régulièrement approuvées.

La question du contrôle éventuel des lois constitutionnelles par le juge constitutionnel a longtemps été considérée comme ne se posant pas[156]. C'est pourquoi, il y a peu d'auteurs[157] qui ont discuté de ce problème sur le plan théorique. Les auteurs qui l'ont abordé ne le font que d'une façon laconique. La thèse selon laquelle les lois constitutionnelles votées par le Parlement ne peuvent pas être soumises au contrôle du juge constitutionnel a été généralement défendue au nom du principe de la souveraineté du pouvoir constituant[158].

Cette thèse a été clairement affirmée par Dimitri Georges LAVROFF. Celui-ci remarque en effet que le Conseil constitutionnel français a reçu compétence pour juger de la conformité des lois à la Constitution et non pas pour contrôler l'exercice par l'organe constituant de sa compétence pour modifier la Constitution.

Pour lui, admettre un contrôle de la constitutionnalité des lois constitutionnelles votées par le Congrès serait dénaturer le rôle du Conseil constitutionnel et en faire un organe chargé de défendre la Constitution contre le constituant lui-même. Il ajoute que cela serait absurde et dangereux[159].

Le professeur LUCHAIRE fonde la compétence du Conseil constitutionnel à l'égard des lois constitutionnelles sur l'article 61, alinéa 2, de la Constitution. Selon lui, les « lois » pour lesquelles le Conseil constitutionnel est compétent englobent non seulement les lois ordinaires, mais aussi les lois constitutionnelles. Il précise que le mot loi comprend parfaitement la loi constitutionnelle. Pour lui, il suffit de regarder la formule finale et de promulgation de la Constitution pour s'en rendre compte : *« la présente loi sera exécutée comme Constitution de la République et de*

---

156 A propos de la question de savoir si le pouvoir constituant peut être limité et contrôlé, le professeur Louis FAVOREU note que la doctrine française de droit constitutionnel n'avait, jusque-là, jamais envisagé qu'elle pût être posée tant il paraissait sacrilège d'en évoquer même l'éventualité. Ce qui est couramment débattu en Allemagne, Autriche, Espagne ou Portugal est un sujet tabou en France (FAVOREU, Commentaire sous C.C., décision n° 92-312 DC du 2 septembre 1992, *op. cit.* p.735).

157 François LUCHAIRE, *Le Conseil constitutionnel 2e éd. Paris Economica 1998* p.125 ; D. TURPIN, *Contentieux constitutionnel, op. cit.* p.97 ; D ROUSSEAU, *Droit du contentieux constitutionnel, op. cit.*, 2e éd. p.173-174.

158 En effet les défenseurs de cette thèse, soit, affirment la permanence d'un pouvoir constituant originaire, soit nient le caractère limité du pouvoir constituant *dérivé*. Voir Dimitri G. LAVROFF, le système constitutionnel français 2e éd Coll. « Précis Dalloz ».

159 LAVROFF, *Le système politique français, op. cit.* p.127. Notons qu'après la décision du 3 septembre 1992, le président Lavroff a une position plus nuancée sur la question. Voir Lavroff, *Le droit constitutionnel, op. cit.* p.166-168.

la communauté ». Ainsi il déduit de cette disposition que la Constitution est appelée loi. Par ailleurs du fait que l'alinéa 1 de l'article 61 vise spécialement la loi organique, cela signifie, selon lui simplement, que l'alinéa 2 vise toutes les lois, sauf les lois organiques[160].

Le Professeur Dominique Rousseau défendait également la possibilité du contrôle de la constitutionnalité des lois constitutionnelles d'une façon générale. A cet effet, le Professeur ROUSSEAU soutient : « *réviser la Constitution est le travail d'un pouvoir institué qui a reçu cette compétence du pouvoir constituant originaire. Le premier est donc subordonné au second ; son exercice n'est pas libre mais conditionné par les différentes règles de forme et de fond posées par le constituant originaire pour la révision de la Constitution* ».

Dans la doctrine française du droit constitutionnel, c'est sûrement Olivier BEAUD qui affirme d'une façon plus systématique le caractère contrôlable des lois de révision constitutionnelle. Le professeur BEAUD, par opposition à l'acte constituant qui est incontestable, défend l'idée que l'acte de révision constitutionnelle est juridiquement contestable[161]. Selon lui, *« Subordonné en raison de sa nature constituée, l'acte de révision peut faire l'objet d'un contrôle par une autorité tierce.*

La contestation va fournir le moyen juridique d'assurer la garantie de sa subordination en permettant de sanctionner une éventuelle violation de l'acte constituant par l'acte de révision. Son caractère contestable est donc le corollaire logique de sa valeur infra constituante »[162].

De la distinction entre l'acte constituant et l'acte de révision, le professeur Olivier BEAUD déduit que la loi constitutionnelle de révision (l'acte de révision) est juridiquement contestable parce qu'elle n'émane pas d'un pouvoir souverain... On sait en effet, dit il, qu'en droit, la suprématie de la constitution par rapport à la loi de révision n'a de sens que si elle est garantie par le contrôle de la constitutionnalité, moyen juridique de garantir la supériorité d'une norme sur une autre[163]. Ainsi, de la même manière qu'une loi ordinaire peut être éventuellement invalidée ou annulée, si elle n'est pas conforme à la Constitution, un acte de révision constitutionnelle peut être aussi invalidé ou annulé pour non- conformité à la Constitution.

Nous avons affirmé que, si la constitution ne consacre pas expressément le contrôle de constitutionnalité, la doctrine préconise que s'il y a un organe chargé de contrôle de la constitutionnalité dans le système, il faut regarder la jurisprudence de cet organe sur le point de savoir s'il se déclare compétent pour contrôler la constitutionnalité des lois constitutionnelles. Dans une telle hypothèse, il faut admettre que la décision de cet organe constitue la solution authentique du problème du contrôle de la constitutionnalité des lois constitutionnelles. Le juge constitutionnel a réglé ce problème en statuant sur la constitutionnalité d'une loi de révision constitutionnelle.

---

[160] François LUCHAIRE, *Le Conseil constitutionnel 2e éd. Paris Economica 1980, op. cit.* p.125.

[161]. *Ibid.*, p.356.

[162]. Olivier Beaud, « Maastricht et la théorie constitutionnelle », *Les Petites affiches*, 2 avril 1993, n° 40, p.7. Voir également Beaud, *La puissance de l'Etat, op. cit.* p.386.

[163] Olivier BEAUD, *La puissance de l'Etat,* op cit p 386.

B. Un contrôle effectif de la constitutionnalité des lois constitutionnelles

Nonobstant l'absence d'une mention expresse des lois constitutionnelles, le juge malien s'est affirmé compétent en matière de contrôle de constitutionnalité dans ce domaine.

Cependant de 1992 à 2008, le juge constitutionnel n'a été sollicité qu'une seule fois. Sur l'initiative des députés de l'Assemblée Nationale, il a été saisi afin de déclarer inconstitutionnelle la loi n° 00-54/AN-RM du 21 Juillet 2000 portant révision de la constitution du 25 février 1992[164].

Le juge constitutionnel a considéré que la loi portant révision de la constitution qui est l'objet du référendum n'étant pas une loi organique fait donc partie des autres catégories de lois prévues à l'article 88 de la Constitution ; qu'en conséquence elle est susceptible de recours en contrôle de constitutionnalité devant la Cour Constitutionnelle[165] .Cet arrêt contribue à résoudre la problématique de compétence sur la constitutionnalité des lois constitutionnelles. Ainsi le juge constitutionnel a lui-même consacré les lois constitutionnelles comme faisant partie désormais des autres catégories de lois.

La protection des libertés et droits fondamentaux se trouve au premier rang des arguments des requérants. Ceux-ci considèrent que l'article 5 de la loi portant révision de la Constitution du 25 février 1992 est une atteinte grave aux libertés publiques reconnues par la Constitution de 1992 dans la mesure où cette disposition n'engage plus l'Etat dans la reconnaissance et la garantie des droits d'aller et venir, du libre choix de la résidence, de la liberté d'association, de réunion, de cortège et de manifestation. "[166]

A l'appui de leur demande du 13 novembre 2001, les requérants soutiennent que le projet ou la proposition de révision doit être votée par l'Assemblée Nationale à la majorité des deux tiers de ses membres. Ceux-ci prétendent que la révision n'est définitive qu'après avoir été approuvée par référendum. Ils estiment qu'avant cette formalité, il y a lieu de considérer la loi portant révision de la constitution comme appartenant à la classe des *« autres catégories de lois »* désignée par l'article 88 alinéa 2 de la constitution[167], donc

---

[164] La loi portant révision de la Constitution du 25 février 1992 a été adoptée par 120 voix pour, 07 contre et zéro abstention.

[165] Arrêt n° 01-128 CC du 12 Décembre 2001 portant sur la requête de Boubou KOITA et 25 autres députés à l'Assemblée Nationale aux fins de déclarer inconstitutionnelle de la loi n°00-54/AN-RM portant révision de la Constitution du 25 février 1992 votée le 21 juillet 2000. Par requête en date des 13 et 20 novembre 2001, un groupe de députés à l'assemblée Nationale a saisi la cour constitutionnelle afin de déclarer inconstitutionnelle la loi n°00-54/AN-RM portant révision de la Constitution du 25 février 1992 votée le 21 juillet 2000. Dans leur requête, les députés estiment que le projet ou la proposition de révision doit être votée par l'assemblée Nationale à la majorité des deux tiers de ses membres. La révision n'est définitive qu'après avoir été approuvée par referendum ». Le juge constitutionnel a déclaré la loi portant révision de la constitution du 25 février 1992 telle que publiée au journal Officiel spécial n°5 du 18 Octobre 2001 inconstitutionnelle.

[166] Arrêt n°01-128 CC du 12 Décembre portant sur la requête de Boubou KOITA et 25 autres députés à l'Assemblée Nationale aux fins de déclarer inconstitutionnelle de la loi n°00-54/AN-RM portant révision de la Constitution du 25 février 1992 votée le 21 juillet 2000.

[167] L'article 88 de la Constitution de 1992 stipule : *« Les lois organiques sont soumises par le Premier Ministre à la Cour Constitutionnelle avant leur promulgation. Les autres catégories de lois, avant leur*

susceptible de recours en inconstitutionnalité devant la Cour Constitutionnelle, conformément aux prescriptions de la loi n° 97-010 du 11 Février 1997 portant loi organique déterminant les règles d'organisation et de fonctionnement de la Cour Constitutionnelle ainsi que la procédure suivie devant elle .

Sur la nature de la loi, le juge a précisé que la loi n°00-54 du 21 juillet 2000 portant révision de la Constitution du 25 février 1992 ayant été régulièrement adoptée, est une loi constitutionnelle. Le juge constitutionnel a affirmé que le contrôle de constitutionnalité de la loi portant révision de la constitution consiste à l'analyser pour déterminer si l'autorité qui en a pris l'initiative est habilitée à le faire, si le quorum indiqué par la Constitution a été atteint lors de son vote par l'Assemblée Nationale, si son vote n'a pas eu lieu alors qu'il est porté atteinte à l'intégrité du territoire et enfin si elle n'a pas révisé les normes qui, de par la Constitution , ne peuvent faire l'objet d'une révision[168].

Il a rappelé également que ce contrôle participe aussi de la mission de régulation des activités des pouvoirs publics qui est dévolue à la Cour Constitutionnelle aux termes de l'article 85 de la Constitution[169]. Il a aussi rappelé que cette mission, en matière d'adoption de la loi portant révision de la Constitution par l'Assemblée Nationale, consiste à examiner la régularité du processus de ladite adoption par rapport, et à la Constitution, et aux dispositions du règlement intérieur de l'Assemblée Nationale.

Pour le juge constitutionnel, la loi portant révision constitutionnelle ne saurait être inconstitutionnelle de par les matières qu'elle a traitées *« dès lors qu'elle n'a pas révisé la forme républicaine et la laïcité de l'Etat, ou le multipartisme »*. Ainsi, le juge affirmait sa compétence en matière de constitutionnalité des lois constitutionnelles. Quid du contrôle de la conventionnalité des lois ?

C. Le contrôle de la conventionnalité des lois

Le contrôle de la conventionnalité est une technique qui permet au juge de vérifier la conformité des lois aux conventions internationales. En effet, les rapports entre droit international, au sens large, et droit interne répondent à cette logique spécifique. Le contrôle de la conventionnalité donne ainsi aux juges, un moyen leur permettant d'écarter des dispositions législatives pour faire prévaloir des normes

---

promulgation, peuvent être déférées à la Cour Constitutionnelle soit par le Président de la République, soit par le Premier Ministre, soit par le Président de l'Assemblée Nationale ou un dixième des députés, soit par le Président du Haut Conseil des Collectivités ou un dixième des Conseillers Nationaux, soit par le Président de la Cour suprême ».

[168] Il faut souligner que la révision constitutionnelle pose en effet des problèmes techniques qui comportent souvent des incidences politiques. Techniquement, elle vise à corriger les lacunes de la constitution ou à répondre à un besoin de changement exprimé par le régime politique. Cependant, elle peut politiquement être le reflet d'une domination d'une classe qui cherche alors à inscrire dans la charte les principes fondamentaux qui guident son idéologie. Voir El Hadj M'BODJ, Cours de théorie Constitutionnelle, op cit. p 117.

[169] Article 85 de la constitution du 25 février 1992 dispose : « la Cour constitutionnelle est juge de la constitutionnalité des lois et elle garantit les droits fondamentaux de la personne humaine et des libertés publiques. Elle est l'organe régulateur du fonctionnement des institutions et de l'activité des pouvoirs publics ».

conventionnelles considérées comme plus efficaces pour garantir les libertés et droits fondamentaux[170].

Le contrôle de la conventionnalité des lois est diversement apprécié par le juge constitutionnel suivant les pays. En France par exemple, le juge constitutionnel a affirmé son incompétence pour apprécier la compatibilité d'une loi à un traité[171]. Il s'est à plusieurs occasions refusé de considérer qu'une loi contraire à un traité est nécessairement contraire à la constitution.[172]En conséquence, il s'est interdit lorsqu'il est saisi d'examiner la conformité d'une loi aux stipulations d'un traité ou d'un accord international.[173]

La raison de ce refus réside dans la condition de réciprocité. Il est admis en effet que la supériorité du traité sur la loi n'est acquise que sous réserve de son application par l'autre partie .Ainsi, celle-ci est conditionnelle alors même que la supériorité de la constitution est quant à elle inconditionnelle.

Généralement, la doctrine refuse de voir dans le contrôle de la conventionnalité de la loi une hypothèse du contrôle de la constitutionnalité. Elle fonde sa position sur la décision du 15 janvier 1975 qui distingue expressément le contrôle de la constitutionnalité réservé exclusivement au juge constitutionnel par l'article 61 de la constitution et le contrôle de conventionnalité effectué par les juridictions ordinaires sur le fondement de l'article 55 de la constitution.

Comme le précise la décision du 15 janvier 1975 : *« le contrôle du respect du principe énoncé à l'article 55 de la Constitution ne saurait s'exercer dans le cadre de l'examen prévu à l'article 61, en raison de la différence de nature entre ces deux contrôles »*. C'est ainsi que certains auteurs comme Roseline LETTERON estiment que le contrôle de la constitutionnalité a un caractère absolu et définitif qui interdit l'entrée en vigueur du texte censuré alors que le contrôle de la conventionnalité a un caractère contingent en ce sens que la loi non conforme au traité n'est pas annulée mais seulement inapplicable au cas d'espèce.[174]Si les conditions d'application du traité sont modifiées et que la condition de réciprocité n'est plus remplie, la loi est de nouveau susceptible de produire des effets .De l'avis d'autres auteurs comme Fréderic SUDRE, ce raisonnement semble ne plus l'emporter en ce qui concerne les traités relatifs aux droits de l'homme[175]. Comme le souligne Monsieur Jean Marc MAILLOT, *« la norme internationale protectrice des libertés et droits fondamentaux présente une spécificité juridique marquée par trois grands principes : son universalisme, l'absence d'exigence de réciprocité et l'applicabilité directe »*.

Il faut souligner que dans le domaine des droits de l'homme, la condition de réciprocité n'est pas applicable, car ils imposent une obligation non conditionnée par l'attitude des parties. En effet, la disposition internationale protectrice des droits de

---

[170] Roseline LETTERON, *Libertés publiques*, op cit., p 124 et suiv.
[171] Ibid.
[172] Ibid.
[173] Ibid.
[174] Roseline LETTERON, *Libertés publiques* op cit. p 124.
[175] Voirsur ce point Fréderic SUDRE, La dimension internationale et européenne des libertés et droits fondamentaux, in *Liberté et droits fondamentaux* (sous la direction de Rémy CABRILLAC, Marie-Anne FRISON-ROCHE et Thierry REVET), 14e éd.2008, p 36 et suiv.

l'homme déborde le cadre de la simple réciprocité entre Etats, condition traditionnellement exigée pour rendre obligatoire le respect de l'engagement conventionnel[176]. Certains auteurs comme Roseline LETTERON concluent que le refus du juge constitutionnel d'apprécier la conformité de la loi au traité n'a donc plus de fondement juridique très solide[177]. En principe, le contrôle de conventionnalité est un moyen permettant au juge constitutionnel de garantir les libertés et droits fondamentaux.

A l'heure actuelle, le contrôle de la conventionnalité s'est banalisé, permettant aux principes posés par les conventions internationales relatives aux droits fondamentaux de pénétrer directement dans le droit positif. En effet, depuis les jurisprudences Sociétés des cafés jacques VABRE[178] et NICOLO[179], les juges judiciaires et administratifs peuvent en France apprécier la conformité de la loi au traité par la voie d'exception d'inconstitutionnalité.[180]

Pour l'instant, le juge constitutionnel malien ne s'est pas encore prononcé sur sa compétence dans ce domaine. Il faut cependant souligner que rien ne l'interdit s'agissant surtout des instruments juridiques internationaux relatifs aux droits humains fondamentaux. En effet, l'application d'une loi peut être écartée si elle porte atteinte à une liberté consacrée par une convention. L'examen, par le juge constitutionnel, de la conformité d'une loi par rapport à un engagement international correspond à la mise en œuvre de l'exigence constitutionnelle énoncée par l'article 116 de la Constitution aux termes duquel : *« Les traités ou accords régulièrement ratifiés ou approuvés ont dès leur publication une autorité supérieure à celle des lois »*. La constitution affirme cette suprématie, mais elle ne la garantit pas. Le contrôle est confié également au juge constitutionnel.

Aussi l'article 90 de la constitution dispose : *« les engagements internationaux prévus aux articles 114 à 116 doivent être déférés avant leur ratification à la cour constitutionnelle, soit par le Président de la République, soit par le Premier Ministre, soit par le Président de l'Assemblée Nationale ou par 1/10 des députés, soit par le Président du Haut Conseil des Collectivités ou par 1/10 des Conseillers nationaux »*.

Lorsqu'il est saisi, le juge constitutionnel vérifie dans un délai d'un mois, si ces engagements comportent une clause contraire à la Constitution. Toutefois, à la

---

[176] Jean Marc MAILLOT, L*es Sources internationales des libertés et droits fondamentaux* in Protection des libertés et des droits fondamentaux, (sous la direction de Serge GUINCHARD et Michèle HARICHAUX), éd. Montchrestien, Paris, 2008, p 35.

[177] Roseline LETTERON, *Libertés publiques* op cit. p 125 et suiv.

[178] L'arrêt jacques Vabre du 24 mai 1975, la Cour de cassation confirme la position d'une cour d'appel qui a decidé que l'article 95 du traité de Rome devait être appliqué « à l'exclusion de l'article 265 du code des douanes, bien que ce dernier texte fut postérieur ».. Cass.ch.Mixte, 24 mai 1975, soc ; des cafés jacques Vabre, D. 1975, p .497, concl. Touffait. Sous l'effet de cette jurisprudence, le contrôle de la conventionnalité s'est banalisé, permettant aux principes posés par des conventions internationales relatives aux droits fondamentaux de pénétrer directement dans le droit positif.

[179] C.E Ass.., 20 octobre 1989, Nicolo, Rec. CE p 190, concl. Frydman. Par l'arrêt Nicolo, le Conseil d'Etat accepte d'écarter, au nom de la supériorité hiérarchique du traité sur la loi postérieure mais contraire à un traité.

[180] Roseline LETTERON, *Libertés publiques,* op cit., p 125 et suiv.

demande du Gouvernement, s'il ya urgence, ce délai peut être ramené à huit jours. Dans l'affirmative ces engagements ne peuvent être ratifiés.

De ce qui précède, il ressort que le juge constitutionnel est habilité à procéder au contrôle de la conventionnalité des lois .Mais encore faudrait-il qu'il soit saisi. En attendant, il s'est affirmé dans la sauvegarde des droits fondamentaux de la personne humaine.

Section 2 : La garantie des droits fondamentaux de la personne humaine

La constitution investit le juge constitutionnel de la mission de garantir les droits fondamentaux[181]qui reposent sur des piliers que l'on peut qualifier de principes fondateurs. Il s'agit, avant tout des principes juridiques puisqu'ils sont affirmés par des textes juridiques de niveau élevé, le plus souvent et normalement de niveau constitutionnel. Mais ces principes sont issus de la réflexion philosophique et de la morale, qu'elle soit religieuse ou laïque. Ces principes sont susceptibles de générer directement ou indirectement des règles de droit. Il s'agit notamment de la dignité de la personne humaine, la liberté, l'égalité. Ces principes fondent ainsi à la fois des règles de droit et des objectifs juridiquement sanctionnés.

Dans sa quête de justice, le juge constitutionnel a été amené à sauvegarder non seulement ces principes fondateurs mais aussi à garantir certains droits fondamentaux selon les prescriptions constitutionnelles. C'est ainsi qu'à plusieurs occasions, il a affirmé le principe d'égalité et de non discrimination **(§1)**. Il s'est distingué particulièrement dans la garantie du droit de participer à la gestion des affaires publiques **(§2)**.

§1. Le principe d'égalité et de non-discrimination

Le principe d'égalité est défini comme étant un principe général selon lequel la loi doit être la même pour tous et ne doit comporter aucune discrimination injustifiée[182]. En conséquence les personnes privées et publiques relevant de la même catégorie doivent être soumises au même traitement sans discrimination. Quant à la discrimination, celle-ci est définie à travers deux critères cumulatifs, d'une part, une différence de traitement dans l'exercice d'une liberté, d'autre part, une absence de justification raisonnable appréciée par une comparaison entre les moyens employés et le but poursuivi.[183]Le principe de non-discrimination apparaît dès lors comme un moyen juridique permettant de sanctionner une rupture d'égalité dépourvue de justification.

La jouissance des libertés et droits reconnus dans la Constitution doit être assurée, sans discrimination aucune fondée notamment sur le sexe, la couleur, la langue, la religion, les opinions politiques ou autres, l'origine sociale.

L'Etat n'est pas seulement contraint à l'obligation négative de ne pas pratiquer la discrimination, il doit également assurer de manière positive l'égalité de traitement dans la jouissance des droits et libertés garantis.

Le juge constitutionnel malien participe à la garantie de l'égalité entre les citoyens **(A)**. Ce qui l'a amené à consacrer la liberté de candidature **(B)**. Par ailleurs, il s'est engagé dans la recherche de l'équilibre entre les pouvoirs publics sur la base de l'égalité **(C)**.

---

[181] Article 85 de la Constitution du 25 février 1992 .
[182] Jean Jacques ISRAEL, *Le droit des libertés fondamentales*, op cit, p 393 et suiv.
[183] Ibid.

A. *L'égalité entre les citoyens*

Le professeur Jean Jacques ISRAEL distingue les différentes composantes de l'égalité : l'égalité devant la loi et l'égalité devant les charges publiques qui sont les deux corollaires les plus classiques du principe d'égalité. Celles-ci revêtent une importance capitale dans la jurisprudence de la Cour constitutionnelle du Mali.

En effet, le juge constitutionnel a fait application de ces deux composantes de l'égalité : l'application des mêmes règles aux situations comparables et l'égalité devant les charges publiques. Tout d'abord il a réaffirmé la nécessité d'appliquer les mêmes règles aux situations comparables. Statuant sur la loi organique relative au fonctionnement de la Cour constitutionnelle, il a, concernant le déroulement de la carrière de certains de ses membres qui sont fonctionnaires publics, jugé que ceux-ci subissaient par rapport à leurs collègues du même corps, des traitements différents en ce que l'article 4 de la loi organique censurée ne leur permettait pas d'avancer en grade[184].

Sur la base des dispositions de l'article 2 de la constitution qui dispose : *« tous les maliens naissent et demeurent libres et égaux en droit et en devoir »,* le juge a estimé que les « fonctionnaires et agents publics de l'Etat sont tous égaux en droit et en devoir ; que tout fonctionnaire public se trouvant dans l'une des positions statutaires suivantes : « en activité », « en détachement » ou *« sous les drapeaux » a droit à un avancement ou d'échelon ou de grade conformément soit au statut général des fonctionnaires ou au statut de la magistrature ou enfin au statut général du personnel des forces armées et de sécurité ».*

En conséquence le juge estime que les conseillers de la cour constitutionnelle ayant la qualité de fonctionnaire public, étant du fait de leur nomination à la Cour dans l'une des positions précitées doivent bénéficier d'un avancement d'échelon et de grade.

L'égalité devant les charges publiques est l'un des aspects classiques du principe d'égalité. Le juge constitutionnel l'envisage comme corollaire du principe d'égalité en réaffirmant notamment la nécessité d'appliquer les mêmes règles aux situations comparables. En effet, il a censuré les articles 1 et 9 de la loi organique n° 97-002/AN-RM adoptée le 8 janvier 1997 relative au nombre des membres de l'Assemblée Nationale, à leurs conditions d'éligibilité, au régime des inéligibilités, aux incompatibilités, aux conditions de leur remplacement en cas de vacance de siège et à leurs indemnités, en ce que cette loi créait une différence de traitement entre les élus de la Nation en réservant un traitement spécifique à un avocat élu député du seul fait de sa profession[185].

---

[184] Arrêt 96-004 CC du 11novembre 1996 sur le contrôle de constitutionnalité de la loi n°96-50/AN-RM adoptée le 27 septembre 1996 portant loi organique déterminant les règles d'organisation et de fonctionnement de la Cour constitutionnelle ainsi que la procédure suivie devant elle. Par requête n° 001/PRIM-SGG du 13 octobre 1996 le Premier ministre aux fins de contrôler la constitutionnalité de la loi n° 96-50/AN-RM adoptée par l'Assemblée Nationale le 27 septembre 1996.

[185] Arrêt n°97-007 CC du 17 janvier 1997 sur le contrôle de constitutionnalité de la loi n°97-02/AN-RM du 8 janvier 1997, fixant le nombre, les conditions d'éligibilité, le régime des inéligibilités, les incompatibilités, les conditions de remplacement des membres de l'Assemblée Nationale en cas de vacances de siège, leurs indemnités et déterminant les conditions de la délégation de vote.

A l'occasion du contrôle de constitutionnalité de cette loi, le principe d'égalité (article 2 de la Constitution) a été contrôlé en combinaison avec les principes de la souveraineté nationale et de la démocratie (article 26 de la Constitution) pour censurer l'article 9 de ladite loi. Le juge a estimé que tous les Maliens naissent et demeurent libres et égaux en droit et en devoir. Il s'est inscrit dans le respect des dispositions constitutionnelles qui accordent le droit de suffrage à tout Malien même résidant à l'étranger dès lors qu'il remplit les conditions constitutionnelles d'être élu et le droit d'élire.

Le juge a pu relever que le député une fois élu devient le député de toute la nation entière conformément à la théorie de la souveraineté nationale telle que consacrée par l'article 26 de la Constitution qui dispose : *« la souveraineté nationale appartient au Peuple tout entier qui l'exerce par ses représentants ou par voie de référendum. Aucune fraction du peuple ni aucun individu ne peut s'en attribuer l'exercice ».*

Comme nous pouvons le constater, par ces deux arrêts, le juge constitutionnel a de façon constante, affirmé le principe d'égalité. Il est même parvenu à consacrer sur la base du principe d'égalité, la liberté de candidatures indépendantes.

B. La consécration de la liberté de candidatures indépendantes

Au Mali, en plus des partis politiques et groupements de partis politiques, il est désormais admis la candidature indépendante. Cette liberté a été introduite par le juge constitutionnel en 1996.[186]

Dans les années 1990, l'idée des candidatures indépendantes n'avait aucune consistance effective. Il a fallu attendre l'œuvre prétorienne du juge constitutionnel pour que cette idée puisse prendre corps, offrant ainsi un espace d'expression à ceux qui entendaient mener l'action politique en dehors de la sphère des partis politiques.

En 2002, la contestation de la candidature du général Amadou Toumani TOURE aux élections présidentielles a donné lieu à un débat politico-juridique de haute importance. L'opinion nationale, à l'époque, avait besoin d'être édifiée sur cette question. Le juge lui-même l'a reconnu puisqu'il déclarait dans sa décision que le point de droit posé par la requête revêtait un intérêt national évident.

Le requérant, Lamine DOUMBIA, avait sollicité le juge constitutionnel aux fins de déclarer que la candidature du général Amadou Toumani TOURE ne saurait être validée pour défaut de conformité avec les dispositions du droit positif malien[187] sur la base du règlement intérieur de la Cour Constitutionnelle, dont l'article 9 est ainsi libellé : *« Toute candidature peut faire l'objet de réclamation au niveau de la*

---

[186] La cour constitutionnelle a statué tant sur des candidatures à l'élection présidentielle qu'à l'élection des députés. Pour l'élection présidentielle. Voir arrêt n° 02-133/ E.P du 06 avril 2002 portant sur la candidature du général Amadou Toumani TOURE à l'élection présidentielle du 28 avril 2002 ; arrêt 02-134/E.P du 06 avril 2002 portant sur la candidature de cheik Hassane Youssouf DIALLO. Pour les élections législatives, voir l'arrêt CC-EL n° s 97- 033 du 23 mars 1997 portant sur la validité de la liste UFDP dans la circonscription électorale de San.

[187] Pour le requérant en l'absence d'une démission au sens formel, littéral et clair de ce terme, il s'ensuit que la candidature du général Amadou Toumani TOURE, lequel gardait un lien légal avec l'armée, ne saurait être validée, en tout cas pour le scrutin du 28 avril 2002.

Cour constitutionnelle... Ce droit appartient à tout candidat, tout parti politique, délégué du gouvernement ou à toute personne inscrite sur la liste électorale»[188].

Les arguments évoqués dans sa requête étaient relatifs à la loi n°02-007 du 12 février 2002 portant loi électorale. D'abord, l'article 131 qui dispose que *« Tout membre des forces armées ou de sécurité qui désire être candidat aux fonctions de Président de la République doit démissionner 6 mois avant l'ouverture de la campagne »*. Ensuite, l'article 59 al 2 de la loi précitée portant code électoral précise que la campagne électorale était ouverte à partir du 21è jour qui précède le jour du scrutin pour l'élection du Président de la république et des députés.

Le juge constitutionnel a consacré la liberté de candidature comme un droit fondamental dans une décision historique, en relevant qu'aucune disposition constitutionnelle ou légale ne prévoit qu'un militaire mis à la retraite[189] ne peut se présenter à l'élection du Président de la République. Il a visé comme base légale de sa décision, l'article 11 de la Constitution qui dispose : « *Tout ce qui n'est pas interdit par la loi ne peut être empêché et nul ne peut être contraint de faire ce qu'elle n'ordonne pas »*.

Par la même occasion, il a fait droit à la lettre sans numéro en date du 6 avril 2002 enregistrée au greffe de la Cour constitutionnelle sous le n°53 le 6 avril 2002, par laquelle le général Amadou Toumani TOURE, par son conseil Me Kassoum TAPO, prouvait qu'il pouvait juridiquement présenter sa candidature[190].

Ainsi, le juge a conclu que le général Amadou Toumani TOURE, ayant été admis à la retraite, est de manière définitive rendu à la vie civile et n'est plus membre des forces armées ; que le fait pour un militaire à la retraite de conserver son grade et de rester à la disposition du Ministre chargé des armées pendant une période de cinq (5) ans ne peut signifier que l'intéressé est toujours membre des forces armées.

Par ailleurs, sur la présentation des candidatures, le juge s'est fondé sur les dispositions de l'article 27 alinéa-1 de la constitution qui dispose que le suffrage est universel, égal et secret .Il a déduit que dans tout système de démocratie pluraliste, les candidatures, sous réserve des conditions d'éligibilité définies par la

---

[188] La Cour Constitutionnelle avait rendu publique le vendredi 5 avril 2002 la liste des candidats à l'élection présidentielle du 28 avril 2002. Sur cette liste figurait le général Amadou Toumani TOURE. Le requérant contestait la candidature de celui-ci au motif que celle-ci constituait une violation flagrante des dispositions légales en vigueur.

[189] Le général Amadou Toumani TOURE a été admis à la retraite sur sa demande par décret N° 01-041/P-RM du 20 septembre 2001.

[190] Sous la plume de son conseil Maître Kassoum TAPO, le général Amadou Toumani TOURE a soutenu que nonobstant le fait que nous estimons que nous remplissons toutes les conditions d'éligibilité à la candidature à l'élection présidentielle de 2002, nous avons l'honneur d'attirer l'attention de votre auguste Cour sur le fait que l'article 31 de la loi N° 97-010 du 11 février 1997 portant loi organique déterminant les règles d'organisation et de fonctionnement de la Cour Constitutionnelle ainsi que la procédure suivie devant elle, modifiée par la loi N° 02-011 du 5 mars 2002, que seul le Président de la Commission Electorale Nationale Indépendante (CENI), les partis politiques ou les candidats peuvent contester la validité des candidatures.

loi sont libres, c'est-à-dire que chacun a le droit de se présenter, fut-ce de son propre chef.[191]

A travers cette décision, le juge malien s'est cantonné à l'article 11 de la Constitution qui consacre le principe de liberté. Il aurait du s'appuyer davantage sur le lien indissoluble entre l'égalité et la non-discrimination. A notre avis, le juge devrait plutôt relever que l'égalité se traduit par la non-discrimination en donnant son interprétation. L'arrêt n'apporte pas de précision sur ce point. Néanmoins, il s'est finalement affirmé compétent en matière de régulation des pouvoirs publics.

C. La régulation du fonctionnement des pouvoirs publics sur la base du principe d'égalité

Le doyen Louis FAVOREU insiste sur le fait que la justice constitutionnelle suppose qu'il y ait séparation des pouvoirs car, en définitive, sa fonction s'analyse en une mission de surveillance ou en une garantie du strict respect de la séparation des pouvoirs et de la hiérarchie des normes qui n'est que l'expression de celle-ci[192].

Dans de nombreux pays, la Constitution désigne le juge constitutionnel pour résoudre les conflits de compétence entre les différents organes de l'Etat. Le juge constitutionnel tranche les litiges concernant la compétence respective des trois pouvoirs dont le pouvoir judiciaire et parfois, en particulier, concernant les différentes compétences des autorités administratives et des juridictions. Le juge constitutionnel malien est désormais compétent en matière de régulation des activités des pouvoirs publics[193].

En réalité, le Constituant malien l'a conçu comme une Institution-Arbitre censée être irréprochable et vertueuse en disposant que la Cour Constitutionnelle est l'organe régulateur du fonctionnement des institutions et de l'activité des Pouvoirs Publics. En outre, il a précisé sans équivoque, que les décisions de la Cour Constitutionnelle ne sont susceptibles d'aucun recours et que celles-ci s'imposent aux pouvoirs publics, à toutes les autorités administratives et juridictionnelles, et à toutes les personnes physiques et morales »[194].

Elle arbitre entre toutes les autres Institutions en statuant sur leurs conflits d'attribution, entre les pouvoirs publics et le citoyen en garantissant les droits fondamentaux de la personne humaine et les libertés publiques.

L'erreur n'est pas admissible au niveau de ce juge dont les actes peuvent être lourds de conséquences. Ainsi, l'avis du juge constitutionnel est requis sur les mesures exceptionnelles prévues en cas de menaces graves sur la nation et en cas

---

[191] Arrêt n°96-003 CC du 25 octobre 1996 op cit.

[192] Louis FAVOREU – "Brèves réflexions sur la justice constitutionnelle en Afrique" – In *Les Cours suprêmes en Afrique* – Tome 2, Economica, Paris, 1989, page 42.

[193] Article 86 de la Constitution du Mali, Article 114 de la Constitution du Bénin.

[194] Diossely KONE, *Démocratie, Société Civile et Gouvernance en Afrique,* Etude de cas Malien, 1998, p 7.

d'interruption du fonctionnement régulier des pouvoirs publics. Son avis est également requis sur les projets de lois référendaires[195].

Dans le cadre de l'exercice de cette fonction de régulation des institutions, le juge constitutionnel du Mali a censuré une disposition du Règlement intérieur de l'Assemblée Nationale qui permettait au Président de la République, chef de l'Etat et non du gouvernement de demander à l'Assemblée nationale la discussion à tout moment d'un projet ou d'une proposition de loi. Le juge constitutionnel fonde sa décision sur le principe de valeur constitutionnelle de la séparation des pouvoirs qui exclut l'intervention du Président de la République dans la procédure législative au niveau de la discussion d'un projet ou d'une proposition de loi.[196]

Dans la même décision, le juge constitutionnel malien a censuré une disposition qui autorisait l'Assemblée Nationale à fixer par une loi les avantages alloués aux députés ainsi que les règles applicables au remboursement de leurs frais de transport. Il fonde sa décision sur le fait *« qu'aucune disposition constitutionnelle ne prévoit qu'une loi fixe les avantages alloués aux députés ainsi que les règles applicables au remboursement de leurs frais de transport »*[197].

Enfin, le juge constitutionnel malien a censuré une disposition qui permettait à la Commission Electorale Nationale Indépendante (C.E.N.I.) d'élaborer et d'exécuter son budget. Cette censure se fonde sur le fait que conformément à l'article-70 alinéa-2 de la Constitution seule *"la loi de finance détermine les ressources et les charges de l'Etat"*[198].

A travers ces décisions, le juge constitutionnel a procédé à la régulation du fonctionnement des institutions. Il a cantonné chaque organe sur un pied d'égalité dans les limites de sa sphère de compétence afin de mieux protéger l'Etat de droit ainsi que les droits et libertés des citoyens[199].

En mettant ainsi chaque institution à sa place, ces décisions tranchent nettement avec les pratiques antérieures en la matière[200]. Le juge constitutionnel s'impose désormais comme un acteur incontournable du processus démocratique puisqu'il s'évertue à garantir également le droit de participer à la gestion des affaires publiques.

---

[195] Art. 85, 86 et 87 de la Constitution ; art. 54 et 55 de la loi organique

[196] Arrêt n° 97-059 CC du 23 septembre 1997 sur le contrôle de constitutionnalité du Règlement intérieur de l'Assemblée Nationale.

[197] Ibid.

[198] Pour la Cour, la CENI ne peut que proposer un projet de budget de fonctionnement et d'équipement en vue de pouvoir faire face efficacement à ses obligations définies par la loi. Voir arrêt n°96-003 du 25 octobre 1996 portant sur le contrôle de la constitutionnalité de la loi n° 96-46/AN-RM portant loi adoptée le 27 septembre 1996.

[199]Robert DOSSOU, *La Cour Constitutionnelle du Benin, l'influence de sa jurisprudence sur le constitutionnalisme et les droits de l'homme au Benin*, Communication à la Conférence Mondiale sur la Justice Constitutionnelle, Cape Town en Afrique du Sud du 23 au 24 janvier 2009.

[200] Voir décision n° 96-003 en date du 25 octobre 1996 relative à la loi électorale n° 96-46/AN-RM adoptée le 27 septembre1996.

§2. Le droit de participer à la gestion des affaires publiques

Le peuple « en corps » ne peut diriger. Aussi faut- il qu'il désigne ses dirigeants. Cette désignation se fait à travers l'élection[201]. Le droit de participer à la gestion des affaires publiques est un droit fondamental consacré aussi bien par les instruments juridiques internationaux que par la loi fondamentale du Mali.

Au titre des instruments juridiques relatifs aux droits de l'homme, la Charte Africaine des Droits de l'Homme et des Peuples énonce, dans son article 13-l, le droit de participer à la gestion des affaires publiques en ces termes : *« Tous les citoyens ont le droit de participer librement à la direction des affaires publiques de leur pays, soit directement, soit par l'intermédiaire de représentants librement choisis, ce, conformément aux règles édictées par la loi. Tous les citoyens ont également le droit d'accéder aux fonctions publiques de leur pays. Toute personne a le droit d'user des biens et services publics dans la stricte égalité de tous devant la loi. ».*

L'article 26 de la Constitution du 25 février 1992 dispose *: « la souveraineté appartient au peuple tout entier qui l'exerce par ses représentants ou par voie de referendum... »* Cette disposition est complétée par l'article 27 en ces termes *: « le suffrage est universel, égal et secret. Sont électeurs, dans les conditions déterminées par la loi, tous les citoyens en âge de voter, jouissant de leurs droits civiques et politiques ».*

Au Mali, une lecture combinée des articles 86 de la constitution et 40 de la loi organique sur la Cour confère au juge constitutionnel une marge confortable d'appréciation de la régularité des actes et de la validité des résultats. Dans ce sens, il procède aux redressements et aux annulations partielles ou totales des résultats du scrutin.

Depuis 1992, les élections sont apparues comme des conditions essentielles de la stabilité des institutions de la République et du fonctionnement correct de l'Etat. En effet, depuis l'instauration du multipartisme intégral, le pays est confronté à la problématique de gestion des compétitions électorales : 1992, 1997, 2002 et 2007.

Au cours de ces différentes consultations électorales, le juge constitutionnel malien a été constamment sollicité. Celui-ci s'est montré garant du droit de vote à travers le contrôle de la sincérité des élections **(A)** et la gestion du contentieux électoral **(B).**

A. Le contrôle de la sincérité des élections

La sincérité du scrutin signifie que la liberté de choix des électeurs doit être intégralement respectée, rien ne devant venir altérer l'expression du suffrage. Cet aspect du droit de vote est le plus délicat car il conduit à entrer dans une discussion sur les déterminants du vote, sur les facteurs psychologiques, sociologiques,

---

[201] L'élection est le choix qu'on exprime par l'intermédiaire d'un vote. En démocratie pluraliste, l'élection est un mode de dévolution du pouvoir reposant sur un choix opéré par l'intermédiaire d'un vote ou suffrage. Le suffrage ou le vote est universel, égal et secret.

culturels, économiques qui conduisent un électeur à voter pour tel candidat plutôt que pour un autre.

L'examen des différents arrêts du juge constitutionnel fait ressortir que la question de la sincérité du scrutin se situe au cœur de ses préoccupations. Dans la pratique, il s'est affirmé comme juge de la régularité et de la sincérité des résultats. Il affirme lui-même avoir constaté de nombreuses irrégularités qui entachent de manière grave la régularité et la sincérité de certains scrutins[202].

Le contrôle de la sincérité des élections est cependant une tâche qui ne semble pas facile pour le juge. En effet, il n'est pas aisé pour lui d'évaluer exactement l'influence d'une irrégularité sur les élections. En réalité, le juge malien ne dispose pas de tous les moyens nécessaires pour exercer un contrôle sur le financement d'une campagne électorale ou sur la corruption alléguée des électeurs par exemple.

Par ailleurs, s'il est constant que le juge de l'élection est plus juge de l'exactitude des résultats que le juge de la légalité des opérations électorales, la simple violation de la loi ou du règlement ne conduit pas nécessairement à l'annulation de l'élection. Toutefois, les agissements qui ne constituent pas une irrégularité mais une atteinte à la moralité de l'élection, même si aucun texte ne les prohibe expressément, peuvent justifier l'annulation lorsque le juge estime qu'ils ont altéré la sincérité du scrutin.

La sincérité du scrutin est donc révélatrice de la volonté réelle de l'électeur. La question fondamentale est celle de savoir comment garantir cette sincérité du scrutin. La réponse n'est pas aisée et les solutions retenues par la jurisprudence sont nombreuses et variées.

Celle-ci repose sur trois (3) principes clés : l'égalité, la liberté et le caractère secret du vote. Ces principes sont aussi importants qu'ils fondent l'Etat de droit par leur consécration constitutionnelle.

Le principe d'égalité implique *des conditions égales de la compétition* qui signifie que toutes les candidatures (individuelles ou collectives) doivent être soumises au même traitement. Elle concerne surtout les campagnes électorales à travers leur financement et à l'accès aux médias audiovisuels. Précisons que l'accès aux médias audiovisuels tend plutôt vers l'équilibre que vers la stricte égalité. Quant à *l'égalité de décompte*, elle se traduit par la formule : un électeur, une voix. Ainsi, les inscriptions sur plusieurs listes électorales, le vote plural ou le vote familial constituent une entorse au principe d'égalité. *Enfin, l'égalité de représentation* à

[202] Arrêt n°97-046 CC-EL du 25 avril 1997. La Cour constitutionnelle a été saisie par de nombreux candidats, partis politiques suite aux élections législatives du 13 avril 1997.Le juge a constaté de nombreuses irrégularités qui entachent de manière grave la régularité et la sincérité du scrutin du 13 avril 1997. Il s'agit entre autres de l'incapacité de la Commission Electorale Nationale Indépendante à mettre à la disposition de la Cour des documents électoraux concernant les régions de Ségou, Koulikoro et les 6 communes du district de Bamako en vue de lui permettre de se prononcer sur la régularité des élections dans ces localités ; l'absence de décision indiquant les emplacements , les itinéraires et les horaires d'ouverture et de fermeture des bureaux de vote itinérants ; l'absence de rapport de supervision et de contrôle des opérations de vote dans la région de Kidal ; la non-conformité des documents produits par la CENI aux dispositions de la loi électorale en ses article 48,49,74 et 77.

travers un découpage électoral permet aux électeurs d'exercer leur droit de vote dans les mêmes conditions.

S'agissant de la liberté, ce principe implique que les électeurs soient à l'abri de toute pression de l'Etat et de l'autorité publique. La garantie de la liberté de vote nécessite la neutralité et l'objectivité de l'Etat. La neutralité de l'Etat se traduit par la *neutralité et l'objectivité respectées dans l'organisation des élections.* Elle doit se manifester également au niveau de *la campagne électorale.*

Le caractère secret du vote implique qu'à titre individuel, l'électeur doit pouvoir exprimer son choix en toute liberté, à l'abri de toute pression. La seule garantie de cette exigence est le caractère secret du vote qui permet d'en assurer la liberté. *Le choix des bulletins de vote, l'utilisation de l'enveloppe et le passage obligatoire par l'isoloir permettent de garantir le secret du vote.*

A l'avenir, le juge constitutionnel devra être plus attentif à ces principaux critères pour mieux assurer sa mission de garant de la sincérité du scrutin. Cela exige une plus grande maîtrise du contentieux électoral.

B. La gestion du contentieux électoral

L'élection est un processus, c'est-à-dire un ensemble d'opérations qui s'enchaînent les unes aux autres et qui concourent à la sélection des élus. Ces opérations se réalisent avant, pendant et après le scrutin. En outre, elles peuvent donner lieu, souvent, à des litiges. C'est l'ensemble de ces litiges que l'on appelle contentieux électoral. Dans quelles conditions et selon quelles procédures ces litiges seront résolus ? Le contentieux électoral répond à ces questions.

D'une manière générale, le contentieux des élections est régi par plusieurs juridictions : Juridictions administratives (Tribunaux administratifs et Section Administrative de la Cour suprême) pour ce qui concerne le contentieux des élections communales ou municipales et celui des ordres professionnels et des syndicats ; le Contentieux des listes électorales est régi par le juge civil, avec possibilité d'appel et de listes de candidatures. Le contentieux de l'élection des Conseillers Nationaux relève de la Cour suprême, tandis que les contentieux de l'élection présidentielle, des législatives ainsi que celle du référendum ressortissent à la compétence du juge constitutionnel.

L'article 87 de la Constitution dispose que la Cour Constitutionnelle est saisie, en cas de contestation sur la validité d'une élection, par tout candidat, tout parti politique ou le délégué du Gouvernement, dans les conditions prévues par une loi organique. Le juge constitutionnel, durant les cinq jours qui suivent la date du scrutin, peut être saisi de toute contestation sur l'élection du Président de la République ou des Députés. Dans les quarante huit heures qui suivent la proclamation des résultats provisoires des premier et deuxième tours de l'élection du Président de la République ou des Députés, tout candidat, tout parti politique peut contester la validité de l'élection d'un candidat devant le juge constitutionnel.

Le droit de contester la régularité des opérations électorales appartient à tout candidat, son délégué ou son mandataire, tout parti politique ou groupement de partis politiques et le représentant de l'Etat dans la circonscription administrative.

Aussi, tout membre d'un bureau de vote a-t-il le droit de contester la régularité des opérations de vote en faisant porter au procès-verbal des opérations de vote, mention de sa réclamation.

Les questions d'irrégularités et des fraudes demeurent récurrentes. Face à cette situation, le juge constitutionnel a défini les principales irrégularités constitutives de causes d'annulation des suffrages exprimés dans un bureau de vote.

Il a retenu, entre autres, que les manquements au respect des dispositions de la constitution ou des lois régissant les élections, sont commis par méconnaissance et ou en violation des textes en vigueur.

En vertu de sa mission constitutionnelle de juger obligatoirement la régularité des élections présidentielles et législatives avant la proclamation des résultats définitifs, il a qualifié certaines irrégularités graves au point qu'elles ont enlevé toute valeur aux suffrages exprimés dans les bureaux de vote où la ou les irrégularités ont été commises[203].

Le juge constitutionnel admet plusieurs catégories de preuves : des observations des délégués des candidats ou des partis politiques en lice, des délégués de la cour constitutionnelle, des constatations faites par les membres de la cour en mission de supervision, des procès-verbaux de constat établis dans les règles de l'art, des documents filmés etc.[204]. Au cas où il se trouve qu'une requête est fondée, c'est-à-dire que les motifs d'annulation évoqués sont avérés, le juge procède à l'annulation des résultats issus du bureau de vote où l'irrégularité ou les irrégularités ont été commises.

Cependant, les annulations ne peuvent concerner plusieurs bureaux de vote que si la ou les requêtes ont apporté la ou les preuves de ce que dans les bureaux de vote incriminés les opérations électorales ont été émaillées de manquements graves à la loi électorale.

Le juge constitutionnel a déclaré certaines requêtes sans objet parce que celles-ci avaient déjà annulé les résultats du ou des bureaux de vote concernés dans le cadre du jugement de la régularité des opérations électorales qu'elle fait obligatoirement avant la proclamation des résultats définitifs[205].

---

[203] La liste exhaustive de ces irrégularités ne semble pas avoir beaucoup d'intérêt. L'on retiendra principalement : la composition irrégulière du bureau de vote (s'il n' y a pas un président et au moins quatre assesseurs), l'absence des bulletins de vote d'un candidat ou l'absence de la case d'un candidat ou d'une liste de candidats sur le bulletin unique, l'absence d'isoloir ou un isoloir inapproprié (qui n'assure pas le secret du vote), l'urne n'est pas scellée etc..

[204] Voir arrêt n° 02- 136/ CC-EP du 9 mai 2002 portant proclamation des résultats définitifs du premier tour de l'élection du Président de la République (scrutin du 28 avril 2002) ; 02- 137 / CC-EP du 23 mai 2002 portant proclamation des résultats définitifs du deuxième tour de l'élection du Président de la République (scrutin du 12 mai 2002).

[205] Voir arrêt n° 06-173/CC du 15 septembre 2006. Par lettre du 26 juin 2006 un groupe de députés à l'Assemblée nationale a saisi la Cour constitutionnelle aux fins d'annulation de l'élection du bureau de l'Assemblée nationale survenue en octobre 2005 au motif que cette élection a eu lieu au mépris du règlement Intérieur de celle-ci et demande l'interprétation des articles 11 et 12 du Règlement Intérieur de l'Assemblée Nationale. Le juge a estimé que la demande d'annulation de l'élection du bureau de l'assemblée Nationale intervenue en octobre 2005 pour l'année parlementaire 2005-2006 est sans objet.

L'interpellation constante du juge malien est tributaire des difficultés inhérentes aux opérations électorales. Le Professeur Jean du Bois de GAUDUSSON[206] retient deux séries de difficultés liées au processus électoral en Afrique. Il s'agit, d'une part, de difficultés d'ordre normatif et d'autre part, de difficultés d'ordre matériel.

Les difficultés d'ordre normatif concernent le dispositif juridique et institutionnel encadrant les élections. Les difficultés d'ordre matériel concernent les capacités d'organisation et le matériel nécessaire au bon déroulement du scrutin. Il persistait, à ce sujet, des lois incohérentes et inadaptées aux réalités du pays.

L'impasse dans laquelle s'est trouvé le Mali pour organiser les élections législatives de 1997 aux dates fixées par la constitution en est l'illustration la plus vivante. Celles-ci nécessitaient, pour être sincères, une révision des listes électorales qui ne pouvait s'effectuer que dans des délais excédant largement ceux prévus par la constitution.

L'autre difficulté à signaler est le caractère délicat du contentieux des élections. Ceci se caractérise aussi bien au Mali que dans la plupart des États francophones d'Afrique par le partage des compétences entre plusieurs juges et ordres de juridiction. Cette pluralité de juges en matière de contentieux électoral engendre, parfois, une complexité souvent décourageante pour les populations. Les difficultés signalées ci-haut n'ont cependant pas empêché au juge malien de s'affirmer dans la résorption des imperfections et du contentieux électoraux.

Face à la problématique de la gestion des élections, il serait souhaitable de procéder au réaménagement des compétences du juge constitutionnel. Celui-ci resterait compétent pour la validation des candidatures à l'élection des députés et du Président de la République, y compris les litiges connexes, comme ceux relatifs au choix des couleurs et signes distinctifs .Il le resterait également, pour prononcer la déchéance des parlementaires. En ce qui concerne l'élection du Président de la République, il continuerait à veiller à la régularité des opérations électorales, examinerait les réclamations ou constaterait qu'il n'en a pas été déposé dans le délai prescrit et validerait les résultats proclamés[207].

En revanche, la proclamation des résultats des élections législatives serait transférée à la nouvelle autorité de gestion des élections. Toutefois, il resterait uniquement juge de la contestation de la régularité de l'élection du député ou du sénateur. Afin d'améliorer la qualité de son intervention, la loi préciserait que le contentieux pour l'élection d'un député (ou d'un sénateur) devrait être vidé dans un délai maximum de trois (3) mois, à compter de la date de dépôt de la réclamation, dans le respect du principe du contradictoire et des droits de la défense[208]. Elle renforcerait également les moyens et procédures d'investigation et attribuerait au juge des élections, pleine compétence pour constater les infractions prévues par la loi électorale et en tirer les conclusions par rapport aux résultats proclamés.

[206] Jean du Bois de GAUDUSSON. *« La Sincérité des élections : les élections à l'épreuve de l'Afrique »* in Cahiers du Conseil constitutionnel n° 13.
[207] Rapport Daba DIAWARA, P*our la consolidation de la démocratie au Mali,* op cit. p.69.
[208] Ibid. p 69.

A cet effet, il a été proposé par certains experts la mise à la disposition des membres de la Cour constitutionnelle d'un pool d'assistants dont trois (3) y exerceraient de manière permanente et il leur serait adjoint sept (7) autres pendant les périodes électorales. Ils seraient choisis parmi les conseillers de la Section administrative de la Cour suprême, les professeurs de droit public et les administrateurs civils ayant une compétence avérée en matière électorale.

Enfin, il a été jugé nécessaire qu'une précision soit apportée par la loi, que la Cour ne peut déléguer exclusivement que des magistrats pour suivre les opérations électorales et qu'ils seront au maximum deux (2) par cercle[209]. Ces différentes propositions semblent pour nous les moyens nécessaires pour aider le juge constitutionnel à surmonter les obstacles à sa mission de protection des droits et libertés fondamentaux.

---

[209] Rapport Daba DIAWARA, op cit. p.69.

Chapitre II

Les limites du juge constitutionnel garant des libertés et droits fondamentaux

La protection des libertés et droits fondamentaux ne peut être effective sans l'intervention du juge constitutionnel. Celui-ci arrive-t-il à assurer convenablement sa mission au regard des contingences juridico- politiques ?

L'esquisse de réponse à une telle interrogation nous conduit à jeter un regard sur les obstacles fonctionnels qui entourent la protection des droits et libertés fondamentaux par le juge constitutionnel.

En dépit des progrès enregistrés par le juge constitutionnel dans la protection des libertés et droits fondamentaux des contraintes juridiques et politiques subsistent. On peut les situer à deux niveaux. Il s'agit de l'ambiguïté de la légitimité du juge constitutionnel **(Section I)** et de sa saisine limitée **(Section II).**

Section I : Une légitimité ambiguë

Il est généralement admis que la légitimité est ce qui est conforme aux exigences de la légalité ou aux règles de droit, ou tenu pour normal, relativement à un certain état moral et social. La légitimité d'une institution peut dès lors s'analyser sous l'angle de la nécessité de sa création par rapport aux attentes de la population.

Le juge constitutionnel malien dont il est question ici s'est révélé un acteur incontournable dans la consolidation de la démocratie au regard des fonctions que la constitution lui a assignées en tant que garant des droits et libertés fondamentaux. Cependant sa légitimité souffre d'ambiguïté due à sa crédibilité compromise **(§1)** et sa désignation suspecte **(§2)**.

§1. Une crédibilité compromise

Depuis 1996, le juge constitutionnel est confronté à la problématique du maintien de la stabilité des institutions de la république. Il a été plusieurs fois au centre de nombreuses consultations électorales .Sa crédibilité demeure liée à la bonne gestion des différents scrutins. De nombreuses difficultés ont émaillé les différentes consultations. En effet, la pratique a démontré qu'après chaque processus électoral, les acteurs politiques et la société civile insistent sur la nécessité de procéder à la relecture des textes fondamentaux.

Malgré la fragilité du processus électoral, le juge constitutionnel a acquis une notoriété pour sa participation à la préservation de la paix sociale **(A)** et le respect par les citoyens de ses décisions **(B).**

A. La préservation de la paix sociale

La paix sociale est une condition de réalisation des droits humains fondamentaux. Dans les Etats africains, le problème de la paix est assurément l'un de ceux qui s'imposent avec le plus d'acuité, en raison de l'énormité de l'enjeu qu'elle représente, qui n'est autre que la survie des populations. En Afrique, il y a en effet, une sorte d'implosion, marquée par l'instabilité politique, des ruptures constitutionnelles, des coups d'Etat, des guerres civiles, des conflits ethniques. La plupart des chocs sanglants entre les populations d'un Etat donné résulte de la mauvaise gestion du processus démocratique enclenché depuis deux décennies. Ces deux dernières décennies le Mali fut à l'épreuve des enjeux électoraux.

Dès 1996, l'opposition et la majorité s'étaient affrontées durement sur une question importante voire capitale pour l'avenir de la vie démocratique au Mali. L'ancien code électoral sur le fondement duquel les députés avaient été élus en 1992 prévoyait un scrutin majoritaire à deux tours pour les élections législatives. Le Parti ADEMA, majoritaire à l'époque avait retenu dans le nouveau projet de code électoral un scrutin mixte, majoritaire à un tour dans les circonscriptions qui avait un à trois sièges à pourvoir et proportionnel à la plus forte moyenne dans les circonscriptions de 4 sièges de députés ou plus. L'opposition, quant à elle, était favorable au scrutin proportionnel intégral.

Les positions étaient entièrement divergentes et ont conduit à une situation de blocage de la vie politique puisque l'opposition avait refusé de participer à l'Assemblée, aux débats et au vote du texte.

Il est clair que le choix du gouvernement ne pouvait pas ne pas susciter une réaction à la mesure des effets qu'aurait produits cette loi électorale. En effet, par le biais du scrutin majoritaire à un tour dans les circonscriptions les moins peuplées et traditionnellement favorables à l'ADEMA, le parti au pouvoir aurait emporté largement la mise.

A travers le mode du scrutin proportionnel dans les grandes villes, là où l'ADEMA est plus faible, elle pouvait espérer emporter des sièges là où un scrutin majoritaire ne lui en aurait pas ou peu donné. Telle qu'elle se posait réellement, la question du mode de scrutin était entièrement une question politique. Mais nous pouvons affirmer, sans se tromper, que l'existence du juge constitutionnel et la nécessité de formuler devant lui des arguments de constitutionnalité a conduit les requérants, à transposer ces problèmes politiques en question de droit devant recevoir des réponses de droit.

A cet égard, le juge constitutionnel a joué un rôle de transformation des rapports de forces cristallisés dans la loi votée par le parti majoritaire. Il a aussi prouvé sa volonté de préserver la stabilité nationale en annulant les élections législatives du 13 avril 1997 au motif que des anomalies ont émaillé le déroulement du scrutin[210].

L'arrêt n° 97-046 CC-EL du 25 Avril 1997 du juge constitutionnel a eu un retentissement extrêmement profond dans le pays, au sein de la classe politique du Mali et dans les pays africains engagés dans la construction d'un Etat de droit[211]. A ce propos, M. Eric Spitz, soutient que cette décision de la Cour a eu un impact aussi important que la décision du 16 juillet 1971 du Conseil constitutionnel français[212].

La classe politique ne croyait pas, avant cette décision, que le juge constitutionnel put être autre chose qu' *« un rouage lié au pouvoir politique en place »* et n'imaginait pas non plus que les arrêts rendus puissent en quelque façon être défavorables au parti majoritaire à l'époque au pouvoir.

Au cours de la dernière décennie, on a pu assister à des atteintes à l'exercice du droit électoral à cause de l'insuffisance de préparation des élections. Selon le doyen Abdoulaye Sékou SOW, *« Cette insuffisance serait à la base de l'échec du scrutin du 13 avril 1997 qui aura des conséquences importantes sur la suite des scrutins. Elle se manifestera d'une part, par un calendrier électoral qui*

---

[210] Il s'agit de l'arrêt n° CCL 97-046 du 25 avril 1997 portant annulation des opérations électorales du premier tour des élections législatives du 13 avril 1997 sur toute l'étendue du territoire national op cit.

[211] *Le Malien* titrait le 28 octobre : "Coup de tonnerre, La Cour constitutionnelle désavoue la loi électorale". *Le Scorpion*, titrait pour sa part le 30 octobre : "La Cour constitutionnelle s'affranchit de toute dépendance". Ces réactions, à la mesure de l'événement, mettent en lumière différents facteurs qui ont été catalysés par cette décision. Voir sur ce point l'article de M Eric Spiz, op cit.

[212] Voir Eric SPITZ, Commentaires de l'arrêt du 23 octobre 1996 de la Cour Constitutionnelle.

conduira à des problèmes sérieux de délai et d'autre part par un forcing électoral en dépit des prescriptions essentielles de la loi électorale »[213]

Dans le processus électoral de 1997, les observateurs ont pu constater beaucoup de tâtonnement, dans l'établissement des calendriers électoraux. Il faut préciser qu'il n'y a pas d'élections crédibles sans listes fiables et ce fait est reconnu par tous les spécialistes et autres observateurs[214]. Dans son arrêt CC-EL 035 du 03 avril 1997 , le juge constitutionnel avait déclaré son incompétence pour tout litige relatif à l'établissement des listes électorales .Il a affirmé que les litiges relatifs à l'établissement des listes électorales sont de la compétence des juridictions spécifiées par la loi électorale ; que la Cour Constitutionnelle ne peut connaître de tels litiges qu'au cas où les irrégularités commises lors de l'établissement des listes électorales ont conduit à altérer la sincérité du scrutin .

L'opposition, à l'époque s'est félicitée que cette décision, avant d'être sa victoire, fut celle de la démocratie.[215] Certains hommes politiques ont eu le courage de déclarer qu'à l'annonce du verdict, ils avaient été envahis par un sentiment de joie et de fierté de se trouver aujourd'hui dans un Mali réellement démocratique, car disaient-ils : « *personne n'a le droit de croire que la souveraineté du peuple lui appartient »*[216].

Cette position qui sera confirmée par le juge constitutionnel dans son arrêt n° CC-EL 97-047 du 08 mai 1997 a été qualifiée comme comparable à la jurisprudence du Conseil Constitutionnel français. Commentant ce principe, les auteurs de l'ouvrage collectif Droit Constitutionnel et Institutions politiques déclarent, en effet que le Conseil Constitutionnel juge de l'élection n'est pas juge de la régularité des inscriptions sur la liste électorale ; mais qu'il est compétent pour apprécier les manœuvres entachant l'établissement de cette liste qui serait de nature à porter atteinte à la sincérité du scrutin.[217]

Toutefois, les éminents spécialistes du droit électoral ne manquent pas de souligner l'importance extrême de la liste dont l'inexécution est particulièrement préjudiciable à l'élection et à la démocratie[218].

Dans le même ordre d'idées, certains observateurs ont laissé entendre dans leur analyse que la démocratie ne se résumait pas à *"une prise de décision majoritaire" mais, quelle que soit la puissance du parti majoritaire, au respect des limites qu'imposent les principes fondamentaux de liberté et de démocratie défendus par la Constitution*[219] *".*

[213] Abdoulaye Sékou SOW, *L'Etat démocratique républicain : la problématique de sa construction au Mali,* éd. Grandvaux, 2008, op cit. p 421.
[214] Ibid.
[215] Commentaires de M. Eric SPITZ sur l'arrêt n°00-3 du 25 octobre 1996, op cit.
[216] Déclaration d'un député du CNID rapporté par le journal *Le Tambour* du 29 octobre 1996.
[217] Voir sur ce point CC 1er Octobre 1981, Ass Nat Boucles de Rhône, Ière Circonscription, Déc. 1965.
[218] Certains de ces éminents spécialistes sont cités par le doyen Abdoulaye Sékou SOW, op cit. p 426.
[219] Le journal *Soir de Bamako* du 29 octobre 1996.

La décision du juge constitutionnel a permis à la majorité et à l'opposition de jouer un jeu politique plus pacifié[220]. Dans l'ensemble, cette décision du juge constitutionnel, bien qu'elle ait suscité des remous, a incontestablement amélioré le climat politique du pays. Elle a assuré la place du juge constitutionnel dans le jeu des pouvoirs publics. Elle a enfin précipité une prise de conscience de ce qu'est un Etat de droit constitutionnel qui assure la prééminence des principes et règles fondamentales de valeur constitutionnelle[221].

La forte présomption d'un conflit interne s'est aplanie laissant la place à une classe politique réconciliée avec elle-même malgré quelques dissidents qui ont refusé de reconnaître pendant un certain temps, les institutions issues de ces élections. Dès lors, la problématique de la crédibilité du juge constitutionnel n'a cessé d'être une préoccupation de la classe politique dont une partie est restée méfiante vis –à-vis des décisions du juge constitutionnel.

B. L'autorité des décisions du juge constitutionnel

Aux termes de l'article 94 de la Constitution du 25 février 1992, les décisions du juge constitutionnel *"ne sont susceptibles d'aucun recours. Elles s'imposent aux pouvoirs publics, à toutes les autorités administratives et juridictionnelles et à toutes les personnes physiques et morales".*

Le juge constitutionnel a eu l'occasion d'asseoir sa propre crédibilité et de s'installer dans le paysage politique comme une force avec laquelle il fallait compter. Cependant, à l'occasion du règlement de certains litiges électoraux, ses décisions ont provoqué de vives critiques et ont été, pour la plupart, très mal acceptées. En 1997, une partie de la classe politique s'est refusé à reconnaître les institutions de la République issues d'élections dont elle avait proclamé les résultats, appelant le Peuple à la désobéissance civile. Ce qui a failli mettre en péril le processus démocratique.

Mais la défiance à l'égard du juge constitutionnel est toujours présente et s'est accrue avec les dernières élections législatives de 2007 qui ont donné lieu à la validation par le juge des résultats alors même que son président affirmait dans un

---

[220] En effet, à peine 15 jours après son arrêt, l'opposition regroupant douze partis sollicitait l'arbitrage du Barreau Malien en vue de l'adoption d'un nouveau code électoral que le Premier ministre[220] acceptait aussitôt. Dans une déclaration du 12 novembre, le Barreau mettant en avant le "rôle historique joué par lui dans l'avènement de la démocratie pluraliste du pays" acceptait ce rôle et dès la fin du mois de novembre parvenait à réaliser un consensus entre majorité et opposition sur les points les plus épineux relatifs au mode de scrutin et au rôle que devrait jouer la commission électorale nationale indépendante (CENI). La médiation du Barreau a conduit en un temps record, que personne ne pouvait soupçonner, à l'adoption d'un nouveau code électoral "consensuel" dès le 8 janvier 1997 et promulgué au Journal officiel le 14janvier permettant ainsi à la III° République de tenir les échéances politiques annoncées.

[221] Cette prise de conscience a conduit à l'adoption rapide d'une part d'un certain nombre de textes législatifs, de façon relativement consensuelle, adoption du budget de l'année 1997, de la loi électorale nouvelle le 14 janvier 1997, d'une nouvelle loi organique sur le fonctionnement de la Cour Constitutionnelle ainsi que la procédure suivie devant elle le 11 février 1997 d'autre part, à l'adoption de textes réglementaires nécessaires au bon déroulement des élections.

langage fort embarrassant et sans ambages que la fraude n'avait jamais connu une aussi grande ampleur au Mali[222].

Pendant ces quinze dernières années, un important déficit de capacités a entravé sérieusement l'autorité de la décision du juge constitutionnel. La gestion faite par le juge de son droit de suivre les élections présidentielles par l'envoi de délégués sur le terrain a contribué à ébranler, dans une large mesure, l'autorité du juge constitutionnel.

La loi indique que ses délégués sont choisis parmi les magistrats de l'ordre judiciaire ou administratif. Ce que le juge constitutionnel n'a pas respecté en désignant des délégués sur des bases qui ne pouvaient conduire à l'élaboration de rapports de bonne facture alors même que l'opération est assez coûteuse. En outre, l'inobservation par le juge des règles de procédure, les seules à même de garantir un procès régulier, prévues pour le jugement de la contestation d'une élection a aussi contribué à entamer l'autorité de ses décisions.

Selon certains experts, cela résulte du fait que la Cour constitutionnelle est chargée à la fois de la proclamation des résultats définitifs des élections présidentielles et législatives et du jugement de la contestation des résultats. Ce qui l'a amenée à vouloir aller vite, pour ne pas laisser monter la tension pouvant naître d'une longue attente des résultats des élections, porteuse de risques d'explosions sociales[223]. De nombreux observateurs proposent donc de *« réduire ces déficits de capacité pour permettre à la Cour constitutionnelle de jouer correctement son rôle et de retrouver une crédibilité considérablement entamée aujourd'hui »*[224].

§2. Une désignation suspecte du juge constitutionnel

La désignation est un aspect important dans l'analyse tant juridique que politique d'un organe. En effet, elle soulève de nombreuses questions comme l'indépendance de ses membres par rapport à celles et ceux qui les nomment.

Dans son *« Opinion dissidente »,* René DE LACHARRIERE a soumis l'institution du Conseil constitutionnel français et son statut à une critique impitoyable, évoquant en particulier le *« pouvoir suprême de censure confié á neuf personnes totalement irresponsables, arbitrairement désignées et, de surcroît, en fait le plus souvent choisies selon les aimables critères de la faveur personnelle».*[225]

Les données juridiques n'ont guère changé, puisqu' aujourd'hui encore, le statut du juge constitutionnel français se caractérise par le rôle prépondérant de la majorité politique lors de la désignation des juges et par le pouvoir du Président de la République pour la nomination du président du Conseil. Pourtant cette organisation s'explique assez naturellement par les objectifs poursuivis en 1958 avec la création du Conseil constitutionnel. Il s'agissait alors d'instaurer une justice plus «

---

222 Voir Rapport de l'AMDH sur la situation des droits humains au Mali, 2007, disponible au siège de l'AMDH.

223 Rapport Daba DIAWARA, op cit.

224 Ibid

225 R. DE LACHARRIÉRE, « *Opinion dissidente* » in : Pouvoirs n° 13,1980 p. 133-150 (133 et s.) cité par CONSTANCE GREWE, Le statut du conseil constitutionnel à la lumière des enseignements du droit comparé in Anuario Iberoamericano de Justicia Constitucional Núm. 8, 2004, p 189 et suiv.

politique » que constitutionnelle afin de garantir la surveillance du Parlement et de son nouveau domaine d'intervention. L'évolution s'est nettement écartée de ce modèle ; le Conseil constitutionnel et sa jurisprudence se sont progressivement rapprochés des autres juridictions constitutionnelles en Europe.[226]

Le constituant malien s'est inspiré du modèle français pour la désignation des juges constitutionnels en instituant une pluralité d'organes de désignation **(A)** et en accordant une prééminence au Président de la République **(B).**

A. La pluralité d'organes de désignation

La composition de la Cour constitutionnelle doit lui assurer à la fois sa qualification professionnelle et son indépendance. De la fonction de garant de la Constitution du juge constitutionnel, découlent des règles particulières de désignation.

Au Mali, les juges constitutionnels sont au nombre de 9 et portent le titre de conseiller. Ils sont désignés par diverses autorités politiques : trois sont nommés par le Président de la République dont au moins deux juristes ; trois sont nommés par le Président de l'Assemblée nationale dont au moins deux juristes. Les trois autres doivent être obligatoirement des magistrats .Ils sont nommés par le Conseil Supérieur de la Magistrature.

Le Mali a repris les mêmes modes de désignation pratiqués en France. Pourtant il existe dans le monde plusieurs systèmes de désignation des juges constitutionnels. En Europe, seule l'Allemagne[227] connaît un système de désignation exclusivement parlementaire. Partout ailleurs, l'exécutif et éventuellement le pouvoir judiciaire y sont associés[228]. Ainsi, les seize juges constitutionnels fédéraux allemands sont désignés pour moitié par le Bundestag (Assemblée fédérale allemande) et pour moitié par le Bundesrat (Conseil fédéral allemand ou représentation des Länder - Etats fédérés) ; l'élection par le Bundestag s'opère au scrutin indirect par une commission composée proportionnellement au Bundestag. La majorité requise dans chaque assemblée parlementaire est des 2/3. En Espagne, les autorités de désignation sont plus nombreuses. Sur les douze juges à élire, chacune des deux chambres parlementaires désignent quatre juges à une majorité des 3/5 ; le gouvernement choisit deux juges et deux autres sont enfin désignés par le Conseil général du pouvoir judiciaire. En Italie, le choix des quinze juges constitutionnels s'opère de manière tripartite : un tiers est désigné par le Parlement à la majorité des 2/3, un tiers est choisi par le Président de la République à titre de pouvoir propre et un tiers par les juridictions supérieures[229].

---

[226] Ibid.

[227] Voir CONSTANCE GREWE, *Le statut du conseil constitutionnel à la lumière des enseignements du droit comparé* in Anuario Iberoamericano de Justicia Constitucional Núm. 8, 2004 op cit. p 189 et suiv.

[228] Ibid.

[229] Contrairement á l'Autriche et à la France, l'exécutif est dans ces pays ou bien évincé ou bien « neutralisé ». S'il est absent en Allemagne, il joue un certain rôle en Espagne et en Italie, mais ce rôle semble contrebalancé par les désignations judiciaires dont le but est manifestement de dépolitiser le choix des juges. L'élément judiciaire n'est du reste pas complètement absent en Allemagne, puisque six des juges á recruter doivent avoir appartenu pendant au moins trois ans aux juridictions fédérales suprêmes.

Dans le contexte malien, les juges constitutionnels sont choisis à titre principal parmi les professeurs de droit, les avocats et les magistrats ayant au moins quinze ans d'activité, ainsi que les personnalités qualifiées qui ont honoré le service de l'Etat[230]. Ses fonctions sont incompatibles avec toute fonction publique, politique, administrative ou toute activité privée ou professionnelle.

Le juge constitutionnel malien prête serment au cours d'une cérémonie solennelle présidée par le Président de la République devant l'Assemblée Nationale et la Cour suprême réunies[231]. Le statut du juge constitutionnel recouvre essentiellement les questions relatives aux modalités de désignation, á la composition et l'organisation du mandat. Comme le suggère l'approche en termes de structure, le thème du statut ne se réduit pas à une simple organisation technique mais paraît lié aux raisons d'être et aux fins ultimes de la justice constitutionnelle.

Le juge constitutionnel malien a une obligation générale de s'abstenir de tout ce qui pourrait compromettre l'indépendance et la dignité de sa fonction. Il a l'obligation, en particulier pendant la durée de sa fonction, de n'occuper au sein des partis politiques aucun poste de responsabilité et de direction, même à titre honorifique, de garder le secret des délibérations et des votes, de ne prendre aucune position publique sur les questions ayant fait ou susceptibles de faire l'objet de décision de la part de la Cour, de ne donner aucune consultation sur les questions relevant de la compétence de la Cour constitutionnelle[232].

Malgré l'intervention de plusieurs organes de désignation, le mode de désignation utilisé au Mali est la cooptation en vigueur dans bon nombre de pays d'Afrique francophone dont le Sénégal[233].

Les règles relatives à la désignation de ses membres ont entraîné une suspicion sur la capacité de la cour à fonctionner en toute indépendance. Celle –ci demeure caractérisée par la prééminence du président de la république.

Etant donné les liens entre la majorité parlementaire et l'exécutif, ce qui parait plus important, c'est que dans ces pays la désignation parlementaire requiert systématiquement la réunion d'une majorité qualifiée. Cette règle apparaît exemplaire ; elle met en lumière la distinction entre le temps de la loi et celui de la Constitution ; elle dépasse donc les clivages partisans et oblige á un consensus. En ce sens, elle garantit le pluralisme dans la procédure de désignation.

Dans la pratique, ce dispositif a certes subi les dérives prévisibles : au mieux, le consensus est obtenu par des négociations entre les plus grands partis politiques, chacun disposant d'un certain nombre de droits de proposition, au pire il s'opère par l'addition des propositions partisanes sans négociation, les deux pouvant d'ailleurs se combiner, par exemple dans le veto opposé par l'une des forces en présence á un nom proposé. L'élection des juges s'est donc politisée, ce qui défavorise indéniablement les candidatures apolitiques et les petits partis.

[230] Article 91 de la Constitution du 25 février 1992.

[231] Les juges constitutionnels maliens prêtent le serment suivant *: « Je jure de remplir consciencieusement les devoirs de ma charge, dans le strict respect des obligations de neutralité et de réserve et de me conduire en digne et loyal magistrat ».*

[232] Article 8 de la Loi n° 97-010 du 11 février 1997 portant loi organique déterminant les règles d'organisation et de fonctionnement de la Cour constitutionnelle ainsi que la procédure suivie devant elle.

[233] Mouhamadou M. SY, *La protection Constitutionnelle des droits fondamentaux en Afrique : l'exemple du Sénégal,* op cit. p 78.

B. La prééminence du Président de la République quant à la désignation des membres de la Cour constitutionnelle.

Si au Mali il existe une pluralité d'organes de désignation, dans d'autres pays une seule autorité est compétente. Au Sénégal l'autorité compétente pour nommer exclusivement les juges constitutionnels de droit est et demeure le Président de la République.

L'intervention de plusieurs autorités dans la désignation des juges constitutionnels, dans le cas malien, pourrait laisser croire à une indépendance renforcée. Au contraire, nous assistons plutôt à une composition suspecte qui donnerait plus de marge de manœuvre au Président de la République.

Il serait souhaitable de prévoir la possibilité pour le Président de la République d'intervenir à deux niveaux : tout d'abord, à titre individuel, par la désignation de droit et ensuite, indirectement à travers le Conseil Supérieur de la Magistrature dont il est le Président[234]. Par ailleurs, ces trois autorités peuvent rester pendant une longue période sous l'influence du Président de la République, lorsque celui-ci est de la même famille politique que le Président de l'Assemblée Nationale. Cela peut permettre au pouvoir en place de s'assurer une certaine allégeance de la part du juge constitutionnel.

Nous pourrions reprocher au système malien d'être caractérisé par une forte politisation. Toutefois, bien qu'il soit marqué par la primauté du président de la République, il est moins politisé que le système Sénégalais.

Le juge constitutionnel est appelé à accomplir la mission de protection des droits et libertés fondamentaux. Sa désignation exclusive par le Président de la République, selon certains auteurs, peut être révélatrice *« d'un péril certain accentué par une crainte qui se justifie par le fait du monolithisme politique »*[235]

Par ailleurs, actuellement, ce sont les membres de la Cour constitutionnelle eux-mêmes qui procèdent à l'élection du président au scrutin secret. Une partie des juristes maliens, notamment les partisans de la réforme de 1998, était décidée à rompre avec cette solution en optant pour la nomination du Président de la Cour constitutionnelle par le Président de la République.

Cette option visait à éviter à la Cour constitutionnelle les problèmes qui ne manquent pas d'apparaître lorsqu'il s'agit d'élection disputée entre des candidats. Au demeurant, dans la plupart des constitutions, le Président de la Cour constitutionnelle est désigné par le Président de la République. Cette pratique a été critiquée comme une source de politisation des nominations du juge constitutionnel.

Certains auteurs estiment que la politisation des nominations est inévitable quel que soit le mode de désignation[236]. L'analyse de la situation du Mali appelle un constat. En effet depuis 1994, le Président de la Cour Constitutionnelle du Mali

[234] La présence des politiques comme le Président de la République et le Ministre de la Justice altérerait la portée significative de la nomination du juge constitutionnel. Voir sur ce point Mouhamadou M. SY, *La protection Constitutionnelle des droits fondamentaux en Afrique : l'exemple du Sénégal,* op cit. p 79.

[235] Mouhamadou M. SY, op cit. p 76.

[236] Ibid.

provient des trois personnes désignées par le Président de la République. On pourrait penser naturellement que c'est le président de la République qui nommerait, de manière tacite, le président de l'institution. A tort ou à raison, ce constat ne fait que renforcer la suspicion sur la nomination du juge constitutionnel. Par ailleurs l'attitude du juge constitutionnel pendant les opérations électorales de 2007, incite à une réflexion approfondie sur un mode de désignation plus démocratique.

La doctrine met l'accent sur les inconvénients du système de nomination des juges constitutionnels dans la mesure où ce système ne permet pas ou ne garantit pas une représentation *"des différents courants juridiques et juridico-politiques"*[237]. Cela se justifie dans les cas du Mali et du Bénin lorsque la majorité présidentielle coïncide avec la majorité parlementaire[238].

Pour toutes ces raisons, certains auteurs proposent l'élection des juges constitutionnels. En effet, le système des élections existe dans certains pays. En Europe, sept états ont adopté le système de l'élection des juges constitutionnels par les Assemblées[239].

Il faut cependant reconnaître que la question de politisation ne peut trouver sa solution dans l'élection du juge. L'élection des juges à la majorité qualifiée par les assemblées parlementaires assure au moins et garantit la représentation des principaux courants d'opinions juridiques et politiques. L'élection du Président de la Cour constitutionnelle, même au bulletin secret, peut être influencée par l'existence d'une majorité nommée par les représentants d'un parti[240].

Il existe également dans certains pays des systèmes mixtes qui consistent à nommer une partie des membres et à élire l'autre partie. La Cour constitutionnelle de l'Italie comprend quinze membres *"dont cinq sont nommés par le Président de la République, cinq élus par les deux chambres réunies en séance commune, à la majorité des deux tiers pour les trois premiers tours de scrutin et des trois-cinquièmes pour les scrutins ultérieurs et cinq désignés par les juridictions supérieures à raison de deux par le Conseil d'Etat, deux par la Cour de Cassation et un par la Cour des comptes"*[241].

II semble qu'une garantie véritable d'indépendance et d'impartialité exige l'introduction d'un minimum de pluralisme dans la désignation ; l'élection du président de la Cour par ses pairs et une réglementation rigoureuse des incompatibilités. Ces éléments concourent d'ailleurs également au renforcement de la légitimité du juge qui doit pouvoir convaincre par la fiabilité et la justesse de ses décisions.

---

[237] Ibid. p. 49-50.

[238] Abdoulaye DIARRA, *La protection constitutionnelle des droits et libertés en Afrique noire francophone depuis 1990 : Les cas du Mali et du Bénin,* op. cit. p 28

[239] Dominique ROUSSEAU – op. cit. P 50.

[240] Ibid.

[241] Ibid. – pp. 51 et suivantes.

Certains experts maliens proposent une série de mesures visant à renforcer les capacités institutionnelles de la cour constitutionnelle[242]. La première concerne les membres de l'institution. Elle viserait d'abord à renforcer l'indépendance des autorités de nomination par un réaménagement de leur mandat. Il serait plus long, neuf (9) ans au lieu de sept (7) actuellement, mais non renouvelable. Ensuite, elle ferait en sorte que la composition de la Cour évolue assez rapidement sans jamais être soumise à un bouleversement total. Ses membres seraient renouvelés au tiers tous les trois ans.

Chaque renouvellement triennal donnerait lieu à une nomination par le Président de la République, une par le président de l'Assemblée nationale et une par le président du Sénat[243]. Ce qui permettrait, en cas de besoin, l'entrée, plus rapide, de nouvelles compétences à la Cour. Des dispositions transitoires seraient prises en ce qui concerne les membres en exercice.

Si nous pouvons craindre d'une part la politisation de la désignation du juge constitutionnel malien, il n'en demeure pas moins que sa saisine reste limitée d'autre part.

---

[242] Il s'agit principalement de la Commission Daba DIAWARA créée en vue de proposer des solutions pour la consolidation de la démocratie au Mali.

[243] Il faut préciser qu'il n'existe pas à l'heure actuelle de Sénat au Mali. Mais la tendance générale est favorable à l'érection du Haut Conseil des Collectivités en sénat.

Section II : Une saisine limitée

L'une des particularités du fonctionnement de la juridiction constitutionnelle malienne tient, pour les aspects essentiels, à ce qu'elle trouve sa source dans la Constitution. La détermination des autorités et personnes habilitées à la saisir ainsi que le moment de la saisine sont en effet fixés par le texte constitutionnel.

Ainsi, le Mali a opté pour la désignation a priori d'autorités de saisine en matière de contentieux constitutionnel normatif. Les saisissants du juge constitutionnel en matière de contrôle de constitutionnalité, sont le Premier ministre pour les lois organiques[244], le président de la République, le président de l'Assemblée nationale[245] ou un dixième des députés[246], le président du Haut-Conseil des collectivités ou un dixième des conseillers nationaux, le président de la Cour suprême pour les autres catégories d'actes. En ce qui concerne les élections, toute personne inscrite sur les listes électorales peut saisir la cour ; il en est de même de tout parti politique ou représentant de l'État dans les circonscriptions administratives et de tout membre de bureau de vote.

Dans la perspective d'une protection effective des droits et libertés fondamentaux, il nous paraît important, eu égard à l'incorporation de la Charte Africaine des Droits de l'Homme et des Peuples dans la Constitution de la République du Mali, que des propositions d'amélioration, voire des adaptations structurelles de la cour puissent intervenir dans le cadre d'une réforme relative à l'accès au juge constitutionnel.

En effet, la Charte Africaine des Droits de l'Homme et des Peuples, dispose clairement en son article 7 *« ... toute personne a droit à ce que sa cause soit entendue... »*. Ce droit comprend : le droit de saisir les juridictions nationales compétentes de tout acte violant les droits fondamentaux qui lui sont reconnus et garantis par les conventions, les lois, règlements et coutumes en vigueur...

Dès lors, l'évolution éventuelle des conditions d'ouverture des recours exige une révision constitutionnelle afin d'ouvrir la saisine du juge constitutionnel aux citoyens (**§1**) et aussi d'engager le débat sur la possibilité du juge constitutionnel de s'autosaisir **(§2).**

§1. L'ouverture de la saisine du juge constitutionnel

Les conditions d'accès au juge et l'observation des règles d'organisation des recours sont au cœur de la science du droit et de l'effectivité de la règle du droit. H. KELSEN, théoricien du modèle de justice constitutionnelle concentrée, l'avait bien compris. Aussi écrivait-il en 1928 dans une contribution majeure que *« la question du mode d'introduction de la procédure devant le tribunal constitutionnel a une*

[244] Depuis 1996 une saisine régulière du juge constitutionnel par le Premier ministre s'est instaurée.

[245] La saisine de l'assemblée nationale s'effectue à l'occasion de l'adoption du règlement intérieur.

[246]Les députés maliens, notamment ceux de l'opposition, ont usé de leur droit de saisine à plusieurs occasions.

importance primordiale »[247]. C'est de sa solution que dépend principalement la mesure dans laquelle le tribunal constitutionnel pourra remplir sa mission de garant de la Constitution[248]. Sans doute, les conditions de sa saisine demeurent-elles encore restrictives, puisqu'il ne peut être saisi qu'avant la promulgation, et que les tribunaux de droit commun, qui, pourtant, refusent d'apprécier eux-mêmes la constitutionnalité des lois, ne peuvent lui renvoyer cette question.

L'une des limites du système malien de contrôle constitutionnel est sans nul doute l'inaccessibilité du juge constitutionnel au justiciable. Pour M. le Doyen René DEGNI SEGUI, *"l'impossibilité pour le citoyen d'accéder à la juridiction constitutionnelle est une lacune ressentie surtout en matière de protection des droits de l'homme où celui-ci est la principale victime des violations"*[249].

Pour cette lacune dans le système malien nous suggérons un éventail de propositions. Tout d'abord l'ouverture de la saisine du juge constitutionnel aux citoyens serait à notre avis un moyen à la fois pour accroître la possibilité de protection des droits et libertés fondamentaux **(A)**. Par ailleurs, eu égard aux expériences de certains pays, le recours d'*amparo* constitutionnel pourrait être envisagé comme un moyen de garantir les droits et libertés fondamentaux contre l'arbitraire des pouvoirs publics **(B)**.

A. L'élargissement nécessaire de la saisine du juge constitutionnel au citoyen

Le juge constitutionnel malien est quasi-inaccessible. Tel est le constat au regard de l'analyse ci-dessus mais aussi des modalités du contrôle limité institué par le constituant malien. A la lecture du texte constitutionnel, nous notons une exclusion du citoyen du champ de la voie d'action pour faire déclarer une loi anticonstitutionnelle. Comme déjà souligné, le système malien est exclusivement ouvert au Président de la Républiques, au Président de l'Assemblée Nationale et à certain nombre de députés. Ainsi, seules les institutions sont habilitées à déclencher la procédure de contrôle de constitutionnalité. Le citoyen même lésé par une loi ne dispose d'aucun recours.

Le Doyen René DEGNI-SEGUI fait observer que l'impossibilité pour le citoyen d'accéder à la juridiction constitutionnelle est une lacune ressentie surtout *"en matière de protection des droits de l'homme "*[250]. Il n'est donc pas surprenant qu'une bonne partie de juristes et d'hommes politiques maliens réclament une ouverture de la saisine du juge constitutionnel aux citoyens. Cependant, si la question ne semble pas soulever de contradiction majeure, le problème du modèle convenable du recours individuel se pose par contre.

---

[247] Pascal JAN, *L'accès au juge constitutionnel : modalités et procédures*, Rapport pour le 2e Congrès de l'A.C.CP.U.F, 1er Février 2000.

[248] Voir sur ce point, La garantie juridictionnelle de la Constitution (La justice constitutionnelle), RDP, 1928, p 245, n°9.

249 René DEGNI SEGUI, *Les droits de l'homme en Afrique noire francophone (Théories et réalités)*, Abidjan, 1998, p. 77.

[250] René DEGNI-SEGUI, op. cit. p 73.

Il est évident que l'autorité du recours individuel s'accroît constamment dans le monde entier, puisqu'il contribue à l'élargissement considérable des possibilités de la protection des libertés et droits fondamentaux. Avant tout, c'est une protection contre la menace la plus répandue provenant du pouvoir exécutif dont la structure administrative a des dimensions énormes et du tribunal qui peut porter un jugement à la base d'une loi irrégulière.

La saisine du juge constitutionnel malien par les citoyens peut être envisagée suivant l'exception d'inconstitutionnalité. Il s'agira dans cette partie de mener une réflexion sur les avantages et les inconvénients de l'un et l'autre procédé.

Tout d'abord, il faut préciser que l'exception d'inconstitutionnalité se définit comme le droit accordé à chaque justiciable d'invoquer, devant n'importe quel juge, l'inconstitutionnalité de la loi qui lui est appliquée. Le justiciable ne saisit donc pas lui-même le juge constitutionnel. C'est la juridiction devant laquelle il invoque l'inconstitutionnalité qui, si le motif lui paraît sérieux, sursoit à statuer et opère cette saisine.[251]

Cette procédure particulièrement développée aux Etats-Unis et dans certains Etats européens, notamment en Allemagne, en Espagne, en Belgique et en Italie n'existe pas encore dans l'ordre juridique français. Toutefois, le débat est encore d'actualité en France où des tentatives d'application de cette procédure avaient été avortées.

L'objectif recherché ici à travers ces différentes propositions est d'instaurer une question préjudicielle de constitutionnalité (improprement dénommée exception d'inconstitutionnalité) qui ajouterait au contrôle préventif et, par voie d'action déclenchée par des autorités politiques, un contrôle *a posteriori* et, par voie d'exception, à l'initiative des acteurs d'un procès (juge ou justiciable). Il s'agira donc de donner la possibilité à toute personne de contester une disposition législative attentatoire à ses droits fondamentaux à l'occasion d'une instance en cours devant une juridiction[252].

Cependant, il faut préciser que si on admet l'hypothèse selon laquelle le justiciable peut, à l'occasion d'un procès soulever l'exception d'inconstitutionnalité contre une loi, il ne pourra le faire que devant les juridictions suprêmes de l'ordre judiciaire et de l'ordre administratif, donc à la Cour suprême.

La Cour suprême n'étant pas juge de l'exception doit surseoir à statuer et renvoyer la question ainsi soulevée devant le juge constitutionnel. En outre, il faut préciser que la Cour suprême n'est pas tenue de soumettre systématiquement toutes les exceptions soulevées à l'appréciation du juge constitutionnel.

La procédure ainsi présentée repose sur un système de double filtrage. Dans un premier temps, les juges du fond s'assurent que la disposition contestée commande l'issue du litige ou constitue le fondement des poursuites. Ils recherchent par la suite si la demande n'est pas manifestement infondée. Si les magistrats

---

[251] Voir sur ce point Roseline LETTERON, Libertés publiques op cit p 150.

[252] Ces propositions n'ayant pu être votées dans les mêmes termes par les deux assemblées conformément à la procédure de révision constitutionnelle (art. 89C), le Gouvernement les retira de l'ordre du jour des assemblées.

estiment qu'un doute raisonnable pèse sur la conformité à la Constitution de la disposition législative litigieuse, ils transmettent la demande à la juridiction placée à la tête de l'ordre juridictionnel dont ils dépendent, c'est-à-dire la Cour suprême. Les juges du fond sursoient ainsi à statuer, sauf urgence, pendant un délai de trois mois, délai de jugement imparti à la juridiction suprême pour se déterminer sur le critère sérieux de la demande. Dans l'affirmative, cette dernière saisit alors le juge constitutionnel. Le système ainsi présenté crée des écrans juridictionnels qui empêcheront alors les citoyens de venir directement se plaindre auprès du juge constitutionnel.

Il faut souligner que dans la plupart des pays Européens, l'exception d'inconstitutionnalité s'accompagne d'une saisine directe du juge constitutionnel par le justiciable.[253] En Afrique, la compétence du juge constitutionnel du Bénin est plus étendue en matière de protection des droits et libertés de la personne humaine. L'article 122 de la Constitution du Bénin dispose : *"Tout citoyen peut saisir la Cour constitutionnelle sur la constitutionnalité des lois, soit directement, soit par la procédure de l'exception d'inconstitutionnalité invoquée dans une affaire qui le concerne devant une juridiction. Celle-ci doit surseoir jusqu'à la décision de la Cour constitutionnelle qui doit intervenir dans un délai de trente jours".*

Une autre originalité de la procédure d'intervention du juge constitutionnel du Bénin réside aussi dans le fait qu' *"il se prononce d'office sur la constitutionnalité des lois et de tout texte réglementaire censés porter atteinte aux droits fondamentaux de la personne humaine et aux libertés publiques..."*[254]

A propos de l'exemple béninois, le doyen Maître Robert DOSSOU, Président de la Cour Constitutionnelle du Benin relève que son bilan globalement satisfaisant peut être attribué à la facilité d'accès à la Cour constitutionnelle. Selon lui « *La cour constitutionnelle a rendu des centaines de décisions sur requêtes de simples individus et bien souvent en faveur des requérants ; ce qui fait de la Haute Juridiction, un véritable instrument de promotion de l'Etat de droit. La Cour est aidée en cela par le caractère extrêmement libéral et diversifié des modes de saisine allant de la saisine individuelle par les citoyens à l'auto saisine de la Cour elle-même en passant par la saisine d'office, l'exception d'inconstitutionnalité, la saisine par les autorités publiques* ».

Cependant, il relève tout de même quelques inconvénients liés à ce mode de saisine. Parmi ceux-ci, il cite l'absence d'un mécanisme de filtrage des recours individuels conduisant à l'engorgement de la juridiction constitutionnelle. Le Mali pourrait s'inspirer du modèle Béninois en prenant en compte les difficultés qui y sont liées. Dans le cas contraire, il pourrait envisager tout simplement l'institutionnalisation de l'amparo constitutionnel tout en prenant en compte les mêmes difficultés.

---

[253] Voir sur ce point *l'Exception d'inconstitutionnalité, expériences étrangères et situation française*, Paris-I, STH, Coll. Les grands colloques, 1990, p 143 ; *Le recours des particuliers devant le juge constitutionnel*, Université de Louvain , sous la dir.de F .Delperée, Paris , Economica et Bruylant, 1991, p 221 ; A. Pizzorusso, *Un point de vue comparatiste sur la reforme de la justice constitutionnelle française* , RFDC 1990 n°4 , p 659.
[254] Art. 121 alinéa-2 de la Constitution du Bénin.

B. L'institutionnalisation souhaitable de l'amparo constitutionnel

Etant une garantie de la protection des droits et libertés fondamentaux de l'homme et du citoyen contre l'arbitraire des pouvoirs, le recours individuel contribue à l'assurance et au développement de la démocratie constitutionnelle, dont les droits de l'homme sont à la base.

Le droit au recours individuel protège aussi contre le pouvoir législatif, contribuant à l'annulation des lois contraires à la justice. Ainsi le recours individuel, en protégeant l'individu et ses droits fondamentaux, contribue à leur réalisation. Le recours individuel, instrument particulier de la protection des droits constitutionnels de l'homme, met à la disposition du citoyen le droit d'initier une action contre l'Etat et le législateur, en favorisant son intégration au processus de la gestion de l'Etat et de la société.

Comme nous l'avons souligné, certains Etats ont adopté avec bonheur le recours individuel. Nous considérons justement que l'application de cette procédure serait la plus heureuse au Mali. Pour toute personne, elle servira d'accès direct au juge constitutionnel en devenant l'instrument efficace de la protection des droits et libertés fondamentaux de l'homme et du citoyen inscrits dans la Constitution. En cela, l'amparo pourrait être institutionnalisé. Que recouvre cette notion ?

Le recours d'*amparo* constitutionnel est un mode de recours qui peut émaner de toute personne physique ou morale dont une liberté ou un droit fondamental définis dans la constitution aurait été violé[255]. C'est une institution qui a connu un succès extraordinaire[256]. Ce mode de recours a permis aux pays qui l'ont adopté, notamment l'Espagne et la Guinée Equatoriale, de donner un contenu aux droits et libertés fondamentaux. Il a également contribué, de manière décisive, à créer, en Espagne, une « *culture des droits fondamentaux* » non seulement au sein de la magistrature mais également dans la population.

L'amparo constitutionnel est basé sur le principe selon lequel tout citoyen peut demander la protection des libertés et des droits reconnus, le cas échéant, devant le juge constitutionnel. Le constituant Espagnol a opté pour la position maximaliste en garantissant le recours d'*amparo* pour tous les droits pour lesquels la Constitution a laissé ouverte cette possibilité[257]. Dans le système Espagnol, sont

---

[255] Cette définition résulte de la constitution de la Guinée Equatoriale dont *l'Art 13* détermine les libertés et droits objets d'amparo constitutionnel.

[256] L'amparo constitutionnel a connu un succès retentissant dans le système espagnol : 386 recours introduits la première année 1981, 3.000 en 1990 et plus de 6.000 en 2000. Catherine-Amélie Chassin, *La Protection juridictionnelle des droits fondamentaux à travers le recours d'Amparo constitutionnel en Espagne*, C.R.D.F. N°1, Paris, 2002, P.45.

[257] Cette position est reflétée à l'article 41 de la Loi organique relative au tribunal constitutionnel (L.O.T.C.) aux termes duquel "les droits et libertés reconnues aux articles 14 à 29 de la Constitution sont susceptibles d'*amparo* constitutionnel... Cette même protection est applicable à l'objection de conscience reconnue à l'article 30 de la Constitution ". Ceci signifie qu'on ne peut se prévaloir du recours à l'amparo constitutionnel que pour les droits constitutionnels expressément mentionnés dans ces dispositions ; et qu'on ne peut l'introduire pour la protection d'autres droits visés soit dans d'autres dispositions de la Constitution, soit dans des traités internationaux, ou encore dans des lois internes.

fondées légitimement à introduire un recours d'*amparo* deux catégories de requérants[258].

En vertu de la première, les droits fondamentaux sont des droits subjectifs et, en conséquence, peuvent interjeter un recours d'*amparo* les particuliers lésés. En vertu de la seconde, les droits fondamentaux constituent également une partie importante du droit objectif et, pour autant, l'intérêt de leur protection ne relève pas seulement d'un particulier mais de toute la Communauté[259].

C'est ainsi que, dans le système Espagnol, le recours d'*amparo* ne permet pas l'accès au juge constitutionnel uniquement au seul requérant. En effet, "le *ministère public* intervient dans tous les procès d'*amparo*, pour défendre la légalité, les droits des citoyens et l'intérêt public protégé par la loi "[260] ; en d'autres termes, il est toujours partie prenante du procès même s'il n'a pas exercé le recours.

En second lieu, "peuvent comparaître dans le procès d'*amparo* constitutionnel, en qualité de *défendeur* ou *d'intervenant* " deux catégories de personnes : d'une part, les personnes favorisées par la décision, acte ou fait en raison duquel le recours est formulé (qui interviennent comme défenderesses), et d'autre part, celles "ayant un intérêt légitime " quant à celui-ci (qui agissent en tant qu'intervenants auprès du demandeur ou du défendeur)[261].

Malgré son succès relatif, le recours d'amparo constitutionnel a posé plusieurs problèmes qui ont trait au champ de protection du recours, à son objet, à son régime de recevabilité et à sa nature même. Une partie de la doctrine appelle à une réforme des modalités du recours *d'amparo.* Deux axes sont avancés : d'une part, une restriction des modalités d'admission des recours, en particulier par une conception jurisprudentielle plus restrictive du droit au juge par la refondation pure et simple de la liste des droits fondamentaux concernés.

Cette approche propose en réalité, de résoudre le problème de l'encombrement du juge constitutionnel signalé déjà dans le système Béninois par un amoindrissement de la garantie apportée aux droits fondamentaux. Elle paraît dès lors difficilement acceptable.

D'autre part, et c'est la deuxième voie de réforme, il a été proposé le développement d'un *amparo* ordinaire devant le juge de droit commun. Ce recours reste très limité, en particulier parce qu'il se rapproche de l'exception d'inconstitutionnalité[262].

L'amparo a contribué à l'installation d'un Etat de droit respectueux des droits fondamentaux de la personne humaine en Espagne. Il a été introduit aussi en

---

[258]Dispositions de l'article 46 de la LO.T.C. de l'Espagne.

[259] Dans le cas espagnol, peuvent interjeter un recours d'*amparo*, le ministère public (qui, selon l'article 124.1 de la CE "a pour mission de promouvoir l'action de la justice en défense de la légalité, des droits des citoyens et de l'intérêt public protégé par la loi ") et le défenseur du peuple (qui, en vertu de l'article 54 de la CE, est un "haut mandataire des Cortes générales... pour défendre les droits fondamentaux).

[260] L'article 47.2 de la L.O.T.C. de l'Espagne.

[261] L'article 47.1 de la CE de l'Espagne.

[262] Catherine CHASSIN, *La protection des droits fondamentaux à travers le recours d'amparo constitutionnel en Espagne*, in Cahiers de recherche sur les droits fondamentaux – C.R.D.F., 2002, n°1, pp 33-47.

Guinée équatoriale ; mais là, ses résultats restent à évaluer. Il s'analyse aujourd'hui comme une institution indispensable et dont l'exportation dans notre pays serait sans doute profitable, tant à la démocratie au sens premier du terme qu'à l'Etat de droit.

L'instauration du recours d'amparo devant le juge constitutionnel malien indéniablement participera au processus de démocratisation du Mali, en ce sens qu'il contribuera véritablement à la participation et à l'implication du peuple dans la construction de la société. Toutefois, il existe des risques, notamment, l'encombrement du juge constitutionnel, à travers l'inflation des requêtes d'amparo[263]. En outre il est de plus en plus révélé que le juge constitutionnel n'a pas les moyens de suivre sur le long terme une telle évolution. La conséquence fondamentale du recours d'*amparo* est sans doute de garantir la prévalence absolue de la norme constitutionnelle et de ses dispositions de fond, ce qui se traduit, en l'espèce, par la mise en place de moyens garantissant la primauté des droits fondamentaux. La question qui se pose est de savoir si le Mali dispose des moyens nécessaires pour s'engager dans une telle voie.

Le droit de saisine du juge constitutionnel par les citoyens pourra être renforcé par la possibilité pour le juge lui- même de s'autosaisir. Nous proposons que cette éventualité soit mise en débat.

§2. La pertinence de l'opportunité de l'autosaisine du juge

Selon la tradition juridictionnelle malienne qui est d'inspiration française, seules sont recevables les saisines des personnes et autorités extérieures à la juridiction constitutionnelle[264]. L'extension de la saisine de la juridiction constitutionnelle au juge lui-même pose la problématique du risque du gouvernement des juges.

Ainsi l'admission de l'auto-saisine du juge constitutionnel malien pourrait-elle être analysée sous l'angle d'une avancée d'un système de protection des droits et libertés fondamentaux **(A)** à l'instar de certains pays qui ont emprunté cette

[263] Cette situation est vécue notamment en Espagne où on note une importante inflation des requêtes devant le juge constitutionnel qui ne semble pas en voie de cesser. De 386 recours pour l'année 1981, on en dénombrait près de 3.000 en 1990, et plus du double pour l'année 2000.Voir sur point Catherine CHASSIN, op cit, in Cahiers de recherche sur les droits fondamentaux 2002, n°1 pp 33-47.

[264] En France des propositions et projets attribuant un pouvoir d'autosaisine au juge constitutionnel ont pourtant été soutenus publiquement. Outre une réforme en ce sens réclamée en 1960 par l'ancien Président de la République et membre du Conseil constitutionnel, Vincent Auriol, il importe de mentionner la tentative d'introduction d'un droit de saisine *proprio motu* au Conseil pour examiner les lois qui lui « paraîtraient porter atteinte aux libertés publiques garanties par la Constitution » lors de la discussion du projet de loi constitutionnelle étendant le droit de recours au Conseil (1974). En raison du refus presque unanime des parlementaires, en l'état actuel des textes, les pouvoirs du juge constitutionnel ne s'exercent jamais spontanément. Ce débat n'est plus d'actualité. En revanche, lorsqu'il est saisi d'un texte dans les conditions prévues par l'article 61 alinéa 2 de la Constitution, le juge constitutionnel peut soulever d'office des griefs qui n'ont pas été invoqués par les requérants sur ce point. *L'Accès au juge constitutionnel : modalités et procédures,* Rapport rédigé par M. Pascal JAN pour le deuxième Congrès de l'A.C.C.P.U.F. Texte arrêté le 1er février 2000 disponible sur le site de l'ACCPUF.

voie[265]. Toutefois cette innovation, si importante soit-elle n'écarte pas les préoccupations liées aux risques éventuels du gouvernement des juges **(B).**

A. Une avancée certaine

Le Professeur René DEGNI-SEGUI, après une analyse comparative des cours constitutionnelles africaines, met l'accent sur certains aspects fondamentaux du système béninois caractérisé par la possibilité pour le juge constitutionnel de se prononcer directement sur la violation des droits de la personne humaine et de l'auto-saisine de la Cour constitutionnelle.[266]

En effet, l'originalité de la procédure d'intervention du juge constitutionnel béninois réside dans le fait qu'il se prononce d'office sur la constitutionnalité des lois et de tout texte réglementaire censés porter atteinte aux droits fondamentaux de la personne humaine et aux libertés publiques.

En Afrique Francophone, le Bénin offre aujourd'hui le modèle de référence en matière de protection des droits et libertés fondamentaux par le juge constitutionnel. On assiste en réalité, à la naissance d'une conception nouvelle d'organisation et de fonctionnement des juridictions constitutionnelles. Certes, des incertitudes demeurent mais la mutation est réelle. Le Doyen Jean du Bois de GAUDUSSON écrit à juste raison que les nouveaux *textes "ont fait sauter les verrous juridiques qui permettaient à des gouvernements autoritaires d'exercer légalement leur pouvoir"*[267]. En instituant cette possibilité d'autosaisine du juge constitutionnel, le constituant béninois a rompu avec le mimétisme traditionnel des Etats francophones d'Afrique.[268]

Au Mali, le mimétisme l'a emporté dans ce domaine. La désignation *a priori* d'autorités politiques de saisine limite le juge constitutionnel malien dans son dessein de protection des droits et libertés fondamentaux. Dès lors, une éventuelle évolution de la protection des droits et libertés fondamentaux par le juge constitutionnel malien exige une révision constitutionnelle. Dans cette perspective, ne doit-on pas entrevoir la possibilité pour le juge constitutionnel de se saisir, pour corriger ou redresser une loi ou un projet de loi contraire aux droits fondamentaux ?[269]

Pour le professeur Abdoulaye DIARRA, la possibilité ainsi donnée au juge constitutionnel de se saisir peut être de nature à corriger ou redresser une loi ou un projet de loi contraire aux droits fondamentaux[270]. Le Professeur DIARRA soutient que la situation particulière des pays francophones d'Afrique exige une rigueur plus

---

[265] Le Mali à l'instar des pays d'Afrique francophone, a une constitution pratiquement calquée pour l'essentiel sur le modèle français.

[266] René DEGNI-SEGUI, *Les droits de l'homme en Afrique Noire francophone (Théories et réalités)* – Abidjan, 1998, p 77.

[267] Jean Dubois De GAUDUSSON, « *La sincérité des élections : les élections à l'épreuve de l'Afrique* » in Cahiers du Conseil constitutionnel n° 13. op. cit. p. 57.

[268] Abdoulaye DIARRA, op cit. p 22.

[269] Ibid. p.27

[270] Ibid.

accrue des juges constitutionnels et l'extension des modes de saisine sans lesquels on ne saurait parler de protection des droits et libertés de la personne humaine[271].

Néanmoins, en l'état actuel, la possibilité offerte au juge constitutionnel de s'autosaisir ouvre le débat sur le risque éventuel du gouvernement des juges constitutionnels.

B. Un risque éventuel du gouvernement des juges constitutionnels

L'expression « *gouvernement* des *juges* » dénonce l'abus de pouvoir dont se serait rendue coupable l'autorité juridictionnelle. Elle pose le constat de la montée en puissance des *juges* tant dans l'opinion publique que dans les pratiques sociales mais également du rôle croissant joué par les juges constitutionnels.

Le « gouvernement des juges », bien que dérivé du concept américain *« Government by the Judiciary »*, est très fréquemment utilisé à des fins rhétoriques[272]. Les hommes politiques l'emploient pour dénoncer une jurisprudence qui leur déplaît et la plupart des professeurs de droit parlent du « spectre du gouvernement des juges » pour soutenir que, dans la réalité les juges ne gouvernent pas[273].

Dans notre régime politique, l'accroissement souhaité du rôle politique du juge doit-il être considéré comme un progrès ou comme une remise en cause insidieuse des principes démocratiques et de la souveraineté du peuple ?

L'autosaisine est-elle-une menace réelle ou une évolution inéluctable en matière de protection des libertés et droits fondamentaux ?

Ces différentes interrogations nous amènent à nous demander si l'auto-saisine du juge peut favoriser une immixtion abusive des juges dans la conduite des affaires politiques qui, dans toute démocratie bien comprise, doit rester l'apanage des pouvoirs législatif et exécutif, seuls légitimement investis par le peuple d'une telle mission.

Depuis quelques années, le débat s'est amplifié autour des risques liés à l'accroissement des pouvoirs du juge constitutionnel. Dans tous les cas, en permettant au juge constitutionnel de se saisir lui-même, cela pourrait être interprété comme un moyen d'instaurer le gouvernement des juges qui apprécieront l'opportunité de leur propre saisine.

Parler de gouvernement des juges renvoie à l'idée d'élargir la notion à des situations qui sont opposées. Le gouvernement des juges signifie que la volonté des juges prime sur la loi. Les juges chargés du contrôle de la constitutionnalité des lois exercent a priori une véritable fonction juridictionnelle[274]. Contrôlant les actes législatifs par rapport aux règles de forme ou de fond posées par la Constitution, ils veillent à la manière dont les pouvoirs publics élaborent les actes dérivés. Le

---

[271] Ibid.
[272] Voir sur ce point Michel TROPER, *Le gouvernement des juges, mode d'emploi,* éd. Verbatim Octobre, 2006, p 56.
[273] Ibid.
[274] El hadj M'BODJ, *Cours de théorie constitutionnelle* op cit. p 128.

contrôle doit seulement porter sur le respect par le législateur des libertés et droits des citoyens.

Selon le professeur El hadj M'BODJ, la mission technique de contrôle peut glisser sur le terrain politique et transformer le juge en véritable organe participant à l'exercice de la fonction normative en général et législatif en particulier. C'est là que résident toute la complexité du contrôle et la méfiance vis-à-vis du contrôle juridictionnel qui expose au danger du gouvernement des juges qui pourraient se transformer en super législateurs voire en constituants, écrit-il [275].

Selon certains juristes la loi ne saurait "régner" (*lex rex)* dès lors que le juge y substitue sa propre volonté[276]. Mais étant donné que la loi est en démocratie le vecteur d'expression de la volonté générale, refuser de l'appliquer revient à ne pas tenir compte de la volonté démocratiquement exprimée par les représentants des électeurs[277].

Le *« gouvernement des juges »* reste cependant, avant tout, une formule incantatoire qui ne se réalise qu'en cas d'insuffisance des normes textuelles. Il reste évident que l'hypothèse de *« gouvernement de juge »* est à écarter car l'opportunité du juge de s'autosaisir peut être un moyen privilégié de mieux protéger les libertés et droits fondamentaux.

Cette possibilité du juge constitutionnel de s'autosaisir pourrait d'ailleurs être un moyen d'aider le juge constitutionnel garant des libertés et droits fondamentaux à mieux remplir sa mission en inspirant notamment le juge gardien des libertés et droits fondamentaux

---

[275] Ibid.

[276] Voir sur ce point l'article de Drieu GODEFRIDI, *Le gouvernement des juges, généalogie d'un fantasme français, in Libéralisme et Atlantisme institut Hayek,* paru sur le site .www.fahayek.org

[277] Ibid.

Titre II

Un juge gardien des libertés et droits fondamentaux

La constitution du 25 Février 1992 du Mali n'énonce pas explicitement les principes de la justiciabilité des droits et libertés et de la possibilité d'une réparation en cas de violation de ces droits et libertés. Il y est toutefois affirmé que le pouvoir judiciaire est gardien des droits et libertés et doit veiller au respect des libertés et droits constitutionnalisés. Il y est également affirmé que tout individu ou agent de l'Etat coupable d'actes de torture, de services ou traitements cruels dégradants ou humiliants sera puni conforment à la loi.

Le pouvoir judiciaire est confié aux cours et tribunaux qui sont répartis entre deux ordres juridictionnels : l'ordre judiciaire et l'ordre administratif. Cette scission matérielle laisse entrevoir que les juges des deux ordres doivent connaître des matières spécifiques et différentes par leur nature. Toutefois, le Mali a opté pour un organe unique : la Cour suprême qui est la plus haute instance judiciaire du pays chargée d'assurer l'unité du droit national par l'unité de la jurisprudence. Elle comprend trois sections : la section judiciaire, la section administrative et la section des comptes.

L'atteinte à un droit fondamental entre personnes privées doit faire l'objet d'une sanction. En effet, lorsque la violation se produit dans les rapports entre personnes privées, la condamnation à des dommages-intérêts est assurément la sanction la plus courante. Le recours aux juridictions devient dès lors incontournable, car le mal étant fait, il faut rétablir la victime dans la jouissance de ses droits.

Les droits et libertés fondamentaux dont les citoyens peuvent se prévaloir sont ainsi placés sous le contrôle des juridictions de l'ordre judiciaire et les juridictions de l'ordre administratif. Celles –ci sont saisies quotidiennement par les citoyens en cas de violation de leurs droits.

Le juge judiciaire, on le sait, est le gardien naturel des droits et libertés. Celui-ci a un rôle traditionnel de *« gardien de la liberté individuelle »* des citoyens[278].Cette mission constitutionnelle lui confère essentiellement la compétence à connaître des litiges nés des rapports entre les particuliers.

Mais exceptionnellement, il peut être amené à connaître des violations des droits fondamentaux dans des rapports entre les particuliers et l'Administration[279].

Ce type de relation est originellement dévolu à la compétence du juge de l'ordre administratif. Celui-ci affirme son rôle sans cesse grandissant dans la sphère des droits fondamentaux. En effet, le juge administratif s'affirme aux côtés du juge judiciaire comme un *« défenseur des droits fondamentaux »*. Aussi, le contrôle du

---

[278]Dominique TURPIN, *Libertés publiques et droits fondamentaux*, op. cit. p. 129.
[279]C'est le cas de la voie de fait lorsque l'autorité administrative prend une décision ou commet un acte manifestement insusceptible de se rattacher à un texte législatif ou réglementaire. C'est la gravité de l'irrégularité qui dénature l'action de l'administration au point de la faire sortir du champ administratif ; la compétence du juge judiciaire apparaît alors comme une sanction infligée à l'administration .Voir Roseline LETTERON, *Libertés publiques*, op cit. p 145 et suiv.

contentieux exercé par le juge sur l'administration constitue-t-il l'une des composantes essentielles du régime qui caractérise l'ordonnancement de la plupart des Etats africains francophones, « hérité » de la tradition juridique française. Son effectivité conditionne l'ensemble des paramètres dont dépendent les relations entre les pouvoirs instaurés par la constitution[280].Désormais, face aux actes de l'administration, tout citoyen jouit de la pleine faculté d'exercer, devant le juge administratif des recours contre les actes et décisions de l'Administration[281].

Ce qui nous conduira à examiner d'une part la protection juridictionnelle des droits et libertés contre les agissements des particuliers **(Chapitre I)** et d'autre part la protection juridictionnelle des droits et libertés contre les atteintes par l'administration **(Chapitre II)**.

---

[280] J. M. Breton, *Légalité et Etat de droit : statut et perception du juge de l'administration* (contribution à une réflexion transversale), Revue Afrilex n° 03/2003.

[281] Les tribunaux administratifs constituent des juridictions de première instance en matière administrative et s'occupent des litiges opposant les citoyens à l'État, exception faite de ceux qui relèvent de la section administrative de la Cour suprême. Ils statuent aussi sur les recours en annulation pour excès de pouvoir dirigés contre les décisions des autorités administratives régionales et locales, ainsi que sur les recours en interprétation et en appréciation des décisions émanant des mêmes autorités. Les décisions des juridictions administratives sont collégiales.

Chapitre I

La protection juridictionnelle des libertés et droits contre les agissements des particuliers

Les organes juridictionnels chargés de statuer sur le contentieux privé en matière de droits et libertés relèvent de l'ordre judiciaire. On peut cependant établir une nouvelle distinction entre d'une part, les juridictions civiles, commerciales et sociales dont la mission est de statuer sur des litiges d'intérêt privé et, d'autre part, les juridictions répressives encore appelées juridictions pénales qui ont pour rôle de réprimer les infractions au moyen d'une peine *(amende, prison, réclusion).*

Au Mali, l'ensemble de ces juridictions se présente à la manière d'une pyramide ayant à son sommet la section judiciaire de la Cour suprême dont la mission fondamentale est d'uniformiser l'interprétation de la règle de droit.

Le juge civil est juge de droit commun des rapports entre particuliers. A ce titre, il intervient dans des domaines aussi variés que la vie privée, le droit au travail et la liberté syndicale.

Quant au juge pénal, il n'est appelé à intervenir que dans l'hypothèse où l'abus du droit ou de la liberté est pénalement sanctionné ; ce qui suppose qu'il soit l'objet d'une qualification pénale. Dans une telle hypothèse, le juge répressif est compétent à un double titre, tant à raison des personnes en cause (litiges entre particuliers) qu'au vu de la matière concernée.

En principe, les litiges nés entre les particuliers et les pouvoirs publics ne relevaient pas toujours de la compétence des juridictions judiciaires. Cependant, par exception à ce principe, le juge judiciaire peut connaître de tels litiges. Il s'agit là d'une compétence exceptionnelle qui lui est dévolue. Quoi qu'il en soit, le juge judiciaire a une compétence dans les matières originelles relatives à la protection de la liberté individuelle et des autres droits fondamentaux dans les rapports entre les personnes privées.

L'étude de la protection judiciaire des droits et libertés contre les agissements des particuliers sera l'occasion d'une part d'évaluer l'œuvre protectrice du juge judiciaire **(Section I)** et d'autre part d'analyser les obstacles susceptibles d'atténuer fortement l'effectivité de la protection des droits et libertés fondamentaux **(Section II).**

Section I : L'œuvre protectrice du juge judiciaire

Le juge judiciaire chargé d'appliquer les lois apparaît comme le juge naturel en matière d'atteinte aux droits et libertés. En effet, si la constitution proclame les droits et libertés fondamentaux, elle laisse le soin aux lois de préciser leurs conditions d'exercice. La loi en tant que source du droit constitue l'instrument de travail du juge judiciaire. Celui- ci se sert des textes législatifs pour protéger les droits et libertés consacrés par la loi fondamentale. De façon générale, toutes les lois, par un aspect ou un autre, rejoignent la problématique des droits de l'homme[282]. De plus, les différentes lois civiles commerciales reconnaissent l'égalité des droits, l'égalité des hommes et des femmes, les droits de l'enfant, les droits de la femme. Elles créent les conditions d'exercice du droit de propriété et de la liberté d'entreprise. De leur côté, les lois pénales répriment les infractions, en particulier, les diverses atteintes à l'intégrité physique, au droit de propriété, au droit à la vie. Il en va de même des lois sur l'organisation de la presse, l'éducation et la formation. Ces mêmes lois, tout en fixant des règles concrètes d'exercice de ces droits, prévoient des sanctions en cas d'abus.

Dans son travail de tous les jours, le juge est sollicité pour les litiges relatifs au domaine civil, au domaine commercial et au domaine social. Ces différentes matières sont intimement liées aux droits civils politiques et aux droits économiques, sociaux et culturels. Il importe donc de savoir comment le juge s'est comporté face aux violations de ces droits.

L'appréciation de l'œuvre du juge judiciaire se fera à partir d'une étude menée auprès du Tribunal de Première instance de la Commune III de Bamako **(§1).** Cette étude laisse percevoir une protection relative des droits civils et politiques **(§ 2)** et une faible protection des droits économiques et sociaux **(§3).**

§ 1. Etude de cas : Tribunal de la Commune III du district de Bamako

Des chercheurs maliens ont révélé que l'état de la justice du Mali pouvait être appréhendé à travers des chiffres, comme il est d'usage dans les pays européens, si au moins les statistiques judiciaires étaient fiables et régulièrement tenues[283]. Cela est apparu évident lorsque nous avons entrepris une collecte des données auprès de certains tribunaux, à l'intérieur du pays : nous n'avons pu obtenir des informations utiles qu'auprès du tribunal de la commune III de Bamako. Par rapport aux autres juridictions, le TPI de la Commune III a l'avantage d'avoir bénéficié d'un appui important dans le cadre du Programme décennal pour le développement de la justice, PRODEJ. Cet état de fait est révélateur des problèmes préoccupants dont souffre notre système judiciaire.

Cette étude a été menée auprès du greffe du tribunal de la commune III, du 15 janvier au 15 avril 2009. Elle a porté essentiellement sur les jugements rendus pendant la période allant de 1999 à 2008. Il s'agissait plus spécifiquement d'évaluer l'activité judiciaire au cours des dix dernières années. Pour cela, nous avons classé

---

282 Eloi DIARRA, *Le Juge des droits de l'homme en Afrique noire francophone*, 2007, p 426.

283 Parmi ceux-ci les auteurs de l'ouvrage collectif sur la gouvernance de la justice au Mali : Me Amidou DIABATE, Zeini MOULAYE et Yaya DOUMBIA.

les jugements en deux parties, d'une part, la matière civile **(A)** et d'autre part, la matière correctionnelle **(B)**.

A. Les jugements rendus en matière civile

Il faut tout d'abord souligner que de 1999 à 2004, le tribunal de la commune III était le siège du tribunal de Première instance du district de Bamako. Les autres communes ne disposaient que de sections détachées. Ensuite, cette juridiction située au cœur de la capitale près du grand marché de Bamako était la plus accessible et la plus fréquentée. Ces facteurs permettent de comprendre le degré de sollicitation.

Le District de Bamako compte 6 communes dont chacune est dotée d'un Tribunal de première instance. Historiquement, la décentralisation de la justice a commencé depuis 1988 lorsqu'on a créé une Justice de Paix à Compétence Etendue (JPCE) dans chacune des communes urbaines. Ces JPCE ont ensuite été érigées en sections détachées du Tribunal de Première Instance (TPI) de Bamako, dont le siège était le TPI de la Commune III. C'est cette évolution qui a conduit à l'érection des sections détachées du tribunal de Bamako en tribunaux autonomes en 2004.

Le TPI de la commune III est situé au cœur du district de Bamako[284]. Il est le tribunal de référence du Mali depuis plus de 30 ans. Cette juridiction comprend une chambre civile, une chambre matrimoniale, une chambre coutumière et une chambre des référés.

Le tableau ci-après présente le nombre de jugements rendus en matière civile par ces différentes chambres de 1999 à 2008.

[284] La ville de Bamako est la capitale du Mali depuis 1960. Elle fut érigée en district et subdivisée en six communes par l'ordonnance n°78-32/CMLN du 18 aout 1978. Les six communes sont des collectivités décentralisées dotées de la personnalité morale et de l'autonomie financière.

Année	Chambre civile	Chambre coutumière	Chambre matrimoniale	Chambre des référés	Total	%
1999	422	399	140	279	1240	12,07
2000	314	378	98	288	1078	10,50
2001	290	386	122	277	1075	10,48
2002	262	462	112	258	1094	10,66
2003	211	346	154	315	1026	9,96
2004	***234***	***309***	***174***	***218***	***935***	***9,10***
2005	***203***	***349***	***159***	***209***	***920***	***9,00***
2006	***176***	***350***	***164***	***223***	***913***	***8,90***
2007	***168***	***505***	***187***	***180***	***1040***	***10,13***
2008	***191***	***371***	***205***	***178***	***945***	***9,20***
Total	***2471***	***3855***	***1515***	***2425***	***10266***	***100***

Activités du Tribunal de Première Instance de la Commune III de 1999-2008
(Ces chiffres on été obtenus auprès du greffe du TPI de la Commune III.)

La chambre civile est compétente pour connaître diverses matières civiles. Il s'agit notamment de toutes les affaires qui touchent à l'état de la personne, les biens et les régimes matrimoniaux, les successions et les libéralités. En somme, ces décisions visent à assurer l'effectivité du droit de propriété et l'égalité entre les citoyens. Au total, cette chambre a rendu 2471 jugements soit 24, 02 %.

La chambre matrimoniale est chargée aussi des affaires relatives à l'état des personnes. Il s'agit notamment de l'adoption, du divorce, de la recherche de paternité. Cependant, force est de constater que le divorce constitue, de façon spécifique, la matière la plus dominante parmi les affaires traitées. C'est le siège des droits de la femme et de l'enfant. Au cours de la période concernée, cette chambre a rendu 1515 jugements qui représentent 14,75 %.

La chambre coutumière connaît les affaires relatives à la succession et au partage des biens. Elle est surtout interpelée pour la sauvegarde du principe d'égalité et du droit de propriété. Cette chambre a rendu au total 3855 soit 37, 55 %.

Quant à la chambre des référés, celle-ci connaît les affaires urgentes relatives à l'expulsion ou à la saisie conservatoire. Dans la plupart des cas, les décisions rendues visent essentiellement à sauvegarder le droit de propriété. Au total, 2425 jugements ont été rendus, soit 23,62 %.

L'analyse des données statistiques autorise à conclure que l'activité du juge est beaucoup plus intense en matière coutumière et en matière civile. Cela paraît normal au regard de la nature des affaires en cause qui ont un lien consubstantiel avec les droits fondamentaux. Par ailleurs, la fréquence des matières coutumières dénote la tendance au règlement des litiges relatifs à la succession suivant les règles coutumières. A la différence de ce qui se passe dans d'autres branches du droit, ici, le juge applique aux citoyens un droit avec lequel il est familier et auquel il adhère.

En ce qui concerne la chambre des référés, on retiendra que le caractère urgent des affaires explique en partie le nombre croissant de décisions rendues (les cas d'expulsion, saisies - vente ou saisie revendication...).Il existe donc une tendance forte à la protection du droit de propriété des citoyens.

Enfin, malgré la position de la chambre matrimoniale, il y a lieu de préciser que le nombre de jugements rendus reflète une autre situation. Les 1515 jugements rendus expliquent le nombre croissant de demandes de divorce et d'adoption. En moyenne, on a 150 décisions par an. En conséquence, cela requiert qu'une attention particulière soit portée aux droits des femmes et des enfants.

Au regard des décisions rendues, on pourrait être tenté de croire que les droits fondamentaux des citoyens bénéficient d'une protection effective. Tel n'est pas le cas si l'on analyse le taux d'appel. En 2005, 1018 causes en matière civile ont été déférées par les parties devant cette juridiction, sur lesquelles 920 ont été jugées, y compris les affaires de référé et 189 ont fait l'objet d'appel. A première vue, le taux d'appel paraît faible. Mais un examen approfondi permet d'arriver à des conclusions différentes quand on considère les causes uniquement traitées en première chambre civile dudit tribunal. On relève, en effet, 203 jugements rendus et 170 cas d'appel, soit un taux d'appel de plus de 80%.

Sachant que cette chambre traite des affaires contractuelles, de responsabilité civile et de contentieux foncier, c'est-à-dire des affaires à contenu économique, on peut en conclure que les citoyens développent une nette tendance à la contestation de la décision judiciaire rendue en première instance.

Par ailleurs, un examen attentif de l'espace juridique permet de déceler plusieurs lacunes. Outre qu'il n'existe pas de code civil comprenant le droit des personnes et de la famille, le droit des successions, le droit des biens et celui des contrats, il y a des textes épars dont l'examen consacre une inégalité flagrante entre homme et femme. C'est le cas notamment du Code du mariage et de la tutelle. C'est aussi et surtout vrai du droit des successions applicable aujourd'hui et fondé essentiellement sur la coutume qui réserve un statut d'infériorité à la femme. Un projet de code de famille et des personnes a certes été élaboré de manière participative depuis plus de cinq ans au moins, mais son adoption souffrirait de contestations des autorités religieuses musulmanes[285].

[285] L'adoption du nouveau code des personnes et de la famille par les députés maliens le 3 aout 2009 a créé une vive réaction chez les populations à Bamako, la capitale malienne, ainsi que dans d'autres villes de l'intérieur du Mali qui ont connu une ambiance des plus survoltées. De nombreux manifestants ont exprimé leur rejet de ce nouveau code que certains leaders religieux ont vite qualifié de code le plus "satanique" du Mali indépendant.

B. Les jugements rendus en matière correctionnelle

La chambre correctionnelle est le tribunal siégeant au pénal. Elle est compétente pour les délits commis dans son ressort ou dont l'auteur supposé y réside, ou y a été arrêté. Elle peut juger aussi une affaire portée devant elle, à tort, sous la qualification de crime.

Notre analyse porte sur les décisions, rendues par le juge en matière correctionnelle, qui ont un lien avec les droits et libertés fondamentaux. Pour une meilleure lecture des jugements rendus sous l'approche des droits humains, nous avons regroupé les décisions suivant leur nature en quatre (4) catégories : le droit à la vie et à l'intégrité physique, le droit à la liberté et à la sûreté, le droit de propriété et la liberté de presse.

Année	**Les libertés et droits fondamentaux**				
	Le droit à l'intégrité physique de la personne	**Le droit à la liberté et à la sûreté**	**Le droit de propriété**	**La liberté de presse**	**Total**
1999	218	6	280	0	504
2000	195	6	289	0	490
2001	185	29	297	0	511
2002	293	27	381	0	701
2003	168	19	368	0	555
2004	179	47	847	0	1073
2005	462	109	988	0	1559
2006	255	87	579	1	921
2007	269	29	470	2	770
2008	107	15	497	1	619
Total	**2331**	**374**	**4996**	**4**	**7703**

Activités du Tribunal de Première Instance de la Commune III de 1999-2008
(Ces chiffres on été obtenus auprès du greffe du TPI de la Commune III.)

Le droit à l'intégrité physique recouvre les différentes infractions suivantes : l'homicide volontaire, l'homicide involontaire, les coups et blessures. Au total 2331 décisions ont été rendues, soit 30,26 %. On note, qu'en 2005, le tribunal a eu une intense activité. Toutefois, le taux global de jugements reste en deçà de celui relatif au droit de propriété. Mais cela ne veut pas dire qu'il existe moins d'atteinte au droit à la vie et à l'intégrité physique.

Le droit à la liberté et à la sûreté recouvre la détention illégale d'arme à feu, l'importation frauduleuse des marchandises, l'entrave à la liberté de travail, la réunion illicite. Les jugements rendus sont au nombre de 374, soit 4,85 % .Le juge devra veiller sur les infractions qui portent atteinte à la sûreté de la personne humaine.[286]

En ce qui concerne le droit à la propriété, les différentes infractions relevées sont : le vol, la tentative de vol, le recel, l'abus de confiance, l'escroquerie, les dommages à la propriété d'autrui, la construction illicite sur le terrain d'autrui, la violation de domicile. Au total, 4996 décisions ont été rendues, soit 64,84%

Enfin, s'agissant de la liberté de presse, les différentes infractions relevées sont : la diffamation et l'injure publique, l'outrage au chef de l'Etat. Au total, 4 décisions ont été rendues pendant la période concernée, soit 0,05 %.

L'état des lieux de l'activité juridictionnelle du TPI de la commune III de Bamako révèle ainsi d'une part, une protection relative des droits civils et politiques et, d'autre part, une faible protection des droits économiques, sociaux et culturels.

§2. Une protection relative des droits civils et politiques

Les droits civils et politiques constituent la première génération des droits de l'homme. Ce sont des droits dont l'exercice implique la reconnaissance à l'individu d'une sphère d'autonomie. Il s'agit donc des droits de l'individu reconnu par l'Etat. C'est pourquoi ils sont appelés « droits libertés » car ils ne nécessitent pas une intervention ou des prestations de l'Etat pour leur réalisation.

Les droits civils et politiques sont énoncés dans la Déclaration Universelle des Droits de l'Homme du 10 décembre 1948, puis détaillés dans le Pacte International relatif aux Droits Civils et Politiques (PIDCP) du 16 décembre 1966 et dans la Charte Africaine des Droits de l'Homme et des Peuples du 27 juin 1981.

Ces principaux instruments juridiques définissent les droits civils et politiques comme des droits-attributs de la personne humaine ; c'est-à- dire, des droits qui sont, pour l'essentiel, opposables à l'Etat dont ils supposent d'abord une attitude d'abstention pour qu'ils puissent être respectés.

La constitution et les textes législatifs offrent des garanties contre les atteintes aux droits civils et politiques. La nature de ces droits subordonne l'Etat à certaines obligations qui ont comme conséquence leur exigibilité immédiate et leur justiciabilité.

---

[286]Le droit à la sûreté personnelle est le droit de toute personne, quels que soient son état et son origine, de ne pas être arbitrairement détenue, c'est à dire de ne pas être détenue hors des conditions prévues par la loi. Ainsi, une détention, une rétention ou encore une retenue ne pourront être considérées comme arbitraires si elles sont régies par la loi et qu'elles sont mises en œuvre dans le respect des droits de la défense. Pour garantir le respect du droit à la sûreté personnelle, l'autorité judiciaire est investie du devoir de contrôler son effectivité. Ainsi, le juge devra contrôler la légalité des privations de liberté. Par exemple, la rétention administrative des étrangers implique nécessairement l'intervention du juge des libertés et de la détention, tout comme le placement en détention provisoire.

De nos jours, si la protection de nombreux droits civils et politiques est considérée comme un acquis, certains le sont moins. Une classification paraît donc nécessaire pour comprendre l'intensité de leur protection par le juge judiciaire même si, par ailleurs, aucune classification n'est satisfaisante. Nous examinerons l'œuvre du juge judiciaire à l'aune du droit à la vie, à la liberté et à l'intégrité physique **(A)**, de la liberté de la presse **(B)**, et des droits des groupes vulnérables **(C)**.

A. Le droit à la vie, à la liberté et à l'intégrité physique

Le constituant malien consacre le droit à la vie généralement considéré comme le premier des droits fondamentaux[287]. Ce droit implique le droit de ne pas se voir ôter la vie par certains procédés ou actes, notamment le génocide, le meurtre, l'assassinat, l'homicide volontaire, l'avortement, l'empoisonnement, l'infanticide, les coups mortels etc. Toute personne ayant connaissance de ces infractions peut directement en informer le juge afin de poursuivre les auteurs. En la matière, le procureur de la République peut, sur sa propre initiative, déclencher l'action publique lorsqu'il a connaissance de telles infractions.

Il est constant que le juge intervienne de façon dynamique dans la protection de ce droit fondamental. En effet, celui-ci statue en matière correctionnelle sur les délits d'homicide involontaire[288] ou volontaire. Les autres infractions qualifiées de crimes relèvent de la compétence de la Cour d'Assises.[289]

La protection du droit à la vie demeure toutefois confrontée à la problématique de la peine de mort qui fait encore partie de l'arsenal répressif au Mali.[290]

Le respect de l'intégrité physique de l'individu est érigé en droit fondamental dans l'ordre juridique et implique le respect de la dignité humaine de tout individu. C'est le droit d'être exempt de toute atteinte corporelle non désirée et déraisonnable. Ce droit fait appel au principe de l'inviolabilité du corps humain consacré par la Constitution.[291]

---

[287] Art 1 de la Constitution du 25 février 1992 ; art 4 de la Charte Africaine des Droits de l'Homme et des Peuples – CADHP.

[288] Jugement n°733TPI CIII Affaire Ministère public et Awa DIALLO, Djelika Alioune DIALLO, Racky Aliou DIALLO contre Abdoulaye TOURE et Karamoko TOURE. Les faits : Dans la nuit du 1er au 2 février 2006, vers 20 heures, la demoiselle Awa DIALLO en compagnie de ses sœurs jumelles Djélika et Racky désirant acheter un flacon de vernis pour leur père ont traversé l'avenue de l'indépendance. Arrivées au terrain de football ou se trouvait un groupe de jeunes, Abdoulaye TOURE et son copain Karamoko TOURE leur intima de quitter le lieu .N'ayant pas rebroussé chemin, ils se mirent à les injurier grossièrement. Ayant rétorqué, ils se mirent à les battre. Sur la base de l'article 207 du Code pénal, le juge a déclaré Abdoulaye TOURE et Karamoko TOURE coupables de coups et blessures volontaires sur les dames Awa DIALLO, Djelika Alioune DIALLO, Racky Aliou DIALLO ; les quels coups et blessures ont entrainé chez les victimes une incapacité temporaire de travail. Le juge les condamna à 03 mois d'emprisonnement avec sursis et 20.000 F CFA d'amende.

[289] La Cour d'assises est une juridiction non permanente. Elle est compétente pour connaître les crimes et tient deux sessions par an. La cour d'appel est le siège de la Cour d'assises. Elle est composée non seulement de professionnels (un président, deux juges, le représentant du ministère public, le greffier) mais aussi de jurés qui sont des citoyens ordinaires, tirés au sort sur une liste de session

[290] Il convient cependant de noter que la peine de mort n'est pas appliquée depuis 1979 et l'observation d'un moratoire depuis 1984.

[291] Conf. art 4 de la CADHP.

Le droit à l'intégrité physique s'exprime par une série d'interdictions. Ce sont notamment celles qui portent sur les violences, le viol, et les autres agressions sexuelles D'autres interdictions présentent la particularité de chercher à protéger le droit à la vie, au-delà du droit à l'intégrité physique. Il s'agit de celle qui porte sur le meurtre. D'autres enfin suscitent un intérêt particulier notamment dans le cadre de l'étude des droits de l'homme. Il s'agit de la torture, des traitements inhumains et dégradants[292], l'esclavage, le travail forcé et les expérimentations médicales.

Les atteintes à l'intégrité physique se manifestent à travers les actes de viol, de tortures, de coups et blessures volontaires[293] ou involontaires, des violences sur une personne[294]. Selon leur gravité, ces infractions sont soumises à la connaissance du juge qui statue en matière correctionnelle, en première instance ou en matière criminelle en formation de Cour d'assises.

Le droit à la liberté et à la sécurité est affirmé dans l'ordre juridique malien. Le constituant énonce que tout individu a droit à la liberté[295]. L'expression de ce droit est, de l'avis du Doyen Jean RIVERO, *« La certitude pour les citoyens, qu'ils ne feront pas l'objet, notamment de la part du pouvoir, de mesures arbitraires les privant de leur liberté matérielle, telles qu'arrestation ou détention »*[296] . C'est le règne de la liberté individuelle, qui interdit toute contrainte illégitime à l'égard du citoyen et lui assure *« La sécurité juridique face au pouvoir »*[297] .

C'est alors le droit fondamental qui garantit les autres, selon le Professeur Jean RIVERO[298].Il peut ainsi permettre à l'individu d'aller et venir et de s'installer au lieu de son choix, sur l'étendue du territoire malien.

Comment le juge des libertés et de la détention s'est-il comporté vis-à-vis du droit fondamental de la sécurité ?

Au Mali, le rôle du juge est déterminant dans la protection de la sûreté de la personne humaine. Les textes juridiques lui offrent l'opportunité de prendre des décisions de garde à vue et des décisions de détention provisoire. Même si les textes sont clairs, dans la pratique, le délai des gardes à vue n'est jamais respecté. Ceux-ci se prolongent, dans la majorité des cas à une semaine voire 45 jours à 3 mois[299].Un

---

[292] Jugement n° 30 JGT TPI CIII du 16 janvier 2007, Affaire Ministère public et Bintou TRAORE contre Daouda KONATE. Les faits : Le 28 aout 2006 Daouda KONATE a, par maladresse, négligence, inattention ou inobservation des règlements involontaires, commis un homicide sur la personne de Mamadou DIABY, suite à un accident de circulation. Celui-ci rendit l'âme un jour plus tard. Le juge a condamné M. Daouda KONATE à 3 mois de prison avec sursis et 10.000FCFA d'amende.

[293] Jugement N°733 TPI de la CIII Affaire Ministère public et Awa DIALLO, Djelika Alioune DIALLO, Racky Aliou DIALLO contre Abdoulaye TOURE et Karamoko TOURE, op cit.

[294] Jugement n° 400 TPI CIII, Affaire Ministère public et Tidiane DEMBELE contre Adama SAMAKE, Diaraba NIARE et Dotigui KANE. Faits : Adama SAMAKE, Diaraba NIARE, tous maçons, ont détourné au préjudice de Tidiani DEMBELE, une somme de 473.000 FCFA et des planches d'une valeur de 1.500.000 FCFA. Le juge les a déclaré coupables d'abus de confiance et de vol prévus et punis par les articles 282, 252 et 257 du Code pénal. Il les a condamnés à un an d'emprisonnement ferme et 100.000 FCFA d'amende chacun.

[295] Art.1er de la constitution du Mali ; art 6 de la CADHP.

[296] Jean RIVERO, Les libertés publiques, Tome I, les droits de l'homme, 8e éd., Paris, p128.

[297] Ibid. p 128.

[298] Ibid. p 128.

[299] Me Abdoul Wahab BERTHE et M. Abdrahamane TOURE, *Les droits de l'homme au Mali*, in *Les droits de l'homme en Afrique IDHP/UCAD*, op. cit. p 169.

sondage réalisé dans les milieux de la police explique essentiellement les violations de la loi par la pénurie de personnel, le manque de moyens (machines à écrire, voitures etc.) et l'éloignement de certaines localités.

En principe, la sanction de ces violations devrait être la nullité des actes de procédure en cause et celle des actes subséquents. Cependant, certains juges de la Cour suprême du Mali, semblent soutenir qu'une garde à vue qui dépasse le délai autorisé par la loi, ne peut entraîner l'annulation de la procédure dès lors qu'il est établi que cette manière de procéder ne visait pas à tronquer la vérité.

La sanction retenue par le juge suprême malien est pour le moins critiquable dans la mesure où la recherche de la vérité paraît primer sur la protection des droits et libertés. Pour contourner cette mesure, les juges chefs du parquet des tribunaux de première instance de Bamako ont instauré la pratique qui consiste à incarcérer les suspects directement sur la base d'un acte auquel il a été donné le nom de « mise à disposition ». Pure invention du juge malien, cet acte attentatoire à la liberté n'est prévu par aucun texte et ne semble être, désormais que l'apanage du seul tribunal de Bamako.

Nous retenons que le volume des affaires ne peut justifier la pratique de la mise à disposition par le juge malien. A notre avis, cette pratique engendre un autre problème lui aussi révélateur d'un mépris des libertés individuelles. En effet, la loi a déterminé les cas dans lesquels le régisseur de prison doit recevoir et détenir des individus. La question qui se pose alors, est de savoir en vertu de quelle autorité alors celui-ci détient les personnes frappées de la mesure de mise à disposition ?

Examinons, ci-après, ce qu'a été l'attitude du juge dans la gestion des détentions provisoires.

Au Mali, la détention provisoire résulte impérativement d'une décision judiciaire. Elle relève en principe du juge d'instruction. Mais il peut arriver qu'un individu soit placé sous mandat de dépôt décerné par le Procureur de la République. Celui-ci est autorisé à décerner un mandat de dépôt dans les procédures de flagrant délit et de citation directe. En dehors de ces cas, le pouvoir du procureur de la République de décerner le mandat de dépôt est exceptionnel. Il s'agit d'un mandat de portée très limitée qui ne permet de s'assurer de la personne du suspect que pendant le temps nécessaire à sa comparution devant le juge.

Cependant, la pratique a dénaturé cette prescription légale car, au moins plus de la moitié des affaires pendantes devant le juge de première instance de la capitale Bamako, sont sur citation directe du parquet et les justiciables, en moyenne, font six mois de détention avant de passer en jugement[300].

L'exercice de ce pouvoir reconnu au procureur requiert l'aveu du suspect ou des témoignages concordants de plusieurs personnes. Dès lors, nous comprenons aisément la précaution prise par le législateur malien étant donné que le procureur est lui-même partie au procès pénal. Toutefois, il est devenu banal pour le juge de mettre sous mandat de dépôt des individus sans qu'il eût un aveu ou un quelconque

---

[300] En 1988, sur 927 affaires dont le parquet du Tribunal de Première Instance de Bamako a été saisi, 439 ont suivi la voie de la citation directe.

témoignage. En outre, l'exercice de ce pouvoir par le procureur de la République pose un autre problème : celui de la liberté provisoire. Celle-ci ne peut être accordée en principe que par le juge du fond, c'est-à-dire le juge du jugement.

Dans les faits, la plupart des juges d'instruction justifient généralement leurs décisions de maintenir en détention préventive par les nécessités de manifestation de la vérité ou encore la gravité des faits incriminés, toutes choses dont l'appréciation n'est que subjective puisque variant d'un magistrat à un autre. Ces abus du juge d'instruction sont courants et parfois scandaleux. Dans une affaire banale dont le principal auteur n'a pas été retrouvé, un individu inculpé de complicité de vol simple a sollicité en vain sa libération au bout de cinq années de détention préventive. Quelles nécessités de manifestation de la vérité ou de la gravité des faits peuvent justifier une telle détention ?

Au cours de l'instruction, il est parfois nécessaire de délivrer contre la personne poursuivie, ce que l'on appelle un mandat de dépôt avec, pour effet, de la placer en détention provisoire, peut être pour sa protection, mais le plus souvent pour éviter sa fuite ou pour qu'elle n'égare pas les poursuites en communiquant certaines informations à des tiers ou en sollicitant de faux témoignages. Il est à peine besoin de souligner l'extrême gravité d'une telle mesure privative de liberté, à un moment où aucune condamnation n'ayant été encore prononcée, la personne mise en examen bénéficie normalement d'une présomption d'innocence. En évoquant cela, on a évidemment à l'esprit cette regrettable *« affaire du vérificateur général »*. En effet, le vérificateur général a subi une détention provisoire pendant des heures durant sur décision du juge d'instruction du Tribunal de la Commune IV[301].

Si pendant longtemps la détention provisoire n'a pas suscité de difficultés majeures, cette affaire dite du Vérificateur Général remet en question le pouvoir même du juge d'instruction, c'est-à-dire le pouvoir de statuer, seul, désormais en matière de détention provisoire. Il serait souhaitable de confier le pouvoir de délivrer un mandat de dépôt non plus au juge d'instruction seul, mais à un collège de trois juges appartenant à la Cour d'Appel.

---

[301] Le vérificateur Général a demandé aux autorités de remettre certains de ses collaborateurs (fonctionnaires et militaires) à leurs administrations d'origine aux motifs que ces agents étaient liés au Bureau du Vérificateur Général par un contrat de travail à durée indéterminée incompatible avec leur statut de fonctionnaires ou de militaires. A leur tour, les agents concernés ont saisi le 17 décembre 2008 la section administrative de la Cour suprême. Par arrêt n° 219CS-SA du 31 décembre 2008, la section administrative a fait droit à la requête des agents en ordonnant le sursis à exécution des mesures conservatoires prises par le Vérificateur Général. En réponse, le Vérificateur Général et ses conseils ont saisi le 31 décembre 2008 la section administrative de la Cour suprême d'une requête en annulation. Cette requête a été rejetée par ladite Cour à travers l'arrêt n°23 du 05 février 2009. Le 17 février 2009, les agents concernés ont porté plainte avec constitution de partie civile devant le juge d'instruction, Dramane DIARRA du Tribunal de Première instance (TPI) de la Commune IV du District de Bamako sur la base de l'article 64 du Code pénal aux motifs que le Vérificateur Général a utilisé la force publique contre l'exécution d'une décision de justice . L'article 64 du code pénal dispose : « Tout fonctionnaire public, agent ou préposé de l'administration, qui aura requis ou ordonné, fait requérir ou ordonner, l'action ou l'emploi de la force publique contre l'exécution d'une ordonnance, d'un mandat de justice, de tout ordre émanant de l'autorité légitime, sera puni de 5 à 10 ans de réclusion. Si cette réquisition ou cet ordre a été suivi d'effet, la peine sera le maximum ». Sur la base de l'article 64 le juge d'instruction Dramane DIARRA a placé sous mandat de dépôt le Vérificateur Général M. Sidi Sosso DIARRA.

En outre, il serait utile, eu égard à la situation qui prévaut au sein des prisons, d'instituer le juge de l'application des peines auprès de tribunaux de première instance .Ce juge sera chargé de suivre la vie des condamnés à l'intérieur et à l'extérieur de la prison. Ce juge spécialisé devra travailler avec une commission d'application des peines. A l'intérieur de la prison, le juge de l'application des peines, sauf urgence, après avis de la commission d'application des peines, pourra accorder des réductions de peine aux condamnés qui ont donné des preuves suffisantes de bonne conduite.

B. La liberté de la presse

La liberté de la presse est une liberté à double visage. Elle n'est pas seulement, en effet, un aspect de la liberté d'entreprendre ; elle a aussi et surtout pour signification de permettre à chacun d'utiliser librement la presse pour communiquer en tant qu'auteur, sa pensée à autrui, ou pour accéder en tant que lecteur à l'expression de la pensée d'autrui[302]. Sous cet angle, la liberté de la presse constitue une forme particulière de la liberté d'expression car établissant une libre communication entre des milliers, voire de millions de personnes et concourant directement à la formation de l'opinion publique.

L'exercice de la liberté de presse peut donner lieu à des infractions qui ne lui sont pas propres, mais peuvent lui être liées : la diffamation, l'injure, l'offense, l'incitation aux crimes et délits.

De l'indépendance jusqu'en 1990, les procès relatifs à ces infractions commises par voie de presse, étaient inexistants et cela dans la mesure où l'essentiel de la presse était gouvernemental. La quasi-inexistence de la jurisprudence dans ce domaine s'explique par le fait que, jusqu'en 1988, la collecte et la diffusion de l'information étaient réservées exclusivement à l'Etat qui était, de surcroît, le propriétaire de tous les organes médiatiques dont les animateurs avaient la qualité de fonctionnaires.

Le premier procès au Mali contre la presse date de 1990[303]. L'essentiel des procès intentés contre la presse a porté sur la diffamation et les atteintes à l'honneur. La question que se pose le juge est celle de savoir comment concilier la liberté d'informer avec les exigences du respect de la vie privée ?

De 1999 à 2008, le juge correctionnel du Tribunal de Première Instance de la Commune III de Bamako a rendu au total 05 décisions.

Dans certains cas, le juge malien a pu assurer un contrôle des dérives constatées en condamnant, au besoin, les journaux et les journalistes. Dans l'affaire

---

[302] Gilles LEBRETON, *Libertés et droits de l'homme,* op cit. p. 437.

[303] Il s'agit d'un contentieux qui a opposé la SOMAPIL au journal *Aurore* cité pour « Diffamation ». Dans l'article incriminé : « *Le barème des salaires utilisés par la SOMAPIL depuis 6 ans est faux* », paru dans le n°4 du 5 au 19 avril 1990, le rédacteur en chef a fait des allégations portant préjudice à la renommée de la SOMAPIL Ce chef d'accusation a été qualifié par la défense assurée par Maîtres Boubacar K Coulibaly, Youssouf Diallo et Demba Diallo de « citation nulle pour manque de filiation de prévenus et de procédure nulle pour non notification aux parties, suivant l'article 48 de la loi n°88-58 AN-RM du 22 février 1988 sur les délits de la presse . Voir *Les Echos* n° 32 du 25 mai au 08 juin 1990, p 2.

Ousmane ISSABRE contre le journal « Le Républicain », il a rappelé les journalistes à l'ordre et appliqué les règles rigoureuses du droit pénal. [304]Le juge correctionnel du tribunal de première instance de la commune III du district de Bamako a condamné le journaliste et le directeur de publication à 3 mois d'emprisonnement avec sursis et au paiement de 2.500.000 F CFA à titre de dommages- intérêts.

De façon spécifique, le juge s'est prononcé sur la notion de diffamation et d'injures. Il a précisé que la diffamation ou l'injure n'est constituée que par l'imputation ou l'allégation d'un fait déterminé portant atteinte à l'honneur ou à la réputation d'une personne physique ou morale. Il a également précisé davantage qu'il n'y a pas de diffamation ou d'injure en cas de dénigrement de la prestation fournie par une entreprise[305].

Dans d'autres cas cependant, le juge a été critiqué pour sa décision contre les journalistes. L'affaire "*La maîtresse du président de la République* " a démontré encore une fois de plus toute la délicatesse qui entoure le délit de diffamation[306].

A la suite d'un article publié par un journaliste[307], un juge s'en est autosaisi, le qualifiant d'offense au chef de l'Etat. Celui-ci prit la responsabilité de mettre en prison le journaliste et l'auteur dudit article. Pour avoir dénoncé cette attitude en reproduisant le même article dans leurs organes respectifs, (4) quatre directeurs de publication seront par la suite, également mis sous mandat de dépôt.

Le juge correctionnel a poursuivi le journaliste et l'enseignant comme auteurs principaux sur la base de l'article 147 du code pénal malien. Ce texte dispose : « *Quiconque, soit par discours, cris ou menaces proférés dans les réunions ou lieux publics, soit par des écrits, des imprimés vendus ou distribués, mis en vente ou exposés dans les réunions ou lieux publics, aura offensé la personne du chef de l'Etat sera puni d'un emprisonnement de trois mois à un an et d'une amende de 50 000 F à 600 000 F ou de l'une ou l'autre de ces deux peines seulement* ».

---

[304] En septembre 2004, le journal *Le Républicain* rendait le sieur Ousmane ISSABRE indirectement responsable de la mort de Alassane DIALLO, pour avoir tergiversé à faire évacuer cet agent de l'AGETIPE grièvement blessé à la suite d'un accident de travail. Celui-ci avait alors porté plainte contre le directeur de publication du journal et l'auteur de l'article en question pour diffamation.

[305] Jugement n° 84/JGT TPI CV du 13 avril 2006 - Affaire Ministère public et CAREF (Centre d'Appui à la Recherche et à la Formation) contre Boubacar SANGARE et Aziz Ould du journal *26 Mars* : le Centre d'Appui à la Recherche et à la Formation a cité Boubacar SANGARE et Aziz Ould à comparaitre devant le juge correctionnel pour diffamation et injures. Le juge statuant en matière correctionnelle et en premier ressort a déclaré Boubacar SANGARE es qualité de publication du journal « le 26 Mars » non coupable des faits de diffamation. Toutefois il n'a pas motivé suffisamment sa décision.

Jugement n° 132/JGT TPI Commune V du 17 mars 2009 –Affaire Ministère public et Transrail Sa et Eve PEIFFER contre Oumar Babi Jean Pierre JAMES. Oumar BABI et Jean Pierre JAMES ont été directement cités par le Transrail-SA et Eric PEIFFER à comparaitre devant le juge correctionnel pour répondre des faits de diffamations, injures publiques et calomnies. Le juge a donné acte à l'accord intervenu entre les deux parties qui a amené les parties civiles à désister.

[306] Jugement n° 339/JGT TPI CIII du 26 Juin 2007 –Affaire Ministère public contre Bassirou Kassim MINTA, Sambi TOURE, Seydina Oumar DIARRA, Hamèye CISSE et Alexis KALAMBRY pour offense au chef de l'Etat et complicité.

[307] Il s'agit Seydina Oumar DIARRA, article paru dans le journal *Info-Matin* n°2182 du 1er juin 2007 aux pages I et IV sous le titre « *La maîtresse du président de la République* ».

Toutefois, on notera que la loi n'a pas pris le soin de définir la nature de l'offense. Le texte est sous un chapeau intitulé *« Des outrages et violences envers les dépositaires de l'autorité ou de la force publique ».*

A l'analyse, la règle contient deux hypothèses. La première hypothèse porte sur les éléments suivants : discours, cris ou menaces proférés dans les réunions ou lieux publics. La deuxième hypothèse vise les écrits ou imprimés vendus dans les lieux publics.

L'affaire, *« La maîtresse du Président »* est l'illustration de cette seconde hypothèse dans la mesure où le support matériel de l'écrit incriminé est le journal *« Info-Matin ».* Il n'y a aucun doute qu'il s'agit d'un délit de presse ainsi qu'il le sera amplement démontré.

L'examen de la décision du juge [308] révèle les difficultés d'application des textes régissant la presse au Mali. Dans le cas d'espèce, la question posée était de savoir si l'action publique fondée sur l'article 147 du code pénal était fondée en droit[309].

Le juge a conclu que les imprimés écrits constituaient les preuves faisant état d'une prostituée qui contracte grossesse des œuvres du Président de la République ont offensé la personne du chef de l'Etat[310].

Par ailleurs, s'agissant du cas spécifique du sieur B.K.M, le juge lui a interdit d'exercer la fonction d'enseignant dans le souci d'une meilleure protection de l'ordre public et des mœurs en général et de la bonne éducation des élèves.

Comme nous le constatons, l'encadrement judiciaire de la liberté de presse pose des problèmes aujourd'hui, au regard des sanctions pénales prévues par la loi pour réprimer les délits de presse. Les professionnels de la presse exigent, de plus en plus, la dépénalisation des délits de presse. Il est, en tous cas, permis de s'interroger sur l'efficacité de la répression pénale en cette matière. En effet, le recours au juge judiciaire est rarement apparu comme la solution la plus apte à régler les différends entre les professionnels de la presse, les usagers et l'Etat.

---

[308] Bassirou Kassim Minta (Enseignant- Censeur du Lycée Nanaïssa Santara) 2 mois de prison ferme, 100.000fcfa d'amende et interdiction de fonction pendant 2 mois. Sambi Touré (Directeur de publication de *Info-Matin*) 8 mois de prison avec sursis et 200.000Fcfa d'amende ; Seydina Oumar Diarra (Journaliste et Secrétaire de rédaction de *Info-Matin*) 13 jours de prison couverts par la détention préventive) et 100.000Fcfa d'amende ; Hamèye Cissé (Directeur du *Scorpion*) 4 mois de prison avec sursis et 200.000Fcfa d'amende ; Alexis Kalambry (Directeur des *Echos*) 4 mois de prison avec sursis et 200.000Fcfa d'amende ; Birama Fall (Directeur du *Républicain*) 4 mois de prison avec sursis et 200.000Fcfa d'amende.

[309] Sur cette question, Me Amadou Tiéoulé DIARRA fait observer qu'une longue pratique judiciaire et les travaux des juristes les plus en vue répondent par la négative. En l'espèce le support matériel du sujet est Info-Matin et l'acte de poursuite contient même le n° de la livraison du journal. Les choses sont claires. Si le ministère public voudrait agir en droit il lui était plus facile d'incriminer de façon autonome le papier de l'enseignant comportant le sujet. Et le recours à l'article 147 du code pénal serait justifié. Voir sur ce point le Républicain n° 2418 29 juin 2007 op cit.

[310] Le juge a appliqué les dispositions des articles 9, 19, 24 alinéa-3 et 147 du Code pénal ; les articles 152 et 379 du Code de procédure pénale.

Aussi, sommes nous tenté de proposer la déjudiciarisation au moins sur le plan pénal des délits de presse. Les organisations de la presse ont, à l'occasion de plusieurs fora, demandé cette «dépénalisation».

Cependant, il est surtout important de ne pas confondre la volonté de dépénaliser les délits de presse avec l' « irresponsabilité» de la presse. C'est pourquoi, deux hypothèses sont à explorer. La première consistera à mettre en place un dispositif pour sanctionner les violations de la loi et de l'éthique de la profession. La seconde consistera à renforcer l'organe de régulation de la liberté de presse en la dotant d'attributions qui lui permettraient de sévir contre les « infracteurs »[311]. Cette solution aura le mérite d'assurer une meilleure police de la profession avec au bout de la chaîne l'effectivité des décisions prises.

C. Les droits des groupes vulnérables

Certaines personnes sont qualifiées de vulnérables à cause de leurs conditions physiques ou socio-économiques. Parmi celles-ci, nous avons les femmes et les enfants qui occupent une place importante au sein de la population malienne. L'obligation de protéger la femme et l'enfant se justifie au regard aussi bien du droit interne que du droit international.

Malgré la volonté politique affirmée, la protection juridictionnelle des femmes et des enfants reste limitée à cause de nombreux facteurs.

En théorie l'ensemble des droits humains reconnus dans les textes internationaux sont communs à tous les êtres humains : hommes et femmes. Cependant, compte tenu de la discrimination et des brimades dont elles sont souvent l'objet, des textes spécifiques ont été consacrés aux femmes. Le Mali est partie prenante à plusieurs conventions internationales relatives à la protection de la femme. Les plus importantes sont notamment celles portant sur les droits politiques de la femme (1952)[312], celle sur la nationalité de la femme mariée (1955)[313] mais surtout celle portant sur l'élimination de toutes les formes de discrimination à l'égard des femmes. A ces conventions, il faut ajouter celles relatives au mariage, à l'âge minimum du mariage et à l'enregistrement du mariage[314].

La convention sur l'élimination de toutes les formes de discrimination à l'égard des femmes crée des droits pour les femmes et aborde de manière spécifique les moyens utilisés pour leur protection. Elle affirme deux principes fondamentaux dont la mise en œuvre incombe au juge : le principe d'égalité et la protection de l'intégrité physique de la femme.

Le principe d'égalité peut être décliné sous diverses formes. Il peut s'agir d'un principe général d'égalité, d'égalité devant la loi sans distinction de sexe ou de

---

[311] Amidou .DIABATE, *Etude sur la problématique de la justice : cas du Mali* - version finale - Septembre 2006, p 43.
[312] Date de ratification le 16 juillet 1974.
[313] Date de ratification le 02 février 1973.
[314] Date de ratification le 19 aout 1964.

l'affirmation d'une égalité des sexes en droit[315]. L'inscription du principe d'égalité est potentiellement plus contraignante pour les Etats. Il autorise, en effet, les femmes lésées par des dispositions violant ce principe, à saisir les juges. Ces principes sont inscrits dans le protocole à la Charte Africaine des Droits de l'Homme et des Peuples relatif aux droits de la femme du 11 juillet 2003.

Le Mali a inscrit ce principe dans sa constitution dont l'article 2 dispose : « *Tous les Maliens naissent et demeurent libres et égaux en droits et devoirs* »[316]. La proclamation de l'égalité de principe entre les individus ne suffisant généralement pas à effacer l'infériorité de certaines situations, il est parfois prévu des mesures correctrices en faveur des catégories jugées défavorisées, afin de vaincre les pesanteurs sociales en rétablissant l'équilibre à leur profit. Ainsi, par exemple, la convention prévoit-elle dans son art. 4-1 que l'adoption par les Etats parties de mesures temporaires spéciales visant à accélérer l'instauration d'une égalité de fait entre les hommes et les femmes n'est pas considérée comme un acte de discrimination tel qu'il est défini dans la présente Convention, mais ne doit en aucune façon avoir pour conséquence le maintien de normes inégales ou distinctes ; ces mesures doivent être abrogées dès que les objectifs en matière d'égalité de chances et de traitement ont été atteints.

Cette politique n'est pas sans susciter des objections, puisque malgré sa finalité unificatrice, elle consacre la division de la société, et conduit à des différences de traitement, dont la qualification de "discrimination positive" ne parvient pas toujours à lever l'ambiguïté.

Les formes de violences pratiquées sur les femmes sont généralement sexistes sexuelles ou conjugales y compris le viol, les sévices et les harcèlements sexuels, la prostitution forcée. Pour toutes ces formes de violences, les plaintes sont rares, ce qui n'est pas surprenant dans le contexte malien lorsqu'on tient compte des obstacles que les victimes doivent surmonter pour être rétablies dans leurs droits : respect de la tradition, crainte du divorce, crainte de faire honte à sa propre famille, peur des représailles physiques, mais aussi absence de textes répressifs, lenteur et coût de la justice[317].

Par ailleurs, les violences conjugales très répandues, sont peu réprimées à cause de l'absence d'outils juridiques adaptés. Le droit de correction accordée au

---

315 Catherine LE MAGUERESSE, *Le droit et les droits des femmes en Afrique de l'ouest et du centre*, UNICEF- Bureau Régional pour l'Afrique de l'Ouest et du Centre , Human Right Fellow, Harvard Law School, 2000-2001, p 23.

316 Dans la sous-région d'autres pays ont également inscrit ce principe dans leur constitution. Il s'agit du Burkina Faso (article 1) : « Tous les burkinabé naissent libres et égaux en droits. Tous ont une égale vocation à jouir de tous les droits et de toutes les libertés garanties par la présente Constitution » et la Mauritanie (préambule) : « le peuple mauritanien proclame, en particulier, la garantie intangible des droits et des principes suivants : (...) le droit à l'égalité (..) ». De façon générale, si toutes les constitutions ont intégré une version de l'égalité, la Gambie fait donc exception en réputant constitutionnelles les discriminations intervenant dans des domaines précis. Voir sur ce point Catherine LE MAGUERESSE, *Le droit et les droits des femmes en Afrique de l'Ouest et du Centre,* op cit. p.26.

317 Le Mali et le Burkina partagent la même réalité sociale ; ce constat illustre bien le contexte malien. « Les gendarmes et les policiers refusent de traiter et même de recevoir des plaintes des femmes en prétextant que ce sont des affaires de famille, que cela ne nécessite pas une procédure, que c'est mieux d'aller s'entendre ... », in Etude sur la situation juridique et socio-économique de la femme au Burkina Faso, rapport UNICEF, avril 2000, p26.

mari[318] sur la personne de son épouse est inscrit dans le droit coutumier. Dans ces conditions, la répression pénale des violences conjugales offrirait un recours aux femmes qui en sont victimes.

Dans l'hypothèse où le Mali opterait pour la répression pénale des violences conjugales, cela créerait une rupture juridique et symbolique importante. Le Sénégal a, quand même, osé adopter des dispositions répressives. L'article 297 bis du code pénal dispose *: « est punissable d'une amende de 50.000 à 500.000, celui qui aura volontairement fait des blessures ou porté des coups ou commis toute autre violence ou de voie de fait à son conjoint (...) s'il est résulté de ces violences une maladie ou une incapacité totale de travail d'une certaine durée ».* La femme malienne doit encore subir les délits génériques de coups et blessures volontaires, sans que la qualité de conjoint soit considérée comme une circonstance aggravante[319].

Une autre atteinte à l'intégrité physique de la femme demeure les mutilations génitales féminines. Les causes généralement avancées pour justifier ces mutilations ainsi que les conséquences sur la sexualité, sur la santé physique et psychique de la femme, ont fait l'objet de nombreuses études et sont désormais bien connues. L'excision est la forme de mutilation sexuelle la plus courante. Elle consiste en une technique traditionnelle dite de « purification » symbolique et de contrôle social de la fécondité des femmes. Elle a été culturellement assimilée à une obligation religieuse qu'imposerait la religion musulmane.

Il est important pour le juge de comprendre les raisons de la persistance de cette coutume et des fortes résistances culturelles à son abandon. En effet, pendant longtemps, l'excision a été considérée comme « une opération rituelle résultant de conceptions sociales et culturelles ». Les conséquences néfastes de la pratique sur la santé de la femme ont été mises en exergue par d'importantes études. On peut citer entre autres : l'hémorragie, parfois mortelle, une infection aigüe liée à l'utilisation d'un matériel mal stérilisé et des traumatismes génitaux, telles les lésions et les fistules sans oublier les troubles psychologiques (tétanos, septicémie, abcès vulvaire, transmission potentielle du VIH- SIDA)[320].

Pour l'heure, le discours reste cantonné à la nécessité de changer d'abord les mentalités avant de légiférer. Si cette mutation est absolument nécessaire, il reste que l'existence de la loi, par elle-même, a non seulement une valeur comminatoire,

---

[318] Selon Isabelle OUEDRAGO, magistrate, « *la mentalité générale au Burkina est qu'il est tout à fait normal pour un homme de corriger sa femme, c'est-à-dire de la battre* », IPS, 21 déc. 99. Le droit de correction existe également dans le droit coutumier malien. C'est ainsi qu'un homme a donné la mort à son épouse en la giflant. Celle-ci avait jugé qu'il pouvait lui aussi s'occuper de leur bébé de quatre mois qui pleurait. L'homme, « offusqué par l'attitude de sa femme et très en colère » lui a alors administré la gifle fatale. In *Famafrique*, nouvelles et annonces, novembre 1999, cité dans « Le droit et les droits des femmes en Afrique de l'Ouest et du Centre », op cit. p 106.

[319] Catherine LE MAGUERESSE, *Le droit et les droits des femmes en Afrique de l'Ouest et du Centre*, op cit. p 107.

[320] Selon les résultats d'EDS III, 80% des femmes interrogées souhaitent une continuation de la pratique. Elles évoquent pour cela les avantages de l'excision qui, selon elles, permet de faciliter l'accouchement, de maitriser le désir sexuel et d'assurer la propreté de la famille. La persistance de ces croyances permet de mesurer l'ampleur des efforts à fournir pour convaincre les communautés d'abandonner une telle pratique. Voir *Rapport d'évaluation stratégique au Mali en matière de genre,* juin 2005, p 24 et suiv.

mais également pédagogique[321]. Elle permettra au juge de disposer dorénavant d'un moyen juridique pour lutter contre le phénomène. Toutefois, malgré la fréquence des atteintes graves à l'intégrité physique des femmes par le biais de cette pratique, le juge n'a pas encore été saisi.

Le deuxième groupe vulnérable est celui des enfants. Les droits et libertés fondamentaux dont l'enfant peut se prévaloir ont, pour la plupart d'entre eux, fait l'objet d'une reconnaissance internationale dans le cadre de la Convention relative aux droits de l'enfant, adoptée par l'Assemblée générale des Nations Unies, le 20 novembre 1989, et signée à New-York, le 20 Janvier 1990. Ratifiée par le Mali en 1990, elle a été à l'origine d'importantes réformes législatives.

Nous serions tenté de croire que tous les droits fondamentaux de l'enfant sont respectés au regard de la protection juridique accrue qui prévaut sous l'impulsion des instruments juridiques internationaux et régionaux. Il serait facile de croire que les enfants maliens sont les plus heureux au monde. Loin s'en faut, car malgré la volonté politique réelle de l'Etat, les enfants sont victimes de nombreuses violations de leurs droits fondamentaux.

En effet, il est apparu de nos jours que l'enfant est de plus en plus en danger à cause de la précarisation des familles dont les conséquences sont, notamment, la délinquance, la malnutrition, la maladie, le travail illégal et d'autres maux qui affectent notre société[322]. La nécessité de la participation du juge à la recherche des solutions aux violations des droits de l'enfant s'impose dans deux domaines : la protection de l'enfant contre les formes de violence et la garantie de ses droits dans le cadre de l'adoption.

Dans la société malienne, l'enfant est traditionnellement considéré comme l'enfant de tout le monde. La notion de séparation entre la famille et l'enfant y était presque inconnue. Aujourd'hui, l'autorité des parents s'effrite de plus en plus en raison de leur paupérisation. La désintégration socioculturelle qui engendre la rupture des rapports affectifs entre les parents et les enfants, perceptibles en milieu urbain, commence à gagner les zones rurales du fait de l'exode rural.

L'adoption est devenue une pratique courante qui a tendance à être banalisée par certains parents qui trouvent là un moyen de se débarrasser de leurs enfants. Pourtant, elle concerne les droits de l'enfant adopté dont elle veut protéger l'intérêt supérieur[323]. L'un des principes directeurs les plus importants de la Convention relative aux droits de l'enfant qui se retrouve également dans la Charte Africaine sur les Droits et le bien-être de l'enfant est l'intérêt supérieur de l'enfant.

---

[321] *Le Droit des droits de l'homme dans les pays d'Afrique*, in Recueil juridique des droits de l'homme en Afrique, op cit, p 1438.

[322] En octobre 1990, s'est tenue à New-York au siège des Nations Unies une importante conférence réunissant plus de 60 chefs d'Etat et de gouvernement et consacré à l'enfant. Le Mali a assuré la co-présidence de cette conférence.

[323] L'article 7 de la CPE dispose que : *« toute décision prise doit tendre à maintenir l'enfant dans son milieu et éviter de le séparer de ses parents, sauf, s'il apparaît à l'autorité judiciaire que cette séparation est nécessaire pour sauvegarder l'intérêt supérieur de l'enfant » la dite décision doit garantir à l'enfant, le droit de continuer à bénéficier des différentes conditions de vie et des services adaptés à ses besoins, à son âge et comptables avec son milieu familial normal »*.

Ce principe implique que dans toutes les actions qui concernent les enfants, qu'elles soient le fait des institutions publiques ou privées, de protection sociale, des autorités administratives, des organes législatifs ou des juges, l'intérêt supérieur de l'enfant doit être une considération primordiale[324]. C'est là, naturellement, une idée maîtresse de la Convention relative aux droits de l'enfant dont l'application représente un énorme défi[325].

Le juge est de plus en plus saisi pour les cas d'adoption-protection. Il s'appuie généralement sur la recherche des justes motifs et les avantages indéniables pour l'enfant (santé, éducation) [326] lui permettant de bénéficier d'un entretien adéquat[327].

Dans une affaire opposant les époux R.R.M.D à la direction nationale de la promotion de l'enfant et de la famille dans le cadre de l'adoption-protection de l'enfant S.T, le juge a estimé que l'adoption était acceptable, dès lors que les requérants ont de justes motifs pour la solliciter et que cette mesure présente des avantages certains pour cet enfant dans la mesure où celui-ci pourra bénéficier d'un entretien adéquat[328].

Dans le même sens le juge cherche à vérifier si les requérants disposent de ressources suffisantes et de structures nécessaires pour subvenir aux besoins de l'enfant[329]. Dans les différents cas, le juge fait référence aux conséquences de droit

---

[324] Analyse de la situation des enfants et des femmes au Mali, UNICEF, 1996 p 178 et suiv.

[325] L'application des droits fondamentaux de l'enfant repose sur un ensemble de mesures à caractère législatif, administratif ou judiciaire. Il s'agit de garantir la libre expression du consentement des intéressés en vue d'envisager les solutions possibles et les effets de l'adoption sur les droits de l'enfant notamment les droits civils, y compris son identité et le droit de connaître ses parents biologiques.

[326] Jugement n° 19/JGT TPI CIII du 16 février 2006 – Madame Siriri Dohi Pauline contre la direction nationale de la promotion de l'enfant et de la famille (adoption –protection). Le 17 janvier 2006, Maitre Mohamed DIOP, avocat à Bamako, a pour le compte de Madame SIRIKI Dohi Pauline, saisit le juge civil d'une requête aux fins d'adoption –protection de l'enfant Mariam KONATE, née le 19 janvier 1995 à Bamako de Daouda KONATE et de Fatoumata SIDIBE. A l'appui de sa demande, il expose que la requérante ne pouvant pas procréer s'engage à assurer à Mariam KONATE une prise en charge effective. Il affirme en outre que l'action de sa cliente n'a d'autre but que de lui faire bénéficier des conditions meilleures pour son éducation et son entretien.

[327] Jugement n° 578 /JGT TPI CV du 25 septembre 2006- Fatoumata DIAW contre la direction nationale de la promotion de l'enfant et de la famille (adoption-protection). Le juge a estimé que dans le cas d'espèce il existe de justes motifs et que l'adoption sollicitée présente des avantages indéniables pour l'enfant Mariam KONATE. En conséquence, il a fait droit à la demande de Madame SIRIKI Dohi Pauline.

[328] Jugement n°775/JGT TPI CV du 20 aout 2008 – les époux Robert RIPOL Michèle DEVAUX épouse RIPOL contre la direction nationale de la promotion de l'enfant et de la famille (adoption-protection). Les époux Robert RIPOL Michèle DEVAUX épouse RIPOL par l'intermédiaire de leur mandatrice Madame Oumou CAMARA ont saisi le juge civil d'une action en adoption-protection de l'enfant Salif TRAORE contre la Direction Nationale de la Promotion de l'enfant et de la Famille. A l'appui de leur demande, ils soutiennent que Salif TRAORE qui est un enfant malade de cœur qu'ils ont recueillis à travers l'hôpital Mère-enfant le Luxembourg a besoin de soins très important . Ils sollicitent l'adoption-protection pour lui permettre de bénéficier de certains avantages (santé, entretien, éducation) . Le juge a estimé que dans le cas d'espèce il existe de justes motifs et que l'adoption sollicitée présente des avantages certains pour l'enfant Salif TRAORE. Il a prononcé son adoption-protection avec toutes les conséquences de droit.

[329] Jugement n°588/JGT TPI CV du 27 aout 2007 –Aminata DEMBELE contre la direction nationale de la promotion de l'enfant et de la famille (adoption-protection). Par requête en date du 03 aout 2007, Madame Aminata DEMBELE a saisi le juge civil d'une action en adoption-protection de l'enfant Mahamadou Wahidou N'DIAYE né le 17 novembre 1999 contre la direction nationale de la promotion de l'enfant et de la famille. Le juge a estimé que dans le cas d'espèce il existe de justes motifs et que

notamment celles prévues à l'article 60 de l'ordonnance n° 73-036 du 31 juillet 1973 portant code de parenté à savoir l'obligation pour l'adoptant de nourrir, de loger, d'entretenir, d'élever l'adopté et de préparer son établissement.

De l'analyse des décisions rendues par le juge jusqu'ici, il résulte une nécessité pour celui-ci de veiller sur les trois phases que comporte une adoption : la rupture avec la famille d'origine, le placement en vue de l'adoption et le jugement. Dans cette perspective, il doit veiller à ce que dans la famille d'origine, le consentement requis soit celui des père et mère de l'enfant lorsque la filiation est établie à leur égard. Lorsque les parents sont décédés ou ont perdu leurs droits de puissance paternelle, le consentement est donné par le conseil de famille après avis de la personne qui, en fait, prenait soin de l'enfant.

Lorsqu'il s'agit d'enfants abandonnés, le consentement des parents n'est pas requis. Il suffit qu'il y ait un jugement de déclaration d'abandon de l'enfant. Lorsque l'enfant a plus de 15 ans, son consentement personnel est requis.

Le placement en vue de l'adoption est réalisé par la remise effective de l'enfant au futur adoptant, pour lequel il a été valablement et définitivement consenti à l'adoption, ou d'un enfant déclaré abandonné par décision judiciaire.

Il faut préciser que le placement revêt trois effets fondamentaux qu'il convient de rappeler. D'abord, il met un obstacle à toute restitution de l'enfant à sa famille d'origine[330]. Le second effet est que le placement fait échec à toute déclaration de filiation et à toute reconnaissance. Le troisième effet, c'est que le placement en vue de l'adoption peut cesser si les adoptants renoncent à l'adoption et restituent l'enfant ou si le juge saisi prononce ou rejette l'adoption.

Pour toutes ces raisons, il est nécessaire que la responsabilité première du juge consiste à veiller au respect des obligations découlant des instruments juridiques ratifiés par le Mali. Il doit tout d'abord mener un examen périodique en cas de placement. Cela implique notamment que des mesures à caractère législatif, administratif ou judiciaire soient prises en vue de reconnaître à l'enfant placé par les autorités compétentes, en matière de protection de l'enfance, le droit à un examen périodique du traitement qui lui est dispensé dans un service ou un établissement public ou privé ou de toute autre question concernant son placement.

Enfin, dans le cadre du placement par le biais de l'adoption internationale , le juge doit veiller à ce que la procédure soit conforme aux dispositions de l'article 21 de la Convention de la Haye de mai 1993 sur la protection de l'enfant et la coopération en matière d'adoption internationale, aux normes équivalentes à l'adoption nationale, et ne doit en aucun cas se traduire par un profit matériel pour les intervenants. En effet, on parle de plus en plus des pratiques comme le trafic dans ce domaine en vue d'obtenir des organes humains pour les enfants qui sont en attente en Europe et ailleurs. Il s'agit là d'une question de grave violation du droit fondamental à l'intégrité que la presse ne cesse de révéler.

---

l'adoption sollicitée présente des avantages certains pour l'enfant Mahamadou Wahidou N'DIAYE dans la mesure où il bénéficiera d'un entretien adéquat. Il a prononcé son adoption protection avec toutes les conséquences de droit.

[330] Cette règle a pour but d'éviter les conflits entre la famille biologique et la famille adoptive.

La protection de certaines catégories de droits fondamentaux s'est révélée hypothétique.

§2. La protection hypothétique des droits sociaux et économiques

Contrairement aux droits civils et politiques qui sont d'une justiciabilité immédiate, les droits économiques et sociaux dénommés droits de la seconde génération n'ont pas généralement dans les textes qui les proclament, la précision nécessaire à leur exigibilité devant les juridictions. En effet, les dispositions qui les consacrent sont formulées en termes généraux ou vagues. Ces droits sont de nature difficilement susceptibles d'une mise en œuvre juridictionnelle.

Les droits-créances contenus expressément dans le texte constitutionnel malien s'entendent comme des droits sociaux et des droits économiques. Il s'agit du droit au travail, de la liberté syndicale, du droit de grève, de la liberté de communication sociale, du droit à l'éducation et du droit à l'instruction.

Ces principaux droits qui sont déjà contenus dans différents textes internationaux protecteurs des droits de l'homme auxquels le Mali fait partie, reçoivent un statut particulier susceptible d'affecter leur protection par les juridictions. Ils sont le plus souvent assortis de clauses susceptibles d'amoindrir leur portée. C'est ainsi que la liberté syndicale et le droit de grève *« sont garantis dans les conditions fixées par la loi »*.

Ainsi, la loi a un rôle important à jouer dans la mise en œuvre du droit en cause, car si elle n'est pas effective au sein de l'Etat, les citoyens ne peuvent savoir quel est le régime juridique du droit constitutionnellement consacré. Ce qui, au demeurant, peut constituer une limite pour la protection par le juge du droit fondamental.

Au Mali, la loi apporte des précisions sur certains droits qui sont exigibles devant le juge. Les droits économiques et sociaux reconnus par la constitution sont : l'éducation, l'instruction, la formation, le travail, le logement, les loisirs, la santé et la protection sociale[331], le droit à la propriété[332] et la liberté d'entreprise[333]. La jurisprudence malienne arbore les droits économiques et sociaux .Elle reflète le fait que certains de ces droits bénéficient d'une relative protection juridictionnelle **(A)**, tandis que d'autres au contraire se sont révélés difficilement justiciables **(B).**

A. Les droits bénéficiant d'une relative protection du juge

De l'analyse de décisions rendues par le juge judiciaire, il ressort que deux principaux droits relevant des droits économiques et sociaux bénéficient d'une protection relative .Il s'agit du droit à la propriété et du droit au travail.

Le droit de propriété est ainsi reconnu comme une liberté fondamentale de l'homme[334]. C'est un droit fondamental consacré par la constitution[335]. C'est le droit

---

[331] Article 17 de la Constitution du Mali du 25 février 1992.
[332] Article 13 de la Constitution du Mali du 25 février 1992.
[333] Article 14 de la constitution du Mali du 25 février 1992.
[334] Voir Jean Jacques ISRAEL, Le droit des libertés fondamentales op cit. p 517.

d'être propriétaire de biens corporels (mobiliers et immobiliers) et des biens incorporels. La propriété est le fondement des droits réels, de l'économie et des contrats .En effet, la propriété sert de fondation aux autres droits ; elle est fondamentale en ce qu'elle est le droit le plus complet .Elle est aussi fondamentale en ce qu'elle fonde, par le canal de l'exclusivité, une large part des relations économiques et sociales. Elle est enfin fondamentale en ce qu'elle fonde les contrats.

Les atteintes au droit de la propriété sont assez variées et relèvent selon leur gravité de la compétence de la Cour d'assises et des tribunaux correctionnels. Le juge malien se réfère généralement à l'article *544* du code civil[336] comme base juridique. Le contentieux relatif au droit de propriété porte sur les litiges fonciers[337] ; les réclamations de terre selon les droits coutumiers[338], les constructions édifiées de mauvaise foi sur la propriété d'autrui, la reconnaissance de propriété d'immeuble[339] ou l'extinction de contrat[340].

Au niveau de la Cour suprême le juge judiciaire s'est affirmé dans le règlement des conflits fonciers. Selon la loi, les contestations relatives aux droits coutumiers relèvent du juge judiciaire[341]. Il s'agit des terres non immatriculées faisant partie du domaine privé de l'Etat et des Collectivités territoriales.

Il importe de souligner que le législateur a consacré la compétence exclusive du juge judiciaire dans la gestion du contentieux des droits coutumiers en

---

[335] Article 13 de la constitution ; le caractère fondamental de la propriété est également affirmé par plusieurs sources juridiques : La Déclaration Universelle des droits de l'homme (Article 17), La Charte Africaine des Droits de l'Homme et des Peuples (article 14).

[336] L'art 544 C. Civ dispose : *« La propriété est le droit de jouir, de disposer des choses de la manière la plus absolue, pourvu qu'on n'en fasse pas un usage prohibé par les lois et les règlements »*. On distingue d'une manière classique l'*usus*, c'est-à-dire l'usage, de *fructus*, c'est-à-dire les fruits, et d'*abusus*, c'est-à-dire la disposition. Ces éléments du droit de propriété supportent des limites législatives et réglementaires diverses. Plus généralement, le droit d'usage est limité par le droit de construire ou d'exploiter et par le droit de réquisition ; la disposition des fruits limitée par le régime fiscal et la législation en matière de loyers ; la libre disposition par la législation relative à l'expropriation, à la nationalisation et aux droits de réquisition et de préemption, sous réserve dans tous ces cas d'une indemnité, qui doit être en principe, juste et préalable.

[337] Arrêt n° 186 CS-SJ 2e Ch. du 24 octobre 2006- Aly GANDEGA représentant du village de Troula contre Waraba Mohamed chef de village de Gueleybé (réclamation de terre).

[338] Arrêt n° 160 CS-SJ 2e Ch. du 17 juillet 2007- Almoustapha TOURE contre Djibril KONARE (expulsion et démolition).

[339] Arrêt n° 294 CS-SJ 2e Ch. du 17 déc. 2007- Mory DEMBELE contre Vamara KONARE (reconnaissance de propriété d'un immeuble à usage d'habitation).

[340] Arrêt n° 221 CS-SJ 2e Ch. du 08 Octobre 2007 -Mohamedoun Hamed Mint contre Oumarou Fatoumata Mint Ibrahim (annulation de vente de concession) ; Arrêt n° 212 CS-SJ du 08 octobre 2007-Yacouba TOLO contre Amadou GAYE (réclamation de somme de vente de parcelle) ; Arrêt n° 268 CS-SJ 2e Ch- du 19 novembre 2007 Garber Samassekou contre BIM-Sa (restitution d'indu à la suite d'un prêt immobilier) ; Arrêt n° 285 CS-CJ 2e Ch. du 19 novembre 2007 - Lahaou FOFANA contre Ibrahim SYLLA (revendication des biens et expulsion suite au morcellement d'un titre foncier).

[341] Le Code domanial et Foncier de 2002 consacre la division du domaine national en domaine public et domaine privé. La conséquence logique de cette distinction eut été de soumettre la gestion du contentieux du domaine privé à la compétence du juge judiciaire et celle du domaine public à la compétence du juge administratif. Mais le législateur malien n'a pas institué au profit de chaque type de domanialité un bloc de compétences. Cette particularité rapproche le contentieux du CDF du contentieux électoral (contentieux des élections communales) dans lequel trois juges sont impliqués : le juge civil, le juge pénal et le juge administratif.

allant jusqu'à confier au tribunal civil l'appréciation des décisions prises par la commission chargée de la constatation des droits coutumiers et de la délivrance de titre[342]. Le juge a consacré sa compétence à connaître les droits coutumiers traditionnels en déclarant l'incompétence de l'autorité administrative à résoudre une contestation relevant du droit coutumier foncier [343]. Il a aussi relevé qu'en l'absence de titre afférent au domaine litigieux, il y a lieu de considérer que ceux-ci se trouvent sous l'empire d'un régime de droit foncier coutumier[344].

Le juge a décidé également que le maire ne peut intervenir dans une matière qui est réservée par la loi au juge judiciaire. [345] Enfin, le juge statue régulièrement sur les contentieux relatifs à la mise en gage sur le permis d'occuper[346].

Le droit au travail et au repos est reconnu et est égal pour tous. Le travail est un devoir pour tout citoyen mais nul ne peut être contraint à un travail déterminé que dans le cas d'accomplissement d'un service exceptionnel d'intérêt général, égal pour tous dans les conditions déterminées par la loi[347].

La liberté syndicale est garantie. Les syndicats exercent leurs activités sans contrainte et sans limites autres que celles prévues par la loi.[348]Le droit de grève est garanti. Il s'exerce dans le cadre des lois et règlements en vigueur.[349]

La garantie du droit au travail dans les conditions justes et favorables interpelle constamment l'intervention du juge. Il est courant que les juges correctionnels soient régulièrement interpelés à propos des atteintes à la liberté de travail, notamment par voie de violences, menaces, manœuvres frauduleuses individuelles ou collectives perturbant le déroulement normal des travaux[350].

Quant aux contentieux relatifs aux différends de travail, cela relève de la compétence du juge du travail. Celui-ci est régulièrement sollicité pour les cas de licenciements abusifs.

---

[342]; Arrêt n°01 CS-SJ 2e Ch. du 16 Janvier 1990 Bakary Tandia C/ Décision n°62/CY du 18 Décembre 1985 du Commandant de Cercle de Yélimané (décision fixant le régime des terres de culture ; respect chose jugée ; rejet du recours).

[343] Arrêt n°4 CS-SJ 2e Ch. du 30 Mai 1991 Faroukou Amadou Sangaré C/décision n°003 du 10 août 1989 du Chef d'Arrondissement Central de Niafunké.

[344] Arrêt n°45 du 3 Octobre 1991 N'Golo Sangaré C/ Décision n° 32 du Commandant de Cercle de Diola (retrait de champ, annulation des droits acquis, incompétence de l'autorité administrative).

[345] Arrêt n°54 CS-SJ 2e Ch. du 7 Novembre 1991 Albakaye Kounta C/ Décision n°26 /CPET-90 du 8 février 1990 du Maire de Tombouctou.

[346] Arrêt n° °18 CS-SJ 2e Ch. du 13 Juin 1991 Moussa Guindo C Arrêtés n°81 et 82 /DB du 1er décembre 1986 du Gouverneur du District de Bamako : annulation des arrêtés contestés pour violation de l'autorité de la chose jugée (jugement d'hérédité devenu définitif) ; Arrêt n° 60 du 7 Novembre 1991- Emile Clément Poncet contre Décision n°101 du Maire de Kati (retrait illégal du permis d'occuper, annulation)

[347] Article 19 de la constitution de la Constitution du 25 février 1992.

[348] Article 20 de la Constitution du 25 février 1992.

[349] Article 21 de la Constitution du 25 février 1992.

[350] Jugement n° 173 /JGT TPI CIII du 27 juin 2006- Ministère public et Chao TANUA contre Cheick Oumar SANGARE (atteinte à la liberté de travail, violence légère et jets d'immondices sur les personnes). Cheick Oumar SANGARE, jeune diplômé sans emploi a comparu devant le juge pour avoir porté atteinte à la liberté de travail par voie de violence et de menace et, dans les mêmes circonstances de temps et de lieu, procéder à des jets d'immondices sur les clients de M. Chao TANUA propriétaire d'un bar. Le juge lui déclara non coupable des faits qui lui sont reprochés et le relaxa des fins de poursuite.

Il est couramment saisi des réclamations de salaires ou d'arriérés de salaires [351] ; les réclamations de droits liés au départ à la retraite anticipée[352] ou les réclamations de dommages-intérêts[353].

[351] Jugement n° 190 /JGT Tribunal de Travail Bamako du 10 novembre 2008-Aminata DOUMBIA contre Mme Coulibaly Fatoumata DIARRA et Madou COULIBALY (réclamation d'arriérés de salaires). La dame Aminata DOUMBIA a introduit une action contre la dame Fatoumata DIARRA et son mari Madou COULIBALY devant le juge du travail aux fins de réclamer des arriérés de salaires. Plus tard, la dame Aminata DOUMBIA a déclaré se désister de son action pour avoir été désintéressée par les défendeurs. Le juge a donné acte à la dame Aminata DOUMBIA pour son désistement d'instance.

[352] Jugement n° 123 /JGT du 03 juillet 2000 –Association des Travailleurs Partants Volontaires à la Retraite (ATVR) contre l'Etat du Mali et le Ministère des finances (réclamation des droits liés au départ à la retraite anticipée). L' Association des Travailleurs Partants Volontaires à la Retraite (ATVR) a attrait l'Etat du Mali et le Ministère des Finances devant le juge du travail aux fins de réclamer divers droits liés au départ à la retraite anticipée. Les requérants au nombre de 5023 dont 785 militaires, 2600 conventionnaires et 1638 fonctionnaires soutiennent que courant 1990-1993, sur incitation des autorités maliennes, elles-mêmes pressées par la Banque Mondiale et d'autres bailleurs de fonds, ses membres ont choisi ou ont été d'office mis à la retraite par anticipation comme cela fut le cas dans plusieurs pays de la sous-région. En outre, ils soutiennent que tandis que les travailleurs de pays voisins touchaient au jour de leur départ l'équivalent de 5 années de salaire, l'Etat du Mali décida d'encadrer la distribution des primes de départ et avantages financés par les bailleurs de fonds à titre de mesure d'accompagnement. Le contentieux du gouvernement agissant au nom et pour le compte de l'Etat du Mali et du Ministère des finances a sollicité le juge de designer un expert neutre, impartial et indépendant pour déterminer le nombre exact des travailleurs volontaires à la retraite concernés, leur situation juridique (qualité, catégorie, fonction, qualification professionnelle, salaires, allocation, pensions, primes, indemnités, position). Le juge a ordonné une mesure d'instruction à l'effet de dresser une liste exhaustive des 5023 requérants, faire le point des allocations familiales et des pensions de chacun d'eux.

[353] Jugement n° 236 /JGT du 9 octobre 2008- Mme Baby, M.Barka Ben Ahmed contre FINAUDIT SARL (réclamation de droits et de dommages-intérêts). La dame BABY M'Barka Ben Ahmed et la société FINAUDIT Sarl étaient liées par un contrat à durée indéterminée. Madame M'Barka s'étant absentée pour aller toucher son salaire à la banque, le gérant de la société lui adressa un message dans le quel il lui demandait de rester à la maison jusqu'à nouvel ordre. Plus tard, la société, par une lettre en date du 27 mars 2008 lui informa de son licenciement. Elle saisit le juge pour licenciement abusif sur la base de l'article L40 et de l'article L-51 du Code du travail. Le juge a condamné la société FINAUDIT Sarl à lui verser des sommes au titre de reliquats de salaires, de préavis, d'indemnité de licenciement et de dommages- intérêts (Jugement 111 /JGT du 15 mai 2006- Amadou FOFANA et 03 autres contre CETEO SARL).

Activités du Tribunal de Travail de Bamako

(Jugements rendus par matière)

Année	Réclamation de salaires ou d'arriérés de salaires	Réclamations de dommages-intérêts et réparation de préjudice	Licenciement s abusifs	Total
1999	3	11	140	154
2000	9	2	249	260
2001	50	3	280	333
2002	33	6	284	323
2003	14	1	288	303
2004	09	8	281	298
2005	34	10	265	309
2006	13	5	194	212
2007	21	16	124	161
2008	26	22	105	153
Total	**212**	**84**	**2210**	**2506**

De 1999 à 2008, le juge a rendu au total 2506 jugements ayant un lien avec le droit du travail. Il ressort de l'analyse de ces données statistiques que les licenciements abusifs représentent 88,19 % soit 2210 jugements.

La réclamation de salaire ou d'arriérés de salaires liés intimement au droit du travail représente 8,46% soit 212 jugements. Enfin, les cas de réclamation de dommages-intérêts et de réparation de préjudice représentent 3,35% soit au total 84.

Nous pourrions donc conclure que le droit du travail est souvent en cause. Toutefois, le juge, lorsqu'il est saisi, s'évertue à protéger autant que possible ce droit fondamental. Cependant, il est resté inactif face à certains droits qui sont difficilement justiciables de par leur nature.

B. Les droits difficilement justiciables

Les droits de la seconde génération sont, dans l'ordre juridique malien, des normes constitutionnelles et, en tant que telles, doivent être toute norme de ce rang. Au cours de la dernière décennie, l'Etat malien a entrepris des actions en vue de promouvoir les droits économiques et sociaux. L'obligation de protéger impose à l'Etat malien d'adopter les lois et d'autres mesures pour assurer la non-discrimination et l'égalité d'accès aux services sociaux de base, notamment la santé et l'éducation.

Dans le domaine de la santé, en 1999, le Gouvernement a, en concertation avec les partenaires techniques et financiers, adopté le Programme de développement Sanitaire et social (PRODESS). La mise en œuvre de ce programme a favorisé l'accessibilité géographique et financière aux services de santé, la disponibilité des médicaments et des vaccins, l'amélioration de la qualité des services dans les hôpitaux et centres de santé. Ces mesures, même si elles ont eu des impacts positifs sur l'état de santé de la population, demeurent insuffisantes, compte tenu de l'ampleur des besoins en santé.

Dans le domaine de l'éducation, le Gouvernement a adopté le Programme décennal de développement de l'éducation (PRODEC) pour la période 1998-2008. Le PRODEC constitue une réponse aux mesures préconisées par le Pacte international relatif aux droits économiques, sociaux et culturels en matière d'éducation. Ce programme qui bénéficie de l'appui des partenaires techniques et financiers bilatéraux et multilatéraux prévoit une meilleure conception et planification de l'éducation ainsi que d'importantes reformes et innovations éducatives et pédagogiques.

En dépit des progrès enregistrés dans la réalisation du droit à l'éducation, de nombreux problèmes persistent, notamment : le taux bas de scolarisation, l'inégalité et la différence d'opportunité entre filles et garçons et, enfin, la mauvaise répartition géographique des écoles. Cette situation joue négativement sur la qualité de l'enseignement et favorise une baisse générale du niveau des apprenants et celle de la qualité des ressources humaines.

Tout citoyen malien a droit à l'instruction. L'enseignement public est obligatoire, gratuit et laïc. L'enseignement privé est reconnu et s'exerce dans les conditions définies par la loi.[354]Le droit à l'instruction, qui dans son organisation et son fonctionnement, constitue *« un devoir impérieux de l'Etat »,* revêt un caractère assez flou si bien que l'on peut estimer qu'il est fort difficile à un citoyen malien d'attraire l'Etat devant une juridiction pour manquement à son obligation. Ce caractère difficilement justiciable affecte aussi les droits fondamentaux de la santé et du logement.

Le droit à la santé doit être compris comme le droit d'être en bonne santé. Bien que l'Etat ne puisse pas protéger contre toutes les maladies, il a l'obligation d'assurer des soins et les autres déterminants sous-jacents de la santé : l'accès à l'eau potable, à une alimentation adéquate, à une hygiène.

Le droit à la santé implique l'accessibilité de tout le monde sans discrimination aux biens et services de la santé .En cas de manquement aux règles déontologiques ou de faute professionnelle, la responsabilité civile du corps médical peut être engagée devant les juridictions civiles.

L'Affaire Aida NIARE pose la problématique de la responsabilité personnelle du Médecin. Le juge demeure toujours saisi de cette affaire. Sa décision fera jurisprudence au Mali[355].

---

[354] Article 18 de la Constitution du 25 février 1992.

[355]Affaire Aïda NIARE, auprès du TPI de la Commune III du district de Bamako. Les faits : Me Touré Aïda Niaré aurait avalé une noix de kola qui se serait bloquée au niveau de son œsophage. Elle s'est ainsi

Les pratiques nuisibles à la santé relèvent, selon leur gravité de la compétence des tribunaux correctionnels ou de la Cour d'Assises. Les citoyens peuvent formuler des recours en annulation devant les juridictions administratives contre les actes de l'administration portant atteinte au droit à la santé. Ils pourront éventuellement solliciter des mêmes juridictions, l'intervention positive de l'Etat en vue de la réalisation de leur droit à la santé.

Cependant, s'agissant de la responsabilité des services hospitaliers, le juge affirme que si les principes généraux qui régissent la responsabilité des services hospitaliers étaient simples à énoncer, il reste que pour leur mise en œuvre, le juge administratif pratiquait une politique jurisprudentielle inspirée par le souci de ne pas laisser sans réparation des préjudices anormaux et graves[356]. Ainsi, pour le juge judiciaire malien, si la responsabilité de ces services peut être retenue, elle ne pourra l'être que devant le juge administratif[357].

Il faut préciser qu'en matière de responsabilité des services médicaux et chirurgicaux, la doctrine française relève qu'on est passé du principe de l'irresponsabilité à la responsabilité pour faute simple[358].

Certes, les droits fondamentaux à l'éducation, à la santé impliquent plus l'intervention de l'Etat que du juge en vue de leur réalisation. Mais la justiciabilité de ces droits se pose en termes de saisine du juge.

Enfin, s'agissant du droit au logement, il faut souligner que le Gouvernement a consenti des efforts à travers la mise en place d'un programme de construction de logements sociaux au profit des couches sociales à revenu faible[359].

Quelle que soit sa situation, il serait difficile à un justiciable malien d'attraire l'Etat devant une juridiction sous prétexte que le logement dans lequel il vit est vétuste et qu'ainsi l'Etat malien manquerait à son obligation constitutionnelle de veiller et de protéger le droit au logement. A cette difficulté matérielle s'ajoutent

---

rendue le dimanche 22 juillet à la clinique "Aldi" où elle a été examinée par un médecin, le Dr Mohamed Keïta. Celui-ci lui aurait proposé une hospitalisation à Gabriel Touré pour une meilleure prise en charge. Il ressort du rapport circonstanciel adressé à la direction de l'hôpital par les services en cause que la patiente a récusé non seulement cette proposition, mais aussi celle de recevoir un traitement basé sur des antispasmodiques (qui relaxent le malade et permettent dans certaines situations de faciliter le passage de l'objet bloqué). Le médecin en cause, lui aurait alors prescrit quatre ampoules de spasfon à administrer à raison de deux ampoules dans un intervalle de 4 heures. Mais quelque temps après, un parent de Mme Touré Aïda Niaré, alerta le médecin de la dégradation de l'état de la patiente et lui annonça que la proposition d'hospitalisation était acceptée. Des dispositions furent prises pour accueillir la malade qui devait subir une intervention. C'est là que le médecin fit appel à l'assistante anesthésiste, Mme Dembélé Salimata Dao. Mais dès les premières doses d'anesthésie, l'avocate aurait fait un arrêt cardiaque. Le cœur de la patiente reprit l'activité par la suite mais dans un état qui ne lui permettait pas de subir une intervention chirurgicale. Elle fut transférée dans le service de soins intensifs, c'est-à-dire de réanimation pour adultes. Préoccupé par l'état de son épouse, le mari d'Aïda Niaré qui travaille dans le système des Nations unies a décidé de faire transporter son épouse en France. Celle-ci fut préparée par l'équipe de réanimation pour effectuer le voyage. Malheureusement, Me Aïda Niaré décédera.

356 Arrêt n° 113 du 26 avril 2006 CS-SJ 2e Chambre civile Cour suprême du Mali, Adama SISSOKO contre Centre de Santé de référence de la Commune V (réparation de préjudice).

357 Ibid.

358 M.LONG, P.WEIL, G BRAIBANT, P DELVOLW, B GENEVOIS : « *Les Grands arrêts de la JP administrative* » Dalloz, 1996, pp.768-772.

359 Les couches à revenu « fort » qui ne sont pas toujours logés, faute de moyens, sont exclues de ce programme.

des obstacles d'ordre structurel à l'effectivité de la protection juridictionnelle des droits et libertés fondamentaux au Mali.

Section II : Les obstacles à la protection juridictionnelle des libertés et droits fondamentaux contre les actes des particuliers.

Le droit de recours devant le juge est un droit fondamental. Les textes fondamentaux auxquels le Mali a souscrit consacrent ce droit. Ainsi l'article 8 de la Déclaration Universelle des Droits de l'Homme du 10 décembre 1945 dispose : *« Toute personne a droit à un recours effectif devant les juridictions nationales compétentes contre les actes violant les droits fondamentaux qui lui sont reconnus par la constitution et la loi ».* La Charte Africaine des Droits de l'Homme et des Peuples du 27 juin 1981 dispose en son article 7 : *« Toute personne a droit à ce que sa cause soit entendue. Ce droit comprend le droit de saisir les juridictions nationales compétentes de tout acte violant les droits fondamentaux qui lui sont reconnus et garantis par les conventions, les lois, règlements et coutumes en vigueur ».*

Malgré l'adhésion de notre pays à ces normes juridiques, les justiciables parviennent difficilement à mettre en œuvre leur droit fondamental d'accès au juge. L'exercice du droit de recourir au juge est contrarié par les difficultés réelles d'accès au juge **(§1)** et la complexité de la justice **(§2).**

§1. Les difficultés d'accès au juge pour défendre ses droits et libertés

IHERING, dans la lutte pour le droit, estimait que tout particulier avait le devoir tant envers lui qu'envers la société, dès que son droit était méconnu, de saisir la justice afin qu'elle ne soit pas inutile et inefficace[360]. Encore faudrait-il que l'accès à la justice lui soit possible.

Pour le professeur Filiga Michel SAWADOGO, *« L'accès à la justice implique d'une façon générale la possibilité pour l'auteur d'une prétention d'être entendu sur le fond de celle-ci afin que le juge la dise bien ou mal fondée. Pour l'adversaire, il implique la possibilité de discuter le bien-fondé de cette prétention...... Au sens large, il implique l'accès au droit, autrement dit le droit à un minimum d'information du justiciable relativement au contenu du droit, à l'organisation et au fonctionnement de la justice »*[361].

L'analyse du système juridictionnel malien révèle que plusieurs difficultés s'élèvent devant le justiciable dans la recherche de la protection de ses libertés et droits fondamentaux. Ces difficultés sont telles qu'elles tendent à priver d'effectivité les droits fondamentaux reconnus à l'égard des autres individus. Qu'est ce qui explique toutes ces difficultés pour se faire rendre justice ? Quelle est la nature de ces difficultés ?

Il nous semble qu'il existe deux sortes d'obstacles à l'accès à la justice pour défendre ses droits et libertés. Le premier obstacle à l'accès à la justice est celui de

---

[360] Pierre COUVRAT, *L'accès à la justice et ses obstacles,* in l'effectivité des droits fondamentaux des pays de la communauté francophone, p 257.

[361] Filiga Michel SAWADOGO, L'*Accès à la justice en Afrique francophone : problèmes et perspectives. Le cas du Burkina Faso,* in l'Effectivité des droits fondamentaux des pays de la communauté francophone, op cit. p 257.

l'éloignement physique **(A)**. D'autres obstacles non négligeables subsistent et tiennent à la méconnaissance et à la complexité de la justice étatique **(B)**.

A. L'éloignement physique du juge

L'accessibilité à la justice est fonction de la proximité spatiale des juridictions[362]. En dépit des efforts déployés, le juge reste encore séparé du justiciable. L'évolution de la situation judiciaire est révélatrice de la situation qui prévalait il y a près de 50 ans. Sur un territoire de 1.241.238 km^2 avec environ 13.000.000 d'habitants, quatre vingt quatre (84) cours et tribunaux sont chargés de rendre la justice avec en moyenne un tribunal pour 154.762 habitants[363].

Sur un tout autre plan, les difficultés d'accès au juge refont surface, lorsqu'on tient compte de la distance à parcourir par le justiciable. Au Mali, trois Cours d'appel seulement se partagent, de façon inégale, l'immense territoire, soit en moyenne un tribunal pour 413. 333 kilomètres carrés. Par exemple, alors que la cour d'appel de Mopti[364] a compétence sur deux tiers du territoire, celui de Bamako en occupe 1/5 pour presque 50 % de la population.

Cette insuffisance de l'occupation spatiale constitue un obstacle pour les justiciables dont les plus éloignés doivent parcourir, en moyenne, une distance de 362 kilomètres pour accéder à un juge, tandis que chaque Commune de Bamako est pourvue d'un Tribunal de Première Instance. D'autres régions du pays ne bénéficient pas de cette présence du juge.

Par ailleurs, le périmètre judiciaire malien crée des situations absurdes où certains justiciables sont plus proches d'un tribunal autre que de celui de leur ressort. C'est ainsi que, par exemple, certains justiciables du cercle de Kati doivent traverser tout le district de Bamako avec ses 6 tribunaux de première instance pour se rendre dans une ville située à 15 kilomètres de leur domicile.

L'objectif du rapprochement de la justice des justiciables peut être atteint de plusieurs manières. Il appartient aux pouvoirs publics de redoubler d'imagination et surtout de se forger la volonté politique nécessaire. Car, à y regarder de près, tout ce qui touche à la justice relève du domaine éminemment politique.

Une simple observation de la carte judiciaire du Mali révèle une fracture inacceptable entre Bamako et le reste du pays. Comme si le pays est toujours sous le système « d'administration directe » de rigueur à l'époque coloniale, l'essentiel des infrastructures et du personnel judiciaires est resté concentré dans la capitale du pays.

---

[362] René DEGNI SEGUI, *L'Accès à la justice,* op cit. p *242.*

[363] Avec une population estimée à 2.462.384 habitants, le territoire géographique de la cour d'appel de Mopti est le plus étendu. Son siège est à 923 km de Kidal, 581 km de Gao et 722 km de Tombouctou. Il est vrai que la distance Tombouctou-Mopti se trouve réduite de moitié si l'on emprunte la route de Douentza. Il demeure que ces distances avec quelquefois l'inexistence des moyens adéquats de communication posent le problème d'accès à la justice. Cela explique le faible taux des appels. Cette cour est l'instance d'appel de 3 TPI et 15 JPCE (population et tribunaux : chiffres disponibles en 2010).

[364] Le tribunal de Mopti couvre, à lui seul, 2/3 du territoire national, ce qui porte l'épreuve des citoyens au paroxysme. Un justiciable habitant Ménaka doit parcourir une distance de 886 kilomètres et celui de Tessalit 1098 km.

Avec un effectif de 400 juges, soit un rapport de 1 juge pour environ 40.000 habitants[365], le risque de désertion des palais de justice est énorme. L'éloignement géographique du juge est un facteur de premier ordre de la difficulté d'accès à la justice, surtout quand on tient compte du temps nécessaire au règlement d'une seule affaire[366]. Les audiences foraines prévues par la loi sont aujourd'hui un lointain souvenir, faute de moyens de transport. Ce qui contribue à augmenter le coût de la justice.

B. Le coût de la justice

En principe, les justiciables maliens ne doivent pas payer les juges. Mais ce principe du reste mal compris des maliens, perd tout son sens devant les frais élevés de l'instance que l'assistance judiciaire limitée ne peut compenser[367] (Honoraires d'avocats et d'experts, timbres, consignations, frais et dépens). En général, le justiciable n'arrive même pas à évaluer le coût total du procès.

Nous assistons régulièrement, à « l'abandon pur et simple du procès ». La situation est si préoccupante qu'on est tenté de transposer l'interrogation de M. SOCKENG Roger dans le contexte malien : *« A quoi bon parler de service public de la justice, si à la longue, la majorité se trouve dans l'impossibilité de faire valoir ses droits pour des raisons d'ordre financier ».*

L'assistance profite plutôt aux parties des grands centres urbains, car elle est mal connue dans les petites villes et les zones rurales. Toutefois, elle ne dispense de certains frais de la justice qu'après que l'assisté eût déboursé une importante somme d'argent pour l'avoir. L'une des conditions de recevabilité de toute action judiciaire est le paiement des frais de consignation conformément aux dispositions de l'article 35 du Code de Procédure Civile, Commerciale et Sociale[368]. Le justiciable qui ne dispose donc pas du montant fixé par la loi ne peut pas s'adresser au juge pour faire respecter son droit[369].

---

365 A signaler que la carence judiciaire est une question partagée en Afrique. Dans son rapport sur la Justice 2002, le PNUD a montré qu'au Sénégal, « il y a un magistrat pour 25. 000 habitants à Dakar, un pour 75 000 dans les régions de l'intérieur, alors que les standards occidentaux sont d'un magistrat pour 1 000 habitants ». Voir PNUD. *Rapport sur la justice* 2002.

366 Filiga Michel SAWADOGO, L'*Accès à la justice en Afrique francophone : problèmes et perspectives. Le cas du Burkina Faso* op. cit. p 297.

367 René DEGNI SEGUI, *L'accès à la justice et ses obstacles in l'effectivité des droits fondamentaux dans les pays de la communauté francophone*, op. cit. p. 246.

368 L'article 35 du CPCCS : « Le demandeur sera tenu de verser une consignation dont le montant est destiné à couvrir les divers frais de procédure et d'enregistrement sous peine d'irrecevabilité de l'instance. Le montant de la consignation comprend une partie forfaitaire et une partie soumise à un taux proportionnel qui est dégressif en fonction du montant de l'instance. Il est fixé en matière de réclamation de sommes comme suit : pour une créance égale ou inférieure à 250.000 F, l'instance est consignée à un montant de 5.000F ; pour une créance de 250.001F à 500.000F, le forfait de la consignation est de 10.000F ; au-delà de 500.000F, le forfait est de 25.000F. Ces montants sont majorés de 3% payables par le demandeur à l'instance et ce lorsque le montant de la demande est égal ou inférieur à 10.000.000. De 10.000.000 à 50.000.000 la majoration est ramenée à 1,5%. Au-delà de 50.000.000, elle est de 0,5%.Pour les autre matières, le montant de la consignation sera fixé par ordonnance du président de la juridiction saisie ».

Il existe une raison qui explique l'éloignement du juge, à savoir, l'extrême pauvreté des justiciables qui n'arrivent pas à supporter les frais du procès. Le législateur, soucieux de remédier à cette insuffisance du dispositif judiciaire créant une discrimination de fait entre les nantis et les démunis, a adopté la loi n° 01-082 du 24 août 2001 relative à l'assistance judiciaire. L'article 2 de ladite loi dispose : *« l'assistance judiciaire est un concours accordé par la loi en vue de permettre à un plaideur dont les ressources financières sont insuffisantes de faire valoir ses droits en justice »*. Elle est applicable tant en matière civile, commerciale, sociale et administrative, qu'en matière pénale.

Le décret n°06-426/P-RM du 06 octobre 2006 fixant les modalités d'application de la loi n° 01-082 du 24 août 2001 relative à l'assistance judiciaire, a prévu l'institution d'un Bureau d'assistance judiciaire auprès de chaque tribunal et justice de paix à compétence étendue présidé par le représentant de l'Etat ou son délégué. Le Bureau siège au palais de justice sur convocation de son président. Les décisions sont prises à la majorité. Ce qu'il faut regretter, c'est que le dispositif institutionnel n'ait pas été suffisamment intégré au tribunal. Faire d'un juge ou d'un greffier, un des membres du Bureau aurait assurément permis un meilleur suivi en dotant celui-ci ou celui-là de responsabilité administrative précise.

Aussi, les magistrats du Ministère Public devraient être responsabilisés dans la mise en place des bureaux d'assistance judiciaire et dans la communication en même temps que les notices mensuelles, de l'état des demandes d'assistance agréées ou refusées. L'importance de cette institution dans cette période où l'accent est mis sur la lutte contre la pauvreté est telle que devraient y participer les associations de défense des droits de l'homme.

Le décret pourrait être corrigé pour permettre au greffier en chef de convoquer le Bureau chaque fois qu'il recevrait une demande, en tous les cas dans le mois qui suit cette réception. Cette disposition serait plus pratique que celle qui consiste à laisser à la seule initiative du président du Bureau, la convocation des réunions, lui qui est assez éloigné de ces questions.

Enfin, face aux mécontentements persistants des justiciables, il convient d'examiner de nouvelles hypothèses de solution. L'aide juridique demeure la solution la plus courante[370]. Mais il existe, cependant, d'autres moyens de répartir les coûts de mise en œuvre des droits et libertés fondamentaux L'expérience canadienne vaut d'être relatée. Dans le cadre du "Programme de contestation judiciaire (PCJ)[371]", le Gouvernement fédéral subventionnait certains recours devant les tribunaux [372] en

---

[370] L'aide juridique permet au justiciable impécunieux de surmonter un obstacle de nature économique en solutionnant son problème à l'échelle individuelle. Sur ce point, voir Yves-Marie MORISETTE, *L'accès à la justice et les droits fondamentaux comme moyen et comme fin,* in l'Effectivité des droits fondamentaux des pays de la communauté francophone, op cit. p 267.

[371] Etabli en 1978, ce programme était unique en son genre. Il avait été mis en place pour venir en aide aux personnes qui invoquaient en justice les droits linguistiques fondamentaux protégés par la loi constitutionnelle canadienne de 1867. Après la proclamation de la charte canadienne en 1982, des litiges portant sur certains autres droits fondamentaux devinrent admissibles pour fins de subvention, et ses conditions furent de nouveau élargies en 1985. Voir Yves-Marie MORISETTE, *L'Accès à la justice et les droits fondamentaux comme moyen*, op cit. p 268.

[372] Ibid. p 268.

matière de droits fondamentaux[373]. On pourrait donc imaginer un programme similaire dans le cas malien, Programme d'Aide judiciaire (PAJ) qui subventionnerait non seulement les litiges relatifs aux droits fondamentaux, mais s'étendrait aussi aux litiges sur les libertés fondamentales (liberté de religion, liberté d'expression, et liberté d'association). Le Gouvernement pourrait confier la gestion de ce programme aux représentants du Barreau, de l'université et des ONG actives dans le domaine des droits fondamentaux.

Si certains individus redoutent la justice[136] à cause de son éloignement ou de sa cherté, d'autres, en revanche, s'en éloignent à cause de son *« endeuillement permanent »* et de sa complexité.

§.2. La réticence devant la justice étatique

« *Un mauvais arrangement vaut mieux qu'un bon procès* », dit la sagesse populaire. Généralement, tout étudiant en droit retient cette maxime. L'enseignant chargé du cours des institutions judiciaires développe un certain nombre d'arguments tels que *« La longueur et les milles méandres d'un procès, l'obligation d'étaler devant des tiers des affaires parfois personnelles et intimes, le coût du ministère d'un avocat et tutti quanti »*[374].

La justice étatique, de conception occidentale, relève d'un droit imposé. L'État impose son droit, c'est-à-dire ses règles générales et impersonnelles, à la société. Ce droit qui préexiste au conflit impose ses solutions, généralement non négociables, aux justiciables.

La sagesse malienne semble intégrer cette perception de façon intuitive car de nombreux justiciables hésitent, en tout cas, à recourir au juge moderne sachant d'expérience ou par ouï-dire que le procès devant le juge est généralement complexe **(A)** et qu'il utilise un langage ésotérique **(B)**.

A. La complexité du procès

Un procès n'est jamais une affaire simple, affirme le professeur Eloi DIARRA. Celui –ci relève que l'opération de saisine du juge est déjà compliquée et l'on peut se tromper facilement[375]. Au cours de la procédure, il existe un certain nombre d'actes qu'il faut obligatoirement accomplir. On peut citer notamment la production des mémoires, des contre- mémoires, des répliques. Il revient au juge de fixer l'audience et éventuellement de mettre l'affaire en délibéré, ou de la renvoyer. Quand il aura rendu son jugement, le justiciable disposera d'un certain délai, variable selon le type d'affaire, pour faire appel. Et on recommencera le même processus : instruction, audience, délibéré et jugement avec cette fois-ci, la possibilité d'un pourvoi ou recours en cassation[376]. Cette fois-ci, il ne s'agira pas de juger l'affaire au fond, mais de savoir si le droit a été respecté et appliqué.

---

[373] Il semble que le PCJ eut pendant longtemps un effet significatif sur le nombre de litiges de principe en matière de droits fondamentaux. Yves -Marie MORISETTE, note que ce n'est pas simplement par leur nombre que ces interventions eurent de l'impact.

[374] Voir Eloi DIARRA, *Le Juge des droits de l'homme en Afrique noire francophone*, 2007, p.7.

[375] Ibid. p 7.

[376] Ibid. p 7.

L'instance s'ouvre par une véritable déclaration d'« *hostilités judiciaires* » au titre de laquelle les deux parties litigieuses « *litigants* » opposent aussi bien les intérêts que les arguments factuels et juridiques. L'opposition qui prévaut entre les parties s'installe même entre les deux familles désormais opposées, voire entre les clans respectifs des parties.

Dans la culture juridique romano-germanique, un témoin dépose à charge ou à décharge ; il est pour ou contre la condamnation d'une des parties. Et tout au long des procédures judiciaires, le témoin n'est pas seul, tout comme chacune des parties. L'accusé est accompagné de sa famille. Le témoin, lui-même, a sa famille à ses côtés.

Le procès est ainsi transposé entre, d'un côté, l'accusé et sa famille ainsi que les témoins à décharge et leurs familles et de l'autre, les victimes et leurs familles ainsi que les témoins à charge et leurs proches. Dans une telle logique, les témoins potentiels, à charge ou à décharge, préfèrent désister pour ne pas être la source d'une haine entre familles, entre clans, voire entre ethnies.

Le domaine des libertés et droits fondamentaux étant d'ordre public, le processus de leur revendication judiciaire reste marqué par l'intervention des officiers de police judiciaire et du Ministère Public qui met la force et la contrainte au secours d'une loi de l'Etat. Or dans leur intervention, les différentes instances du Ministère public ne tiennent toujours compte ni de l'histoire personnelle des parties opposées, ni de l'impact que le litige a sur le groupe de chacune des parties, ni sur les conséquences de la « justice attendue », ni du contexte dans lequel le litige est né.

La conduite même de la procédure devant le juge étatique est, de bout en bout, marquée par la logique contentieuse et divisionniste. Aussi, la justice qui est rendue, en fin de compte, est-elle triomphaliste pour la partie gagnante et en même temps affligeante pour la partie déboutée. Pour celle-ci, tout est perdu et c'est la frustration totale. Elle doit donc « subir la justice ». C'est d'ailleurs ce qui fait que même la sentence ne peut être exécutée sans le concours de la puissance publique qui, au besoin, recourt à la contrainte par corps pour faire appliquer la décision de la justice.

Comme nous venons de le souligner ci-dessus, la coercition est le moteur même de la justice étatique. Cette coercition se manifeste de plusieurs manières. Tous les actes juridiques ayant trait à la justice étatique sont inspirés de la force et font peur au justiciable. Des convocations, assignations, citations, sommations etc., les mots mêmes utilisés dénotent d'une certaine terreur envers les sujets de droit et, plus particulièrement, envers la partie défenderesse.

Celle-ci, d'ailleurs, usera parfois de toutes manœuvres pour échapper à la justice, retarder les débats ou entraver le cours normal des procédures. Par la suite, si la justice parvient quand même à être rendue, la partie déboutée mettra à profit le principe du double degré de juridiction en vigueur dans le système de droit étatique.

Aussi, mettra-t-elle tout en œuvre pour user de tous les recours possibles en espérant obtenir l'annulation ou la cassation de la décision des instances inférieures.

Parfois, l'appel et le pourvoi en cassation n'auront même pour seul but que de retarder la mise en application de la décision rendue au premier ou au second degré.

De telles attitudes montrent, clairement, que n'eût été l'usage de la coercition, la justice étatique ne serait pas l'affaire des populations. La justice étatique dite moderne n'est ni voulue, ni vécue : elle est imposée et subie. Elle devient d'ailleurs un instrument de terreur et, comme telle, est parfois instrumentalisée, aussi bien par certains malins justiciables que par certains riches et hauts cadres de l'Administration civile ou militaire. Sous certains cieux, la justice devient purement et simplement une machine à broyer ou à réduire au silence l'opposition politique réelle ou potentielle, les syndicalistes et autres revendicateurs de plus de droits et de libertés, les journalistes, etc.

Au Mali, les exemples sont nombreux qui illustrent le détournement de la justice à des fins politiciennes ou de pur cynisme. Nous avons eu à assister à des procès spectaculaires et retentissants, et à la fin, le citoyen a constaté que l'objectif de telle ou telle affaire était purement ailleurs que dans la recherche de la vérité, de la justice et du rétablissement de l'ordre.

De paisibles citoyens ont parfois été arrêtés et condamnés sur la base de dossiers vides, douteux ou outranciers. Certains séjours au bagne, tristement célèbre de Kidal,[377] ont apparu, aux yeux de l'opinion publique dominante, comme relevant d'un objectif de répression, de revanche ou de terreur, comme si le système judiciaire pouvait valablement être un outil de domination aux mains des pouvoirs en place. Même les particuliers, dans leurs relations de sujets de droit, en arrivent à instrumentaliser la justice pour une raison ou une autre. C'est ainsi qu'on entend parfois quelqu'un clamer, en parlant de son adversaire : *« je vais user de mes relations et le traîner en justice et il verra qu'il ne pèse pas devant moi »*.

Au total, cette justice étatique marquée notoirement par la lenteur, le peu de logique, les frustrations, l'instrumentalisation, *l'endeuillement*, a fini par décourager les plus diligents des justiciables. C'est pourquoi, les populations préfèrent développer d'autres mécanismes de justice et, en tout cas, fuir la justice étatique qui ne leur inspire plus confiance.

B. Un langage ésotérique

A cette démarche complexe, il faudrait ajouter le fait que le langage juridictionnel est très spécifique et s'avère hermétique, voire difficilement intelligible. En effet, la justice n'est pas inaccessible eu égard seulement à la distance. Elle l'est également à cause du langage ésotérique qu'elle utilise. Comme dans la plupart des pays de l'Afrique francophone, la justice malienne est stigmatisée à cause du langage hermétique dont elle se sert. C'est un langage réservé aux seuls initiés du droit. Un langage que le professeur Georges RIPERT a qualifié

[377] Situé au centre de la ville, face à la résidence du commandant de cercle, le fort de Kidal est limité au nord par le marché, au sud par un oued, à l'est par une tribune construite pour quelques rares cérémonies officielles, à l'ouest par le camp militaire. C'est une bâtisse circulaire à la porte du Sahara datant de la période coloniale qui accueillait des "grands prisonniers " sur lesquels le maître des lieux, l'officier blanc, avait droit de vie et de mort. La prison proprement dite pouvait accueillir jusqu'à quatre cents détenus environ. Voir Colonel Assimi S.DEMBELE, *Transferts définitifs*, éd. Le Figuier, 2003, p 18.

« d'archaïque »[378]. Cet état de fait contribue à isoler davantage une frange importante de la population villageoise déjà en majorité analphabète.

La difficulté des plaideurs à se conformer au rituel très rigoureux qui accompagne tout le déroulement du procès est encore une cause redoutable de la désertion. Il en est ainsi de la langue française, utilisée par les juges lors de procès[379]. Peu de plaideurs la maîtrisent, ce qui les contraint à solliciter l'aide de l'avocat devenu pour la circonstance défenseur, conseiller et interprète. Ainsi face au juge, le Malien, à l'instar l'Africain moyen, se sent quelque peu « en dehors du procès ».

La question du vocabulaire judiciaire n'est pas l'apanage exclusif du Mali. Tous les pays sont presque confrontés à ce problème. Le droit et la procédure qui est la forme de sa mise en œuvre représentent avant tout des techniques ; et toute technique à son langage propre, ou jargon. Cette situation exige une précision. En effet, à des concepts particuliers correspondent les termes spécifiques qui les désignent. Tantôt ceux-ci sont propres au langage judiciaire : litispendance, connexité, cassation ; tantôt, il s'agit de mots de la langue courante, mais dotés ici d'un sens particulier, comme les termes d'exploit, de distraction, d'exception.

Au regard de ce qui précède, le juge ne peut donc être approché que par l'intermédiaire « d'initiés » qui parlent son langage et qui seuls sont capables de scruter sa pensée[380]. Avec une population constituée d'environ 75 % d'analphabètes, il n'est pas du tout étonnant de constater la désaffection du justiciable malien qui même s'il est conscient qu'il a raison, reste passif.

Un juge malien a eu l'humilité de reconnaître cet état de fait en déplorant que l'Etat malien n'a point entrepris de transcrire même en langues nationales les coutumes afin de stabiliser leur texte pour utilisation en toute sécurité par les juridictions[381].

Pour des raisons historiques liées à la formation de notre droit et de notre procédure, les expressions juridiques sont assez souvent des formules latines utilisées d'ailleurs de manière fréquemment elliptique. La justice étant, comme toute technique, affaire avant tout de techniciens[382], le particularisme de son vocabulaire

---

378 Georges RIPERT, *Les forces créatrices du droit*, LGJD, Paris, 2e édition, 1955, p.11.

379 Les Africains semblent ne pas parler leurs langues. La situation linguistique est à-peu-près la suivante dans les pays d'Afrique francophone : Burkina Faso (français), Burundi (kirundi et français), Cameroun (anglais et français : 2 langues étrangères), Centrafrique (français), Congo Brazza (français), Côte d'Ivoire (français), Gabon (français), Guinée (français), Guinée Equatoriale (espagnole, français : 2 langues étrangères), Mauritanie (arabe), Niger (français), RDC (français), Rwanda (anglais, français, kinyarwanda), Sénégal (français), Tchad (arabe et français), Togo (français).

380 Voir A. Badara FALL, *Le Juge, le justiciable et les pouvoirs publics : Pour une appréciation concrète de la place du juge dans les systèmes politiques en Afrique*, op. cit. P 14.

381 Daouda CISSE est magistrat.. Il est l'auteur de l'étude intitulée *« Le Contentieux en matière domaniale et foncière », in « Litiges fonciers au Mali- Doctrine et jurisprudence »,* publié par le Ministère de la Justice, l'Institut National de Formation Judiciaire et la Fondation Friedrich Ebert, 1997. p. 63.

382 Les techniciens désignent les praticiens du droit : magistrats, avocats huissiers, notaires.

est dans l'ensemble une difficulté moins gênante que ne le serait la banalisation de son langage[383].

A défaut de transcrire, l'Etat pourrait favoriser la rédaction et le dépôt de conventions entre membres d'une même collectivité villageoise ou régionale, lesquelles conventions donneraient des précisions sur les types de droits qui sont considérés comme relevant de leur coutume et le mode de jouissance de ces droits.

La procédure pour le choix des assesseurs et le contrôle de leur niveau de maîtrise des droits coutumiers méritent d'être discutés. Les assesseurs ayant voix délibérative, la bonne justice sera rendue lorsqu'ils seront à la hauteur de leur responsabilité de juge (compétence intellectuelle et qualité morale)[384].

Dans un pays où l'oralité domine toute la culture, si la procédure judiciaire demeure principalement écrite, les justiciables s'en trouvent forcément exclus, eux, qui ne savent ni lire ni écrire en français, dans leur immense majorité. La coutume elle–même n'est pas écrite. Et dès qu'elle est saisie par la justice moderne, elle est sujette à un enfermement linguistique qui la sépare du monde qui l'a sécrétée et qu'elle a vocation à gérer. Elle est saisie dans et par une langue dont la médiation ne permet pas sa restitution correcte.

En tranchant un litige, la justice « moderne » passe par une approche exclusive : l'une a raison et l'autre a tort et il s'en suit une exécution forcée. Par contre, habituellement la justice « traditionnelle » développe une approche participative du règlement du litige dont l'objectif est d'obtenir l'adhésion volontaire des litigants à la solution adoptée. Par conséquent, la place de la « palabre » est importante dans le processus traditionnel de règlement des litiges. Et la palabre regroupe non pas un juge et deux litigants, mais toute la collectivité à travers le conseil de village qui la représente.

La prise de parole de chacun participe de la solution vers laquelle on s'achemine. Il est évident que cette approche qui purge le contentieux, le réduit à néant pour permettre une purification définitive de l'espace social, ne peut se concevoir à travers des jeux d'écriture et encore moins à travers une langue étrangère[385].

Il convient de rappeler que la langue est le support de la culture à tel point que toutes les cultures ont sécrété des idiomes. Aussi, rendre la justice pour un peuple dans une langue qui n'est pas la sienne et suivant des formes et procédures qui lui sont étrangères ne débouche-t-elle pas le plus souvent que sur une dépersonnalisation. Il est certain que tant que la justice sera dite en français alors que la majorité de la population ne comprend pas cette langue, ce sera une justice d'exclusion de cette majorité.

La problématique de l'intelligibilité de la décision judiciaire demeure donc posée. La situation est encore grave lorsqu'il s'agit d'un procès pénal à l'occasion

[383] J.VINCENT, S.GUINCHARD, G MONTAGNIER et A VARINARD, *La justice et ses institutions*, op. cit. p 105.
[384] Daouda CISSE op cit, p 65.
[385] Amidou DIABATE, *La problématique de la Justice : cas du Mali*, op. cit. p. 23.

duquel la condamnation peut être mal perçue par la partie qui s'est senti isolée tout le long de la procédure.

En se référant au domaine du droit pénal, on se rend vite compte que le règlement du différend ne poursuit pas le même but dans le droit traditionnel que le droit moderne. En effet, le droit traditionnel privilégie la réparation du dommage causé à la victime et la réinsertion sociale de l'infracteur alors que prédomine l'idée de châtiment aux allures vengeresses dans le droit moderne. Le justiciable est-il donc condamné à rester à l'écart de la justice ?

Pour pallier cette difficulté des interprètes ont été mis à la disposition des justiciables dans les tribunaux. Mais le problème est que ces interprètes n'entrent en fonction que lors du procès. Comment le justiciable s'y prendra-t-il pour y arriver ? Et même lorsqu'il réussit à y arriver, la transmission d'informations légales est toujours improbable. Le message est parfois déformé et l'interprète ne trouve pas toujours des mots justes pour le traduire.

Comme nous le constatons, le droit à une bonne administration de la justice a un coût élevé pour notre pays, mais c'est la condition même d'une justice efficace et effective. L'un des éléments essentiels d'une justice digne de ce nom est le principe de non-discrimination, qui ne passe pas seulement par une égalité abstraite, l'obligation négative de récuser tout préjugé discriminatoire, toute partialité, mais qui implique une obligation positive pour prévenir des discriminations systémiques, liées à l'origine ethnique ou nationale, à l'appartenance sociale[386].

Pour que le droit à la justice soit un droit pour tous, et non un « privilège », il est nécessaire de faire plus encore et de prévoir des mécanismes d'accès à la justice, à l'assistance juridique et à l'aide judiciaire. Les principales victimes des droits de l'homme ignorent très souvent les voies et moyens de recours, les garanties, les remèdes.

Cette exclusion est une double violation des droits de l'homme, mêlant injustice et iniquité ; elle devient « *la justice des injustes* ». Des efforts doivent être faits dans le sens de l'amélioration de l'accès à la justice par l'explication correcte des démarches à entreprendre et la simplification du langage judiciaire. Nous verrons dès lors si la renonciation à la justice relève du seul fait des facteurs sociologiques.

---

[386] Les travaux de l'experte algérienne de la sous-commission des droits de l'homme des Nations Unies, *Leila Zerrougui* sont particulièrement importants à cet égard .Voir sur ce point Emmanuel DECAUX droit fondamentaux n°2 janvier 2002. *Leila Zerrougui*, Rapporteuse spéciale de la sous- commission fut chargée d'entreprendre une étude détaillée sur la discrimination dans le système de justice pénale, en application de la résolution 2002/3 de la Sous-commission. Le document rappelle *la signification de la clause de non-discrimination, l'égalité devant la loi et l'égale protection de la loi dans les normes internationales les plus pertinentes, identifie les victimes potentielles de la discrimination, donne un aperçu sur ses différentes manifestations et propose un cadre conceptuel pour une étude qui pourrait être envisagée sur la discrimination dans le système de justice pénale*. Conf. E/CN.4/Sub.2/2003/3 du 26 juin 2003 du Conseil Economique et Social.

Chapitre II

La protection juridictionnelle des libertés et droits fondamentaux contre les atteintes par l'administration

Selon Max WEBER, l'Etat est *« un rapport de domination de l'homme sur l'homme fondé sur le moyen de la violence légitime »*[387]. Aussi, la protection des libertés et droits fondamentaux vise-t-elle à mettre le justiciable à l'abri de l'arbitraire de l'Etat. Ce qui nécessite l'intervention d'un juge habilité à connaître les violations des droits et libertés fondamentaux par l'administration.

De nos jours, deux systèmes d'organisation du contrôle juridictionnel existent dans le monde. Le premier consiste à confier le contrôle de l'administration aux juges judiciaires de droit commun. C'est notamment le cas des pays anglo-saxons (Grande-Bretagne et Etats Unis d'Amérique) qui sont attachés à l'unité de l'organisation judiciaire.[388]Le second système d'organisation judiciaire consiste à confier le contentieux administratif à des juridictions spécialisées appelées juridictions administratives différentes des juridictions de droit commun. L'adoption de cette formule se traduit par l'existence de deux ordres de juridiction.

La République du Mali dès son accession à l'indépendance, fut confrontée au problème du choix d'un mode d'organisation du contrôle juridictionnel de son administration. Face aux deux systèmes d'organisation du contrôle juridictionnel de l'administration, il opta pour une formule intermédiaire à travers la création d'une juridiction administrative[389].

Un connaisseur averti des réalités africaines et de la pratique du contentieux de l'administration a constaté le caractère "peu concluant" des tentatives d'instauration d'un juge apte à connaître des activités de l'administration aux lendemains des indépendances africaines eu égard à un premier bilan possible des résultats du contrôle juridictionnel de l'administration et des relations triangulaires du juge avec celle-ci et avec les administrés.[390]

D'autres observateurs tout aussi au fait de ces réalités, ont fait un constat similaire[391]. Aussi, est-il établi par une partie de la doctrine que le contrôle juridictionnel demeure l'instrument privilégié de la protection de la personne qui a vu l'une de ses libertés ou l'un de ses droits mis en cause par un acte administratif.[392]

Néanmoins, le contrôle juridictionnel de l'administration est resté moins visible, en tout cas jusqu'aux derniers moments de la seconde République. En effet, l'avènement de la démocratie a coïncidé avec une protection de plus en plus active

---

387 Max WEBER *Le savant et la politique*, Paris, éd. Plon, 1963, p.102-103.

[388] Au Royaume-Uni, toute atteinte aux droits et libertés qu'elle soit commise par un agent public ou par un particulier relève du même tribunal. Voir Gilles LEBRETON, *Libertés publiques et droits de l'homme*, op cit, p 216.

[389] Mamadou DIAKITE, Le contrôle juridictionnel de l'administration au Mali, thèse op cit p..

[390] A. BOCKEL, *Le juge et l'administration en Afrique noire francophone (introduction à l'étude du problème)*, Pedone Paris, 1973, p 25.

[391] On peut citer entre autres, J.M. BRETON, *Le Contrôle juridictionnel de l'administration*, Encyclopédie juridique de l'Afrique Tome IV, LGDJ/NEA, Paris, 1982.

[392] Roseline LETTERON, *Libertés publiques*, op cit. p 131.

des citoyens par le juge administratif ainsi que l'affirmation d'une réparation judiciaire suite aux maltraitances de l'Administration. Les recours sont certes efficaces dans certains domaines mais le sont beaucoup moins lorsqu'il s'agit d'abus de pouvoir ou d'atteinte à l'intégrité physique de l'administré[393] .

Si des progrès incontestables ont été accomplis dans le domaine du contrôle juridictionnel notamment en matière de contrôle de légalité, nous ne saurions néanmoins occulter l'insuffisance des moyens mis à la disposition du juge administratif de l'indépendance à nos jours. Malgré un contrôle juridictionnel affirmé en matière de protection des droits et libertés fondamentaux, des limites persistent.

Nous examinerons d'abord le contrôle juridictionnel exercé sur les actes de l'administration **(Section 1),** puis nous aborderons les limites à l'effectivité de la protection juridictionnelle des droits et libertés fondamentaux contre les actes de l'administration **(Section 2).**

[393] Ibid.

Section 1 : Le contrôle des actes de l'Administration attentatoires aux libertés et droits fondamentaux

Le contrôle juridictionnel suppose une situation conflictuelle et l'existence de voies de droit. L'intervention du juge, ici, est subordonnée à l'existence d'un litige entre l'administration et celui qui conteste l'un de ses actes ou l'une de ses actions. Plus spécifiquement, la violation des droits et libertés fondamentaux est au fondement de l'exercice de ce contrôle. Ainsi, lorsqu'il est saisi, le juge vérifie si l'administration a respecté les droits et libertés fondamentaux. Ce contrôle suppose l'existence préalable de normes juridiques dont le respect s'impose à l'administration. Celle-ci est soumise au droit suivant le principe de la légalité.

Dans le système juridictionnel malien, le contenu de ce contrôle diffère selon qu'il s'agisse des tribunaux administratifs[394] ou de la Section Administrative de la Cour suprême[395].

La loi n°96-071 du 16 décembre 1996 portant loi organique fixant l'organisation, les règles de fonctionnement de la Cour suprême et la Procédure suivie devant elle, et la loi n°94-006 du 18 mars 1994 portant organisation et fonctionnement des tribunaux administratifs constituent le fondement juridique du contrôle du juge administratif en matière de protection des droits fondamentaux.

A côté de ces textes majeurs qui fondent la compétence du juge administratif en matière de contrôle de l'action administrative, il existe d'autres textes de base sur lesquels s'appuie le juge pour garantir une protection des droits fondamentaux. Ainsi le juge se référera, entre autres, à la loi électorale[396] en cas de violations relatives au droit de vote et aux fraudes électorales ; à la loi portant Statut Général des Fonctionnaires[397] en cas d'atteintes portées au droit du travail, aux principes d'égalité des agents publics, au respect de la continuité du service public et à la procédure de licenciement. Il fera recours au Code Domanial et Foncier[398] pour apprécier les violations par l'Administration au droit de propriété.

[394] Aux termes de l'article 8 de la loi n°94-006 du 18 mars 1994, les tribunaux administratifs sont compétents en matière de : recours en annulation pour excès de pouvoir dirigés contre les décisions des autorités administratives régionales et locales ; recours en interprétation et en appréciation de la légalité de ces décisions ; de demandes en décharge ou en réduction présentées en matière fiscales, par les contribuables ; de contentieux relatifs à l'élection des assemblées des Collectivités Territoriales ; de litiges d'ordre administratif relevés à l'occasion d'un acte passé au nom du Gouvernement ou de ceux nés de l'exécution d'un service public dépendant du Gouvernement ou des collectivités publiques ; et de tout litige qui entre dans le contentieux administratif.

[395] L'article 42 de la loi n°96-071 du 16 décembre 1996 portant loi organique fixant l'organisation, les règles de fonctionnement de la Cour suprême et la Procédure suivie devant elle définit la compétence du juge administratif en matière de protection des droits fondamentaux. En tant que juge d'appel des juridictions administratives, la Section Administrative connaît : des recours pour excès de pouvoir dirigés contre les décrets, les arrêtés ministériels et interministériels ; des litiges relatifs aux avantages pécuniaires ou statutaires des fonctionnaires de l'Etat ; des recours dirigés contre les décisions rendues par les organismes administratifs à caractère juridictionnel ; des recours en interprétation et des recours en appréciation de la légalité des actes dont le contentieux relève de la Section ; des requêtes en règlement de juges dans les contentieux administratifs.

[396] Il s'agit de la loi n°06-044 du 4 septembre 2006 portant loi électorale.

[397] Il s'agit de la loi n°02-53 du 16 décembre 2002 portant statut général des fonctionnaires.

[398] Il s'agit de l'ordonnance n°27/P-RM du 22 mars 2000 portant code domanial et foncier au Mali.

En réalité, les textes juridiques servant d'outils de travail du juge ne sont pas exhaustifs. Chaque violation ou atteinte portant sur un droit fondamental conduit à l'utilisation d'un instrument juridique spécifique. En fonction du domaine concerné par la violation des droits fondamentaux, le juge peut être amené à utiliser un ou plusieurs textes juridiques tout comme il peut être amené également à appliquer les instruments juridiques internationaux[399].

Il faut préciser cependant que le recours juridictionnel de l'administration n'est pas un contrôle d'office, c'est-à-dire qu'il n'est pas à l'initiative du juge. Celui-ci n'intervient pour exercer son contrôle que lorsqu'il est saisi du recours d'un administré qui estime que l'action ou l'inertie de l'administration lui a causé un tort.

Mais l'administré disposera d'une autre voie pour faire prévaloir ses droits fondamentaux ; il s'agit du recours administratif qui est porté devant l'administration[400].

Dans cette partie de notre étude, nous examinerons spécifiquement le rôle du juge administratif en matière de protection des droits et libertés fondamentaux à travers les deux principaux recours[401] dont disposent l'administré et le citoyen. Il s'agit, d'une part, du recours pour excès de pouvoir **(§1)** et, d'autre part, celui du contentieux de pleine juridiction **(§2).**

§1. Le recours pour excès de pouvoir : une garantie des libertés et droits fondamentaux.

L'un des principes fondamentaux de l'action administrative est le principe de la légalité qui signifie que l'administration est soumise au droit et qu'elle est tenue de la respecter dans toutes les modalités de son action[402]. La légalité est

---

[399] Le référentiel juridique du juge administratif ne repose pas uniquement sur les textes internes. Dans son contrôle de protection des droits fondamentaux, il peut se référer aussi aux instruments juridiques internationaux. Au nombre de ces instruments figurent la Déclaration Universelle des Droits de l'Homme et du Citoyen, le Pacte international relatif aux droits civils et politiques, le Pacte international relatif aux droits économiques et sociaux, la Charte Africaine des Droits de l'Homme et des Peuples, les conventions et traités internationaux ratifiés par le Mali et relatifs aux droits de la femme et de l'enfant, les accords de libre circulation des personnes et des biens ratifiés par le Mali dans le cadre de l'UEMOA et de la CEDEAO etc. Il convient de préciser que cette référence aux textes internationaux n'est pas une pratique courante. Dans la majeure partie des affaires portées devant les juridictions administratives, les parties ou leurs conseils font rarement référence à ces instruments juridiques internationaux. Cette situation trouve sa justification dans la reconnaissance et l'intégration de nombre des droits fondamentaux consacrés par les textes internationaux dans la Constitution malienne qui comporte une vingtaine d'articles relatifs à ces droits fondamentaux de la personne humaine.

[400] Il existe deux types de recours qui méritent d'être particulièrement relevés : le recours hiérarchique, par lequel un administré qui estime que son droit n'a pas été respecté, porte devant le supérieur de l'auteur du préjudice une réclamation, en vue de la rectification de l'acte de son subordonné ; le recours gracieux, pour sa part, est adressé à l'autorité même dont émane la décision en cause. Ces recours sont susceptibles d'être utilisés dans le cadre de la protection des droits et libertés fondamentaux. Voir Eloi DIARRA, *La protection des droits de l'homme en Afrique et en Europe : convergences et divergences in Quelle Europe pour les Droits de l'homme* ? Sous la direction de Paul TAVERNIER, éd. Bruylant, 1996, p 429.

[401] Les deux recours constituent les principales modalités d'exercice du contrôle juridictionnel. En effet, notre système juridictionnel de contrôle de l'administration a pour objet essentiellement de vérifier la légalité des actes administratifs et de statuer sur les droits subjectifs qui peuvent être opposés à l'administration. Voir Mamadou DIAKITE, thèse, op cit, p 98.

[402] Mamadou DIAKITE, *Le Contrôle juridictionnel de l'administration au Mali*, op cit. p 132.

entendue dans son sens le plus large, c'est-à-dire comme l'ensemble des règles de droit dont le respect s'impose à l'administration. L'Etat ne bénéficie donc, en principe, d'aucune immunité pour les cas d'atteinte aux droits de l'homme[403].

Le recours pour excès de pouvoir est l'action par laquelle toute personne y ayant intérêt peut provoquer l'annulation d'une décision exécutoire par le juge compétent en raison de l'illégalité de cette décision[404]. En vertu du principe de la légalité, l'administration doit respecter les règles écrites de droit : la loi, le règlement, les décisions individuelles créant des droits.

L'objet de cette partie n'est pas de faire une étude détaillée des principes relatifs au recours pour excès de pouvoir mais d'appréhender le rôle du juge en matière de protection des libertés et droits fondamentaux à travers le respect du principe de la légalité. Dans cette perspective deux catégories de droits fondamentaux ont retenu notre attention : le droit de propriété et le droit fondamental au travail des fonctionnaires.

Nous examinerons successivement le rôle du juge dans la protection du droit de propriété **(A)** et dans la défense du droit au travail des fonctionnaires **(B)**.

A. Une demande accrue de protection du droit à la propriété

Pendant longtemps, le juge judiciaire a été considéré comme le gardien attitré de la propriété privée. Cette conception qui reposait sur l'article 10 de la Constitution est aujourd'hui en train d'être remise en cause du fait du rôle de plus en plus important que joue le juge administratif en matière de protection foncière des droits individuels et collectifs[405].

A travers une jurisprudence abondante, le juge administratif est parvenu à censurer les décisions administratives attentatoires aux droits de propriété foncière. C'est ainsi qu'il a censuré les titres fonciers irrégulièrement constitués pendant la période coloniale avant de mieux définir les principes devant régir les démolitions et casses préalables aux opérations de lotissement de terrains à usage d'habitation[406].

---

[403] Toutes les personnes résidant dans le pays, qu'elles soient maliennes ou étrangères, sont, sauf dispositions légales contraires, égales devant la loi, et ont droit, sans distinction aucune, à une égale protection de la loi. Le droit de saisir la justice leur est aussi garanti. Nul ne peut être privé du droit d'agir en justice si ce n'est conformément aux règles et procédures légales telles celles relatives, d'une part, à la manière dont sont reçues les dépositions du chef de l'État, du chef du Gouvernement et des représentants des puissances étrangères (art. 604 à 608 du Code de procédure pénale) et, d'autre part, aux poursuites contre les membres du Gouvernement, les magistrats, les parlementaires et certains fonctionnaires (art. 613 à 625 du même Code, et art. 75 du Code pénal). Les quelques aménagements sous la forme de privilège de juridiction en faveur de ces catégories de responsables ne se justifient autrement que par la délicatesse de leurs charges respectives.

[404] C'est un recours qui a été crée par la jurisprudence française à partir des années 1830 mais en fait c'est la loi du 24 mai 1872 qui lui donne la base textuelle. Il a été introduit dans le droit sénégalais dès 1960 dans l'ordonnance n° 60-17 relative à la Cour suprême. Voir sur ce point Demba .SY, *Cours de droit administratif* UCAD 2004 P 123.

[405] Il faut souligner que la Constitution du 02 juin 1974 qui instituait cette formule a été abrogée par la Constitution du 25 février 1992 qui met en place un Etat de droit et de démocratie pluraliste dans lequel les droits et libertés de la personne humaine sont garantis .AUPEL-UREF, *Libertés et droits fondamentaux dans les constitutions ayant le français en partage*, éd. Bruylant, 1999, p 417.

[406] Arrêt n° 06 du 3 février 1994 Mamadou Sanogo contre Gouvernorat du District de Bamako.

Le juge a posé ainsi le principe selon lequel toute opération de lotissement devant entraîner un déplacement de populations doit nécessairement être effectuée avec une implication réelle desdites populations[407]. Ainsi a-t-il précisé à propos du déplacement d'un quartier du district de Bamako : *« considérant qu'il est de principe que toute réhabilitation d'un quartier, ne peut se faire sans les populations concernées qui ont leur mot à dire ; la réhabilitation de Sabalibougou est un impératif qui doit être poursuivi. La réhabilitation n'entraîne pas nécessairement casse technique (rasage) de toutes les concessions existantes mais le tracé des voies et tous autres aménagements nécessités par les besoins d'intérêt collectif. A cet effet, les opérations en cours sont annulées. Elles devront être reprises avec la collaboration des populations concernées ».*

Depuis lors, les autorités communales et municipales ont pris l'habitude d'associer les victimes et les bénéficiaires aux opérations de lotissement ou de réhabilitation des quartiers spontanés afin de limiter autant que possible les atteintes aux droits individuels et collectifs.

Un autre domaine de protection du droit de propriété est relatif à l'annulation par le juge de l'excès de pouvoir des actes administratifs illégaux établis par les services de l'Administration foncière en violation des droits des héritiers ou co-héritiers. L'illégalité récurrente consistait à établir de faux permis d'occuper au nom de tierces personnes ou de scinder les concessions rurales en deux parties : l'une revenant au véritable propriétaire, la seconde à l'auteur de permis d'occuper irrégulier. Cette pratique néfaste de l'Administration foncière a entraîné la dépossession d'un nombre important de propriétaires fonciers pour lesquels le juge administratif représentait l'unique rempart contre l'arbitraire administratif.

Se rendant compte que la plupart de ces titres administratifs irréguliers datent de 40 ans environ, le juge administratif a affiné ses principes jurisprudentiels. En vue d'une protection efficace du citoyen contre les abus de l'Administration foncière, il a estimé que l'irrévocabilité des décisions ayant créé des droits acquis, irrégulièrement introduits dans l'ordonnancement juridique, reste censurable par le contentieux de l'annulation pour les droits illégaux dans les cas ci-après : en cas de conflits de lois dans le temps et en cas d'irrégularité remontant à l'origine de l'acte[408].

Le souci de protection des droits fondamentaux a amené le juge administratif à généraliser cette jurisprudence en posant le principe selon lequel , nonobstant l'ancienneté des titres querellés, les permis d'occuper encourent l'annulation aux motifs que l'illégalité est insusceptible de créer un droit légal ; le faux ne saurait de façon pérenne avoir droit de cité dans l'ordonnancement juridique lorsqu'il est découvert ; ne pas accéder à l'annulation des titres irréguliers sous couvert de leur ancienneté ouvrirait droit à un déni de justice.

C'est ainsi que le juge a annulé les titres fonciers illégalement constitués par les commis de l'Administration coloniale en violation des droits des héritiers légaux. Les opérations de lotissement en vue de la création des terrains à usage

[407] Arrêt n°80 du 30 juin 1994 Habitants de Sabalibougou-Est contre Mairie de la Commune V.

[408] Arrêt n° 06 du 3 février 1994 Mamadou Sanogo contre Gouvernorat du District de Bamako

d'habitation avaient porté atteinte aux droits fondamentaux des habitants installés dans la périphérie du district de Bamako et de nombreuses villes de l'intérieur du Mali[409]. Le juge administratif, par cette jurisprudence osée, a mis un terme à cette violation des droits collectifs *(droit à la sécurité, droit à l'hygiène, droit à l'éducation ...)*. Il s'est également affirmé en contribuant davantage à la protection des fonctionnaires contre l'arbitraire de l'administration.

B. Une protection affirmée du droit au travail des fonctionnaires

Dans une société qui a placé le travail *« au fondement de son existence »*[410], le droit au travail ne peut que revêtir une importance majeure. Il constitue, d'ailleurs un droit fondamental[411], promu au rang de norme constitutionnelle. Mieux, le droit au travail *« a sans doute la valeur éthique et juridique de la propriété privée »*.

Le Mali attache une importance particulière au droit du travail. Au terme de l'article 19 de la Constitution du 25 février 1992 : *« Nul ne peut être contraint à un travail déterminé que dans le cas d'accomplissement d'un service exceptionnel d'intérêt général, égal pour tous dans les conditions déterminées par la loi »*.

Depuis 1989, le juge est resté vigilant dans l'examen de tout risque susceptible de compromettre le droit au travail à travers le statut général de la fonction publique. En effet, la plupart des contentieux pendants devant le juge administratif relèvent du contentieux de la fonction publique. Les fonctionnaires victimes des décisions administratives s'en réfèrent généralement au juge administratif pour assurer la protection de leurs droits. Leurs recours interviennent notamment dans les cas ci-après : le refus de l'Administration de satisfaire leurs réclamations statutaires ou indemnitaires ; la contestation des décisions administratives les concernant ; le recours contre les décisions disciplinaires ; le contentieux des pensions.

Ces différents recours ont pour but de protéger le droit au travail. En effet, il existe assurément un lien consubstantiel entre le statut général des fonctionnaires et le droit au travail. Et le juge administratif n'est pas resté indifférent aux sollicitations des fonctionnaires victimes de violation de ce droit fondamental. Il a exprimé sa volonté d'assurer une protection efficace de leurs droits fondamentaux en plusieurs occasions. C'est ainsi qu'il fut amené à travers des cas de détournements de pouvoir, de licenciements arbitraires et de révocation des agents publics à censurer par le biais de l'excès de pouvoir certaines décision de l'administration procédant ainsi au rétablissement des droits de certains agents victimes de violation de leur droit fondamental au travail.

Le juge administratif a considéré le détournement de pouvoir comme violation du droit au travail[412]. En matière administrative, faut-il le rappeler, le détournement de pouvoir survient lorsque l'autorité administrative use de ses

[409] Arrêt n° 06 CS-SA du 3 février 1994 Mamadou SANOGO contre Gouverneur du District de Bamako.

[410] Thiery REVET, *La liberté du travail in les Droits et libertés fondamentaux*, op cit., p 427.

[411] G. Lyon CAEN, *Liberté du travail et le droit français du travail*, in La liberté du travail, Université de Liège, 1969, p.26. Adde, du même auteur, *Les principes généraux dans le droit du travail*, Etudes G-H Gamerlynck, Dalloz, 1978, p.40.

[412] Arrêt n°4 du 18 septembre 1978 relatif à l'affaire Mohamed Maïga contre le Ministre de la Santé .

pouvoirs dans un but autre que celui pour lequel ils lui ont été confiés. Généralement, la motivation de la décision n'est pas l'intérêt général ou la mission de service mais plutôt un intérêt personnel qui peut être pécuniaire, confessionnel, politique, vengeance personnelle ou autre.

Le juge annula pour détournement de pouvoir, une décision de mutation au motif que le droit d'affectation a été utilisé non pas dans l'intérêt du service mais en représailles contre le comportement de cet agent[413]. Par ailleurs, il précisa que l'abandon de poste ne peut être imputable à l'employé lorsque son service employeur est tenu d'assurer son transport sur son lieu de travail[414].

Cette position a été confirmée plus tard par deux arrêts de référence : l'affaire Issa N'Diaye contre le Ministre de la Fonction Publique[415] et l'affaire Youssouf Ganaba et autres contre Ministère de l'Emploi et de la Fonction Publique[416].

La volonté des pouvoirs publics sous la seconde République était de mettre un terme à toute attitude ou position s'inscrivant en dehors du Parti. Pour ce faire, les actes administratifs décisoires affectant les droits de certains cadres ont été pris.

Le juge administratif s'est écarté de cette logique contraire à l'Etat de droit en annulant systématiquement tous les actes attentatoires aux droits fondamentaux. Cette situation encombrante du prétoire n'a pas été sans conséquence sur l'évolution de la carrière de certains juges administratifs qui ont été affectés dans les administrations centrales, étouffant leur détermination à protéger davantage des droits fondamentaux face souvent à l'arbitraire administratif.

Ces décisions ont permis de mettre un terme à une pratique administrative courante consistant à faire supporter par le fonctionnaire muté dans une autre localité l'ensemble des frais de transport de sa famille légalement à charge nonobstant l'existence d'une disposition légale assurant cette prise en charge.

Les requérants, tous enseignants, ont été révoqués de leur emploi pour abandon de poste. En outre, il a été relevé qu'ils menaient parallèlement à leurs activités syndicales des activités politiques. Le juge administratif a annulé les arrêtés de licenciement au motif de l'inexactitude matérielle de l'abandon de poste et de l'existence d'une excuse absolutoire assimilable à la force majeure, à savoir l'impossibilité pour les requérants de rejoindre leur poste en raison de la caducité de leur décision d'affectation. Il a conclu qu'il y a détournement de procédure lorsque l'autorité administrative utilise une procédure dans un but autre que celui pour lequel cette procédure a été instituée, parce que la procédure applicable est plus compliquée, plus longue, plus aléatoire.

Aussi, de nombreux arrêts ont-ils permis au juge administratif de mettre un terme aux abus de l'autorité administrative en matière de détournement de

[413] Ibid.

[414] Arrêt n°4 du 24 janvier 1985 relatif à l'affaire Sékou BATHILY contre le Ministre de l'emploi

[415] Arrêt CSSA n° 57 du 14 novembre 1989, Issa N'DIAYE contre Ministère de l'Emploi et de la fonction publique.

[416] Arrêt CSSA n° 56 du 08 novembre 1990, Youssouf GANABA, Modibo DIARRA et autres contre Ministère de l'Emploi et de la Fonction publique.

procédure. Par l'arrêt n° 25 du 12 décembre 1985, le juge a annulé une décision de révocation d'office fondée sur l'article 122 alinéa 3 du Statut Général des fonctionnaires alors qu'en l'espèce les dispositions de ce texte n'étaient pas applicables. Ce texte autorise l'administration à révoquer d'office, c'est-à-dire sans le respect de la procédure disciplinaire, tout fonctionnaire qui a été condamné pour crime ou délit assorti de l'interdiction expresse d'exercer un emploi public.

En l'espèce, le fonctionnaire a été révoqué sur la base de ce texte alors que poursuivi pour détournement de deniers publics, il avait été relâché de ce chef. Le juge a conclu que pour parvenir à ses fins, l'administration devait dans ce cas utiliser la procédure disciplinaire régulière de l'Article 81 et suivant du Statut Général des fonctionnaires.

Comme nous l'avons souligné, le juge administratif a été décisif contre l'arbitraire administratif vers la fin de la seconde République. Sous l'empire du parti unique, de nombreux cadres et agents publics ont été l'objet de brimades de l'autorité politique sous le couvert de l'autorité administrative. Il revenait au juge administratif, par une jurisprudence hardie, de rétablir l'Etat de droit en mettant en exergue les violations commises par la puissance publique.

Ce pari était loin d'être gagné dans un pays où les instances politiques se confondaient aux instances administratives justifiant ainsi le concept de Parti-Etat. L'arrêt en la matière qui a connu un retentissement national est celui en date du 4 octobre 1990 dans lequel un magistrat de l'ordre judiciaire, en l'occurrence, Madame Diakité Manassa DANIOKO a été relevée de ses fonctions, avec suppression des droits à pension[417]. Il était reproché à ce magistrat sa méconnaissance de la règle de droit. Le décret du Président de la République relatif à cette révocation a été annulé par le juge administratif parce que la poursuite disciplinaire contre ce magistrat était injustifiée au motif qu'un magistrat ne saurait commettre de faute en accomplissant un acte de sa profession par la prise d'une ordonnance de saisie conservation d'un aéronef. En l'espèce, non seulement le Conseil de discipline était irrégulièrement composé mais le magistrat mis en cause n'a obtenu le dossier le concernant que trois (3) jours avant sa comparution devant ce conseil de discipline.

A l'analyse, plusieurs droits ont été violés par le Chef de l'Etat avec l'intervention du décret de révocation : la faute commise résulte d'une méconnaissance d'une convention internationale ratifiée relative à la responsabilité civile des transporteurs aériens[418] ; l'ordonnance irrégulière pouvait être annulée en appel ; un délai suffisant n'a pas été accordé au magistrat pour présenter ses droits à la défense ; la composition irrégulière du conseil de discipline par l'adjonction de membres non magistrats en vue de compléter l'effectif ne participait pas d'une saine protection des droits de la victime.

Cet arrêt a permis au juge de définir les grands principes protecteurs des droits fondamentaux des agents publics souvent victimes de l'arbitraire de l'autorité

---

[417] Arrêt n° 41 CSSA du 04 octobre 1990, Manassa DANIOKO contre Ministère de la Justice.

[418] Il s'agit d'un traité international, signé à Varsovie le 12 octobre 1929, qui fixe le régime applicable en matière de responsabilité civile des transporteurs aériens à l'égard de certains dommages spécifiques.

administrative. Il s'agit, entre autres, de la vérification de la matérialité des faits[419] et l'appréciation du degré de gravité de la faute. En outre, le juge a relevé que la méconnaissance d'une procédure, l'erreur de droit ou l'ignorance de la loi de la part d'un magistrat ne sauraient constituer une faute professionnelle ou disciplinaire[420]. Il s'est également prononcé sur la motivation de la décision de révocation[421]. Enfin, il a conclu que la défense des droits est un principe sacro- saint dont la violation est censurée par le juge.

Dans une autre affaire, le juge a estimé que la révocation d'un magistrat sur la base des « nécessités de service » constitue une entrave grave à l'indépendance et à la crédibilité de la magistrature[422]. Il a annulé un décret présidentiel et a condamné l'Etat à verser au requérant la somme de 500.000 F CFA au titre des dommages intérêts[423].

Le juge est intransigeant sur le respect du droit au travail. Il a rappelé que l'administration ne peut mettre un terme au droit au travail d'un agent en se prévalant de fiches techniques en lieu et place d'un acte de naissance ou d'un jugement supplétif. L'arrêt n°76 du 27 juin 1996 est révélateur de la ferme volonté du juge de censurer cette illégalité : il a condamné l'Etat au paiement de la somme de 2 millions de francs à Madame Diarra Honorine Coulibaly victime de la mise à terme par anticipation de sa position de détachement par une décision illégale du Ministre de la Fonction Publique, pour réparation du préjudice subi.

Si le droit au travail est protégé par le juge, le droit au congé qui en est le corollaire ne le demeure pas moins. Le juge administratif reste attentif aux entorses portées à ce droit. Aussi a -t-il condamné le Ministère de la Fonction Publique au paiement de la somme de 200.000 frs CFA motif de la non- jouissance par un fonctionnaire de son congé d'expectative de 3 mois avant d'être admis à la retraite[424].

En raison de la création des collectivités décentralisées intervenue en 1993, le contentieux de la suspension – révocation des élus communaux et municipaux se caractérise par sa relative jeunesse. Les recours exercés par les autorités municipales ou communales contre les décisions de suspension des autorités de tutelle sont de plus en plus nombreux et la Cour suprême par ses arrêts participe à la protection des

---

419 Le juge a affirmé que lorsqu'il est saisi sa mission n'est pas d'apprécier la régularité d'une procédure judiciaire sous peine d'ailleurs de violer le principe de la séparation des pouvoirs en s'immisçant indûment dans le fonctionnement de la justice judiciaire, mais de vérifier si les faits motivant cette poursuite disciplinaire ont un caractère répréhensible constitutif d'une faute disciplinaire justifiant une sanction.

420 Le juge a révélé que cette méconnaissance de la loi ou cette erreur de droit ne saurait en aucune manière être constitutive de fautes disciplinaires de nature à entraîner ou à justifier une sanction d'autant que l'existence du double degré de juridiction permet de corriger les insuffisances, erreurs ou lacunes des magistrats d'instance.

421 Le juge a conclu que « la non motivation de la décision attaquée empêche la juridiction administrative d'exercer son contrôle ». La motivation est fondamentale en ce qu'elle permet non seulement à la victime de mieux asseoir ses moyens de défense mais elle permet aussi au juge d'apprécier le bien fondé de cette motivation.

422 Arrêt n° 88 du 12 août 1993 relatif à l'affaire Fassémé KEITA C/ Décret n° 91-304 P-CTSP du 30 septembre 1991 du Président de la République.

423 Ibid.

424 Arrêt n°86 CS-CS du 27 juillet 1996, Marie Bernard Traoré contre Ministère de la Fonction publique.

droits chaque fois qu'ils sont violés et quels que soient leurs auteurs. C'est ainsi que le juge a réaffirmé le principe du respect rigoureux des règles de procédures[425] en précisant : « *lorsque la loi confère à une autorité administrative le pouvoir de statuer, à condition d'observer des formes et des formalités déterminées, l'observation de ces formes et formalités doit être considérée comme une des limites du pouvoir conféré à cette autorité »*[426].

En l'espèce, l'arrêté de suspension du Maire de ses fonctions n'a pas requis l'avis de l'autorité de tutelle, en l'occurrence le Haut Commissaire du District. Le non - respect par le Ministre de l'Administration Territoriale de cette formalité substantielle a entraîné l'annulation de sa décision de suspension du maire.

Sur un autre plan, le juge a relevé que des motifs erronés ne peuvent constituer le fondement d'une décision de suspension ou de révocation[427]. C'est ainsi qu'il fut amené à annuler pour excès de pouvoir, de nombreuses décisions émanant des départements ministériels. On peut citer, par exemple, la lettre n° 0967/ MEF PLAN CAB du 31 août 1992 du Ministre de l'économie, des finances et du plan pour excès de pouvoir (Affaire Société d'Infrastructures de Transport de Tourisme (SINFRATO) contre Ministère de l'économie et des Finances)[428], de même que la décision n° 92- 0230/ MF-DNFPP- 14 du 21 janvier 1992 du Ministre de la fonction publique pour vice de forme[429]. A travers cette deuxième décision, le juge a estimé que le licenciement pour abandon de poste ne doit intervenir qu'après une mise en demeure adressée à l'intéressé[430].

Cependant, s'agissant des questions d'importance capitale comme la sauvegarde de la stabilité nationale et la protection des droits et libertés collectifs, le juge malien s'est révélé très ambigu.[431] Il n'a fait état d'aucune intention réelle,

---

[425] On peut citer d'autres arrêts importants qui ont réitéré et maintenu certains grands principes confirmés par le contentieux de la fonction publique d'Etat comme : l'arrêt n°41 du 28 juin 2001 Oumar Santara Maire de la Commune de Ségou contre le Ministre de l'Administration Territoriale et des Collectivités Locales ; l'arrêt n°62 du 13 juin 2002 Hamadoun Yaro Maire de la Commune II contre le Ministre de l'Administration Territoriale.

[426] L'arrêt n° 100 du 09 décembre 1999, Abdel Kader Sidibé, Maire de la Commune V contre le Ministre de l'Administration Territoriale et des Collectivités Locales.

[427] Arrêt n°98 du 07 novembre 2002, Maires des communes II, IV, V et VI contre le Ministre de l'Administration Territoriale et des Collectivités Locales.

[428] Arrêt CSSA n° 5 du 03 février 1994, Société SINFRATO contre Ministère de l'Economie des Fiances et du Plan.

[429] Arrêt CSSA n° 42 du 17 Mars 1994, Brahima BAGAYOKO contre Ministère de la Fonction publique.

[430] Dans cette affaire, le sieur Brehima BAGAYOGO, agent technique de l'agriculture, a été suspendu de ses fonctions à l'Office de Développement Intégré des Productions Arachidières (ODIPAC) pour malversations par décisions n° 0172/MAC CAF du 02 juin 1983. Il fut licencié pour abandon de poste par décision n° 92-0230/ MF- DNFP du 31 janvier 1992.

[431] Il s'est montré très sensible à la question du maintien de la stabilité nationale dans l'affaire qui opposait le collectif des habitants de Sabalibougou - Est (quartier situé dans la Commune V du district de Bamako) et le maire de la Commune V. Le juge a considéré que si les casses avaient lieu, elles causeraient aux habitants de Sabalibougou, un préjudice irréparable, en ce que les casses ne sont nullement des mesures d'ordre public, de tranquillité et de sécurité publique... Paradoxalement, dix années après le même juge se contredit en annulant un décret présidentiel pris pour les mêmes motifs. Cette inconsistance du juge mérite d'être relevée. Elle a concerné le contentieux qui opposait l'Archevêché de Bamako au sieur Georges Francis. En annulant le décret présidentiel, le juge a certes montré son audace. Toutefois il s'est lui-même contredit sur le contenu des valeurs telles que l'ordre public, la tranquillité et la sécurité publique.

préalablement établie, par lui-même de préserver la stabilité nationale ni encore moins la sécurité publique.

Par ailleurs, l'expression *« excès de pouvoir »* qui motive la censure des actes administratifs par le juge reste encore mal perçue par certaines autorités administratives régionales et centrales. Ce qui explique en partie la non-reconnaissance du rôle du juge administratif en tant que protecteur des droits fondamentaux. De nombreux juristes s'évertuent encore aujourd'hui à soutenir que le juge civil est le seul garant des libertés individuelles et collectives. Cette méconnaissance du rôle du juge administratif résulte en partie de la non- publication ou de la faible diffusion des jugements et arrêts des juridictions administratives. Il serait souhaitable de mettre en exergue l'œuvre prétorienne du juge administratif en matière de défense des droits de l'homme.

La pléthore de jugements d'espèce et les multiples revirements jurisprudentiels ne participent pas d'une protection effective des droits fondamentaux. Il est temps d'orienter l'analyse et la réflexion vers la conception d'une jurisprudence globale, lisible et harmonisée. Il s'agit là d'une interpellation à l'adresse des professionnels de la justice administrative (juges administratifs, commissaires du gouvernement, avocats, doctrinaires et professeurs de droit..) en vue de l'édification progressive d'une jurisprudence administrative cohérente et harmonisée, protectrice des droits fondamentaux de la personne humaine.

Cela dit, il faut reconnaître que le contrôle exercé par le juge administratif malien est principalement un contrôle de légalité *stricto sensu*. En vertu de la théorie de l'écran législatif[432], le juge administratif ne vérifie pas la conformité des actes réglementaires par rapport à la constitution, mais seulement par rapport à la loi. Ce qui constitue, selon J. MEKHANTAR, une lacune dans le système de protection du citoyen dans un Etat de droit[433].

Face à cette lacune, il est impérieux d'élargir les voies de recours du citoyen notamment en lui permettant, comme nous l'aurons souhaité, d'attaquer devant le juge constitutionnel, les actes réglementaires censés porter une atteinte aux droits de la personne humaine et aux libertés fondamentales comme c'est le cas du Bénin *(article 117)* ou du Gabon *(article 85)*. Toutefois, le juge malien s'est révélé un défenseur des droits et libertés fondamentaux à travers les décisions pertinentes rendues en matière de recours de plein contentieux.

---

[432] La théorie de la *loi- écran* ou théorie de *l'écran législatif* est le résultat d'une pratique jurisprudentielle. On trouve pour la première fois l'expression *loi- écran* dans un arrêt de section de 1950 sous la plume du commissaire du gouvernement Agid. (CE, sect. ., 10 novembre 1950 Fédération nationale de l'éclairage et des forces motrices, Rec. P, 548). D'après Michel de VILLIERS, la théorie de la *loi-écran* résulte d'une jurisprudence selon la quelle le juge ordinaire ne peut refuser l'application d'une loi au motif de son inconstitutionnalité : la loi "fait écran" entre la constitution et les actes administratif .Voir De Villiers Michel, *Dictionnaire de droit constitutionnel* ,2e éd. A Colin .1999, p.137.

[433] Pour M. MEKHANTAR, la protection des droits et libertés est insuffisante en France à cause de la jurisprudence de la loi écran qui amène le juge administratif et le juge judiciaire à s'auto-mutiler dans leurs fonctions de contrôle de l'autorité politique. L'auteur de proposer ainsi l'abandon de cette jurisprudence de la loi écran .Voir J. Mekhantar in Droit politique et constitutionnel Paris, Eska.1997 cité par Pape .Mansour SY et Ismaila. Madior FALL, *Le renouveau du contrôle de la constitutionnalité des lois au Sénégal :"mythe ou réalité "*, IDHP UCAD, 1997.

§2. Le recours de plein contentieux : un moyen utile de protection des droits et libertés fondamentaux

Le recours de plein contentieux, autrement appelé *« contentieux de pleine juridiction »*, correspond au contentieux des droits fondamentaux[434]. C'est un contentieux dans lequel le juge est appelé à statuer sur l'existence, le contenu et les effets des droits fondamentaux des particuliers ou des personnes morales. Ce recours est dit de pleine juridiction parce que le juge y dispose de plus de liberté que dans le recours pour excès de pouvoir[435].

Le plein contentieux est divisé en plusieurs branches. De façon générale, on peut retenir quatre branches : le contentieux fiscal, le contentieux contractuel, le contentieux de la responsabilité et le contentieux électoral.

Dans le cadre de la protection des droits et libertés fondamentaux, le juge malien s'est distingué dans deux domaines : le contentieux de la responsabilité **(A)** et le contentieux électoral **(B)**.

A. Le recours en responsabilité

L'action en responsabilité contre l'administration appartient au contentieux de pleine juridiction, ceci, quelle que soit la base juridique de cette action. Dans ce contentieux, écrit le professeur Demba SY : « *le droit invoqué doit nécessairement être un droit subjectif*[436]*.Ce contentieux comprend aussi bien les actions en responsabilité fondées sur l'illégalité que celles qui sont fondées sur les textes spéciaux de responsabilité* »[437].

La responsabilité de l'administration peut être engagée à deux conditions. D'une part lorsqu'une faute a été commise, c'est le régime de la responsabilité pour faute ; d'autre part, en l'absence de toute faute de l'administration : c'est la responsabilité sans faute de l'administration. Il est évident que l'administration, comme toute personne morale, ne commet pas elle-même de faute. Si des fautes sont commises dans l'activité des services administratifs, elles le sont toujours par des agents, dans le cadre de leur fonction. Dès lors, se pose la question de la responsabilité publique pour faute. Dans quelle mesure la réparation des dommages causés par les agents doit-elle incomber à l'administration ?

La jurisprudence malienne apporte à cette question une réponse fondée sur une distinction importante mais non absolue entre la faute de service et la faute personnelle. Pour la doctrine, la responsabilité de l'administration ne peut être engagée pour faute de ses agents que lorsque celle-ci constitue une faute de service[438]. La faute de service est la conséquence du mauvais fonctionnement du

---

[434] Cette formulation "pleine juridiction" s'explique tout simplement parce que pour ce type de recours, le juge dispose des pouvoirs les plus étendus.

[435] Le juge du plein contentieux se prononce lui-même sur le droit des intéressés, il peut substituer sa propre décision à celle querellée de l'administration.

[436] Demba SY, op cit., p 135.

[437] Ibid.

[438]La faute de service s'apprécie en comparant la situation créée par l'administration avec le résultat moyen normalement attendu d'elle. Cela signifie que le juge détermine un standard à partir des moyens et des difficultés du service public pour apprécier le caractère fautif ou non des agissements de

service, au sens large du terme, entraînant une atteinte aux libertés et droits fondamentaux de l'administré.

Nous ne saurions énumérer ici les diverses fautes de service résultant de l'action des agents. Le juge administratif a considéré comme faute de service engageant la responsabilité de l'administration, le défaut d'entretien d'objets saisis par voie conservatoire[439], les maladresses des forces de l'ordre, lors du maintien de l'ordre dans un lycée public en grève, maladresse qui avait occasionné la perte d'un œil d'un élève[440], les retenues illégales opérées sur la solde d'un fonctionnaire[441], l'erreur dans l'application d'un règlement[442].

L'analyse des décisions rendues par le juge malien, nous autorise à conclure que la faute de service peut consister dans une action comme dans une omission. Elle peut être constituée par une décision exécutoire comme par une simple opération matérielle[443]. Elle peut consister dans un défaut d'organisation du service comme dans une défaillance de son fonctionnement. Enfin, elle peut prendre sa source dans une illégalité comme dans un agissement (une maladresse par exemple).

L'action administrative se traduit en termes d'actes administratifs appelés décisions. Elle se traduit également par l'exécution de ces décisions à travers des agissements et des comportements des agents publics.

Les agissements irréguliers des agents qui portent préjudice aux usagers ou au tiers du service public font l'objet de réparation toutes les fois qu'ils sont prouvés devant le juge administratif. La jurisprudence du contentieux de la responsabilité de la puissance publique a connu une évolution consistant au départ à une faible indemnisation des victimes, compte tenu des moyens financiers de l'Etat, jusqu'à une indemnisation totale du préjudice subi à cause de l'ancrage progressif de l'Etat de droit.

Par l'arrêt Dédé FANE, contre ministère de la défense[444] , le juge administratif malien a consacré sa propre compétence pour apprécier la

---

l'administration. Voir TPI de Dakar, 29 mai 1971, Bassirou NIANG, Annuaire Afrique 1973, p 240 : chute d'un véhicule dans un trou de la chaussée ; TPI de Dakar, 05 Février 1977, Allassane DIALLO C/ Commune de Dakar : dérèglement de feux rouges ayant provoqué un accident. Voir sur ce point Demba Sy, *Cours de droit administratif*, op cit. p 367.

[439] Arrêt CS-SA du 29 juillet 1981 : Mamadou KEITA contre Ministère des finances et du commerce /Service des domaines de Bamako.

[440] Arrêt CS-SA du 15 juin 1981 : Dédé FANE contre ministère de la défense de l'intérieur et de la sécurité.

[441] Arrêt CS-SA du 29 juillet 1981 : Bengoro COULIBALY contre Ministère de la fonction publique.

[442] Arrêt CS- SA du 5 décembre 1975 : Ismaël SIDIBE contre Ministère de la fonction publique.

[443] Le juge sénégalais a également accepté d'engager la responsabilité de l'Etat à la suite de dommages subis par des particuliers du fait des activités de police là ou les cours et tribunaux du Canada ont rechigné pendant longtemps avant de l'admettre. De même, la responsabilité sans faute de l'Etat, système très favorable pour la victime, est une hypothèse admise en droit sénégalais. V sur ce point A.B. FALL, L*a Responsabilité extracontractuelle de la puissance publique au Sénégal : essai de transposition des règles de droit administratif français dans un pays d'Afrique francophone* », Thèse d'Etat, Bordeaux, 1994, p50.

[444] Arrêt CS-SA du 15 juin 1981 op cit.

responsabilité publique, en affirmant l'autonomie du droit de la responsabilité des personnes publiques[445].

L'atteinte au droit fondamental à l'intégrité physique constitue la principale source de ce contentieux. Puisqu'une liberté fondamentale a été violée, le juge devrait encore une fois prouver son rôle de garant des droits et libertés fondamentaux. Cet arrêt, de par sa portée, a été considéré pour le Mali ce que représente l'arrêt Blanco pour la France[446]. En effet, par l'arrêt Blanco, le juge français des conflits a consacré, à la fois, la responsabilité de l'Etat à raison des dommages causés par des services publics et la compétence de la juridiction administrative.[447]Le juge administratif malien a précisé davantage que pour qu'il y ait faute personnelle, il faut que l'acte reproché ne puisse être confondu avec l'accomplissement, même irrégulier, d'un acte de la fonction ou que même accompli à l'occasion du service, il ne l'ait été dans un but administratif.

Suivant la logique du droit français[448], le droit malien distingue, à côté des incriminations générales qui sont susceptibles d'être élargies à tout agent de l'administration au même titre que n'importe quel citoyen, des incriminations spécialement réservées *« aux personnes exerçant une fonction publique »* : attentat à la liberté, concussion, corruption, prise illégale d'intérêts, atteinte à l'égalité des candidatures dans les marchés publics, détournement de fonds publics ou privés ou le secret de la correspondance.

Dans son arrêt n°17 du 3 février 1994, le juge administratif a estimé que les blessures graves subies par un citoyen peuvent engager la responsabilité du Ministère de la Défense pour fautes lourdes. En l'espèce, le lieu indiqué pour les exercices de tirs militaires n'était pas approprié et la dame Djéneba SOUCKO ne pouvait pas savoir que sur son lieu habituel de recherche de bois, s'opérait une opération militaire. Transpercée par les balles, le juge a pris en compte la réparation des préjudices matériel, physique et moral subis.

Aussi, l'atteinte portée à l'intégrité physique de Monsieur Drissa Sangaré du fait de la non-signalisation des virages sur la route nationale Kolokani-Bamako a entraîné la responsabilité du Ministère des travaux publics. L'arrêt n°112 du 17 octobre 1996 relative à cette affaire s'est traduit par la condamnation de l'Etat à payer au requérant la somme de 12.940.340 f CFA.

Nous pouvons donc soutenir qu'au Mali, la responsabilité de l'Etat peut être mise en jeu pour les actes nés de l'exécution d'un service public dépendant du

---

[445] Dédé FANE, élève à l'époque des faits, avait été molesté et sérieusement blessé lors d'une opération de maintien d'ordre nécessitée par une grève de lycéens à la quelle, il était d'ailleurs étranger. A la suite de l'intervention musclée des forces de l'ordre, il perdit un œil. Ainsi, il saisit le juge administratif pour obtenir réparation du dommage corporel subi. A l'appui de son recours, il produisit un certificat médical indiquant une incapacité permanente partielle de travail de 65%. Dans sa conclusion, le juge a établi clairement la responsabilité du ministère de la défense pour faute lourde, commise par les agents chargés du maintien d'ordre. Il condamna le Ministère au paiement de dommages intérêts d'un montant de sept millions de francs malien (7.000.000 FM).

[446] Mamadou DIAKITE, thèse, op cit. p 155 et suiv.

[447] Tribunal des Conflits, 8 Février 1873, Blanco -1er Supplt - rec. Lebon p. 61. Depuis l'arrêt Blanco, la responsabilité administrative s'est construite sur un fondement essentiellement jurisprudentiel, de façon autonome, par rapport au droit civil.

[448]Voir sur ce point Gilles LEBRETON : *Libertés publiques et Droits de l'Homme*, op cit. p. 217-218.

Gouvernement ou des Collectivités Territoriales. Cette responsabilité peut découler, soit d'un agissement, soit d'une négligence résultant par exemple de la méconnaissance par l'administration de certains textes. Lorsque la faute personnelle de l'agent du service porte préjudice à un usager dudit service, le juge se prononce pour une indemnisation systématique de la victime.

C'est pourquoi dans l'arrêt n°30 du 19 décembre 1985, Alfred Spinger contre Direction Nationale de la Douane, le service des Douanes a été condamné à la réparation du préjudice subi. Le requérant avait été poussé par un agent du service des Douanes à commettre une infraction douanière à savoir la vente illégale d'un véhicule en transit. Une fois l'infraction consommée, ledit agent a exigé du requérant le paiement d'une amende. Celui-ci ayant refusé, le véhicule fut saisi et vendu aux enchères. L'administration des douanes fut condamnée par la Cour au paiement de la valeur du véhicule et au franc symbolique à titre de dommages intérêts.

Par ailleurs l'arrêt n°7 du 18 septembre 1978, Makan Coulibaly contre le Service des Domaines, est illustratif de la faute de service prenant sa source dans la méconnaissance de la loi ou la négligence grave. Monsieur Coulibaly avait été poursuivi pour détournement de deniers publics. Le Juge d'instruction chargé de l'affaire l'avait placé sous mandat de dépôt et avait fait saisir de façon conservatoire sa voiture qui avait été mise sous la garde provisoire du service des domaines. Après qu'il eut bénéficié d'une ordonnance de non lieu, main levée de la saisine avait été ordonnée et le requérant entreprit alors de récupérer son véhicule. Celui-ci avait été sérieusement endommagé du fait des intempéries auxquelles il se trouvait exposé et de la disparition du poste radio installé à son bord. Il saisit le juge administratif d'un recours tendant à la réparation du préjudice subi. Celui-ci jugea du bien fondé de cette requête à cause de la méconnaissance par le service des domaines de l'article 101 alinéa 3 du Code de Procédure Pénale aux termes duquel : *« les objets conservatoires saisis doivent être déposés à la Caisse de Dépôt et des Consignations et non au service des domaines qui n'est dépositaire que des objets dont la saisie est définitive »*.

Il est à noter que le juge a réalisé une importante avancée en matière de contentieux de responsabilité ; il s'est également distingué en matière de contentieux électoral.

B. Le recours en matière électorale

Outre les litiges qui entrent dans le cadre du contentieux administratif, le juge administratif statue en matière électorale sur les contestations relatives aux élections communales.

On pourrait légitimement se demander pourquoi le juge administratif partage le domaine du contentieux électoral avec le juge constitutionnel. La réponse à cette question est donnée par le professeur Demba SY lorsqu'il écrit : *« Le contentieux électoral appartient paradoxalement à la pleine juridiction, ce pour deux raisons fondamentales liées aux pouvoirs du juge. La première est que le juge dispose de pouvoirs nécessaires pour vérifier la régularité et la sincérité des opérations électorales. La seconde tient au pouvoir reconnu au juge de renverser les résultats de l'élection, proclamer un candidat élu ou annuler l'élection* »[449].

A ces raisons s'ajoutent d'autres critères. Pour le professeur Eloi DIARRA, il faut retenir tout simplement que toutes les élections ont un juge déterminé : les élections politiques sont jugées par le juge politique, c'est-à-dire la Cour constitutionnelle, les élections administratives par le juge administratif et les élections syndicales ou professionnelles par le juge civil selon la nature de l'élection[450].

Le droit de vote, en tant que droit politique fondamental, a suscité un intérêt mitigé pendant les deux premières Républiques (1960- 1991). Les électeurs ne lui ont pas accordé toute la valeur requise à cause de quasi constitutionnalisation du parti unique. Dans un tel système, les élus sont désignés par les instances dirigeantes du Parti –Etat et toutes les contestations portant sur le choix des hommes avaient peu de chances d'aboutir. La violation du droit d'être électeur et du droit d'être éligible n'entraînait, que dans ce rare cas, la saisine des juridictions administratives.

La tendance de la jurisprudence pendant cette période a été la consécration du principe de l'irrecevabilité des candidatures en dehors de celles retenues par le parti. Cette option, fort critiquable du reste, consacre la mise à l'écart des candidatures non retenues par le parti.

Au total, 37 requêtes ont été enregistrées en matière électorale pendant la période (1960-1990) sur lesquelles le juge s'est prononcé. Cependant, deux, d'entre elles nous semblent significatives.

La première est relative à la décision du 12 janvier 1981 intervenue à la suite d'une protestation tendant à annuler les élections municipales du 14 octobre 1979 dans la commune de Koulikoro. Le protestataire prétendait en substance, qu'à l'occasion de ces élections les principes démocratiques n'avaient pas été respectés en ce qui concerne les opérations préparatoires aux élections proprement dites : désignation du maire, refus de la sous-section d'affecter à chaque quartier un nombre de conseillers en rapport avec sa population, déclarations mensongères faites sur certains militants qui ont été par la suite écartés du scrutin, non-élection de tous les candidats en assemblée générale. Le juge administratif a rejeté son recours en se déclarant incompétent pour connaître des opérations politiques préparatoires aux élections municipales.

A l'analyse, ce qui était en cause dans cette affaire, ce n'était pas le déroulement du scrutin mais le mode de désignation des candidats qui s'est effectué selon le requérant de manière anti-démocratique. Or, de telles réclamations ne pouvaient être tranchées que par le parti qui, à l'époque pouvait seul présenter des candidats[451]. Par ailleurs, le requérant s'est contenté de procéder à des présomptions. Il n'a pas démontré que le mode de désignation des candidats qu'il estimait fondamentalement irrégulier a dénaturé le scrutin.

---

[449] Demba SY, *Cours de droit administratif*, op cit., p 135.
[450] Professeur Eloi DIARRA, Observations formulées lors de la soutenance, le 10 avril 2010.
[451] A l'époque toutes les candidatures devaient être approuvées par le parti unique, l'UDPM.

La seconde décision est celle rendue le 12 janvier 1981 par la quelle, le juge administratif a annulé l'élection du maire de Ségou à l'issue du scrutin d'octobre 1979[452]. Le juge a estimé, d'une part, que le scrutin qui a abouti à l'élection du maire était présidé, non par le doyen d'âge des conseillers municipaux comme le prévoyait le code municipal mais le commandant de cercle de Ségou en violation de l'article 46 de la loi n° 09-66 AN-RM du 02 mars 1966 portant code municipal.

D'autre part, il a relevé une violation par le commandant de cercle du caractère public de ces élections par la restriction du nombre des assistants. En effet, il a été constaté que seules les personnes invitées par le commandant de cercle avaient été autorisées à assister à ce scrutin. Cette décision inédite mérite d'être évoquée car elle démontre l'une des rares fois où le juge a agi énergiquement face aux irrégularités malgré la pression politique de l'époque.

A partir de 1992, le juge administratif s'est affirmé véritablement en consacrant un certain nombre de principes tant sur la forme que sur le fond. C'est ainsi qu'il a admis entre autres, la recevabilité des recours en tierce opposition en matière électorale[453], l'inéligibilité[454], les délais de recours[455]. Il s'est également prononcé sur la question de pluralité de candidatures concernant un même scrutin[456]ainsi que celle relative aux protestations pour non- production de mémoire ampliatif[457].

Le juge administratif a également, estimé que le procès verbal établi est un moyen probant dans l'administration de la preuve[458] et que les irrégularités constatées doivent être déterminantes[459].

Par ailleurs, il s'est prononcé sur la recevabilité du recours en révision, nullité des procès verbaux et sur la place de la sommation interprétative dans les moyens de preuve[460].

---

452 Arrêt CSSA n°2 du 12 janvier 1981 : Seydou KONE contre District de Bamako.

453 Arrêt CSSA n° 34 du 13 Mai 1999 Mamadou Lamine SISSOKO : directeur de Campagne Liste B élection Chambre de commerce et d'industrie de Kayes /C Drissa KONATE.

454 Arrêt CS-SA n° 4 du 27 février 1992 Boureima GUINDO secrétaire général de la section ADEMA de Bankass C/ Candidature aux législatives de Tidiane GUINDO et Mamadou YOSSI du Parti Démocratique pour le Progrès de Bankass.

455 Arrêt CS-SA n° 5 du 27 Février 1992 Amadou DIAKITE représentant section UDD Commune VI C/ résultats scrutin municipal du 19 Janvier du bureau de vote n° 5 de Sogoniko en commune VI. Le juge a estimé que le délai légal commence à courir à compter de la proclamation officielle des résultats .En conséquence, les recours avant la proclamation tombent sous le coup de la prématurité, donc le rejet ; les recours après la proclamation des résultats tombent sous le coup de la forclusion.

456 Arrêt CS-SA n° 7 du 5 mars 1992 Baba TRAORE secrétaire général sous-section RDA de la commune de San C/ Boureima DIASSANA candidat aux élections municipales de la sous- section UFDP de San. Le juge a considéré que l'interdiction de pluralité de candidature ne vise que le cas où il s'agit du même scrutin. Dans le cas d'espèce, il était reproché à M. DIASSANA de s'être présenté dans des circonscriptions électorales différentes à savoir municipale et législative.

457 Arrêt CS-SA n° 9 du 15 Mars 1992 CNID *Faso Yiriwa Ton,* représenté par Me Mountaga TALL, c/élections municipales dans les Communes I, II, II, IV, V et VI du district de Bamako. Le juge a considéré que la non production de mémoire ampliatif est une cause d'irrecevabilité du recours.

458 Arrêt CSSA n° 19 du 18 Mai 2000 Conseillers municipaux ADEMA C/ Elections du 2 Mai 1999

459 Arrêt CSSA n° 8 du 5 mars 1992 : Secrétaire général de la Sous section USRDA commune de Koulikoro C/ Résultats du scrutin du 19 janvier 1992 du bureau de vote de Katibougou.

460 Arrêt CSSA n° 69 du 13 mars 2001 : ADEMA- PASJ C/ Arrêt n° 47 du 9 décembre 2000. Dans cet arrêt le juge a estimé que le recours en révision même non prévu par le code électoral est recevable,

En outre, le juge administratif a déclaré que les actes de la CENI (Commission Electorale Nationale Indépendante) sont des actes administratifs émanant d'une autorité centrale investie d'une mission de service public[461]. Il s'est également affirmé dans sa mission en annulant purement et simplement des scrutins et en ordonnant la reprise des élections[462]. Toutefois, il s'est déclaré incompétent en matière de contestation des sigles et emblèmes des partis[463] en affirmant qu'aucun texte en vigueur (constitution, code électoral, charte des partis, lois fixant l'organisation de la Cour suprême) ne lui donne compétence pour statuer sur ce cas.

A l'avenir, le juge devrait faire preuve de discernement car les contentieux électoraux sont assez complexes. Il n'aura pas toujours à résoudre uniquement des questions de légalité même si par ailleurs la matière électorale est très liée au contentieux de la légalité. La question à laquelle il sera fondamentalement confronté relèvera plus de l'examen d'éléments de pure matérialité. Dans cette perspective, il affrontera les difficultés liées à la stabilité des institutions à travers la gestion du contentieux électoral.

Il sera longtemps confronté à la détermination des juridictions compétentes pour juger le contentieux électoral. Le fait d'attribuer compétence à des juridictions de natures différentes pour juger le contentieux électoral peut être source de contrariété de jurisprudence[464]. Cela peut être à l'origine d'une perception différente sinon contradictoire dans l'appréciation des faits et surtout dans l'interprétation des normes électorales.

Dans la pratique, deux tribunaux administratifs peuvent avoir des manières différentes d'interpréter une norme juridique et apprécier différemment un même acte qui sera irrégulier pour l'un et pas pour l'autre. Le juge administratif peut avoir une analyse différente de celle du juge constitutionnel s'agissant d'un même acte.

Dans ce contexte, les juges suprêmes ne doivent-ils pas avoir assez de mesure pour que leurs décisions qui sont souvent sans recours ne privent des citoyens de leurs droits et libertés fondamentaux ?

Les exemples, malheureusement, sont là dans notre sous-région, mais aussi ailleurs en Afrique pour nous interpeller[465]. Un certificat de nationalité établi par le

---

qu'une sommation interpellatrice rapportant les déclarations des électeurs ne peut prévaloir sur le procès verbal, document officiel des opérations de vote ; qu'un procès verbal dûment rempli mais non signé par le président et les assesseurs est nul et de nul effet.

[461] Arrêt CSSA n°16 du 20 Avril 2000 : CENI C/ Madiassa MAGUIRAGA.

[462] Arrêt CS-SA : Sous-sections ADEMA, CNID, US-RDA, RDT, RDP et UFD de la commune de San C/ le parti UFDP de San ; CSSA arrêt n° 54 du 3 juin 1992 secrétaire général de la sous-section USRDA de Gao C/ résultats de l'élection du maire de la commune de Gao et de ses adjoints.

[463] Arrêt CS-SA n° 27 du 27 Mars 1997 : BDIA *Faso-Jigui* contre RAMAT.

[464] Voir sur ce point Bouréma KANSAYE, L*a Gestion du contentieux électoral dans l'espace francophone : Quels défis pour la stabilité des institutions nationales* ? Communication au colloque sur le droit électoral dans l'espace francophone ouest africain, Bamako, le 30 janvier 2005.

[465] Le cas de la République de la Côte d'Ivoire est assez édifiant. En réalité, ce qui enflammait et divisait les Ivoiriens, c'était la candidature d'Alassane Ouattara. L'article 35 de la constitution sur les conditions d'éligibilité du président prescrit que le président doit être ivoirien d'origine, né de père et de mère eux-mêmes ivoiriens d'origine, qu'il doit n'avoir jamais renoncé à la nationalité ivoirienne et ne s'être jamais prévalu d'une autre nationalité. Devait-il être exclu du processus électoral ? Etait-il un candidat incontestable et légitime ? Ce fut un déchaînement pour ou contre Ouattara. Au cœur de ce conflit, se trouve un antagonisme entre deux thèses irréconciliables : les preuves de sa nationalité sont fausses et, en

juge civil peut-il et doit-il être remis en cause par le juge constitutionnel chargé de valider les candidatures à l'élection du président de la République ou des députés alors que le document fourni n'a fait l'objet d'aucun jugement en faux par exemple.

Quoiqu'il en soit, le contentieux électoral reste un domaine qui nécessite d'être exploré pour assurer la stabilité des institutions de la République. Les éléments d'une jurisprudence électorale en matière contentieuse ont commencé à prendre corps à partir de 1992, année au cours de laquelle des élections municipales ont été organisées. Le juge électoral a progressivement posé un certain nombre de principes jurisprudentiels de forme et de fond de nature à mieux garantir la protection et la promotion des droits civils et politiques.

De façon générale, le droit de vote avait sa pleine signification. Avec la création de 703 communes rurales et urbaines, les contestations portées devant le juge administratif en matière électorale ont essentiellement porté sur les limitations apportées au droit d'être électeur ou éligible.

Si le critère de résidence a prévalu pour écarter certains électeurs ou élus de la compétition électorale, le juge administratif est intervenu à travers une jurisprudence constante afin de donner une lecture large à la notion de résidence. Ainsi dans son arrêt n° 7 du 5 mars 1992, le juge a estimé que si par résidence il faut entendre selon la loi un lieu où l'on a séjourné pendant au moins trois mois, cette lecture ne fait pas obstacle à ce qu'une personne puisse avoir plusieurs résidences et par conséquent avoir le droit de se présenter comme candidat aux élections municipales dans plusieurs communes. Cependant, le droit de vote en l'espèce ne peut s'exercer qu'une seule fois. Cette jurisprudence marque un tournant important en matière d'exercice du droit politique parce qu'elle a permis, par le truchement des candidatures multiples, d'élargir le nombre de candidats aux élections municipales.

Le critère de résidence étant désormais inopérant, les pouvoirs publics vont utiliser *« la technique du mandat de dépôt »* pour écarter de la compétition électorale de nombreuses candidatures. Cette technique consiste à ne pas accepter la candidature aux élections de personnes placées sous mandat de dépôt. Dans sa quête de protection des droits politiques, le juge administratif s'est rendu compte que de nombreuses personnes étaient placées sous mandat de dépôt à la veille des élections, les empêchant ainsi d'exercer leurs droits civils et politiques. De nombreux opposants ont souvent été les victimes de cette technique peu orthodoxe.

Ces quelques décisions présentées ici témoignent de la volonté du juge administratif malien de s'affirmer à la fois comme préoccupé par la sauvegarde des droits et libertés face aux exactions des autorités administratives. On relève une contribution, certes lente encore, mais réelle et progressive à l'établissement d'un Etat de droit au Mali. Toutefois, il demeure fort utile d'explorer les limites de la protection juridictionnelle des libertés et droits fondamentaux face aux agissements de l'administration.

---

outre, il s'est prévalu d'une autre nationalité ; il ne peut donc être candidat - Konan Bédié, en 1999, le qualifia de Burkinabè qui n'a pas à se mêler de "nos affaires de succession ". De l'autre côté, l'identité ivoirienne d'Alassane Ouattara est affirmée, démontrée, et sa négation est vécue comme un acte insultant, humiliant pour ceux que leur nom, leur origine et leur carte d'identité rapprochent de lui.

Section 2 : Les limites du juge administratif face aux agissements de l'administration

Les juridictions administratives au Mali font face aujourd'hui à un certain nombre de difficultés qui constituent en réalité des limites à l'effectivité des droits et libertés fondamentaux. Ces limites sont à la fois juridiques, politiques et structurelles. Au nombre des obstacles politiques, nous retiendrons la difficile exécution par l'Etat des décisions à caractère pécuniaire. Quant aux limites juridiques, elles portent sur l'absence d'une véritable procédure administrative contentieuse distincte de la procédure civile classique et l'inégalité des parties.

A l'analyse, le rôle du juge administratif en matière de protection des droits fondamentaux de la personne humaine fait ressortir des difficultés juridiques et structurelles **(§1)** pour lesquelles des mesures correctives doivent être apportées **(§2)**.

§1. Les difficultés juridiques et structurelles persistantes

La contestation des décisions de l'autorité administrative devant le juge de l'excès de pouvoir et la mise en cause de la responsabilité de cette même autorité devant le juge de plein contentieux constituent des voies de recours réservées aux citoyens.

Cependant, ces voies de recours restent peu usitées par les justiciables maliens. Cette quasi- absence de culture procédurale contentieuse résulte de l'idée communément admise selon laquelle, intenter un recours contre les décisions administratives signifie porter atteinte à son auteur, à sa moralité et à sa dignité. Ce faisant, pour le justiciable, la décision administrative reste indissociablement liée à la personne de son auteur. Cette vision de la culture du respect dû au chef qui est encore vivace constitue un obstacle majeur au développement du contentieux administratif.

Les causes de cet obstacle socioculturel doivent être identifiées et mieux diagnostiquées afin de permettre aux justiciables en toute connaissance de cause, d'exercer leur droit de recours contre les décisions et abus de la puissance publique. Elles créent une inégalité persistante entre les parties **(A)**. Aussi, la saisine de la justice qui est le prélude à l'intervention du juge pour assurer une protection efficace des droits fondamentaux reste-t-elle peu utilisée du fait de la complexité des juridictions administratives **(B)**.[466]

A. Une inégalité manifeste entre les parties

Il est généralement admis que *« soumettre l'administration à un contrôle juridictionnel est une entreprise malaisée. L'administration exerçant la puissance publique, il sera difficile de l'amener à rendre compte de ses actes devant un organe extérieur à elle et indépendant vis-à-vis d'elle »*[467]. Cette opinion caractérise la

---

[466] Cela tient au fait qu'il s'agit d'une procédure essentiellement écrite dans un pays où 80% des habitants sont analphabètes et où l'expression orale reste le mode de communication par excellence.

[467] A. Bockel, cité par Mamadou DIAKITE, thèse, op cit., p 184.

situation au Mali dans la mesure où le contrôle juridictionnel rencontre des difficultés dues aux attitudes de certaines autorités administratives.

La première difficulté résulte du caractère particulier du droit administratif. Contrairement au droit privé, l'inégalité juridique prévaut en droit administratif. Elle est la conséquence de l'inégal intérêt des préoccupations respectives et des buts poursuivis[468].

Le Mali, à l'instar des pays africains francophones, a adopté la solution théorique de l'Etat de Droit. Les prérogatives reconnues à l'administration afin de lui permettre de remplir sa fonction de maître d'œuvre du développement, ont pour contrepartie la reconnaissance de la primauté du droit, sanctionnée par l'existence de recours juridictionnels permettant aux administrés de déférer devant une juridiction les actes ou activités de l'administration contraires au droit.

La deuxième difficulté est la crainte de l'administration. Jusqu'à une époque relativement récente, les citoyens avaient peur d'engager une procédure contre l'administration dont ils craignaient, en retour, des représailles. On a pu observer l'administration révoquer un fonctionnaire parce que, sur son recours, le juge administratif avait annulé la mesure de suspension illégale qui l'avait frappé.[469]

A la crainte de représailles s'ajoute le doute quant à l'issue de l'action contentieuse. Lorsque celle-ci est défavorable au requérant, celui-ci a moins de chance de progresser dans sa carrière. Ainsi, devant les violations manifestes de leurs droits fondamentaux les fonctionnaires optent assez souvent pour la passivité ou la résignation sous l'effet conjugué du doute et de la crainte.

Les requérants eux-mêmes invoquent assez souvent ce facteur de la peur pour échapper à la rigueur des textes notamment en matière de délai. Pour justifier sa requête tardive, M. Abdoulaye Madani TOURE, opposé au Ministère des transports a soutenu qu'il *« est extrêmement difficile à un subordonné d'intenter une action en justice contre ses supérieurs »* en l'occurrence un ministre[470]. Cette crainte résulte de certaines déformations courantes du recours contentieux. En effet, l'autorité dont la décision est attaquée devant le juge considère le plus souvent le recours comme dirigé contre sa personne et comme une atteinte à son pouvoir.

Ce même facteur de la crainte a prévalu dans l'affaire Issa Traoré et autres contre le Ministère de la défense, de l'intérieur et de la sécurité[471]. Pour justifier leur requête tardive, Issa Traoré et autres invoquèrent le caractère totalitaire du régime sous lequel les actes incriminés ont été pris. En janvier 1968, un arrêt les licenciait du service de la police. Ils ont attendu jusqu'à octobre 1969 après le changement du régime, pour se pourvoir devant le juge administratif. Mais le juge déclara leur requête irrecevable au motif que rien n'empêchait les requérants de se pourvoir contre des actes qu'ils estimaient leur avoir causé des préjudices. Cependant il n'est

---

468 Demba SY, *Cours de droit administratif*, op cit., p 65.
469 Arrêt CS-Sa du 11 aout 1975 : Abdoul Karim CISSE C/ Ministère du travail et de la fonction publique.
470 Arrêt CS-SA du 18 septembre 1978 : Abdoulaye Madani Touré C/ Ministère des transports.
471 Arrêt CS-SA du 29 juillet 1981 : Abdoulaye DICKO et autres C/ Ministère du travail et de la Fonction publique.

pas moins certain que la crainte de l'administration a été déterminante dans la saisie tardive du juge.

Le contrôle juridictionnel se trouve directement confronté à un milieu administratif qui lui est naturellement hostile tant par sa conception du pouvoir et du droit que par sa méthode de régler les différends. Dans la plupart des cas, les autorités administratives sont irritées lorsqu'elles sont assignées en justice. Les raisons de cette hostilité sont nombreuses.

Tout d'abord, parce que pour elles la démarche contentieuse n'est pas la voie naturelle du règlement de leurs conflits avec les administrés. Elles ont une propension naturelle à reconnaître aux administrés les droits violés lorsque ceux-ci empruntent les voies traditionnelles de la négociation, de la palabre ou sa version moderne de l'intervention politique ou personnelle que lorsqu'ils les attaquent devant le juge dont la décision est juridiquement contraignante.

Les administrés maliens le savent si bien que, lorsqu'ils sont en conflit avec l'administration, ils passent le plus clair de leur temps à multiplier les recours administratifs gracieux ou hiérarchiques ou à user de leurs relations sociales ou politiques.

Ensuite, il existe une autre perception des droits fondamentaux des administrés. Au lieu d'être perçus comme des obligations juridiques dont le respect s'impose à l'administration, les droits fondamentaux des administrés sont considérés comme des faveurs dont la reconnaissance dépend de leur bon vouloir .Les administrés eux-mêmes conçoivent leurs droits comme tels. C'est pourquoi, ils se battent rarement pour leur défense, se contentant souvent des moyens d'ordre humanitaire. L'hostilité des autorités administratives au contrôle juridictionnel s'explique par la conception assez personnalisée du pouvoir. Elles considèrent le plus souvent le recours contentieux comme une attaque dirigée contre leur propre personne. Sur cette question M. Mamadou DIAKITE affirme : *« chez nous, il n'est pas encore compris par tous que le procès administratif est un procès fait à un acte juridique ou à une opération matérielle de l'administration et non à la personne auteur de l'acte ou du fait dommageable ; que l'agent n'agit pas en son nom , mais au nom de l'administration et en raison des fonctions qu'il exerce dans la structure administrative »*[472]. Il semble que notre administration fut dotée de pouvoirs étendus dont elle est particulièrement jalouse[473]. Ce qui est source d'incertitude pour la chose jugée.

Les manifestations de l'hostilité apparaissent lorsque l'administration est assignée en justice. Elle tente dans de nombreux cas de faire échec au contrôle en refusant soit de participer à la procédure, soit d'exécuter la décision du juge. En effet, lorsque dans le cadre de l'instruction et en application du principe du contradictoire, le conseiller chargé de la mise en état notifie la requête introductive d'instance à l'administration et lui impartit un délai pour la production de son mémoire en défense, dans la plupart des cas, l'administration envoie en retard sa réponse.

[472] Mamadou DIAKITE, thèse, op cit, p 200 et suiv.
[473] Ibid.

Ce comportement illégal engendre la lenteur de la procédure. Cela présente des inconvénients particuliers en matière administrative, aussi bien pour les citoyens que pour les services publics : annulation tardive après plusieurs années, risque de ne plus avoir d'intérêt, troubles dans des situations juridiques individuelles et dans le fonctionnement de l'administration. Ce retard de réponses aux correspondances du juge explique en partie le temps mis entre le dépôt de la requête et le moment où est rendu l'arrêt.

Par ailleurs, il arrive fréquemment que l'administration malienne ne réponde pas du tout, ce, malgré les lettres de rappel. Il est vrai que la loi autorise le juge à enrôler l'affaire à la première audience utile lorsque la mise en demeure reste sans effet ou si le dernier délai n'est pas observé ; mais par son inertie l'administration prive le juge des éléments d'appréciation du litige qu'elle détient et fait échec au caractère contradictoire de la procédure. Si l'administration ne produit pas le mémoire en défense demandé par le juge, c'est soit parce qu'elle acquiesce implicitement aux moyens du requérant, soit parce qu'elle refuse purement et simplement de se défendre. Cette dernière qui est la plus fréquente pose la complexité du contentieux administratif.

B. Un contentieux administratif complexe

Le contentieux contre l'administration est de nature complexe. L'accès au juge administratif, la qualité du requérant, la nature de la procédure sont les obstacles à l'effectivité de la protection des droits et libertés par le juge administratif.

A l'instar du juge judiciaire, il n'est pas aisé d'accéder au juge administratif .De l'indépendance à 1988, une seule juridiction avait en charge l'examen des contestations relatives à la violation des droits fondamentaux par la puissance publique[474]. Pour un pays d'une superficie de 1.240.234 Km2, dont la distance entre certaines villes est supérieure à 1000 km (de Bamako à Kidal = 1850km), la saisine du juge en vue de contester une violation ou atteinte à un droit fondamental n'est pas aisée. C'est pourquoi, pendant environ 30 ans, 82% des requêtes émanaient de justiciables résidant, soit dans la capitale politique Bamako soit dans sa banlieue. Cette situation a eu pour conséquence d'écarter les requérants dont les droits fondamentaux étaient violés et qui à cause de leur éloignement du juge, ne pouvaient avoir droit à réparation.

A partir de 1988, trois (3) tribunaux administratifs ont été créés dans le dessein de rapprocher la justice administrative des justiciables et de mieux garantir la protection des droits fondamentaux[475]. L'évaluation par l'Inspection des Services Judiciaires de ces trois tribunaux a conduit à la nécessité de créer dans chaque capitale régionale un tribunal administratif[476]. Le projet de loi portant création et organisation des tribunaux administratifs qui a été adopté, intègre cette

[474] Il s'agit de la Section Administrative de la Cour suprême.
[475] Les tribunaux administratifs sont situés à Bamako, Kayes et Mopti.
[476] Il ressort du rapport d'auto-évaluation de l'ISJ, la nécessité de créer des cours administratives dans les chefs lieux de région. Voir rapport de l'ISJ *(période allant du 1er janvier au 27 septembre 200).*

préoccupation qui participe à l'effectivité du contrôle des droits fondamentaux par le juge administratif[477].

Sur le plan de la saisine, l'examen du registre des requêtes de la section administrative établit à suffisance que le juge a été rarement saisi de litiges mettant l'administration en cause entre 1961 et 1981. Pendant cette période, le greffe de la juridiction administrative n'a enregistré au total que 200 requêtes introductives, d'instance, soit en moyenne 10 requêtes par an.

De 1981 à 1991, la Section Administrative de la Cour suprême a rendu 90 arrêts ; cela fait 9 arrêts par an, ce qui, statistiquement, signifie 2,25 arrêts par trimestre. Si les autorités administratives d'alors s'accommodaient bien de cette situation, c'est qu'en réalité de nombreuses violations et exactions de l'administration ont été étouffées. Les nombreuses mesures d'expropriation administratives de terres datent de cette période. Les droits coutumiers fonciers ont été ignorés. Cette situation a le mérite d'avoir mis en exergue le faible intérêt des pouvoirs publics en matière de protection des droits fondamentaux. Elle constitue la période des excès caractérisée par les mutations arbitraires des fonctionnaires, la révocation de nombreux agents publics, la suppression des droits à la pension de certains cadres de l'Etat, de l'expropriation arbitraire de certains biens immobiliers privés, etc.

Depuis la révolution de mars 1991, on constate une évolution significative. En effet, déjà en 1989, le juge administratif s'était distingué par sa volonté d'opérer un changement dans ses rapports vis-à-vis de l'administration et des administrés.

---

[477] Il y a lieu de rappeler qu'un projet de loi initié par le Ministère de la justice, adopté par le Conseil des Ministres du 29 juillet 2009, prend en charge cette préoccupation en partie. Avec l'adoption de ce projet de loi notre pays comptera 42 tribunaux d'instance, 16 tribunaux de grande instance, 6 cours d'appel, 6 cours administratives d'appel, 6 tribunaux administratifs, 6 tribunaux de commerce, 11 tribunaux du travail et 53 tribunaux pour enfants.

Année	Saisines[478]	Répartition des saisines		Affaires jugées
		Saisines directes[479]	Saisines indirectes[480]	
1999	153	111	42	102
2000	123	70	53	59
2001	105	68	37	109
2002	80	55	25	110
2003	91	64	27	87
2004	247	106	141	138
2005	100	100	43	143
2006	79	56	23	103
2007	88	89	81	193
2008	223	140	83	199

Statistiques des décisions rendues par la section administrative de la Cour suprême de 1999 à 2008

Il ressort de l'analyse de données statistiques que le juge administratif connaît les litiges sur les violations des droits fondamentaux. On relève qu'au cours de ces dix années la saisine du juge administratif a connu une importante amélioration. De 200 décisions rendues pendant une décennie, on est arrivé à plus de 200 décisions en 2008. Le relatif renouveau de la justice administrative s'explique par la restauration de la confiance des populations due aux nombreuses décisions qui ont annulé les actes de l'administration attentatoires aux droits et libertés fondamentaux.

L'année 2004 a été dominée par une intense activité du juge administratif à cause des élections municipales au cours desquelles l'office du juge a été constamment sollicité.

Sur un tout autre plan, lorsqu'on s'intéresse aux catégories sociales des requérants, on constate que la masse des administrés est faiblement représentée. En effet, le contentieux administratif semble être une affaire de fonctionnaires. Ceux-ci représentent 90 % des requérants. Cette situation s'explique par le fait que les fonctionnaires constituent la grande majorité de la population lettrée et ensuite ils

[478] Il s'agit à la fois des saisines directes et des appels enregistrés.

[479] Les saisines directes comprennent le plein contentieux, le recours pour excès de pouvoir, la rectification, le sursis à exécution et l'interprétation.

[480] Les saisines indirectes sont exclusivement les appels interjetés contre les jugements rendus par les tribunaux administratifs.

connaissent l'administration et les lois qui la régissent mieux que le reste de la population.

En outre, il convient de relever que la procédure administrative contentieuse est une procédure écrite. En principe, l'exercice du droit de recours est ouvert à tout justiciable. Mais en réalité, en raison du caractère écrit de cette procédure, le requérant non instruit est obligé de recourir à l'assistance d'un avocat pour faire droit à ses prétentions bien que cela soit facultatif[481].

Ainsi, le caractère écrit de la procédure limite l'exercice du droit de recours à ceux là qui ont eu accès à la *« civilisation de l'écriture »,* privant par voie de conséquence l'immense majorité des justiciables dont le tort est de ne pas connaître la langue du Palais. Le citoyen illettré, dont les droits sont violés par la puissance publique, devra, pour se faire entendre, constituer obligatoirement un avocat.

La limitation imposée par le législateur est relative à l'accessibilité du justiciable au service public de la justice de façon générale. Comment concevoir que le recours du justiciable soit déclaré irrecevable par le juge administratif parce qu'il est oralement formulé ?

Comme nous l'avons souligné, devant les juridictions administratives maliennes, l'assistance d'un avocat n'est pas obligatoire. Mais le justiciable, même lettré, se voit souvent contraint de solliciter les services d'un conseil s'il veut que sa cause soit au moins entendue.

En matière de recours pour excès de pouvoir par exemple, qui constitue l'essentiel du contentieux administratif relatif aux droits fondamentaux, il est difficile pour un non initié de faire la preuve d'une violation d'un moyen de légalité interne (incompétence ou vice de procédure) ou de légalité externe (détournement de pouvoir ou violation de la loi). Cette assistance obligatoire de fait constitue une limitation à l'exercice effectif du droit de recours au Mali. En effet, le paysan, l'éleveur ou le pêcheur malien contre lequel une décision administrative locale (celle émanant du Préfet, du Sous-préfet ou du Maire) fait souvent grief est souvent désarmé pour contester la légalité ou la régularité de ladite décision au motif qu'il ne dispose pas de revenus suffisants pour la constitution d'un avocat. Souvent, il procède à une analyse coûts -avantages entre ce qu'il paye à son conseil et ce qu'il obtient au terme du procès. Dans la plupart des cas, il se résigne.

Cette résignation née de la complexité de la procédure et de l'assistance de fait de l'avocat est une atteinte indirecte au droit de recours. Selon les statistiques disponibles au niveau de l'Inspection des Services Judiciaires (ISJ), des avocats ont été constitués dans 95 % des affaires traitées par les tribunaux administratifs, tandis qu'au niveau de la Cour suprême, cette statistique est de 98%[482].

---

[481] Paradoxalement, la loi n°96-071 portant loi organique fixant l'organisation, les règles de fonctionnement de la Cour suprême et la Procédure suivie devant elle en ses articles et la loi n°n°94-006 AN-RM du 18 mars 1994 portant organisation et fonctionnement des tribunaux administratifs précisent que le ministère de l'avocat n'est pas obligatoire en excès de pouvoir qu'en matière de contentieux des droits.

[482] Rapport de l'ISJ (période allant du 1er janvier 1995 au 27 septembre 2005).

Le droit d'accès au juge administratif, qui est un droit fondamental de tout citoyen malien, reste un droit des privilégiés confortant ainsi l'idée d'une justice à géométrie variable : celle des riches et celle des pauvres. En effet, une autre atteinte portée au droit de recours et au droit d'accès au juge réside dans le paiement par le justiciable des frais de consignation. Seuls, l'Etat et les Collectivités territoriales décentralisées, sont dispensés du paiement de ces frais.

Devant le tribunal administratif et quel que soit le type de recours exercé (recours en excès de pouvoir, recours de plein contentieux, recours en interprétation, recours en rectification ou en tierce opposition), le requérant devra payer une consignation de 10.000 Frs CFA. Ce montant est porté à 20.000 frs CFA, lorsqu'il décide de faire appel. Dans un pays où selon les statistiques du PNUD (Programme des Nations Unies pour le Développement) 70% de la population vit dans la pauvreté[483], il est difficile d'admettre que le requérant se départisse d'un montant représentant 10 jours de travail pour payer les frais de consignation d'un procès dont l'issue est incertaine.

Le recours pour excès de pouvoir étant par essence un recours ayant pour but d'extirper de l'ordonnancement juridique un acte illégal, il serait judicieux de procéder à une relecture de la loi sur les juridictions administratives dans le sens de la gratuité d'un tel recours. Par contre, le plein contentieux qui n'est pas stricto sensu un contentieux de légalité pourra être soumis au paiement d'une consignation symbolique de 1000 francs CFA. Ces réformes permettront un plus grand accès du justiciable au service public de la justice en rendant effectif le droit de recours qui est un droit fondamental de l'homme.

En attendant ces réformes, l'approche innovante du juge administratif consistant en la recevabilité des décisions administratives verbales constituera un effort d'adaptation de notre système juridique à nos réalités socioculturelles.

Enfin, une lacune de notre système juridictionnel réside dans le fait qu'une même instance statue en appel et en cassation. En effet, l'organisation des juridictions administratives repose sur l'existence de tribunaux administratifs statuant en premier ressort. Leurs décisions peuvent être déférées devant la Section Administrative qui est à la fois juge d'appel et juge de révision (cassation).

Au Mali, en raison du nombre limité des magistrats exerçant au niveau de la Section Administrative de la Cour suprême, [484]il n'est pas évident que le droit de révision du requérant soit préservé en l'absence d'une Cour administrative d'appel autonome. Cette inquiétude tient au fait que très souvent certains juges statuant en appel ont déjà connu la même affaire pendant qu'ils exerçaient en première instance ou connaissent cette affaire en révision.

Il n'est pas rare de constater, en raison du nombre restreint de magistrats, qu'une affaire ayant été jugée en première instance, en appel et en révision porte le nom du même magistrat à deux niveaux de jugement. Cette situation est contraire au droit, à un procès équitable et constitue une atteinte à un droit fondamental du justiciable.

---

[483] Il s'agit des statistiques pour l'année 2005.

[484] Au 15 février 2009, la section administrative de la Cour suprême comptait au total huit magistrats.

Comme l'a relevé un haut magistrat de la Cour suprême : *« si l'on devrait adopter la jurisprudence de la Commission Africaine des Droits de l'Homme et des Peuples ainsi que celle de la Cour Européenne des Droits de l'Homme relative à la composition irrégulière des formations de jugement, de nombreux arrêts de la Section Administrative de la Cour suprême encourent l'annulation »*[485]. Il est temps que la réorganisation en cours des juridictions administratives s'oriente vers la création d'une Cour administrative autonome consacrant le principe de l'impossibilité pour un même juge de connaître deux fois la même affaire quel que soit le niveau de juridiction dont il relève.

En l'état actuel, les textes en eux-mêmes ne peuvent apporter une protection effective des droits fondamentaux sans une réelle volonté du juge. Il faut des mesures correctives pour garantir cette protection contre les abus et les excès des pouvoirs publics attentatoires aux droits fondamentaux.

§2. Les mesures nécessaires pour une meilleure protection juridictionnelle des droits et libertés fondamentaux contre les agissements de l'administration

L'effectivité des droits fondamentaux passe par l'exécution des décisions de justice censurant la méconnaissance de ces droits.[486] Cet « épanouissement », selon le professeur Guillaume DRAGO, se justifie parce que *« le droit trouve sa plénitude dans l'action, c'est-à-dire dans l'exécution »*[487].

Au Mali, les personnes publiques traditionnelles (Etats, Collectivités locales et Etablissements Publics à Caractère Administratif), ne se soumettent pas à l'application des voies d'exécution du droit commun. Elles ne sont pas pour autant déchargées de l'obligation de respecter l'autorité de la chose jugée, même prononcée à leur encontre. A ce propos, le professeur Amed Salem ould BOUBOUT écrit : *« le rejet des voies d'exécution du droit privé peut et doit être suppléé par la mise en œuvre de mécanismes divers, juridictionnel ou non juridictionnel, de nature à assurer l'exécution par l'administration des décisions juridictionnelles prononcées contre elle »*[488].

L'inégalité des personnes publiques et des personnes privées continue donc à régir notre ordre juridique. En ce qui concerne les droits et libertés fondamentaux, il faudra faire en sorte que l'administration puisse être soumise aux décisions du juge en renforçant le pouvoir d'injonction du juge **(A)** et en explorant les voies utiles d'incitation de l'administration au respect de la chose jugée **(B).**

A. Le pouvoir d'injonction du juge : une solution exceptionnelle mais nécessaire

Le terme *« injonction »* renvoie à tout ordre de faire ou de ne pas faire émanant du juge. Les solutions varient quant au pouvoir du juge d'adresser des

---

[485] Entretien avec M. Oumar SENOU, juge à la section administrative de la Cour suprême, janvier 2009.
[486] Mamadou DIAKITE, *Le Contrôle juridictionnel de l'administration au Mali*, thèse, op cit., p 185.
[487] Guillaume DRAGO, *L'Effectivité des sanctions de la violation des droits fondamentaux dans les pays de la communauté francophone*, in l'Effectivité, op., cit., p 535.
[488] Amed Salem ould BOUBOT, *Le contentieux administratif en Mauritanie : évolution et enjeux*, article publié dans la revue Proche-Orient, Etudes juridiques, n°56, 2003, p 44-45.

injonctions à l'administration. Dans la tradition héritée du droit romain, le juge n'a pas seulement le pouvoir de « dire le droit » (jurisdictio), mais aussi celui d'ordonner toutes les mesures indispensables à la bonne administration de la justice (impérium).[489] Il apparaît dans une large mesure que le juge administratif malien s'est longtemps contenté de *« dire le droit »* seulement. L'autolimitation du juge malien peut en effet se comprendre au regard du contexte politique de notre pays qui a été caractérisé pendant longtemps par le fait mono-partisan.

L'injonction, qu'elle soit accompagnée ou non d'une astreinte, est une procédure qui a fait naître beaucoup d'espoirs pour imposer à l'autorité administrative le respect des décisions prétoriennes. Ainsi, lorsque sa décision implique nécessairement qu'une personne morale de droit public ou un organisme de droit privé chargé de la gestion d'un service public prenne une mesure d'exécution dans un sens déterminé, le juge saisi en ce sens prescrit cette mesure assortie, le cas échéant, d'un délai d'exécution[490].

Selon l'environnement sociologique et politique propre aux différents Etats, les grands enjeux sont les mêmes partout bien que la nature et l'ampleur des obstacles à l'effectivité des décisions de justice varient. Comme les auteurs n'ont pas manqué de le souligner, l'injonction, pour être efficace, doit pouvoir compter sur le renfort d'une sanction réelle et prompte[491]. La nature de cette sanction varie selon les traditions propres aux ordres juridiques nationaux en la matière.

En ce qui concerne le Mali, cette sanction pourrait prendre notamment la forme d'une astreinte prononcée à l'encontre de l'administration en tant que personne morale de droit public[492].

L'injonction peut en effet consister à prescrire l'accomplissement, dans le délai fixé par le juge, soit d'une mesure d'exécution dans un sens déterminé, lorsque le jugement place l'administration dans une situation de compétence liée, soit d'une mesure quelconque après une nouvelle instruction, lorsqu'il lui laisse un pouvoir discrétionnaire. Ces injonctions ne se sont pas immédiatement avérées d'une grande efficacité[493].

Le professeur Giles LEBRETON note : *« l'attribution au juge administratif d'un tel pouvoir présente un risque : celui de se heurter à la résistance persistante de l'administration »*[494]. Selon lui *«il n'est pas certain qu'une administration qui refuse d'exécuter un jugement accepte de se plier à une injonction »*[495]. C'est pourquoi, il propose qu'une loi intervienne pour donner au juge, en cas de désobéissance à son injonction, le pouvoir de se substituer à l'administration récalcitrante pour exécuter son jugement. Cette solution, selon lui, bouleverserait certes les traditions, mais elle aurait un fondement solide en reposant

---

[489] Voir sur ce point Giles LEBRETON, *Libertés publiques et droits de l'homme*, op cit.

[490] L'injonction sous astreinte n'est cependant pas toujours l'instrument efficace que l'on aurait pu espérer, notamment pas contre celui qui, a priori, devrait donner l'exemple, à savoir le Gouvernement.

[491] Voir sur ce point Giles LEBRETON, *Libertés publiques et droits de l'homme*, op cit.

[492] Voir sur ce point Ghislain OTIS op cit p 580, Voir également Gaudemet, p.811 et moderne, p 801 à la note 9 ; Delperée, pp 197-198 et De Vischer, p 683 à la note 9.

[493] Voir sur ce point Giles LEBRETON, *Libertés publiques et droits de l'homme*, op cit., p 231.

[494] Ibid.

[495] Ibid.

sur cette idée, inhérente à la conception de l'Etat de droit, que le respect de la chose jugée est nécessaire à la sauvegarde des droits et libertés fondamentaux.[496].

Dans le contexte malien, les difficultés que soulèverait l'injonction à l'administration découlent du dilemme qui se présente aujourd'hui aux sociétés qui sont attachées en principe au respect des droits et libertés, mais qui sont aussi soucieuses de ne point voir des institutions juridictionnelles non électives s'immiscer dans le fonctionnement des autorités exécutives et administratives.

La recherche d'une solution malienne pourrait se faire à partir des pratiques existantes au sein de l'espace francophone. En effet, les solutions actuelles adoptées par les pays francophones varient quant au pouvoir du juge d'adresser des injonctions aux personnes publiques. Le droit Canadien et québécois, par exemple tend à assimiler les personnes publiques à des justiciables comme les autres assujettis au pouvoir de commandement du juge judiciaire ordinaire. La Charte constitutionnelle des droits et libertés permettent, en effet aux juges compétents, d'adresser, même aux plus hautes instances de l'Etat, des injonctions nécessaires au respect effectif des droits fondamentaux[497].

Généralement, fidèles au droit de l'ancienne métropole, les juges africains ne s'estiment pas compétents pour adresser des injonctions aux personnes publiques[498]. De façon plus globale, le pouvoir de commandement du juge à l'encontre des autorités publiques suscite aujourd'hui un intérêt particulier. Dans les pays où l'imperium du juge est en principe largement admis, la discussion concerne la portée de son exercice pour assurer le respect des droits fondamentaux.[499] Dans les pays où les autorités administratives sont encore substantiellement à l'abri des injonctions juridictionnelles, les analystes se réclament de l'Etat de droit pour prôner un contrôle juridictionnel renforcé par le recours à l'injonction.

L'Etat en tant que sujet de droit doit accepter l'application des règles qui régissent l'Etat de droit. Certes, l'Etat est un justiciable particulier parce qu'il dispose de la puissance publique.

Cependant, il ne peut et ne doit sous le couvert de cette protection particulière, perdre de vue qu'il est d'abord, et avant tout, un sujet de droit. Les principes relatifs

---

[496] Ibid. p 232.

[497] L'alinéa 32 (1) de la Charte constitutionnelle rend celle-ci applicable à la Couronne, alors que son alinéa 24 (1) habilite tout tribunal compétent à octroyer une réparation convenable et juste. L'effet cumulatif de ces dispositions est de permettre au juge d'adresser des ordres à la Couronne et à ses représentants nonobstant toute législation contraire. Voir Ghislain OTIS, le pouvoir d'injonction du juge comme condition de l'efficacité des droits fondamentaux, in l'effectivité des droits fondamentaux, p 570 et suiv.

[498] Pour l'Afrique subsaharienne francophone , voir Jean Marie BRETON , « Le contrôle de l'action administrative » , in l'encyclopédie juridique de l'Afrique » Tome IV N.E.A, 1982, 309, pp 431et 346.Voir aussi J.M BRETON , « La jurisprudence administrative de la Cour suprême de la République populaire du Congo », in Les cours suprêmes en Afrique …68, p 78, R ; DEGNI SEGUI , « Le contrôle sur l'administration ivoirienne par la voie de recours pour excès de pouvoir » ibid. ,147,pp187-188 ; S. Belaid , « La juridiction administrative en Tunisie : présentation générale et observations critiques », ibid. , 312 , pp 326- 327.

[499]Voir G. Otis, « La Charte et la modification des programmes gouvernementaux : l'exemple de l'injonction structurelle en droit américain » (1991) 36 R.D.Mc Gill 1348.

à l'imprescriptibilité et l'inaliénabilité de ses biens ne doivent pas constituer un blanc seing affranchissant l'Etat de l'exécution des décisions de justice.

De quel Etat de droit nous réclamons-nous lorsque le justiciable, nanti de sa grosse, doit attendre le bon vouloir de l'Etat pour entrer en possession de son dû ?

Dans les faits, la situation est plus critique. Certains justiciables meurent avant l'exécution de la grosse. Pour d'autres, un protocole de paiement est proposé par les services financiers au terme duquel ils doivent consentir à renoncer à une partie de leurs droits. Des *« problèmes de trésorerie »* sont souvent invoqués pour justifier cette violation de la loi[500].

Ces multiples violations par l'Etat des droits fondamentaux de la personne humaine ont été dénoncées au cours de certaines sessions de l'Espace d'Interpellation Démocratique (EID)[501].

Il convient de renverser la tendance actuelle et le juge administratif doit être un acteur clef dans ce changement de comportement des pouvoirs publics. Il lui revient, à travers une jurisprudence hardie, d'imposer des astreintes ou pénalités de retard à l'Administration pour non-exécution des décisions à caractère pécuniaire. Cette jurisprudence aura le mérite d'amener l'Administration à se conformer aux exigences de l'Etat de droit.

Le défaut persistant et injustifié des autorités publiques de se soumettre aux exigences de la légalité, et plus encore lorsque cette légalité a pour objet les droits fondamentaux, menacera l'Etat de droit et minera l'effectivité du contrôle juridictionnel. Dès lors, la possibilité pour le juge de contraindre, lorsque la situation l'exige, les autorités publiques au respect des droits fondamentaux semble correspondre à un impératif de la démocratie[502]. Mais il faudra inventorier davantage les voies d'incitation de l'administration au respect de la chose jugée.

B. Les voies d'incitation de l'administration au respect de la chose jugée

La non-exécution de la chose jugée peut aboutir à des sanctions. Il demeure que jusqu'ici, aucune voie d'exécution forcée directe à l'encontre de l'administration n'a pu être envisagée. Faudrait-il en conclure que celle-ci est exclue, là même où il s'agirait d'obtenir le redressement de violation des droits et libertés ?

L'une des faiblesses constatées dans le fonctionnement des juridictions administratives au Mali réside fondamentalement dans l'inexécution des décisions de justice ayant une incidence financière. Et l'Etat, étant généralement condamné à réparer financièrement les préjudices subis par les particuliers du fait du fonctionnement défectueux des services, tarde à payer les amendes. Ainsi, le justiciable nanti d'une grosse peut souvent faire deux ou trois ans sans entrer en possession de son dû. En 2002, les impayés au niveau du Trésor Public s'élevaient à

---

[500] G. Otis, « La Charte et la modification des programmes gouvernementaux : l'exemple de l'injonction structurelle en droit américain », (1991) 36 R.D.Mc Gill 1348.

[501] Récemment au cours de la session de décembre 2008, les différentes interpellations comportaient de nombreuses charges contre le Gouvernement.

[502] Ibid.

la somme de 11 milliards de Francs CFA. L'Etat a toujours été mis à l'index au cours des différentes sessions de l'Espace d' Interpellation Démocratiques (EID)[503].

En réalité, au Mali, il n'existe pas de voie d'exécution contre l'administration, qui est présumée avoir agi conformément à la loi, si elle ne s'exécute pas d'elle-même sans y être contrainte. Elle choisit les modalités de cette exécution sans qu'une autorité ne le lui prescrive[504]. Ce privilège de l'administration constitue une limite à l'effectivité du contrôle juridictionnel des droits et libertés fondamentaux.

Dans le cas malien, on pourrait envisager la recherche de procédés faisant appel à l'incitation, voire à la contrainte indirecte, pour amener l'administration à respecter la chose jugée en matière de droits et libertés fondamentaux.

Une première hypothèse d'incitation pourrait consister, à l'instar du système français, à créer une commission de rapport et d'étude auprès de la section administrative de la Cour suprême[505].

Dans le système malien, il reviendra à la Commission du Rapport et des Etudes de la section administrative de la Cour suprême de veiller à la bonne exécution des décisions des juridictions administratives *(Cour suprême et, tribunaux administratifs).* La Commission sera composée de magistrats, de professeurs d'université, d'administrateurs civils. Elle pourra intervenir, soit, sur demande d'éclaircissement d'un Ministre, soit, sur réclamation d'un requérant. Enfin, elle sera investie de la mission d'adresser des demandes d'explication à l'administration.

La demande d'éclaircissement ne pourra porter que sur des décisions juridictionnelles qui, soit ont prononcé l'annulation d'un acte administratif pour excès de pouvoir, soit ont rejeté tout ou partie des conclusions présentées en défense par une collectivité publique dans un litige de plein contentieux. Seuls les ministres pourront saisir la Commission. Les autres autorités doivent transmettre leur demande à la Cour suprême sous le couvert du ministre compétent. La saisine de la Commission n'est soumise à aucune condition de délai.

Les requérants pourront, après l'expiration d'un délai de trois mois à compter de la date à laquelle une décision d'une juridiction administrative leur accordant satisfaction même partielle, leur a été notifiée, signaler à la Commission du rapport et des études les difficultés qu'ils rencontrent pour en obtenir l'exécution.

En ce qui concerne les décisions ordonnant une mesure d'urgence, notamment un sursis à exécution, ils peuvent saisir la Commission sans délai. En principe, le sursis à exécution est une garantie essentielle des droits de la défense. Il ne pourra être accordé que si deux conditions sont réunies : il faut que l'exécution de l'acte attaqué entraîne des conséquences difficilement réparables et que des moyens sérieux, c'est-à-dire ayant une chance réelle d'être fondés, soient soulevés.

---

[503] Récemment au cours de la session de décembre 2008, les différentes interpellations comportaient de nombreuses charges contre le Gouvernement.

[504] Mamadou DIAKITE, thèse, op cit., p 190.

[505] Le droit français s'est orienté vers cette pratique avec l'élaboration du décret du 30 juillet 1963, modifié par celui du 24 janvier 1985.

La commission instruira la demande selon une procédure souple et informelle. Lorsque la persuasion n'aboutit pas, elle pourra alors juger de l'opportunité de mentionner l'affaire dans le rapport de la Cour suprême. En cas d'échec de ses recommandations, pour éviter que l'intervention de la commission ne mène à l'impasse, celle-ci pourrait recommander à la section administrative de la Cour suprême de soumettre l'administration récalcitrante à une astreinte.

La seconde hypothèse est l'intervention du Médiateur de la République dans le dessein de faciliter l'exécution de la chose jugée. En France, la loi du 24 décembre 1976 modifiant la loi du 3 janvier 1973 instituant le Médiateur, autorise celui-ci en cas d'inexécution d'une décision de justice passée en force de la chose jugée, à enjoindre à l'organisme mis en cause de s'y conformer dans le délai qu'il fixe. Si l'injonction n'est pas suivie d'effet, le Médiateur a la possibilité de signaler l'inexécution dans un rapport spécial, publié au journal officiel.

L'intervention du Médiateur de la République pourrait s'inscrire dans le cadre de la gestion des difficultés d'exécution de toutes les décisions juridictionnelles, tant administratives que judiciaires, rendues à l'encontre de l'administration. Il y a lieu de souligner que le Médiateur de la République du Mali est habilité à adresser une injonction aux organismes investis d'une mission de service public qui refusent d'exécuter des décisions de justice[506]. L'article 13 al2 de la Loi n° 97-022 du 14 mars 1997 confère au Médiateur de la République le pouvoir d'enjoindre aux administrations publiques et organismes investis de mission de service public qui s'y sont refusé, de se conformer dans un délai qu'il fixe aux décisions de justice passées en force de chose jugée.

Enfin, la troisième hypothèse est d'investir l'Espace d'Interpellation Démocratique (E.I.D) qui pourrait jouer un rôle déterminant dans ce domaine. En effet, faut- il le préciser l'EID est une innovation tout à fait originale dans le monde. Elle a été initiée en 1993. Ainsi, le 10 décembre de chaque année, le gouvernement se soumet pendant une journée aux interpellations publiques des citoyens concernant les violations des droits et libertés fondamentaux devant un jury d'honneur composé de personnalités de renommée internationale[507]. Devant le public et le jury, tout ministre interpelé doit fournir une réponse ou indiquer quelle solution il compte apporter à l'affaire dont il est saisi.

---

[506] Le Médiateur de la République a adressé une injonction au Cercle de Kayes en lui donnant un délai de trois mois pour se conformer à la loi. Les faits : O.C et 8 autres réclamants, recrutés le 17 aout 1994 en qualité d'aides-soignants, de matrones et de secrétaires par le Cercle de Kayes et mis à la disposition de différents arrondissements, avaient ensuite été licenciés le 31 Décembre 1999 sans notification de préavis. Le tribunal du travail de Kayes, saisi de l'affaire, avait, à son audience du 09 avril 2001, rendu par défaut le jugement n°23 qui condamnait le Cercle de Kayes à payer à chacun des requérants la somme de cinq cent mille (500.000) francs CFA à titre de dommages et intérêts. N'ayant pu obtenir l'exécution de ce jugement, les intéressés ont donc porté l'affaire devant le Médiateur de la République. Le traitement dilatoire réservé à ce dossier a déterminé le Médiateur de la Ré&publique à adresser une injonction à l'autorité concernée. Voir Rapport annuel 2007 du Médiateur de la République du Mali, p 36.

[507] Le 10 décembre est la journée de commémoration de l'adoption de la Déclaration Universelle des Droits de l'Homme.

L'EID tient également lieu de tribunal populaire que de médiation, dans la mesure où le peuple tout entier (la presse nationale, internationale, publique ou privée est présente) est témoin des dénonciations[508].

Même si les recommandations du jury d'honneur ne revêtent aucun caractère juridictionnel, le Gouvernement prend des engagements pour apporter des remèdes aux violations dénoncées parce qu'il lui en sera demandé des comptes à la session suivante. Il reste que l'intervention de l'EID dans ce domaine a une valeur pédagogique qui peut inciter le gouvernement au respect de la chose jugée.

Par ailleurs, le procédé de l'astreinte, accompagné de dispositions destinées à en assurer l'exécution forcée, apparaît comme le plus adéquat pour vaincre la mauvaise volonté de l'Etat. L'astreinte est une mesure de contrainte consistant en la condamnation de la personne à qui incombe l'exécution de la décision de justice au versement d'une somme d'argent dont le montant augmente chaque jour jusqu'à exécution de la décision. Elle est l'accessoire d'une condamnation à une obligation de faire prononcer par le juge, dont elle a pour but d'assurer l'exécution.

Un tel procédé présente un intérêt particulier comme garantie des droits et libertés fondamentaux. Dans ce domaine, précise-t-il, la difficulté principale réside, en effet, dans la manière d'amener l'administration à respecter des obligations de faire ou de ne pas faire.

La question qui se pose est de savoir dans quelle mesure l'astreinte s'applique en cas de violation des libertés et droits fondamentaux. A ce propos, le professeur Blaise KNAPP affirme : *« les cas dans lesquels une atteinte illicite à un droit fondamental ne peut être réparée dans le cadre du contentieux de l'annulation sont relativement rares »*[509]. Il distingue les libertés et doits fondamentaux qui sont directement applicables et exécutoires et ceux qui ne le sont pas. Par ailleurs il identifie trois cas dans lesquels une atteinte à un droit fondamental directement applicable est susceptible de donner lieu à une réparation pécuniaire : le droit fondamental a un effet dit horizontal en ce qu'il est applicable entre deux personnes privées ; le droit fondamental a été atteint de manière valable mais cette atteinte a créé un dommage permanent et une réparation est due en raison d'un autre droit fondamental ; le droit fondamental a été violé par une autorité , la sanction ordinaire est intervenue mais elle ne suffit pas à réparer le dommage subi à tort par le citoyen.

Ainsi nous constatons que dans la mesure où une décision administrative ou un acte matériel de l'administration viole les règles constitutionnelles directement applicables et cause un dommage, une sanction pécuniaire de cette atteinte aux libertés et droits fondamentaux est non seulement concevable mais aussi est la seule manière de revenir à une situation conforme au droit, notamment à la constitution[510].

Cependant, force est de reconnaître que la simple condamnation de l'Etat n'est pas une fin en soi. Il sied, à l'instar des juridictions administratives françaises

---

[508]Eloi DIARRA, Le *Droit des droits de l'homme dans les pays d'Afrique*, in Recueil juridique des droits de l'homme en Afrique, volume 2, 2000-2004, sou la direction de Paul TAVERNIER, éd. Bruylant, 2005, p 1439.

[509] Blaise KNAPP, *La Sanction pécuniaire d'une atteinte aux droits fondamentaux,* in l'Effectivité des droits fondamentaux, op cit., p 652.

[510] Voir Blaise KNAPP, op cit, p 652.

(tribunaux administratifs, Cours administratives d'appel et Conseil d'Etat) d'instituer dans la loi portant organisation des juridictions administratives en République du Mali, un juge chargé de l'exécution des décisions de justice. Cette solution présente l'avantage d'un suivi régulier de l'exécution des décisions rendues. L'anachronisme, en vigueur aujourd'hui, qui consiste en l'intervention du Procureur de la République pour l'exécution d'un arrêt ou jugement de la juridiction administrative dans un système reposant sur deux ordres distincts de juridiction (ordre judiciaire et ordre administratif) doit été corrigé.

Conclusion de la première partie

Au regard de ce qui précède, il sera difficile d'affirmer que la protection juridictionnelle des libertés et droits fondamentaux est satisfaisante au Mali. Mais il serait aussi exagéré d'affirmer sans réserve qu'elle est négative.

Cependant, s'il nous est permis de dégager quelques tendances et de tirer des conclusions partielles, nous pouvons dire, sur la base des analyses et réflexions effectuées ci-dessus, que le système juridictionnel malien doit redoubler d'efforts. Certes, la protection juridictionnelle des libertés et droits fondamentaux est aujourd'hui une réalité au Mali. Cependant, les résultats obtenus sont pour l'instant modestes, compte tenu de nombreuses difficultés qui ont été évoquées. La situation paraît difficile, mais il y a quelques expériences à capitaliser, afin de maintenir le cap sur les succès réalisés qui doivent désormais servir de référence pour l'avenir, et, en même temps, prévenir les échecs éventuels. A cet effet, il y a certains choix courageux à faire.

Dans tous les cas, le juge malien tel qu'il nous est apparu à travers ces développements semble être à la recherche des moyens nécessaires pour assurer efficacement sa mission de protection des libertés et droits fondamentaux.

DEUXIÈME PARTIE

LE RENFORCEMENT DE LA PROTECTION JURIDICTIONNELLE DES DROITS DE L'HOMME

"Les magistrats se doivent, en observant les prescriptions résultant d'une stricte légalité, d'assurer le respect des valeurs humaines. Les décisions de justice doivent être le reflet du changement pour lequel notre peuple a fait don de son sang. Dans ces conditions, l'art de juger procède du choix, dans chaque cas particulier, de la mesure appropriée à la situation de celui qui doit en faire l'objet. Si l'erreur est humaine, rien ne saurait justifier l'injustice faite à un citoyen. Le peuple doit se retrouver dans ses magistrats : des femmes et des hommes courageux, assumant leurs responsabilités de dire le droit sans atermoiement et sans carriérisme. J'en appelle aux magistrats qui à travers leurs actes se doivent de sauvegarder l'indépendance de la magistrature au quotidien. Je voudrais dire que le contexte sociopolitique que connaît notre pays aujourd'hui ne saurait s'accommoder ni du laxisme, ni de la médiocrité des cadres en général et de la famille judiciaire en particulier. C'est pourquoi, j'invite les magistrats au respect de leur devoir de loyauté qui passe d'abord par la fidélité à la loi, dans sa lettre et dans son esprit, qu'il s'agisse de la loi de fond ou de la loi de procédure".

Président Alpha Oumar KONARE, Discours d'ouverture de l'année judiciaire 1993-1994, Bamako, 8 novembre 1993.

INTRODUCTION

Depuis cinquante ans, on parle volontiers d'une crise de la justice malienne. On ne cesse d'attirer l'attention des autorités publiques sur certaines déficiences du service public de la justice au nombre desquelles, la lenteur, la complexité, le coût, l'accessibilité et l'efficacité. Les autorités publiques ne sont pas en reste .Elles ne cessent de rappeler la nécessité du changement.

Dès l'accession du Mali à l'indépendance, de nombreuses reformes ont été entreprises. La première expérience effectuée en 1961 revêt une importance particulière. Tout d'abord, elle est la première du Mali indépendant et à ce titre, elle a eu à décider du sort du système colonisateur. La seconde reforme qui est intervenue immédiatement en 1965 a été inspirée par trois raisons fondamentales. D'abord, l'existence d'une loi d'organisation judiciaire peu conforme à la loi fondamentale[511]. Ensuite, le manque de clarté dans la répartition des compétences juridictionnelles. La troisième raison était liée à la lourdeur du système judiciaire caractérisé par la coexistence des deux cours : une cour d'Etat et une Cour suprême.

Ces deux reformes du système judiciaire malien appellent, de notre part, certaines observations majeures. Nous estimons qu'elles furent centrées sur la réorganisation du système judiciaire suivant le schéma classique légué par la colonisation. En conséquence, il n'y a pas eu une véritable refondation du système judiciaire malien[512].

La reforme la plus récente, c'est-à-dire celle qui est en cours, a adopté une approche globale à travers une démarche participative associant les professionnels du droit avec les différentes composantes de la société civile. De 1999 à 2008, des efforts ont été déployés pour améliorer le fonctionnement des juridictions, rapprocher la justice des justiciables et relever le pouvoir d'achat des personnels judiciaires. L'objectif global est de promouvoir une justice saine et efficace.

Comme nous l'avons relevé dans la première partie de notre étude, la justice reste confrontée à de nombreuses difficultés. On assiste à une augmentation de la masse contentieuse qui a doublé en l'espace de dix ans (1999 à 2008) .Cette judiciarisation croissante dans les centres urbains ne doit cependant pas cacher la désaffection des citoyens à l'égard du système judiciaire.

Il est certes normal que la justice soit affectée par la crise qui atteint la société en général du fait qu'elle gagne rapidement les idées et les mœurs. La loi ne semble plus aujourd'hui l'expression de la volonté générale. On vit la crise de notre propre société. Il serait malséant de rendre responsable le seul monde judiciaire.

---

[511] La loi n° 61-55 du 15 mai 1961 apparaissait comme difficilement conciliable avec la constitution du 22 septembre 1960. Celle-ci faisait de la Cour d'Etat, notamment en ses sections du contentieux administratif et des comptes, un organe subordonné par la voie de l'appel ou de la cassation à la Cour suprême alors que la constitution fait de la cour d'Etat la troisième institution de la République. En outre la subordination hiérarchique de la cour d'Etat, présidée par le ministre de la justice, à la Cour suprême, présidée par un simple magistrat de l'ordre judiciaire était illogique.

[512] Les premières tentatives ont toutes adopté une approche purement technicienne à travers une relecture des principaux textes de loi et l'amélioration du statut des professionnels du droit en général et des juges en particulier.

Les réflexions menées dans cette deuxième partie de notre étude seront axées spécifiquement sur l'appareil judiciaire qui est l'une des composantes du système juridictionnel. Tout comme les autres composantes de l'Etat, la justice est confrontée à une crise profonde et plus insidieuse qui réside moins dans les statistiques que dans les mentalités. En réalité, le justiciable malien croit moins en sa justice. Et le juge, lui-même, n'est-il pas à la recherche de sa propre légitimité ?

La crédibilité et la légitimité qui sont les conditions de l'efficacité de la justice semblent compromises. D'ailleurs, l'esprit initial du PRODEJ était la refondation globale du système juridique et judiciaire touchant à la fois l'organisation judiciaire, l'administration de la justice, les textes de lois et les populations en tant que justiciables. Une refondation dont devait émerger une justice réhabilitée et crédible sur la base de la *« responsabilité partagée »* de toutes les couches de la société (pouvoirs publics, administration générale, société privée, société civile, partenaires techniques et financiers).

La consolidation du système juridictionnel de protection des droits et libertés fondamentaux passe nécessairement par deux voies : l'instauration de la crédibilité de la justice **(Titre I)** et la réhabilitation de la justice **(Titre II).**

Titre I

Une justice crédible

L'efficacité du système judiciaire malien réside dans sa capacité à apporter dans un délai raisonnable une solution appropriée à un litige. On le comprend, il y a là tout d'abord une question de rapidité. De ce point de vue, il est bon que le système juridictionnel fasse une place à la réflexion sur la performance. Mais il faut également que la procédure suivie, le mode de règlement du litige choisi, permettent de traiter la question posée dans les meilleures conditions. C'est donc à la fois dans le choix des textes applicables, des pratiques suivies, des modes de contrôle et l'environnement sociologique que se créent les conditions d'une justice efficace.

Au-delà des questions d'organisation d'un système judiciaire digne de la confiance des justiciables, l'administration de la justice met en jeu des considérations politiques, sociales, historico-culturelles. Elle s'entend ainsi comme l'action d'exercer le pouvoir judiciaire au sein de l'appareil d'Etat.

Tout système de justice, accepté et compris par les justiciables, doit être fondé sur des mécanismes conciliant les exigences basées sur des standards internationaux et les réalités propres à son environnement. Aussi, la prise en compte des spécificités locales dans l'administration de la justice *(comme par exemple l'intégration de modes alternatifs de règlement des conflits, l'articulation avec les instances de la justice traditionnelle ou de l'édification de procédures basées sur un système juridique hybride)* n'est pas en soi incompatible avec l'exercice d'une justice équitable et impartiale. Au contraire, une telle entreprise participe à la pérennité et à l'efficacité de l'institution judiciaire. En effet, les pratiques coutumières produites par la communauté dans leur comportement quotidien présentent l'avantage d'être un ordre juridique connu et compris par l'ensemble du groupe.

L'instauration de la crédibilité de la justice comme condition de l'efficacité de la protection juridictionnelle des droits et libertés fondamentaux passe par l'émergence d'une justice plus indépendante **(Chapitre I**) et l'ancrage d'une bonne gouvernance de la justice **(chapitre II).**

Chapitre I

L'émergence d'une justice plus indépendante

« Il n'existe pas de justice véritable dans un pays si les juges appelés à la rendre ne sont pas pleinement indépendants... indépendants de leurs passions, de leurs intérêts et aussi des autorités qui exercent les pouvoirs législatif et exécutif » Michel JOËL[513].

Il est reconnu que l'indépendance du juge n'est pas une fin en soi mais plutôt un moyen par lequel on parviendrait à une « bonne justice », c'est-à-dire une justice qui assurerait une égalité de tous les justiciables devant la loi.

Selon le juge DAGUESSEAU, le juge indépendant est *« celui que la vertu désigne à tous, il est cet homme public dont la qualité se déploie elle-même dans les quatre vertus cardinales de prudence (sagesse, science, connaissance du vrai), de courage (force, fermeté d'âme et de corps) et de tempérance (modération, mesure, honneur, dignité). C'est la vertu qui lui indiquera le chemin, qui lui dira que s'engager dans la magistrature, c'est lutter contre un mal infini sans pouvoir le corriger »*[514]. Emprunter cette voie c'est donc entrer dans un ministère, exercer un sacerdoce, devenir *« un prêtre de la justice »*.[515]

Cette citation traduit bien l'essence de la fonction de juger dont l'indépendance, l'impartialité et la responsabilité sont des attributs indispensables.

De façon générale, l'indépendance apparaît comme une qualité indispensable dont doit jouir, au préalable, toute institution investie du pouvoir de réparer, sur la base des procédures appropriées, les violations des droits humains qui viendraient à être portées à son attention. Elle intègre à la fois des éléments structurels, institutionnels, matériels, psychologiques et techniques. Au plan structurel, l'indépendance désigne une situation dans laquelle l'institution échappe à tout contrôle excessif du pouvoir exécutif. Au plan matériel, les individus qui exercent l'autorité dévolue aux institutions concernées doivent jouir de la sécurité de l'emploi et de conditions de services raisonnables susceptibles de les mettre à l'abri de toute éventuelle tentation de participer à des abus de pouvoir ou à la mise en œuvre des procédures de l'institution. L'indépendance psychologique implique, au

---

[513] Michel JOEL, *La reforme de la justice en Afrique,* éd. Pédone, 1963.

[514] Cette citation traduit bien autant les attentes profondes de la société que l'essence de la fonction de juger dont l'indépendance, l'impartialité et la responsabilité sont les attributs indispensables. Voir Discours du Président Alpha Oumar Konaré, président de la République, chef de l'Etat à l'occasion de la cérémonie d'ouverture du forum national sur la justice (Bamako, Palais des Congrès, le 30 mars 1999).

[515] Les Mercuriales de DAGUESSEAU revêtent un intérêt singulier pour celui qui s'intéresse au devenir de cette prérogative régalienne. Parlementaire de pure tradition, acteur important d'un milieu qu'il connaît bien, Daguesseau ressent intimement l'évolution de la pensée et des mœurs de cette fin du règne de Louis XIV, telle qu'elle s'installe dans le Temple de la Justice. C'est la leçon traditionnelle que Daguesseau administre aux esprits rebelles de cette nouvelle génération de magistrats. C'est cette discipline des juges qu'il veut imposer au Parlement. La garantie d'une bonne justice se trouve donc dans l'indépendance et la rectitude des magistrats ; leur force de caractère est la meilleure assise de celle-ci. En revanche, la faiblesse possible du juge peut précipiter l'institution judiciaire dans la tourmente. Plus de deux siècles après, le message de Daguesseau n'a rien perdu de sa pertinence, ni de son actualité. Voir Jeanne Marie TUFFERY-ANDRIEN, *La discipline des juges : les mercuriales de DAGUESSEAU,* LGDJ, 2007.

moins, que le magistrat ait une confiance minimale dans les procédures judiciaires ainsi qu'une évaluation des responsabilités éthiques inhérentes à la qualité de magistrat.

Mais l'indépendance de la justice, condition sine qua non pour l'efficacité de son action et sa crédibilité, dépend d'une combinaison de plusieurs conditions. Il s'agit, entre autres, de l'organisation et du fonctionnement de la justice, du statut et des moyens du juge. Ces divers éléments varient selon les pays et ont une influence également différente en fonction de la place de l'idéologie dans le système étatique considéré.

L'exercice de l'indépendance procède tout d'abord d'une approche pragmatique qui suppose, au-delà des textes, l'existence d'une volonté politique et d'une conscience des juges, Ce n'est pas seulement la justice en tant que pouvoir ou institution qui doit être indépendante des autres pouvoirs (législatif et exécutif) ; les juges, pris individuellement, ont aussi le droit de jouir de l'indépendance quand ils assument leurs tâches professionnelles. L'effectivité de l'indépendance dans la vie juridictionnelle implique des exigences et des garanties[516]. Nous examinerons d'abord les exigences de l'indépendance **(Section1),** puis les garanties de l'indépendance du juge **(Section 2).**

[516] La recommandation 2000/19 du Conseil des Ministres de l'Europe - *« Rôle du ministère public dans le système de justice pénale »,* 6 octobre 2000 - détaille les garanties statutaires qui ne sont pas sans rappeler celles traditionnellement accordées aux juges du siège.

Section 1 : Les exigences de l'indépendance du juge

« Il n'y a point encore de liberté si la puissance de juger n'est pas séparée de la puissance législatrice et de l'exécutrice. Si elle était jointe à la puissance législatrice, le pouvoir sur la vie et la liberté des citoyens serait arbitraire : car le juge serait législateur. Si elle était jointe à la puissance exécutrice, le juge pourrait avoir la force d'un oppresseur ».

(Montesquieu, *De l'Esprit des Lois*, 1748, Livre XI, Chapitre 4, Garnier-Flammarion p 293).

Aujourd'hui, nul ne peut ignorer l'importance que la justice revêt encore plus dans les sociétés modernes. La justice, qu'elle soit une autorité ou un pouvoir, est un des attributs essentiels de la souveraineté de tout Etat. En tant que telle, elle fait partie des organes les plus importants d'un pays, tant par son statut par rapport aux autres pouvoirs que par son rôle. L'action de la justice est de plus en plus attendue, les populations étant elles-mêmes de plus en plus conscientes de la nécessité pour les juges de dire le droit et de défendre leurs droits et libertés fondamentaux lorsqu'elles sont menacées, notamment par les autorités politiques ou administratives.

La position de l'appareil juridictionnel au sein de l'appareil d'Etat dépend de multiples facteurs. Les uns tiennent à l'agencement des différents éléments constitutifs de l'appareil d'Etat réalisé par la loi fondamentale.

L'importance de l'indépendance du juge tient à sa problématique qui en fait un débat, sinon constant, du moins toujours renouvelé dès lors qu'elle est menacée en permanence, directement ou indirectement, par divers phénomènes, structures, institutions, organes gouvernementaux ou étatiques. L'impact plus ou moins important de l'indépendance sur le fonctionnement de la justice dépend de facteurs historiques, culturels, idéologiques, voire religieux de chaque Etat confronté aux questions liées à la démocratie et à l'Etat de droit.

Toute fois, il est important de mentionner que l'indépendance est foncièrement une question de caractère, de personnalité. Comme l'affirme le Professeur Eloi DIARRA, « *on peut prendre toutes les dispositions pour qu'une personne puisse exercer son métier ou sa fonction de façon indépendante, mais si elle n'a pas de caractère trempé, elle aura toujours tendance à se reporter vers d'autres »*[517].

Les exigences de l'indépendance sont édictées par la théorie de la séparation des pouvoirs **(§ 1)** qui est atténuée par le caractère partiel de l'indépendance de la justice **(§ 2).**

---

[517] Pr Eloi DIARRA, Observations formulées lors de la soutenance de la thèse, le 10 avril 2010.

§ 1. La séparation des pouvoirs

L'indépendance de la fonction juridictionnelle procède directement de la théorie de la séparation des pouvoirs[518]. Ce principe s'est développé en Occident grâce aux travaux de Montesquieu qui, après ceux de John LOCKE, a procédé à une systématisation de la séparation des pouvoirs. Aussi, faut-il rappeler les brillantes formules de ce philosophe du XVIIIème siècle qui sont devenues presque populaires : *« Tout homme qui a du pouvoir est porté à en abuser »*. Présenté par Locke et Montesquieu comme le moyen le plus efficace de protection contre le despotisme, il constitue aujourd'hui encore la meilleure des garanties contre les abus de l'exécutif et du pouvoir politique[519].

Certains auteurs estiment toutefois, non sans raison, que la portée susceptible de s'attacher à un tel principe n'est pas absolument décisive pour la protection des droits et libertés fondamentaux[520] ; d'autres par contre estiment qu'elle ne l'est en effet que pour autant qu'elle s'entende de l'indépendance nécessaire du pouvoir judiciaire[521].

Pour M. JOËL : *« il n'existe pas de justice véritable dans un pays si les juges appelés à la rendre ne sont pas pleinement indépendants... indépendants de leurs passions, de leurs intérêts et aussi des autorités qui exercent les pouvoirs législatif et exécutif »*[522]. On notera que ce principe est affirmé par la Loi fondamentale du 25 février 1992.

L'article 81 déclare en effet : *« Le pouvoir judiciaire est indépendant du pouvoir exécutif et du pouvoir législatif »*. Ainsi, seule l'indépendance du pouvoir judiciaire par rapport aux deux autres est clairement affirmée. Aucune référence n'est donc faite à l'indépendance réciproque de l'exécutif et du législatif.

Toutefois, l'indépendance de la justice traduite par une séparation des pouvoirs qui ne peut s'interpréter comme une rupture totale, ne signifie pas un isolement du juge vis-à- vis des autres institutions .Certes, celui-ci doit être indépendant, mais il doit continuer à exercer sa fonction essentielle qui est celle de juger.

Dès lors, il paraît utile d'examiner l'indépendance du pouvoir judiciaire tant à l'égard du pouvoir exécutif **(A)** que du pouvoir législatif **(B)**.

A. L'indépendance du juge à l'égard du pouvoir exécutif

L'indépendance de la fonction judiciaire se manifeste par un principe essentiel qui veut que ni le gouvernement, ni à plus forte raison, les autorités administratives qui lui sont subordonnées, ne puissent donner un ordre, ou exercer une pression directe ou indirecte sur un juge pour l'inciter à statuer dans un sens déterminé. Le juge doit statuer en conscience et dans le respect de la règle de droit.

---

[518] Jean-Marie BRETON, *Légalité et état de droit : statut et perception du juge de l'administration*, in Revue électronique Afrilex n° 03/2003, p 80.

[519] Ibid.

[520] PH LAUVAUX, *Les grandes démocraties contemporaines*, Paris, PUF, 1998, p.131.

[521] J M BRETON, op cit., P 81.

[522] Michel JOEL, *La reforme de la justice en Afrique*, éd. Pédone, 1963.

Tel est le principe fondamental sans lequel l'indépendance de la justice ne serait plus qu'un vain mot. Mais, à vrai dire, l'essentiel n'est pas tant de poser un principe que de le faire respecter en veillant à ce que le juge soit effectivement à l'abri des sollicitations ou des menaces du pouvoir exécutif.

Le processus de démocratisation entamé au début des années 1990 laissait croire que cette indépendance de la justice, si longtemps ignorée ou bafouée, allait enfin devenir une réalité, même si une telle conquête devait se réaliser progressivement. Les plus hautes autorités des Etats africains n'ont cessé depuis l'amorce de cette démocratisation politique sur le continent, de rappeler et d'insister sur la nécessité d'un appareil judiciaire indépendant et impartial. Ces attributs permettraient au juge, pièce centrale de cet appareil judiciaire, d'être à la fois le protecteur naturel des libertés individuelles contre les atteintes émanant notamment des pouvoirs publics et de manière plus générale, un des acteurs de ce processus de démocratisation par une correcte application du droit, en dehors de toute pression ou autre contrainte extérieure.

Cependant, la situation se présente autrement car « le judiciaire » semble être un service public placé sous les ordres de l'exécutif, en l'occurrence le ministre de la justice. De ce fait la justice est plus une autorité qu'un vrai pouvoir. La nomination des magistrats par l'exécutif pose un sérieux problème au regard de leur indépendance. Elle entraîne effectivement la soumission à certains principes tels que le pouvoir hiérarchique qui compromet l'idée d'indépendance ; il en est de même pour l'attribution de la présidence du Conseil Supérieur de la Magistrature au président de la République et dont la vice-présidence est en plus assurée par le ministre de la Justice.

Il convient de noter par ailleurs que le Mali a consacré l'autorité judiciaire avant de l'ériger en pouvoir. Cette décision, faut-il le souligner, a été prise par la Conférence nationale en 1991 après de grands débats particulièrement animés[523].Les raisons de cette option sont, entre autres, la chute de la dictature militaire, l'attachement des acteurs politiques à la séparation des pouvoirs et l'équilibre des pouvoirs. Selon le doyen Abdoulaye Sékou SOW : *« La crainte des méfaits de l'autoritarisme incitait à renforcer la justice, donc à l'ériger en pouvoir en vue d'empêcher les abus de pouvoir et de droit »*[524].

Au regard de ce que la justice malienne a subi, depuis l'indépendance, celle-ci avait besoin d'un renforcement solide. En effet, la période post-coloniale fut caractérisée par un juge dont la mission fondamentale était de construire l'autorité nationale, de sauvegarder l'intégrité territoriale et de promouvoir le développement économique[525]. Au nom de cette triple mission, le respect des droits et libertés, même affirmé par les textes internationaux, était relégué au second plan au profit de la consolidation de l'Etat de droit et de l'intérêt supérieur de celui-ci. Il était donc facile pour les dirigeants peu attentifs aux droits de l'homme de s'armer de ces concepts jamais clairement définis, par ailleurs, pour viser des buts autres que ceux

---

[523] Abdoulaye Sékou SOW. op cit., p 335.

[524] Ibid p335.

[525] Alioune Badara FALL, *Le juge, le justiciable et les pouvoirs publics pour une appréciation concrète de la place du juge dans les systèmes politiques en Afrique*, Afrilex n°03/2003.

proclamés[526]. L'US-RDA, parti dominant et son *leader* Modibo KEITA, Président de la République, ont toujours rappelé que la justice était un service indissociable de l'appareil d'Etat.

A cet effet, le président Modibo disait ceci : *« ...désormais, le magistrat n'est plus un citoyen hors de l'Etat, le pouvoir judiciaire ne peut plus être considéré en rival de la puissance publique dont il est partie intégrante. Magistrats et service judiciaire sont au service du pays »*[527]. Les dirigeants étaient parvenus à mettre en garde les juges par les soins du ministre de la justice, M. Mamadou Madeira KEITA qui déclarait : " *notre justice ne saurait trahir la révolution, d'abord parce qu'elle est mise en place pour la servir, ensuite parce que c'est elle qui détient les armes les plus efficaces pour anéantir la contre-révolution ».*

De façon générale cette période fut marquée en Afrique au sud du Sahara par une mainmise de l'exécutif sur l'appareil judiciaire. A ce propos, le Doyen Keba M'BAYE affirme : *« la mainmise progressive de l'Exécutif sur la justice fait qu'on assiste à un abandon partiel du principe de la séparation des pouvoirs ; et l'insuffisance de la formation des juges, la dépendance dans laquelle ils sont tenus vis-à-vis du gouvernement et quelquefois du parti, de même que la situation matérielle souvent peu enviable qui est la leur, font que les décisions qu'ils rendent ne sont pas toujours empreintes d'une totale objectivité»*[528].

La justice était dans l'étau de l'exécutif. Il existait un lien de subordination du Judiciaire à l'Exécutif. Autrement dit, l'organe judiciaire était un instrument d'action de l'exécutif pour atteindre un objectif différent de l'intérêt général. Le Doyen Amadou A. N'DIAYE, ancien premier président de la Cour suprême du Mali affirmait qu'il ne pouvait se caractériser par un individualisme forcené accroché d'une façon superstitieuse à l'insensible rigueur de la loi. Il fait partie d'un groupe, d'une organisation politique, d'un Etat et dans ce cadre son action ne doit être que constructive car respectueuse des normes directrices du parti constitutionnel[529]. La « primauté du parti » était édictée par la constitution. Toutes les institutions du pays y compris l'autorité judiciaire, étaient systématiquement placées sous la tutelle du parti.

De cette thèse de la « primauté de parti unique » développée par M. Boubacar SIDIBE, ancien ministre de la justice et garde des sceaux d'alors, découle qu' aucune juridiction n'est fondée à recevoir ou à instrumenter quelque plainte que ce soit contre les responsables du parti unique ou leurs mandataires pour les faits et actes, même illégaux, commis dans l'exercice de leur mandat politique. Ce mandat étant désormais la source unique de la légitimité et de la légalité de tous les actes[530].

Ainsi, par simple arrêté, le ministre de la justice mettait arbitrairement fin à la carrière judiciaire des magistrats qu'il jugeait récalcitrants. D'autres, moins

---

[526] Ibid.

[527] Discours prononcé à l'occasion du 1er Anniversaire du Mali indépendant 1961, source archives de la Bibliothèque nationale.

[528] Keba M'BAYE, *Les droits de l'homme en Afrique*, op. cit., p. 85.

[529] Amadou .A.N'DIAYE., *La Cour suprême du Mali, démarche vers la Constitution d'un Etat de droit*, (de 1986 à la chute de la 2eme République). Doc. 1992.

[530] Interviews de M Victor SY, *« Moussa TRAORE, le CMLN et moi »*, in *Le Républicain* n° 128 du 22 février 1995, p. 4

dangereux mais indésirables, faisaient l'objet d'affectations successives et intempestives. En outre, lorsqu'il constatait une violation quelconque, il disposait d'un recours extraordinaire. Ce moyen appelé pourvoi d'ordre lui permettait en tant que chef de département de la justice de poursuivre devant la section judiciaire de la Cour suprême, l'annulation de toute décision judiciaire ou de tout acte quelconque ou procédure judiciaire renfermant un excès de pouvoir[531].

Sous les deux premières Républiques, l'autorité judiciaire était dans l'étau de l'exécutif. Il ne pouvait en être autrement puisque non seulement la justice n'était qu'une autorité mais aussi les juges n'étaient que de simples fonctionnaires appelés à faire carrière.

Parmi les causes de l'inefficacité de l'appareil judiciaire au Mali, l'ineffectivité de l'indépendance des juges à l'égard du pouvoir exécutif semble être plus déterminante. Les raisons de cette ineffectivité sont multiples, mais il est possible d'en dégager certaines pour lesquelles des solutions à court ou moyen terme devraient être trouvées si l'on veut que le processus de démocratisation qui caractérise le régime politique malien aujourd'hui soit également encadré, accompagné par un appareil judiciaire crédible. L'indépendance de la justice au Mali restera une utopie si ces réalités demeurent inchangées.

Tout d'abord, il faut noter que le cheminement de la carrière du juge est parsemé de décisions individuelles le concernant. C'est le Gouvernement qui le nomme, qui pourvoit à son avancement, qui l'affecte à une fonction prestigieuse ou qui éventuellement, sanctionne une faute de sa part. Comment parvenir à sauvegarder cette indépendance du juge qui doit rester imperméable aux promesses alléchantes comme aux menaces arbitraires du pouvoir exécutif ? Comment le soustraire à l'emprise du Gouvernement qui décide formellement de sa carrière ?

Il faut impérativement insister sur l'application stricte des textes législatifs et réglementaires qui définissent les limites d'intervention du pouvoir exécutif et protègent davantage le juge. Mais en analysant de façon approfondie la question, on s'aperçoit que c'est plutôt une question de contexte que de texte. Quoi qu'il en soit l'exécutif doit rester dans le cadre fixé par les lois en vigueur.

B. L'indépendance du juge à l'égard du pouvoir législatif

La fonction de juger est différente de la fonction législative. A ce propos, M. Roger PERROT note que le législateur édicte la norme qui, par définition, est une règle générale et abstraite qui ne vise aucun cas particulier, tandis que le juge est chargé de faire application de la règle pour donner une solution à des litiges concrets[532]. Aussi relève-t-il que, dans la logique de la séparation des pouvoirs, ces deux fonctions, en raison même de leur spécificité, devraient être confiées à des organes distincts ayant chacun sa propre autonomie[533]. L'autonomie du pouvoir, selon le même auteur, est effectivement sauvegardée par l'interdiction qui est faite

---

531 Amadou A. N'DIAYE, *La Cour suprême du Mali : Démarche vers la constitution d'un état de droit* (De 1986 à la chute de la 2e République) op. cit. p 33.

532 Roger PERROT, *Institutions judiciaires*, éd. Montchrestien, 12e éd, 2006, p 25.

533 Ibid, p 25.

au juge de s'immiscer dans la fonction législative[534]. En conséquence, le détenteur du pouvoir législatif ne devrait pas davantage s'immiscer dans la fonction de juger.

A propos de l'indépendance du juge à l'égard du pouvoir législatif certaines observations peuvent être avancées. Tout d'abord, ce principe affirmé par les différentes constitutions du Mali a-t-il été respecté ? Ensuite y a-t-il adéquation entre les principes directeurs de la séparation des pouvoirs et la pratique des relations entre les institutions ?

Dès lors, l'étude de l'histoire des institutions de la République du Mali devient utile à plus d'un titre, car elle permet de tirer les leçons du passé en vue de renforcer le dispositif actuel, car on ne saurait connaître la situation politique d'un Etat, ni encore moins chercher à le faire progresser, sans tenir compte des précédents.

Il convient de rappeler que sous les premiers régimes postcoloniaux, fondés sur le parti unique de fait, puis de droit, la séparation des pouvoirs n'était qu'une fiction. Tout se décidait au sein du parti dont les projets de loi étaient transmis au gouvernement pour une mise en forme réglementaire ; celui-ci transmettait à son tour les projets à l'Assemblée nationale qui leur donnait l'onction législative[535]. L'initiative des lois n'appartenait en fait qu'au parti et les observateurs ont pu constater que les propositions de lois étaient quasiment inexistantes. En fait, le Parlement n'était qu'une chambre d'enregistrement.

Ce système était caractérisé par l'emprise totale du Parti sur les Institutions républicaines. Il ne pouvait être question d'indépendance de la justice ni de séparation de pouvoirs. Le seul pouvoir digne de ce nom étant le Bureau politique national de l'US-RDA, puis celui de l'UDPM.

S'agissant de la IIIème République, le pouvoir législatif est représenté par l'Assemblée nationale. Elle constitue l'unique chambre du Parlement malien et est aujourd'hui composée de 147 députés issus de partis politiques ou d'indépendants. Les députés sont élus pour cinq ans au suffrage universel direct.

Le juge ne peut donc prendre directement ou indirectement part à l'exercice du pouvoir législatif, ni empêcher ou suspendre l'exécution des lois à peine de forfaiture. Du principe ainsi posé découle cette conséquence importante que le juge ne peut pas s'opposer à l'application des lois au sens large du terme (lois, décrets, ordonnances et arrêtés). Même si un texte lui paraît inopportun, néfaste ou mal fait, le juge doit l'appliquer. Sans doute, comme tous les citoyens, le juge peut-il œuvrer pour en obtenir la modification. Mais, en sa qualité de juge et dans l'exercice de ses fonctions, il ne lui appartient pas d'en écarter l'application.

Dans le dispositif actuel, le juge ne peut empiéter positivement sur le législateur en posant lui-même des règles de droit sous réserve de la jurisprudence. Il ne peut, non plus, empiéter négativement sur lui en privant d'effet les lois adoptées par l'Assemblée Nationale. A peine de déni de justice, il ne saurait tirer prétexte des

---

[534] Ibid, p 25.

[535] Abdoulaye Sékou SOW, *L'Etat démocratique Républicain : la problématique de sa construction au Mali*, op cit., p 336.

lacunes ou des imperfections de la loi pour refuser de statuer[536]. Le principe de l'obligation du juge d'appliquer la loi se traduit notamment dans l'interprétation des textes obscurs, par la recherche de la volonté du législateur à travers l'analyse des débats parlementaires. Il convient de souligner qu'il est à la source de deux problèmes majeurs : celui du contrôle juridictionnel de la constitutionnalité des lois, et celui des relations de la loi avec le droit international.

Comme nous l'avons déjà évoqué dans la première partie de notre étude, le contrôle de la conformité des lois à la constitution est de nature juridictionnelle puisqu'il s'agit de rechercher l'existence éventuelle d'une transgression d'une règle de droit pour en tirer les conséquences qu'elle commande. Mais ce contrôle est réservé strictement au juge constitutionnel.

S'agissant des autres juges, ceux-ci sont confrontés à l'état actuel au problème de conformité de la loi à la Constitution sous forme incidente. Dans un litige, l'une des parties peut prétendre que la loi qui lui est opposée est contraire à une disposition constitutionnelle et qu'elle doit ainsi être écartée par le juge. Dans ce cas, c'est bien la question de l'exception d'inconstitutionnalité qui se trouve être posée.

Nous avons fait des propositions allant dans le sens du renforcement du contrôle juridictionnel de la constitutionnalité. Ici, il s'agira de privilégier les considérations de sécurité juridique. Selon certains auteurs, on peut dissocier le contrôle de la constitutionnalité des lois du reste du contentieux et l'ériger en un domaine particulier soumis à une juridiction unique, qui peut être soit la juridiction existante la plus élevée, soit peut être la juridiction spéciale[537]. Pour éviter que le doute ne pèse indéfiniment sur la constitutionnalité des lois, on prévoit alors un contrôle exercé par voie d'action enfermée dans un délai.

Dans la pensée déduite du contrat social, la loi exprime la volonté générale qui n'est autre que la souveraineté elle-même. Or, un pouvoir souverain ne le serait plus s'il pouvait subir le contrôle d'un autre pouvoir. Le juge malien ne peut examiner si un texte de valeur législative serait contraire à la constitution. Il est préférable que cette question soit réservée davantage au juge constitutionnel. Mais, le principe de la soumission à la loi soulève actuellement des difficultés lorsque le texte que le juge doit appliquer est entaché d'illégalité. Le débat actuel tourne autour de la question de savoir si le juge doit s'y soumettre ou s'il peut l'écarter lorsqu'il estime qu'effectivement son illégalité est manifeste. La réponse à cette question varie selon les cas et de ce point de vue, la doctrine a envisagé trois situations susceptibles à notre avis de se présenter dans le contexte malien.

Le premier cas est celui où il serait prétendu qu'une loi ordinaire votée par l'Assemblée Nationale est contraire à la constitution. La constitution a une autorité supérieure à celle de la loi ordinaire, et si celle-ci méconnaît ouvertement la Constitution, elle est bien évidemment entachée d'illégalité ; elle est dit-on

---

[536] Article 4 du Code civil Français.

[537] G. DRAGO, B. François et N. MOLEFESSIS, *La légitimité de la jurisprudence du Conseil constitutionnel, Avant- propos*, Economica, 1999, p 1. La protection des droits fondamentaux est tellement associée à l'institution de la justice constitutionnelle que l'on a tendance parfois à en faire sa fonction essentielle, p 151.

« inconstitutionnelle ». Cependant, même en pareil cas, la doctrine soutient qu'il n'appartient pas au juge d'écarter l'application d'une loi ordinaire pour non-conformité à la Constitution. Dans le système français, le Conseil d'Etat et la Cour de cassation se sont toujours refusé à vérifier la constitutionnalité des lois votées par le Parlement[538]. S'il en est ainsi, c'est parce qu'il existe un organe spécialement institué pour contrôler la constitutionnalité des lois : il s'agit du Conseil Constitutionnel qui est représenté par la Cour Constitutionnelle dans le cas malien.

Le second cas est celui où la loi paraît contraire aux dispositions d'un traité international. L'article 116 de la Constitution du Mali pose en principe que les traités internationaux sont supérieurs à la loi ; dès lors, toute loi contraire à un traité est illégale ; le juge peut-il alors refuser de l'appliquer ?

Sur ce point, il est admis tant par la doctrine que la jurisprudence que le juge peut refuser d'appliquer une loi interne qui serait contraire à un traité international.

Enfin, la dernière hypothèse est celle où un texte (décret ou arrêté) émanant du pouvoir réglementaire paraît contraire à la loi. Dans ce cas, il existe un recours particulier, à savoir, le recours pour excès de pouvoir. Mais comme nous l'avons déjà vu, ce recours ne peut être porté que devant un juge administratif. Si le problème de la légalité d'un décret devrait être soulevé devant un juge judiciaire, il appartiendrait à celui-ci de surseoir à statuer en attendant que le juge administratif se soit prononcé.

Tout ce qui vient d'être évoqué ne fait pas obstacle à ce que le juge interprète la loi. Si un texte est obscur ou si l'on hésite sur son application au cas d'espèce, il entre au contraire dans la fonction du juge d'en révéler le sens et la portée. Toutefois, il convient de préciser que l'interprétation a des limites .Si le juge peut interpréter les textes, il ne peut pas les dénaturer ou les ignorer, quoi qu'il lui en coûte parfois. En somme, il lui est interdit d'empiéter sur les compétences du législateur.

§ 2. Le caractère partiel de l'indépendance

Les juridictions ne sont pas composées exclusivement de magistrats chargés de juger les affaires. A coté des juges proprement dits, qui rendent des jugement, que l'on appelle les *« magistrats du siège »* parce qu'ils exercent leurs fonctions étant assis *« sur le siège »,* il existe d'autres magistrats qui sont chargés , non pas de juger , mais de veiller à l'application de la loi , et que l'on a coutume d'appeler par opposition , les *« magistrats du ministère public »* ; ceux-ci sont appelés ainsi parce que leur mission consiste uniquement à défendre les intérêts de la collectivité publique et plus spécialement de la loi qui en est l'expression. Ainsi les procureurs généraux devant les cours d'appel et les procureurs de la république devant les tribunaux de première instance sont des magistrats du ministère public. L'ensemble des magistrats du ministère public forme ce qu'on appelle la *« magistrature débout »,* ou juges du parquet.

---

[538] Voir Cons. Etat, 6 nov.1936, Arrighi, DP 1938.3.1, concl Latournerie, note Eisenman ; Cass. Civ.26 Fév.1974, D.1974.273, Concl. Proc. gén. Touffait note Vouin ; Cass, 1ère Civ.12 mai 2004, JCP 2005.II.10030.

La notion d'indépendance de la justice ne s'applique pas de façon uniforme à ces deux catégories de magistrats. L'indépendance varie suivant les fonctions exercées par les uns et les autres. Il convient de saisir la portée de l'indépendance des juges du siège **(A)** et celle des juges du parquet **(B)**.

A. L'indépendance affirmée des juges du siège

En application du principe de la séparation des fonctions judiciaires, les juges du siège sont indépendants des magistrats chargés des fonctions de poursuite ou d'instruction. Les juges du siège ont un rôle de décision, d'écoute et d'arbitrage. Au nom du peuple malien, ils sont chargés de rendre des décisions de justice conformes au droit. Ils sont chargés de trancher les conflits entre les personnes en toute indépendance et de sanctionner les auteurs d'infractions pénales, tout en veillant aux intérêts légitimes des victimes et de la société.

L'indépendance vise à leur permettre de trancher les litiges en toute liberté et à l'abri de toutes instructions et pressions .C'est donc dans sa mission de dire le droit et au moment où le juge remplit cette mission que l'indépendance dont il jouit s'exerce.

Le droit pénal prévoit des règles destinées à assurer l'indépendance des juges du siège. Il s'agit du pouvoir de modifier la qualification des faits et la compétence telles qu'elles sont déterminées par le juge d'instruction ; le principe selon lequel le dossier d'instruction n'est pas amené dans la salle de délibération de la cour d'Assise, l'interdiction pour un magistrat ayant participé à l'instruction d'une affaire, soit par un acte véritable d'investigation, soit par un acte de juridiction de prendre part au jugement de cette affaire.

Selon Maurice AYDALOT : « *un juge doit être indépendant pour la paix de sa conscience, pour la dignité de sa fonction, mais encore et surtout pour la sécurité et la tranquillité du justiciable* ». [539]L'indépendance du juge n'est donc pas une faveur qu'on lui accorde en raison de l'importance et des difficultés de sa fonction ; ce n'est pas non plus qu'on la lui concède à titre personnel, mais elle est faite pour la tranquillité et la sécurité du justiciable.

A ce propos M. Youssouf CISSE, magistrat, relève que l'indépendance n'est pas le pouvoir de tout faire et ce n'est pas non plus le droit d'être systématiquement contre tout[540]. Dans son analyse du système judiciaire malien, il affirme que de plus en plus « *des habitudes s'établissent à telle enseigne qu'on a du mal à s'en défaire* ».[541]

Les observations faites par d'éminents professionnels du droit sur l'indépendance du juge restent d'actualité au regard de certaines pratiques qui n'honorent pas le système judiciaire. Il a été relevé que le droit est souvent bafoué

---

[539] Maurice AYDALOT cité par Youssouf CISSE, *Le système judiciaire au Mali,* in Le hérisson : Alternatives africaines, n°01 du 23 mai 2003, p 8.

[540] Youssouf CISSE, *Le système judiciaire au Mali*, in Le hérisson : Alternatives africaines, n°01 du 23 mai 2003, op cit. p 8.

[541] Ibid.

par les juges du siège dont les décisions sont parfois ambiguës et pleines de contradictions[542].

La véritable indépendance du juge du siège n'est pas tant à l'égard des autres, mais plutôt vis-à-vis de lui-même. Ce serait une catastrophe si l'on donnait à chaque juge de siège le pouvoir de se prononcer comme il l'entend.

Malheureusement nous vivons de plus en plus au Mali des situations qui engendrent un doute sur les décisions de certains juges. La notion d'indépendance a tendance à perdre son sens à cause des actes posés face auxquels le citoyen se résigne. Aussi, est-il important de rappeler aux juges du siège que l'indépendance, c'est le devoir de dire le droit sans considérations personnelles ; c'est poser des arguments de droit en ayant conscience que toutes les solutions qui s'offrent à l'esprit peuvent avoir des incidences sur le plan individuel, le plan social et sur l'Etat.

Rappelons que chaque fois que les juges refusent d'appliquer le droit et se soumettent aveuglément au puissant du jour pour rendre la justice, cela crée une frustration chez le plus grand nombre de personnes et peut engendrer des tensions, voire la révolte[543]. En définitive, si les magistrats du siège bénéficient, au moins théoriquement, de l'indépendance au sens large, ceux du parquet sont soumis à la hiérarchie.

B. La dépendance hiérarchique des magistrats du Ministère public

A la différence des juges du siège qui sont appelés à juger et pour lesquels l'indépendance à l'égard du gouvernement est la règle d'or, les magistrats du ministère public sont des agents du pouvoir exécutif auprès des juridictions[544].

L'indépendance des juges du parquet se situe dans leurs rapports avec les juges d'instruction, ceux chargés de rendre la décision et la victime de l'infraction. En effet, en application du principe de la séparation des fonctions judiciaires, la mise en mouvement de l'action publique par la poursuite engagée contre les acteurs des infractions n'appartient qu'au procureur de la République et à lui seul.

Le juge d'instruction ne peut se saisir lui-même ; c'est donc dans une indépendance absolue par rapport à lui que le Procureur de la République exerce l'action publique[545]. Les seules exceptions à cette règle sont : l'intervention du juge d'instruction en cas de flagrant délit et le pouvoir de la chambre d'accusation saisie

[542] Zeini MOULAYE, Amidou DIABATE Yaya DOUMBIA, *La gouvernance de la justice au Mali*, op cit., p 74.

[543] Cette expression est empruntée à Bani SADR ancien président iranien élu démocratiquement dans son livre « *Le Coran et les droits de l'homme* » cité par Youssouf CISSE, *Le système judiciaire au Mali*, op cit., p 7.

[544] L'action publique est exercée par le Ministère public. Voir sur ce point Jean LARGUIER, *Droit pénal des affaires*, éd. Armand Colin, 1983, p 59.

[545] Jean PRADEL relève que l'origine du Ministère public (ou parquet) est française et remonte au moyen-âge .Il fait allusion à MONTESQUIEU qui en approuvait la création quand il écrivait : « nous avons aujourd'hui une loi admirable, c'est celle qui veut que le prince prépose un officier dans chaque tribunal pour poursuivre en son nom tous les crimes de sorte que la fonction de délateur est encourue parmi nous. Voir Jean PRADEL, *Droit pénal comparé*, éd. Dalloz, 2ed, 2002, p 372.

d'une procédure d'étendre les poursuites à des faits connexes et à des personnes non encore renvoyées devant elle.

C'est aussi en toute indépendance vis-à-vis du magistrat ou de la juridiction chargée de juger le délinquant que le Procureur de la République exerce l'action publique. L'organe de jugement ne peut exercer de poursuite pénale qu'en cas d'infractions commises à l'audience et de crimes ou délits imputés aux accusés qui se révéleraient au cours des débats.

Enfin, le ministère public est indépendant vis-à-vis de la partie victime de l'infraction. Cette troisième forme de son indépendance signifie qu'en aucun cas l'attitude de la victime ne le lie. Que l'action publique ait été mise en mouvement par une constitution de partie civile, que la victime se désiste, acquiesce ou reste inactive, le ministère public est le seul à décider de soutenir l'accusation, de requérir une condamnation, d'exercer une voie de recours ou d'engager les poursuites.

C'est dire que l'indépendance des juges du ministère public découle du principe de la séparation des fonctions judiciaires, conçue afin d'assurer une meilleure protection des libertés individuelles.

Mis à part ces trois relations, l'indépendance des juges du ministère public reste limitée. En effet, dans la conception traditionnelle, *« les magistrats du parquet sont placés sous la direction et le contrôle de leurs chefs hiérarchiques »*[546]. Il en résulte pour les magistrats qui le composent une subordination hiérarchique au Gouvernement par l'intermédiaire du Ministre de la Justice, Garde des sceaux. Cette subordination hiérarchique a pour conséquence que chaque membre du parquet peut recevoir des instructions du garde des sceaux. Si par exemple celui-ci enjoint à un Procureur de la République d'engager des poursuites ou au contraire de s'en abstenir, celui-ci est tenu d'y déférer sous peine de sanction disciplinaire. C'est pourquoi, dans l'exercice de leurs fonctions, ils reçoivent de leurs chefs hiérarchiques des ordres et instructions auxquels ils sont tenus d'obéir .Toutefois, ils ont la liberté de parole. Et pour mieux asseoir cette dépendance, on en tire cette autre conséquence que les magistrats du ministère public ne sont pas inamovibles comme le sont les magistrats du siège. Ils peuvent notamment être déplacés pour être affectés à un autre poste.

On mesure là toute la différence entre un magistrat du parquet soumis à une subordination hiérarchique et un magistrat du siège qui, du fait même qu'il est appelé à rendre des jugements, ne peut recevoir aucun ordre de qui que ce soit à propos de sa décision.

Cette dépendance hiérarchique est toujours source de surprise. L'opinion publique souvent mal informée de cette particularité, comprend difficilement qu'un ministre de la justice puisse donner des instructions à un procureur. La dépendance du juge semble ici être une chose contre nature[547].

Généralement, on soutient l'idée de dépendance hiérarchique en faisant observer que, chaque parquet ayant la maîtrise des poursuites en matière pénale,

---

[546] Article 10 de la loi n° 02-054 du 16 décembre 2002, portant statut de la magistrature.
[547] Voir sur ce point Roger PERROT op cit., p 40 et suiv.

seule sa subordination à une autorité politiquement responsable au plan national permet de promouvoir une politique répressive cohérente et de conférer une légitimité à ses initiatives.

Il reste que dans les périodes où certaines « affaires », dites sensibles, peuvent mettre en cause des personnalités politiques, cette dépendance hiérarchique du ministère public, jointe au principe de l'opportunité de poursuites, forment un mélange explosif, dans la mesure où pour l'opinion publique, elle accrédite le sentiment que les poursuites seront engagées ou non selon les instructions émanant d'une autorité politique[548].

Cette situation alimente les suspicions sur l'indépendance des procureurs. Le cas du juge Malick COULIBALY a suscité des interrogations sur la dépendance hiérarchique et l'indépendance du procureur[549]. Celui-ci a reçu instruction du procureur, son supérieur hiérarchique de faire appel comme l'autorise la procédure en la matière lors qu'il représentait le parquet dans un procès. Estimant que l'instruction donnée lui posait un problème de conscience, il a refusé de faire appel. Plus tard, il présenta sa démission. Mais pourquoi avoir par la suite démissionné ? A-t-il subi des pressions de sa hiérarchie ?

Le juge Malick COULIBALY affirme n'avoir subi aucune pression du parquet .Il indique qu'il ne s'est pas opposé non plus à la décision de mise en liberté provisoire. Toutefois, il confirme avoir pris personnellement la décision de démissionner. Le parquet estime pour sa part, qu'il a tout simplement violé les règles de fonctionnement du Ministère public[550].

Cette affaire a fait resurgir la question de l'opportunité de supprimer toute dépendance hiérarchique. Dans le contexte malien cela conduit à s'interroger sur deux problèmes qui sont loin d'être mineurs. D'abord, la pratique des directives individuelles relatives à des affaires en cours. Et ensuite la nécessité d'améliorer les garanties de carrière des magistrats du ministère public en ne faisant plus dépendre leur nomination ou leur avancement de la seule volonté discrétionnaire du gouvernement.

Mais cette dernière orientation passe nécessairement par un renforcement du Conseil Supérieur de la Magistrature chargé de garantir l'indépendance du juge.

---

[548] Me Brehima KONE Président de l'AMDH, lors du débat de l'ORTM sur la corruption et la délinquance financière, avril 2008.

[549] Le 29 Septembre 2008, Malick Coulibaly avait officiellement démissionné de sa fonction de substitut du procureur de la République de Kati sur fond de dénonciation des pratiques malsaines au sein de la justice : l'instrumentalisation de l'appareil judiciaire. Mais, il ne démissionnait pas du corps de la magistrature, car dans sa première lettre de démission, il disait se mettre « à la disposition de son pays… ». Mais l'autorité lui demandera de « préciser davantage les termes de la démission ». Le jeune juge s'est exécuté en précisant les termes de sa démission. Par la suite il a démissionné purement et simplement du corps de la magistrature.

[550] Voir *L'Essor* n°16297 du 08 octobre 2008.

Section 2 : Les garanties de l'indépendance du juge.

Quand il est question de l'indépendance du juge, il ne suffit pas, comme on le fait généralement de considérer exclusivement les rapports du juge avec les pouvoirs politiques. Cet aspect est certes essentiel, mais il n'est pas le seul. La nature humaine ne variant guère d'une société à l'autre, la tentative de tirer personnellement profit d'une charge publique ne connaît pas de frontière. Nul doute que le caractère personnel des individus joue un rôle essentiel dans l'exercice de leur fonction.

Le juge est un homme avec sa sensibilité propre, ses faiblesses naturelles et ses qualités certaines. En tant que citoyen, le juge vit au sein d'une société dont il partage les espérances et les craintes mais aussi les pulsions et les humeurs, voire idéologiques. Sous cet aspect, l'indépendance du juge est essentiellement une question de caractère personnel, doublée d'un comportement empreint de prudence et de sagesse. Pour cette raison, on a pu suggérer très justement l'élaboration des règles et normes éthiques mais aussi et surtout la mise en place d'une véritable déontologie.

L'indépendance vise à préserver la confiance du public dans l'impartialité de la magistrature. Elle sert ainsi à renforcer la perception du public que les juges rendent leurs décisions en leur âme et conscience, sans possibilité qu'ils aient été influencés de quelque façon par des facteurs étrangers aux litiges dont ils sont saisis. Pour cette raison, il ne suffit pas que la magistrature soit effectivement indépendante. Il faut aussi qu'elle apparaisse l'être. Dès lors, l'indépendance personnelle vise la sérénité d'esprit et de conscience d'un juge affranchi de toutes pressions hiérarchiques au moment où, dans l'intimité de sa conscience, il doit prendre, en toute tranquillité, la décision que lui imprime la foi de son serment.

L'indépendance du juge dans une large mesure, dépend de l'application des principes fondamentaux relatifs à l'indépendance **(§1)** dont les manquements peuvent entraîner la responsabilité du juge **(§2).**

§1. L'application des principes fondamentaux relatifs à l'indépendance de la justice

Comme nous l'avons relevé, l'indépendance est, en principe, conférée aux magistrats pour leur permettre de dire le droit en toute tranquillité. Ce qui suppose l'existence chez eux d'une conscience aiguë de leurs responsabilités. Lorsque cette conscience fait défaut, la loi cesse d'être le repère, elle est remplacée par la recherche d'un profit personnel qui traduit la vénalité du système judiciaire.

Une justice rendue par des juges indépendants est considérée comme une nécessité inhérente à toute société[551]. Qui plus est, comme l'acte de juger est un acte éminemment social, les garanties d'indépendance doivent aussi s'adapter et évoluer en harmonie, en s'inscrivant dans la mouvance sociale.

---

[551] Michèle RIVET, *« Les normes relatives à l'indépendance de la magistrature : une vision internationale pour le juge. »*, Communication au Colloque international sur l'indépendance de la magistrature au Maroc, à la lumière des normes internationales et des expériences régionales, Rabat, 2 au 4 février, 2006.

L'indépendance judiciaire doit être comprise au-delà de la lettre, c'est-à-dire au-delà de l'ensemble des normes ou des règles qui encadrent l'exercice de la fonction judiciaire. Bien qu'essentielles, ces normes ont principalement un rôle d'énonciation, d'encadrement et de régulation des principes mêmes qu'elles sous-tendent. Mais il est d'abord important d'en saisir, l'esprit.

Sous cet angle, l'indépendance de la justice implique au-delà de la lettre, le respect de deux principes fondamentaux : l'impartialité **(A)** et l'inamovibilité du juge **(B).**

A. L'impartialité du juge

Le concept de *« l'impartialité »* de la justice se réfère à un état d'esprit ou attitude du juge en relation avec les questions et les parties dans une affaire particulière. L'impartialité veut dire que le juge ne doit pas entretenir des idées préconçues concernant la question qui lui est confiée et ne doit pas agir de façon à promouvoir les intérêts de l'une des parties. Il ne doit pas avoir de préférence pour l'une ou l'autre des parties au procès. La notion contient ainsi un élément subjectif et objectif ; non seulement le juge ne doit avoir aucun préjugé ou idée préconçue, mais il doit aussi être impartial d'un point de vue objectif.

Le principe de l'impartialité est consacré par les principes fondamentaux relatifs à l'indépendance de la magistrature en ces termes : *« L'appareil judiciaire jugera les affaires portées devant lui de façon impartiale en fonction des faits conformément à la loi, sans restrictions, influences abusives, pot-de-vin, pressions, menaces ou ingérences de la part de n'importe qu'elle instance ou n'importe qu'elle raison »*[552].

Pour comprendre ce que signifie l'*impartialité* du *juge*, il importe de distinguer les deux notions à savoir l'indépendance et l'impartialité. Le *juge* est indépendant en ce qu'il ne subit pas de pressions de la part des autres pouvoirs, législatif ou exécutif. Dès lors, l'indépendance du *juge* apparaît comme une condition nécessaire mais pas suffisante à l'*impartialité* du *juge*. En effet, il existe des juges indépendants mais pas impartiaux. Cela ne signifie pas non plus que le *juge* doive renoncer à être une personne humaine et subjective. La subjectivité est présente de fait et n'est pas à bannir, elle est nécessaire pour humaniser des règles ou des sanctions. L'*impartialité* est donc distincte de l'indépendance et de la subjectivité. L'*impartialité* s'entend plutôt en rapport à la mission du *juge* qui est de trancher les contestations par application d'une règle de droit, à l'issue d'un débat respectueux de l'équité et des droits de la défense. Ainsi un *juge* impartial doit être apte à être convaincu par un fait, un argument, une interprétation juridique qu'une partie va lui présenter. L'*impartialité* n'interdit pas de ne pas avoir d'opinions mais interdit de ne pas vouloir en changer, c'est-à-dire d'être dès le départ hors de portée du débat ou encore, d'avoir un préjugé. Sous ce rapport l'impartialité du juge implique nécessairement le respect de l'égalité entre les parties au procès et devant la loi.

---

[552] Les principes fondamentaux des Nations Unis relatifs à l'indépendance des juges.

Le Pacte international relatif aux droits civils et politiques, pose le principe de l'égalité des parties au procès : *« Toute personne a droit à ce que sa cause soit entendue équitablement et publiquement par un tribunal compétent, indépendant et impartial établi par la loi, qui décidera, soit du bien fondé de toute accusation en matière pénale dirigée contre elle, soit des contestations sur ses droits et obligations de caractère civil.. »*[553].

La Charte Africaine des Droits de l'Homme et des Peuples dispose : *« Toute personne a droit à ce que sa cause soit entendue. Ce droit comprend... le droit d'être jugé dans un délai raisonnable par une juridiction impartiale »*[554]. Le juge ne doit pas avoir de préférence pour l'une ou l'autre partie en procès. Cette exigence est assortie de certains mécanismes qui tendent à protéger les justiciables contre l'arbitraire du juge ou contre sa subjectivité ou dans certains cas, contre son incompétence ou ses faiblesses. Ces mécanismes sont la récusation, l'obligation de motivation de décision et les voies de recours contre les décisions.

De plus en plus, les justiciables soupçonnent le juge désigné pour trancher son litige, d'animosité à son endroit ou de sympathie pour la partie adverse. La plupart d'entre eux doutent qu'il tranche par conséquent en toute objectivité. Une protection légale est assurée au justiciable contre ce risque de subjectivité du juge, par la voie de la récusation et dans les cas limitativement énumérés[555]. En pratique, cette possibilité est peu connue des justiciables et peu usitée par ceux-ci.

Le juge doit se montrer impartial aussi bien dans la décision qu'il est appelé à prendre que tout au long du processus décisionnel. Les décisions des instances juridictionnelles doivent reposer exclusivement sur les éléments de preuve, les arguments et les faits objectifs qui leur sont présentés. Les juges doivent régler les affaires dont ils sont saisis sans restriction et sans être l'objet d'influences, incitations, pressions, menaces ou interventions indues, directes ou indirectes, de la part de qui que ce soit ou pour quelque raison que ce soit.

L'impartialité constitue aussi un des facteurs d'indépendance, même si elle est à distinguer de cette dernière comme nous l'avons indiqué. Si l'indépendance de la justice signifie l'exclusion de tout lien de dépendance vis-à-vis des pouvoirs législatif et exécutif, ou vis-à-vis de tout autre acteur ou phénomène, l'impartialité en appelle à la conscience du juge qui doit s'assurer que la décision qu'il a prise n'a subi l'influence d'aucun élément étranger dans l'exacte application de la règle de droit aux faits de l'affaire qui lui est soumise. L'impartialité, à propos des menaces internes, soulève quelques questions, notamment lorsque le juge reproduit à l'intérieur de sa juridiction ou dans les procès, des éléments liés à son origine ou milieu religieux, partisan ou syndical.

---

[553] Art 14.1 du PIDCP.

[554] Art 7 de la Charte Africaine des Droits de l'Homme et du Peuple (CADHP).

[555] Selon l'article 595 du Code de procédure pénale : *« tout juge ou conseiller peut être récusé pour les causes ci-après : quand il aura intérêt personnel à la contestation, s'il est conjoint, descendant ou ascendant, frère ou sœur, tuteur ou pupille de l'une des parties ».*

Dans ce cas, l'impartialité du juge peut être contestée par les parties au procès si elles ont des motifs de douter de l'équité du juge ou de l'instance juridictionnelle sur la base de faits pouvant être prouvés. Pour déterminer l'impartialité d'une instance juridictionnelle, il convient de tenir compte de trois facteurs pertinents. D'abord, si le juge est en mesure de jouer un rôle essentiel dans la procédure. Ensuite, si le juge peut avoir une opinion préconçue risquant de peser lourdement sur la décision. Enfin, si le juge doit statuer sur une décision qu'il a prise dans l'exercice d'une autre fonction. En revanche, l'instance juridictionnelle n'est pas considérée comme impartiale si un ancien procureur ou avocat siège en qualité de juge dans une affaire où il a exercé les fonctions de parquet ou d'avocat ; si le magistrat a participé secrètement à l'instruction de l'affaire ; s'il existe entre le magistrat et ou une des parties un lien qui risque de préjuger la décision. Aussi, lorsqu'un magistrat siège en qualité de membre d'une juridiction d'appel pour connaître d'une affaire qu'il a déjà tranchée ou dans laquelle il a été impliqué dans une juridiction inférieure.

Le justiciable dispose également d'un autre moyen. Il s'agit de l'obligation de motivation des décisions qui implique que le juge fasse connaître les motifs en fait et en droit sur lesquels il s'est appuyé pour donner tort ou raison à l'une ou l'autre des parties. Il s'agit là d'une garantie ou d'un moyen de contrôle du bien-fondé de la décision tant pour les parties que pour l'opinion, mais surtout pour les juridictions supérieures qui peuvent réparer les insuffisances ou les erreurs du juge inférieur et dans le pire des cas, son parti pris. Les arrêts et jugements en toutes matières sont prononcés publiquement et doivent être motivés sous peine de nullité, sauf les arrêts criminels.

Enfin, les voies de recours à travers l'institution du double degré de juridiction apparaît comme un élément fondamental de garantie de bonne justice puisqu'elle permet au justiciable d'obtenir la reformation, la rétraction ou la cassation d'une décision de justice. Cependant, l'exercice des voies de recours rencontre, en pratique, divers obstacles qui poussent souvent le justiciable à la résignation, notamment la lenteur de l'appareil judiciaire, son coût et ses procédures.

En définitive, les notions d'impartialité et d'égalité sont des aspects essentiels du droit à un procès équitable. Cela veut dire que tous les juges concernés doivent agir objectivement et fonder leurs décisions sur des faits pertinents et la loi applicable, sans préjugés personnels ou des idées préconçues et sans défendre les intérêts d'aucune des parties.

A cet égard, seule la protection du statut des juges est en mesure d'assurer l'impartialité de leurs décisions. Pour cela, il convient de veiller à leurs conditions de recrutement, de nomination et de formation.

B. L'inamovibilité du juge

L'une des garanties fondamentales de l'indépendance du juge est l'inamovibilité qui signifie qu'un juge ne peut recevoir une nouvelle affectation même en promotion ou en avancement, sans son consentement[556].

L'inamovibilité apparaît dès lors comme un principe fondamental car le juge, ne peut être ni révoqué, ni suspendu, ni mis à la retraite prématurément, ni déplacé arbitrairement, en dehors des cas et sans observation de formes et conditions prévues par la loi. A ce propos, le professeur Albert MAYRAND analysant l'arrêt Valente relève que deux conditions ont été énoncées à propos de l'inamovibilité des juges. Premièrement, un juge ne peut être révoqué que pour un motif valable et ce motif doit être « *lié à sa capacité d'exercer les fonctions judiciaires* ». Deuxièmement, un juge ne peut être révoqué qu'après une enquête judiciaire au cours de laquelle le juge visé a pleinement l'occasion de se faire entendre[557]. En résumé, les charges du juge doivent être « *à l'abri de toute intervention discrétionnaire ou arbitraire de la part de l'exécutif ou de l'autorité responsable des nominations* »[558].

L'inamovibilité du juge constitue essentiellement une garantie de son indépendance. Elle permet aux justiciables de pouvoir compter sur des juges qui ne sacrifieront point la justice, ni la vérité à des considérations particulières. Les magistrats du siège qui bénéficient de ce principe jouissent par conséquent d'une protection renforcée de leur indépendance. En effet, sauf faute disciplinaire du second degré, ils ne peuvent, avant trois ans, recevoir une affectation nouvelle, même par voie d'avancement sans leur consentement préalable et après avis du Conseil Supérieur de la Magistrature. Il n'en est autrement qu'en cas de nécessité de service constatée et après avis conforme et motivé du Conseil Supérieur de la Magistrature. Quant à la révocation des magistrats, celle-ci est soumise à une décision du seul Conseil Supérieur de la Magistrature.

Cependant, le principe de l'inamovibilité tel que défini n'a pas toujours reçu une application heureuse suivant les contingences du moment à cause notamment de la notion de *nécessité de service* laissée à l'appréciation de l'autorité de nomination. Les magistrats maliens sont régulièrement mutés contre leur gré par le ministre de la Justice. Cette pratique a connu un essor remarquable sous les trois républiques.

Par ailleurs, l'existence du juge de paix à compétence étendue semble être en contradiction avec l'indépendance entre les fonctions de poursuite, d'instruction et de jugement. Cependant, au moins sur deux points cette indépendance est assurée .D'abord le caractère de la décision de renvoi qui veut que cette dernière lie la juridiction du jugement tant en ce qui concerne les personnes poursuivies que les

---

[556] B. FALL, « *Le juge, le justiciable et les pouvoirs publics : pour une appréciation concrète de la place du juge dans les systèmes politiques en Afrique* », in Les défis des Droits fondamentaux, Actes des Deuxièmes journées scientifiques du réseau Droits fondamentaux de l'Agence Universitaire de la Francophonie (AUF), tenues à Québec du 29 septembre au 2 octobre 1999, AUPELF-UREF éd. Bruylant/AUF, 2000, p. 309-346.

[557] Arrêt Valente c. la Reine, note 2, 697 cité par A.MAYRAND op. cit. p 18.

[558] Ibid. p 698.

faits incriminés. Ensuite le pouvoir de la juridiction de jugement de contrôler, de compléter l'instruction.

Aussi, est-il évident que dans un système de carrière, l'inamovibilité est une garantie minimale. Savoir que l'on ne sera pas autoritairement déplacé ne suffit pas si l'on n'arrive jamais à obtenir la mutation que l'on désire ou l'avancement que l'on mérite. Au Mali, la mutation revêt techniquement la forme d'une nouvelle nomination. On est donc renvoyé à la question des garanties en matière de nominations. Il est certain que l'intervention d'une instance indépendante telle que le Conseil Supérieur de la Magistrature (C.S.M) dans les procédures de nomination peut procurer des garanties importantes, l'autorité politique se bornant alors à ratifier les avis ou les propositions du Conseil supérieur. Mais le magistrat qui pendant une certaine période de sa vie, bénéficie d'un détachement vers l'administration ou peut suspendre sa carrière pour exercer un mandat politique, a en mains des atouts de carrière significatifs. Cette possibilité qui existe au Mali offre l'avantage d'une formation et expérience intéressante mais ouvre cependant la porte au favoritisme pour ceux qui ont su créer de la sorte un réseau d'appuis.

Dans les rapports liant le juge à ses supérieurs, la décision que celui-ci est appelé à prendre à propos d'un litige qu'il a la charge de trancher ne peut relever que de sa seule conscience ; il n'a de compte à rendre ni à son chef de juridiction, ni à qui que ce soit. Tout cela pour dire que le bon fonctionnement de la justice et, par conséquent, l'administration d'une « bonne justice », dépendent dans une très large mesure, de l'intégrité du juge lui-même face à ses obligations statutaires et à l'intérêt du service public. De là, on estime qu'il peut constituer un élément interne de crédibilité de la justice, si son intégrité professionnelle n'est pas mise en cause, ou s'il n'y a pas une menace interne à l'indépendance de sa juridiction et donc de sa propre indépendance, dans le cas contraire.

Le principe de l'inamovibilité doit être compris en ce sens que le juge ne peut faire l'objet d'une mesure individuelle quelconque prise à son encontre par le Gouvernement (révocation, suspension, déplacement, mise à la retraite prématurée), en dehors des cas et conditions prévus par la loi. Il ne peut être muté géographiquement, même en avancement, sans son consentement.

Toutes ces règles ont vocation à garantir l'indépendance des juges vis-à-vis du gouvernement, de leurs supérieurs hiérarchiques et des justiciables. Cependant, dans la pratique, le juge malien est décrié parce qu'il manifeste peu l'indépendance qui garantirait son impartialité. A cause de son statut, il ne peut échapper à l'emprise, directe ou indirecte des autorités politiques. Le juge est sous le contrôle d'un Conseil Supérieur de la Magistrature, présidé par le chef de l'Etat et dont la fonction primordiale est de garantir le respect des règles de fonctionnement du service public de justice et la protection des magistrats contre les éventuelles pressions du pouvoir politique.

L'inamovibilité, avons-nous dit, a pour but d'assurer l'indépendance des magistrats et de garantir une bonne justice aux justiciables. Toutefois, elle ne doit pas aboutir à perpétuer l'indignité des magistrats. Il fallait tout de même prévoir une fissure à cette inamovibilité et la réglementer. Lorsqu'il y a des magistrats indignes, il faut qu'on puisse les écarter ou sanctionner leurs mauvais comportements. Comme nous y tenons, l'indépendance du juge n'est pas seulement une question de statut. C'est aussi un état d'esprit. L'Etat est donc interpelé en tant que porteur d'obligations en vue de promouvoir des politiques concrètes en faveur de l'indépendance des juges. Mais le juge lui aussi est appelé à une véritable reconversion.

§ 2. La responsabilité du juge

L'éminence des fonctions judiciaires met à la charge des magistrats des devoirs supérieurs à ceux qui incombent aux autres fonctionnaires[559]. Les nombreuses obligations et sujétions liées à la fonction du juge sont édictées par le régime disciplinaire. Le régime disciplinaire est constitué de l'ensemble des *« principes de déontologie judiciaire »,* destinés à fournir une ligne de conduite aux juges. Ces principes regroupent l'ensemble des règles imposant aux magistrats une conduite compatible avec la fonction judiciaire et visent à assurer la confiance des citoyens dans l'institution[560]. Ils obligent donc le juge à se comporter de manière à ce que la confiance en son indépendance ne soit pas compromise[561]. Ces dispositions sont applicables aussi bien dans l'exercice des fonctions professionnelles que dans la vie privée.

Le juge doit également respecter le secret des délibérations et du vote, et ce, même après la fin de ses fonctions. En outre, le juge ne peut donner des consultations juridiques à côté de son activité professionnelle ou de fournir des renseignements juridiques en échange d'une rétribution.

La responsabilité disciplinaire est engagée chaque fois qu'une faute disciplinaire aura été commise par le juge. Il s'agit de toute violation grave des règles de procédure, tout abus de droit notoire, tout manquement avéré de diligence dans l'accomplissement de sa mission[562].

---

[559] Voir Demba SY, *La condition du juge en Afrique : l'exemple du Sénégal*, Revue Afrilex n°03, 2003, p. 44.

[560] Le 1er décembre 1998, le Conseil canadien de la magistrature a rendu public ses « principes de déontologie judiciaire ». Développés dans une brochure de 50 pages, ils sont répartis en cinq catégories qui sont largement partagé par le CSM du Mali :
- l'indépendance c'est-à-dire le refus de toute influence extérieure ;
- l'intégrité, les magistrats étant invités à s'assurer du caractère irréprochable de leur conduite et à être eux-mêmes des justiciables exemplaires ;
- la diligence, qui doit caractériser toutes leurs activités professionnelles et qui traduit l'adhésion des juges au fonctionnement et aux valeurs de l'institution ;
- l'égalité de traitement et l'absence de discrimination ;
- l'impartialité, droit constitutionnellement garanti aux justiciables, qui exclut notamment toute activité partisane de la part des magistrats et oblige ces derniers à se récuser en cas de conflit d'intérêts. En même temps que ces principes ont été publiés, un comité consultatif, chargé de conseiller les magistrats sur leur application pratique, a été créé. Ce comité réunit dix juges issus des différentes régions du Canada. Sans lien direct avec le Conseil canadien de la magistrature, il dispense ses conseils sur demande.

[561] La procédure disciplinaire applicable aux magistrats est prévue aux articles 71 à 84 du Statut de la Magistrature.

[562] L'article 71 de la loi n° 02-054 du 16 décembre 2002 portant Statut de la magistrature dispose : *« Tout manquement par un magistrat aux devoirs de son état, à l'honneur, à la délicatesse ou à la dignité constitue une faute disciplinaire. Constitue de la part du magistrat une faute professionnelle, toute violation grave des règles de procédure, tout abus de droit notoire, tout manque avéré de diligence dans l'accomplissement de sa mission. Sans préjudice des poursuites pénales ou civiles éventuelles, toute faute*

Dans l'exercice de ses fonctions, le juge peut se rendre coupable de manquements aux règles de son statut et de la déontologie de sa profession. La question se pose alors de savoir dans quelle mesure le plaideur, victime d'un tel préjudice, peut mettre en cause la responsabilité du juge. Cependant, il faut être prudent sur cette question.

Tout jugement entraîne naturellement des conséquences préjudiciables pour le plaideur qui succombe. Il est indispensable de tenir le juge à l'abri des poursuites inconsidérées exercées par le plaideur déçu qui chercherait à assouvir une vengeance personnelle en mettant en cause la responsabilité du juge, un mal jugé ne constitue jamais une faute personnelle. Et s'il devait en être autrement la justice y perdrait son prestige et le juge, sa sérénité. Pour toutes ces raisons, le juge doit rendre compte de ses actes **(A).** Cette exigence nécessite que l'Etat en tant que porteur d'obligation puisse veiller sur les comportements du juge dont la réalisation pourrait occasionner sa responsabilité pour fonctionnement défectueux du service public de la justice **(B).**

A. Le renforcement du Conseil Supérieur de la Magistrature (C.S.M)

L'indépendance des juges exige que l'autorité chargée de veiller sur l'activité des magistrats soit ferme et vigilante. L'institution qui doit assurer organiquement l'indépendance de la justice est le Conseil Supérieur de la Magistrature.[563]

Dans sa formation actuelle, le Conseil Supérieur de la Magistrature ne dispose pas des moyens nécessaires pour mieux contrôler l'applicabilité des principes déontologiques par les juges. Cette structure est sclérosée dans la mesure où les juges ne se condamnent pas entre eux (les loups ne se mangent pas entre eux, dit-on). Il faut impérativement redéfinir sa composition afin de retrouver l'équilibre nécessaire pour son bon fonctionnement.

Dans tous les cas, la loi reconnaît que toutes les garanties du droit disciplinaire moderne sont reconnues au magistrat poursuivi : communication du dossier, assistance d'un défenseur, recours possibles etc....Par ailleurs, la connaissance par le juge de ses droits et devoirs n'est pas le seul facteur qui facilite sa participation. La conscience professionnelle et la déontologie auxquelles obéit la majorité des magistrats confèrent à la plupart d'entre eux une indépendance que l'inamovibilité ne saurait suffire à elle seule à garantir.

Comme l'ont révélé de nombreuses études sur la justice malienne[564], le CSM éprouve un besoin de renforcement dans la gestion des positions des juges et

---

professionnelle peut donner lieu à des poursuites et des sanctions disciplinaires conformément au présent Statut ».

[563] Le C.S.M. a été instauré, la première fois, par la loi n°79-10/AN-RM du 29 novembre 1979 portant Statut de la Magistrature. Aujourd'hui, c'est la constitution qui l'institue en son article 82. La loi organique à laquelle la constitution renvoie a été adoptée le 07 octobre 2003 (loi n° 03-033). Ce second bouclier contre les entreprises éventuelles de l'exécutif est conçu en ces termes : *« le Président de la République est garant de l'indépendance du pouvoir judiciaire. Il est assisté dans cette fonction par le Conseil Supérieur de la Magistrature, chargé de défendre les magistrats contre les influences extérieures relatives au recrutement et à l'avancement des juges ».*

[564] On peut citer entre autres Zeiny MOULAYE, Amidou DIABATE et Yaya DOUMBIA, *La gouvernance de la Justice au Mali*, FES 2007 ; Moctar COULIBALY, *Etude de la problématique de l'accès à la justice*, PRODEJ, 1999 ; Me TRAORE Kadidia DOUCOURE, *Indépendance et*

dans l'application du régime disciplinaire des juges. Le législateur malien, en cherchant à affranchir le juge du pouvoir exécutif, n'a pas voulu davantage restituer la servitude au regard de la corporation judiciaire.

Aussi, a-t-il été établi un organisme hybride composé de sept magistrats élus par leurs collègues et sept membres dépendant du pouvoir politique dont le président de la République assure la présidence et le ministre de la justice, la vice-présidence. L'équilibre ainsi établi ne peut être rompu que par la voix prépondérante du président[565]qui est, aussi, le Président du Conseil Supérieur de la Magistrature.

La prérogative ne surprend pas si on sait que le chef de l'Etat est le premier magistrat de la République. Cette qualité fait de lui le gardien de la constitution et le garant, non seulement des libertés et droits, mais aussi de l'indépendance du pouvoir judiciaire. Il s'agit là d'une disposition extrêmement importante car c'est du premier magistrat de la République que dépend le sort de la magistrature. Placé au sommet de la pyramide de l'Etat (pouvoir législateur, pouvoir exécutif et pouvoir judiciaire), le Président de la République demeure, malgré le principe de la séparation des pouvoirs, le chef suprême de l'administration. Sa position est donc extrêmement importante autant que délicate car incarnant la puissance, il pourra naturellement tendre davantage vers l'exécutif que vers le judiciaire alors que son rôle devra être le maintien du juste équilibre entre les deux pouvoirs.

L'objectivité du CSM peut être mise en doute dès lors qu'il est présidé, par le chef de l'Etat. Dans certains pays, comme le Sénégal, le CSM est composé de membres de droit, ainsi que des membres élus; dans d'autres pays comme la Guinée et le Mali c'est le chef de l'Etat qui nomme le ministre de la justice vice-président du CSM et désigne les autres membres par décret. On constate ainsi que dans le cas malien, le CSM est très symbolique dans la mesure où, il apparaît véritablement chevillé à l'exécutif et plus précisément au chef de l'Etat.

En cette ère de réformes des systèmes de justice, la magistrature malienne aspire à un renforcement des pouvoirs du Conseil Supérieur de la Magistrature au détriment des pouvoirs du ministre de la justice[566].

---

responsabilité du juge, point de vue de la société civile, PRODEJ, Bamako, 1999, Etude institutionnelle du Ministère de la justice 2001.

[565] Le Conseil Supérieur de la Magistrature est présidé par le Président de la République et comprend en outre huit membres de droit et treize membres magistrats élus par leurs pairs pour trois ans. Les membres de droit sont en plus du Président de la République et du Ministre de la Justice : Le Premier président de la Cour suprême, le Secrétaire Général du gouvernement, le Procureur Général près la Cour suprême, le Directeur National de l'administration de la Justice, l'Inspecteur en chef des services judiciaires, le Directeur National de la Fonction Publique et du personnel, le magistrat le plus ancien dans le grade le plus élevé et le magistrat le plus jeune dans le grade le moins élevé. Concernant les autres membres, ils sont élus par trois collèges électoraux où sont répartis les magistrats. Mais ne sont éligibles que les magistrats en position d'activité qui ont au moins cinq ans d'ancienneté dans le corps, à l'exclusion de ceux ayant fait l'objet de sanction disciplinaire, à moins que la sanction n'ait été convertie par la réhabilitation prévue à l'article 84.

[566] Bien des causes peuvent être trouvées. Quelques unes paraissent particulièrement évidentes. En premier lieu, on peut affirmer que l'adhésion à un conseil supérieur de la magistrature plus indépendant du pouvoir exécutif est le rejet de l'immobilisme du corps judiciaire et de sa subordination au pouvoir exécutif. Le CSM doit être pour le magistrat la source approfondie de réflexions sur l'exercice de sa fonction.

La présence au sein du Conseil de personnalités étrangères telles que le Secrétaire Général du Gouvernement, le Directeur National de la Fonction Publique souhaitée par certains juristes maliens était mal ressentie au départ. En effet, l'argument avancé est que s'il est aisé de comprendre que cet organe est un lieu de collaboration des pouvoirs, il est moins défendable de n'en faire partie que des représentants de l'exécutif.

Les auteurs de l'Ouvrage collectif sur la gouvernance de la justice au Mali ont proposé d'introduire dans la composition du Conseil des membres du parlement en plus des deux représentants de l'exécutif que sont le Président de la République et le Garde des Sceaux, en vue de familiariser les deux autres pouvoirs à la gestion de la justice. D'autres ont prôné d'y associer certains membres de la famille judiciaire[567] tels que le Barreau, l'ordre des notaires et celui des Huissiers etc. A leur entendement, une telle recomposition ferait du Conseil le lieu de rencontre et de dialogue entre toutes les parties intéressées à une bonne distribution de la justice[568].

Il est admis que le Conseil Supérieur de la Magistrature ne pourra pleinement jouer un rôle dans la gestion de la carrière des magistrats avant sa restructuration, pas plus qu'il ne saura gérer avec sérénité le régime disciplinaire des magistrats. A propos de la gestion du régime disciplinaire, il serait souhaitable d'instituer un tribunal disciplinaire chargé de juger les magistrats.

Le Mali pourrait s'inspirer de l'expérience de certains pays tels que l'Allemagne où, il existe un tribunal disciplinaire des magistrats, qui est une chambre spécialisée de la Cour fédérale de justice régie par les articles 61 et suivants de la loi fédérale sur les juges. Il est composé d'un président, de deux assesseurs permanents et de deux assesseurs non permanents.

Le président et les assesseurs permanents font partie de la Cour fédérale de justice. La procédure disciplinaire débute par une phase administrative. Une phase juridictionnelle lui succède, lorsque la hiérarchie estime que les faits reprochés sont trop graves pour être punis d'un simple blâme.

B. La responsabilité de l'Etat pour fonctionnement défectueux du service public de la justice.

La spécificité de la fonction juridictionnelle a toujours imposé un régime particulier de mise en œuvre de la responsabilité de ceux qui l'exercent, comme de l'État lui-même dont elle constitue un pouvoir régalien. Les magistrats de l'ordre judiciaire ne pouvaient échapper à un principe général de responsabilité civile. Mais

---

[567] Face à un exécutif tentaculaire, envahissant, le CSM donnera ainsi aux juges une réelle possibilité de se battre pour une justice plus respectueuse de la dignité humaine, plus ferme dans son rôle de protecteur des libertés et droits fondamentaux.

[568] Il s'agit là d'une préoccupation exprimée par les députés lors de Formation des députés et assistant parlementaires du 20 décembre 2006 sur *« la bonne gouvernance »* organisée par l'Appui aux Institutions Démocratiques (APID- PNUD). En effet, la question de l'efficacité du Conseil Supérieur de la Magistrature a donné lieu à un débat fructueux. Le souhait exprimé par une importante partie du parlement malien fut l'ouverture du CSM aux députés et à d'autres institutions notamment le Médiateur de la République et le Conseil Economique, Social et Culturel. Voir sur ce point Rapport CEDREF-APID composante Assemblée Nationale du Mali décembre 2006.

le risque était grand d'une multiplication de leur mise en cause par des plaideurs insatisfaits. Perturbant la sérénité des juges, une telle menace eut porté atteinte à leur indépendance statutaire.

Si l'on s'en tient à la responsabilité résultant de l'activité des juges, on constate qu'il ya plusieurs types de responsabilité : disciplinaire, civile et pénale. En dehors de ces cas, il n'est pas possible pour le moment dans le contexte malien de mettre en cause la responsabilité du juge judiciaire autrement. La question qui se pose est de savoir si l'on peut mettre en cause la responsabilité de l'Etat. En cas de faute personnelle d'un juge dans les conditions qui viennent d'être indiquées, il semblerait normal que l'Etat soit garant de la condamnation. Mais cela dit, le véritable problème est celui de savoir si l'on peut mettre en cause la responsabilité directe de l'Etat à raison des conséquences dommageables que pourrait entraîner une décision juridictionnelle manifestement illégale.

Dans le contexte malien, s'agissant de la responsabilité d'un service judiciaire, la responsabilité de l'Etat peut être mise en cause devant une juridiction de l'ordre judiciaire. En effet, il existe des comportements du juge qui postulent pour la mise en responsabilité de l'Etat pour dysfonctionnement du service public de la justice. A ce propos, la jurisprudence a identifié deux motifs. Il s'agit de la « faute lourde » et du « déni de justice »[569]. A défaut de l'un de ces deux cas, la responsabilité de l'Etat ne peut donc pas être mise en cause au titre du fonctionnement défectueux.

Selon le professeur Roger PERROT, le déni de justice est le fait pour les juges de refuser de répondre aux requêtes. Ce cas est relativement rare. Mais c'est aussi le fait de « négliger de juger les affaires en état » ; et ce cas est alors beaucoup plus fréquent au Mali.

La jurisprudence a tendance à assimiler à un déni de justice le fait pour un juge de se dire dans l'impossibilité d'évaluer le montant d'un dommage [570]ou de ne pas juger une affaire dans un délai raisonnable[571].

Cependant il faut souligner que la faute lourde est plus difficile à définir. Toutefois, fréquemment, la jurisprudence se borne à déduire des faits constatés que le fonctionnement du service de la justice a été ou non défectueux, ou simplement que la faute lourde est ou non constituée, sans se référer à une définition[572] .

Le professeur Roger PERROT note à ce propos que pendant longtemps, la jurisprudence soucieuse d'éviter que le moindre mal jugé puisse donner lieu à une action en responsabilité pour fonctionnement défectueux, adopta une conception très restrictive, en définissant la faute lourde professionnelle comme étant celle qui a été commise sous l'influence d'une erreur tellement grossière qu'un magistrat

---

[569] Responsabilité de l'Etat pour atteinte au secret de l'enquête : Cass.1ere Civ. 9 mars 1999, D.2000.398, note Matsopoulou.

[570] Cass.3e civ.6 fevr 2002, JCP 2003.I.10014, note Moulin.

[571] TGI paris 5 nov.1997, D.1998.9 note Frisson –roche ; TGI Nice 17 sept. 2001 , D 2002, p 543 (11 mois d'attente entre l'audience des plaidoiries et le prononcé du jugement) ; TGI Tarascon , 20 juin 2003, D.2003 , IR 2732 (36 mois avant de se saisir de l'affaire).

[572] Voir en ce sens, pour la Cour de cassation : Com. 21 fév. 1995 : Bull. n° 52 - Civ. 1ère, 13 oct. 1998, Bull. n° 234 - 9 mars 1999 Bull. n° 84 ; J.C.P 1999, II, 10 069, rapport Sargos).

normalement soucieux de ses devoirs n'y eut pas été entraîné [573]. L'animosité personnelle, l'intention de nuire, la mauvaise foi, sont parfois prises en considération[574].

Cette définition semble aujourd'hui abandonnée au profit d'une définition souple. La jurisprudence française a décidé en effet que : « *constitue une faute lourde toute déficience caractérisée par un fait ou une série de faits traduisant l'inaptitude de service public de la justice à remplir la mission dont il est investi* »[575]. La faute lourde engageant la responsabilité de l'Etat est définie comme « *Un fait ou une série de faits traduisant l'inaptitude du service public de la justice à remplir la mission dont il est investi* ».

Dans le contexte malien, l'évolution du régime de responsabilité civile du service public vers une responsabilité pour faute simple paraît nécessaire à la garantie des droits des justiciables et peut constituer une source notable d'amélioration de la qualité du service.

Les régimes de responsabilité sans faute devraient aussi être systématiquement développés lorsque les dispositifs légaux conduisent à faire courir, un risque objectif aux justiciables. Une telle évolution concernant la responsabilité de l'Etat à raison du service public doit évidemment être distinguée de la question de la responsabilité encourue à raison du contenu des actes juridictionnels et de la question du régime de responsabilité individuelle des agents publics que sont les magistrats.

On remarquera que l'erreur d'appréciation du droit ou du fait dans le cadre de l'acte juridictionnel ne doit constituer une source de responsabilité ni du service public ni, a fortiori, du magistrat. Elargir la responsabilité individuelle au « *mal jugé* » ou au cas « *d'erreur tellement grossière d'appréciation ou la négligence d'une telle gravité qu'elle traduit un manque manifeste de professionnalisme* » paraît dangereux. Cette extension favoriserait une autocensure des pratiques judiciaires et pèserait sur celles qui comportent inéluctablement une « prise de risques » plus importante.

La solution la plus facile serait alors pour le magistrat de ne prendre que des risques minimaux, au détriment des libertés individuelles et du « pari » que nous sommes souvent amenés à faire sur l'évolution positive d'une personne, au nom de l'espoir et de la confiance en l'être humain.

Par ailleurs, rien ne justifie que les magistrats soient soumis à un régime de responsabilité plus sévère que celui des autres agents publics. Les garanties d'indépendance qui sont nécessaires à l'exercice des fonctions judiciaires justifient cette protection. Mais, l'Etat, s'il est condamné à indemniser l'usager de la justice,

---

[573] Cass, civ 16 Oct 1968, D, 1969, Som. 44, Roger PERROT, 84. Civ. 1ère, 13 octobre 1953, Bull. n° 224. Cette formule se trouve surtout dans les décisions des juges du fond ; voir par exemple, C.A Paris, 21 juin 1989 : Gaz. Pal. 1985, 2, p. 344, concl. Lupi - 21 mars 1991 : Gaz. Pal. 1992, I, somm. p. 230. La Cour de cassation l'utilise également Civ. 1ère, 10 juin 1999, Vaney c/ AJT, req. n° 97-11.780.

[574] C.A Paris, 13 mars 1985 : B.C c/ Trésor Public : Juris-Data n° 2087 ; C.A Aix, 25 mai 1988, Sté Fils de Ramel - 29 mai 1990, Delalande c/ A.J.T cités par Pluyette et Chauvin, op.cit. n° 113

[575] Cass. Ass. plen; 2 » févr. 2001, Bull.civ, ass plenn°5, JCP 2001.I. 340, spec. n° 26 obs. G. Viney, JCP 2001 .II. 10583 notes L-J, Menuret.

disposera d'une action récursoire lui permettant de se retourner vers le magistrat fautif. Si cette action récursoire n'a jamais été engagée, rien n'interdit de le faire désormais.

Ce régime de responsabilité place les magistrats dans une situation qui n'est pas plus favorable que celle d'autres acteurs du champ juridique exerçant sous le régime du droit privé. Si l'action récursoire devait être effectivement mise en œuvre, il est indispensable que, comme l'action disciplinaire, elle soit soustraite à tout risque d'instrumentalisation susceptible de porter atteinte à l'indépendance de la justice. L'exercice de cette action doit donc être entouré de garanties. Toutefois l'engagement des poursuites doit être soumis à l'autorisation préalable du CSM. Mais il faut véritablement entrevoir l'ancrage d'une bonne gouvernance de la justice.

Chapitre II

L'ancrage d'une bonne gouvernance de la justice

Les réformes de l'administration telles qu'elles apparaissent au cours de la dernière décennie dans les pays de l'espace francophone, sont la résultante de nombreux facteurs. Il s'agit, entre autres, de la remise en cause du rôle de l'État, notamment dans le cadre des politiques d'ajustement structurel, de l'avènement des principes démocratiques et de l'État de droit. Elles sont généralement englobées sous le terme de gouvernance, ou de bonne gouvernance, qui malgré les ambiguïtés qu'il recèle et les malentendus qu'il a suscités[576], permet de réaliser une synthèse (au moins provisoire) des préoccupations d'efficacité dans la gestion de la soumission de l'administration au droit, de la responsabilité, de la transparence, de la moralisation et de la participation assurant la réintégration de la société.

Comme nous l'avons déjà évoqué, le Mali s'est engagé dans le processus de réforme judiciaire. Il est clair que, quels que soient les avantages évidents, au moins sur le plan intellectuel et socioculturel, la réalité exige sans doute la prise en compte de la bonne gouvernance de la justice. Celle-ci passe nécessairement par l'accroissement de la performance du système judiciaire **(Section 1)** et l'assainissement de l'environnement du système judiciaire **(section 2).**

[576] Colloque sur la bonne gouvernance du 11 au 14 juillet 1996, publié par l'Observatoire Panafricain de la Démocratie, Lomé, 1996, p. 14.

Section 1 : L'accroissement de la performance du système judiciaire

Il est évident que les juges maliens ressentent un besoin de renforcement des capacités. Cette problématique est au cœur des préoccupations de toutes les nations modernes. La formation du magistrat est, en effet, une des conditions de sa force et de sa capacité à se défendre contre l'immixtion des autorités politiques et des puissants du monde de l'économie, car elle lui permet une meilleure maîtrise de l'application de la règle de droit et une conduite conforme à la déontologie professionnelle, gages du respect de son indépendance.

Les juges et les autres praticiens du droit doivent suivre la nouvelle dynamique planétaire. Et la meilleure façon de le faire est d'acquérir d'abord une solide formation de base en droit soutenue par une constante mise à niveau **(§.1)**. Ces actions, pour être pérennes et efficaces, doivent être soutenues par une accessibilité des juges à l'information juridique et judiciaire **(§.2)**.

§1. Une solide formation de base soutenue par une constante mise à niveau

La problématique de la formation est au cœur des préoccupations des autorités maliennes depuis le début de la réforme en 1999.

Aujourd'hui, l'Institut National de Formation Judiciaire (INFJ) doit relever impérativement un certain nombre de défis, entre autres, le renforcement de la formation initiale et continue des magistrats **(A)** et la recherche et la diffusion du droit (**B**).

A. Le renforcement de la formation initiale et continue

Les juges ressentent un besoin pressant de formation. Au cours de l'ère coloniale, les juges des anciens territoires coloniaux français étaient formés par l'Ecole Nationale de la France d'Outre Mer (ENFOM) de Paris qui, en 1959, devint l'Institut des Hautes Etudes d'Outre Mer (IHEOM). Depuis l'indépendance, la formation des magistrats a connu, dans ces pays, une évolution. Entre 1970 et 1990, de nombreux Etats africains ont ouvert leur propre Ecole Nationale d'Administration et de Magistrature (ENAM) chargées de préparer les candidats à la fonction de magistrats[577].

Certains Etats ont opté pour des centres ou instituts de formation judiciaire qui dispensent aux futurs magistrats une formation plus professionnelle et mieux ciblée. A l'origine, la République du Mali a constitué un corps de magistrats essentiellement composé d'anciens secrétaires de greffe ou de greffiers ayant effectué des stages de formation et de perfectionnement à l'école des Hautes Etudes d'Outre-mer devenue plus tard l'Institut International d'Administration Publique (I.I.A.P).

Par la suite, en vertu des accords de coopération conclus entre le Mali et la France, plusieurs générations de magistrats ont effectué des stages de

---

[577] Abdullahi Ahmed An -Na' im, *Mise en œuvre des droits humains dans les systèmes juridiques africains*, Actes de la conférence tenue à Dakar (Sénégal) du 11 au 13 Décembre 1997, sur la protection des droits humains dans les constitutions africaines, organisée par Interights et la RADDHO- Interight /Afronet/GTZ 2001. p. 90.

perfectionnement et de formation à l'Ecole Nationale de la Magistrature de Paris. En 1980, l'Institut National de Formation Judiciaire a pris le relais des structures précitées tant au niveau de la formation initiale qu'à celui du perfectionnement.

L'INFJ a pour mission d'assurer la formation professionnelle des auditeurs et auxiliaires de justice[578]. Les auditeurs de justice reçoivent : une formation théorique pendant un an au cours de laquelle, ils apprennent tous les métiers de la justice et améliorent leur culture générale par des cours magistraux et l'organisation de conférences. Une formation pratique par des stages en juridiction et des visites. La déontologie leur est enseignée comme aussi bien les droits que les devoirs du juge. Il s'agit notamment des principes édictés par le code de déontologie qui est annexé au statut de la magistrature[579]. Le contenu de la formation arme le juge techniquement et moralement pour le rendre apte de pouvoir mener à bien sa mission de dire le droit.

La formation des magistrats aura le maximum d'impact sur l'efficacité de la protection juridictionnelle des libertés et droits fondamentaux si des sessions de formation étaient organisées périodiquement. Dans la perspective d'une promotion de l'éthique et de la responsabilité professionnelle des magistrats, les formations doivent chercher à inciter les magistrats à jouer pleinement leur rôle dans la répression de graves violations des droits de l'homme et de crimes internationaux, par la référence aux normes internationales en la matière.

La formation initiale des magistrats doit rester généraliste et permettre aux futurs magistrats de se familiariser avec chacune des fonctions spécialisées. Elle doit être ouverte largement aux disciplines auxquelles les magistrats sont quotidiennement confrontés. A ce titre, la durée du stage qu'effectuent les auditeurs de justice devrait être allongée de deux ans.

La formation continue doit rester un droit pour les magistrats. C'est à cette condition qu'elle peut constituer un espace de liberté réellement fécond. En revanche, l'effectivité de ce droit doit être considérablement renforcée. En effet, les magistrats se heurtent aujourd'hui à des difficultés pour le faire valoir auprès de leur hiérarchie et pour que cette charge soit prise en compte dans l'aménagement de leurs obligations de service. L'évolution rapide de la législation et la spécialisation accrue, justifient un régime spécifique de la formation à l'occasion des changements de fonction. Il apparaît concevable que son principe soit obligatoire.

Le caractère d'obligation de cette formation appelle cependant une grande liberté d'adaptation du contenu aux besoins réels de l'intéressé, en fonction de son parcours personnel. La durée de cette formation à la reconversion doit être considérablement augmentée (entre un à deux mois). L'organisation des mouvements doit tenir compte de cette obligation pour que les magistrats puissent effectivement se consacrer à cette formation et, pour ce faire, soient effectivement déchargés de leur service.

---

[578] L'INFJ a été crée par la Loi n° 86-03/AN-RM du 16 janvier 1986 sous forme de service public de formation professionnelle. En 2001, il a été érigé en établissement public national à caractère scientifique.
[579] La loi n°02-054 du 16 décembre 2002 portant Statut de la magistrature.

L'Institut National de Formation Judiciaire doit prévoir un programme de formation au changement de fonction. Il serait souhaitable d'envisager la possibilité d'effectuer un stage de 6 mois auprès de collègues. Compte tenu de leurs responsabilités particulières, les chefs de juridictions et de cours devraient être soumis à des obligations de formation spécifiques. Plus que pour l'accès à toutes autres fonctions, le fait d'avoir suivi certains cursus de formation devrait être pris en compte au titre des critères de choix des autorités de nomination.

Pour une formation initiale, continue ou permanente de qualité, il importe de disposer de personnes hautement qualifiées dans la maîtrise théorique du droit, des techniques juridiques et de la pratique professionnelle et, enfin, de la pédagogie des adultes.

La formation professionnelle requiert une méthodologie d'enseignement résolument pratique et délibérément interactive. Les formateurs remplissant ces critères ne sont pas fort nombreux, d'où la nécessité de dispenser une formation de formateurs à ceux qui sont motivés et disposent d'un bagage juridique et d'une expérience professionnelle honorables. Pour l'instant la pédagogie reste assez largement axée sur le cours magistral, plus juridique que pratique.

La nécessité de la formation continue ou permanente est amplement justifiée en ce qu'elle permet de pallier en partie les imperfections de la formation initiale et de répondre aux besoins d'actualisation des connaissances, dans un domaine d'activités où les règles et les situations sont en constante évolution.

Une attention particulière doit être accordée à l'étude des droits humains. Il faut préciser qu'au Mali, il n'existe pas encore une chaire spécifique sur les droits humains dans le programme de formation des magistrats. C'est pourquoi il est souhaitable d'envisager l'introduction de l'enseignement du Droit International des Droits Humains. Cet enseignement pourrait avoir un impact positif sur la pratique des juges. Il serait également souhaitable que les formations continues soient organisées à l'intention des magistrats sur des thématiques axées sur la réalité et orientée vers le perfectionnement.

Dans cette perspective, il est nécessaire d'instaurer une collaboration avec d'autres structures spécialisées. L'Institut National de Formation Judiciaire a été érigé en établissement public à caractère scientifique avec une autonomie financière[580] Les textes de création lui ont assigné quatre missions à savoir : la formation initiale des personnels de la justice en particulier les magistrats et les greffiers, la formation continue, la diffusion du droit et la recherche appliquée.

L'INFJ pourra conclure des mémorandums avec les structures spécialisées qui sont en Afrique de l'Ouest. Il s'agit notamment du Centre Africain pour l'Etude de la Démocratie et des droits humains qui couvre particulièrement le domaine de l'acquisition et du perfectionnement des compétences et l'Institut pour les droits humains et le Développement. Ces deux institutions sont basées à Banjul en Gambie.

---

[580] L'INFJ qui était initialement un service rattaché au ministère de la justice s'est vu attribué ,suivant l'ordonnance n° 01-037/PRM du 15 août 2001, le statut d'établissement public à caractère scientifique doté de la personnalité morale et de l'autonomie financière.

Par ailleurs une collaboration fructueuse devrait être initiée entre l'INFJ et les Universités. C'est ainsi que, à titre d'exemple l'Institut des Droits de l'Homme et de la Paix[581] (IDHP) de l'Université Cheikh Anta Diop de Dakar pourra être mis à contribution dans le cadre des programmes de formation et de stage en droits humains.

Outre l'absence de l'enseignement des juges en droits humains, il faut déplorer le fait qu'il n'existe pas de programmes d'études et de recherches socio-scientifiques.

B. L'élaboration des programmes d'études et de recherche socio-scientifiques

Au cours des dernières années, de nombreux efforts ont été consentis dans le domaine de la formation. De nombreux magistrats ont été formés dans le monde judiciaire sur les thématiques aussi variées que les procédures collectives d'apurement du passif, les instruments de paiement, le contentieux de la propriété intellectuelle, le contentieux bancaire, les techniques de rédaction des décisions de justice, les actes uniformes de l'OHADA[582].

Aussi, existe-t-il quelques initiatives en matière de formation continue. Toutes ces actions participent à la professionnalisation du juge. Cependant, celles-ci n'ont pas permis de disposer de magistrats en nombre dotés des capacités qui répondent aux aspirations de la société actuelle.

Max WEBER voit dans le processus de professionnalisation le passage d'un ordre social traditionnel à un ordre social où le statut de chacun dépend des tâches qu'il accomplit et où l'allocation des emplois s'effectue selon les critères rationnels de compétence et de spécialisation[583]. La profession est une vocation : elle n'est point héritée comme un destin, mais voulue et assumée.

Le développement de la fonction juridictionnelle reste intimement lié à la sociologie. La professionnalisation renvoie plus au développement des formations et de qualification spécialisée. Il revient aux autorités politiques de dépasser la rhétorique sur le rôle central de la justice dans tout système démocratique. Au delà des moyens financiers il paraît utile de consacrer dans les budgets nationaux une part plus substantielle en signe de l'importance qui lui est accordée. Cet effort est, à n'en point douter, une source d'encouragement pour l'intervention des partenaires au développement.

La mise en œuvre des programmes d'études et de recherche socio-scientifiques permettra de comprendre l'environnement juridique et socioculturel ainsi que les enjeux liés à l'activité judiciaire, dans la perspective d'une meilleure

---

[581] L'Institut des Droits de l'Homme et de la Paix (IDHP) est un Institut d'Université créé par le décret n°83-316 du 16 mars 1983.L'IDHP a une vocation continentale. Il a pour missions : l'enseignement des droits de l'homme, de la démocratie et de la paix ; la formation et le perfectionnement des acteurs impliqués dans la promotion et la protection des droits de l'homme, la recherche, la documentation et la diffusion des informations sur les droits de l'homme et sur la paix et l'organisation des colloques et séminaires nationaux et internationaux sur les droits de l'homme et sur la paix.

[582] Voir les différents rapports du PRODEJ, 2001 à 2007.

[583] Giles FERREOL, *Dictionnaire de sociologie*, éd. Armand Colin, 2002, p 160.

adéquation formation-fonction judiciaire. Cela nécessite l'accroissement du budget du Ministère de la Justice pour donner aux juges et aux magistrats du parquet une formation solide dans les domaines comme : la *sociologie, l'anthropologie-juridique, l'éducation aux valeurs, l'éthique et la déontologie, etc....*

Pour ce faire, l'Institut de Formation Judiciaire devra être doté d'un personnel d'encadrement compétent et disponible ouvert sur la vie. Certains auteurs ont prôné une importance plus accrue de la sous-direction chargée de la recherche et de la diffusion du droit étant donné le poids du binôme recherche –développement dans les défis actuels[584].

Le juge a un impact de premier plan sur la vie sociale. Il est, en effet, compétent aussi bien pour ordonner des restitutions de biens, des dommages et intérêts et des expropriations. Il peut aussi envoyer en prison ou même à la potence, selon la gravité des accusations dont il vient de reconnaître un accusé coupable. Par-dessus tout, le juge est souverain dans ses décisions, il n'a que sa science et sa conscience pour décider du sort des sujets de droit. Il doit savoir désormais que chaque conflit qui lui est soumis ne doit plus être apprécié isolement mais qu'il doit être considéré au regard d'un contexte sans cesse modifié par le déroulement de l'Histoire.

Interpréter un contrat, ordonner une expulsion, placer sous mandat de dépôt nécessite, à présent, non seulement une analyse juridique exacte mais encore la prise en considération d'éléments qui sont extérieurs au conflit lui-même et se trouvent cependant étroitement liés à son origine et à son règlement. Derrière la loi, il y a *l'homme.* La loi ne peut plus s'appliquer sans référence aux conséquences humaines de cette application.

Nous sommes là au cœur de la difficulté de la justice de notre temps. Ce n'est plus tant la norme juridique applicable au cas qui lui est soumis que doit chercher le juge, mais bien la solution qui, humainement, socialement, économiquement lui paraît la plus opportune. Juger implique, à notre époque, plus encore que la connaissance de texte, la connaissance du contexte. Aussi, bien juger serait-ce donc avant tout comprendre ?

A cette question, André MALRAUX[585] répondait, ironique : *"Juger, c'est de toute évidence, ne pas comprendre, puisque, si l'on comprenait, on ne pourrait plus juger"*. Quant au magistrat malien contemporain, interrogé par ce paradoxe, il ne peut plus, devant l'ambiguïté des situations, connaître ce repos intellectuel qu'était pour lui le refuge dans la loi, la soumission à la norme écrite.

Livré à lui-même, il doit être à l'écoute des vents tumultueux qui agitent la société qui l'entoure, et percevoir ce qui doit être décidé pour que son jugement

[584] On peut citer notamment les auteurs de la gouvernance de la justice au Mali, notamment Me Amidou DIABATE.

[585] MALRAUX (A) in Encyclopedia Universalis Paris, 1977, p 249. Homme des libertés, André MALRAUX ne s'est jamais cru lié par un dogme et, à travers ses mutations, il est resté fidèle à son besoin de dépassement, à cet héroïsme dur qui exclut tout recours aux utopies consolatrices. Agnostique, il a mis dans l'art, et notamment dans l'idée d'un *Musée imaginaire* qui arracherait les œuvres d'art à leurs fonctions traditionnelles pour les repenser dans leurs relations et leurs métamorphoses, la seule grandeur à la portée de l'homme et ses seules chances d'éternité.

participe au progrès social et à l'harmonie entre les hommes. Ce faisant, chacune de ses décisions sera la petite pierre qui servira à l'édification de l'Etat de droit.

La crise de la justice est bien là, irrécusable puisqu'elle est liée intimement à l'incertitude du devenir de l'homme. Le juge d'aujourd'hui ne peut que chercher à remplir sa mission avec honneur et réussite en prenant conscience de l'importance de son rôle politique, en refusant toute systématisation idéologique et en comprenant que l'administration de la justice ne peut qu'être en accord avec les valeurs au sein desquelles elle est insérée.

Ces considérations montrent à quel point le juge doit être compétent dans le domaine du droit mais aussi dans le domaine de la sociologie. Il faut donc le préparer dans ce sens en mettant notamment à sa disposition des études scientifiques dont les conclusions et recommandations lui serviront de repères.

La recherche pourrait être aussi étendue au cadre d'un laboratoire d'anthropologie juridique pour réfléchir sur la justice face aux phénomènes de société, en particulier les problèmes culturels et dessiner par conséquent des pistes de solutions. En conséquence, une revue spécialisée pourrait être créée et largement diffusée sur tout le territoire national.

Tout cela devra être accompagné d'une stratégie lui permettant d'accéder à l'information juridique.

§ 2. L'accessibilité des juges à l'information juridique

Après l'indépendance, le Mali s'est engagé dans une immense œuvre législative dans plusieurs domaines notamment ceux relatifs aux libertés et droits fondamentaux. Toutefois, le législateur a été beaucoup plus réservé en ce qui concerne la vulgarisation des normes adoptées, créant un déficit d'information juridique. Cette situation est liée d'une certaine manière à la déficience des mécanismes de diffusion mais aussi à une politique inefficace de vulgarisation des instruments juridiques relatifs aux droits de l'homme.

La formation initiale doit être accompagnée par une formation continue (de mise à jour) permanente du juge, c'est-à-dire tout au long de sa carrière. Cela passe nécessairement par la dotation du personnel judiciaire d'instruments juridiques et d'ouvrages de droits **(A)** et la mise en place d'un système d'information et de documentation juridique **(B).**

A. La dotation du personnel judiciaire en instruments et ouvrages de droit.

La pratique des moyens classiques de publication des normes juridiques[586] démontre l'incapacité de ces formules à atteindre une couche significative des populations concernées, y compris les juges. L'exemple de la publication des constitutions, lois, traités et autres textes réglementaires au Journal Officiel qui répond à un formalisme longtemps établi dans les Etats africains atteste que, le but recherché, qui est certainement de porter le droit au niveau du citoyen, est loin d'être atteint.

---

[586]Publication au Journal Officiel, notification ou affichage.

En outre, l'adoption d'une véritable politique de vulgarisation s'impose. En effet, les juges sont censés appliquer la loi aux faits qui leur sont soumis. Mais depuis plus de deux décennies, l'un des problèmes les plus cruciaux auxquels les magistrats maliens sont confrontés demeure la difficulté d'accéder aux textes juridiques. Les rares recueils de jurisprudence commentée sont l'œuvre de la coopération juridique et judiciaire avec la France. La publication et la mise à jour de ces recueils ont cessé depuis trois décennies. La production de rapports législatifs a été abandonnée depuis les années 1980. Le constat est que la documentation est tout simplement inexistante dans les juridictions, lesquelles demeurent, en outre, l'un des rares services publics où l'outil informatique est insuffisant en ce XXIe siècle.

Il est difficile pour le personnel du système judiciaire d'accéder à la jurisprudence et aux commentaires doctrinaux sur la loi. Les commentaires disponibles se trouvent essentiellement dans les articles de revues spécialisées et d'autres publications sur la législation française. *Dans la pratique, les universitaires ne contribuent pas aux commentaires des décisions de justice. L'université est déconnectée de la réalité judiciaire.*

Ces facteurs jouent négativement sur la célérité dans la distribution de la justice et la qualité des décisions rendues. En conséquence, l'œuvre de vulgarisation du droit ne peut se réaliser dans le cadre des structures actuelles.

Au Mali, le journal officiel est demeuré, pendant longtemps, le principal moyen de diffusion de l'information juridique. Cette diffusion ne concerne aujourd'hui qu'un cercle très étroit de privilégiés que même des traductions écrites en langues nationales n'élargiraient que timidement par rapport à la population globale.

La publication des traités soulève des problèmes pratiques, et ceci a un effet sur l'action des juges. En effet, nombreux sont les juges qui affirment ignorer l'existence des conventions relatives aux droits de l'homme[587].

Le Journal Officiel n'est pas accessible à tous, si bien que le contrôle par le juge de la publication d'un traité n'est pas aisé. C'est pourquoi, par paresse intellectuelle, certains juges écartent le droit conventionnel sans même se donner la peine de vérifier l'existence[588] des instruments juridiques invoqués.

---

587 *Rapport sur la situation des droits humains au Mali,* PNUD, 2002. Dans le cadre de son programme global d'appui à la promotion et à la protection des droits humains au Mali, le PNUD, en collaboration avec le Ministère de la Justice, a initié une étude sur « l'état des lieux en matière de droits humains », validé lors d'un atelier les 17 et 18 décembre 2002. Cette étude avait pour objectifs l'analyse du système malien de protection des droits humains ; la réflexion sur l'armature juridique nationale (constitution, lois, règlements etc.) et son harmonisation avec les références et normes internationales résultant des Accords et Conventions Internationaux et la recommandation des actions concrètes de protection et de promotion des droits humains.

588 L'arrêt n°57 de la Cour suprême du 13 décembre 2004 est assez révélateur. Dans cet arrêt, le juge analysant les moyens du pourvoi a retenu ceux fondés sur la violation de la convention d'extradition du 06 août 1994 de la CEDEAO. Il a déclaré qu'il fera une analyse pédagogique en dépit de la maxime « nul n'est sensé ignorer la loi », même si le demandeur au pourvoi n'a ni produit la convention qu'il invoque, ni donné la preuve de la ratification de la convention par le Mali. Pourtant, c'est la publication qui crée cette présomption de connaissance du traité par tous à travers cette maxime.

De façon générale, l'adoption d'une gestion efficace de l'information juridique requiert à notre avis la mise en place d'une véritable politique de recherche, d'étude et de documentation sur les institutions, la législation et la jurisprudence maliennes.

Cette politique s'appuierait sur une structure nouvelle qui prendrait la forme d'un « Centre d'Information Juridique et Judiciaire – CIJJ » rattaché au ministère de la justice. Le CIJJ aurait donc pour mission de mettre en œuvre la politique du département de la justice en matière d'information juridique et judiciaire. A cet effet, le centre serait chargé, en particulier, de suivre l'évolution de la législation et de la jurisprudence en procédant aux mises à jour nécessaires. Le CIJJ aurait également pour mission de collecter et traiter les informations judiciaires, mais aussi d'entreprendre des recherches et des études.

En outre, au regard de la situation du Mali caractérisée par une politique d'alphabétisation, il est souhaitable que le CIJJ puisse inscrire dans son programme la traduction des textes juridiques dans les langues nationales en relation avec la Direction Nationale chargée de l'Alphabétisation. Par ailleurs, le CIJJ devrait constituer une base nationale des données juridiques qui intégrerait certains éléments fondamentaux.

Tout d'abord, les sources principales qui nécessitent un code à jour, facile à consulter et à modifier ; un système de révision qui réponde aux besoins des principaux utilisateurs ; un service de mise à jour régulière et complète et une règle générale d'interprétation.

Au regard de ce qui précède, il est souhaitable que chaque juge ou magistrat puisse avoir accès aux bulletins d'information juridique émanant des juridictions étrangères. Les ouvrages seront mis également à la disposition des membres du cabinet du ministre de la justice, des rédacteurs parlementaires ainsi qu'aux professeurs et étudiants de droit.

La réalisation de cette documentation juridique incombe en partie au gouvernement avec le concours des Partenaires Techniques et Financiers (PTF). Une première étape indispensable serait l'établissement d'un index juridique et d'une version actualisée des lois en vigueur incorporant toutes les modifications intervenues au cours du temps. Ensuite, un système assurant la publicité des décisions des différentes juridictions (Cour suprême, Cours d'appel, Cours d'assises, Tribunaux de première instance…).

La publicité des décisions des juges est un outil important[589], voire indispensable, pour améliorer la qualité de la justice. Il est nécessaire que les juges

[589] Dans beaucoup de pays, l'accession à l'indépendance avait été suivie d'un abandon progressif de la publicité des décisions de justice. Pour aider les institutions judiciaires des Etats indépendants de la Common Law, Alan Milner avait, depuis Oxford, supervisé la mise en place du programme appelé African Law Reports (ALR), destiné à assurer la publicité des jugements. Ce programme était organisé en deux grandes sections. La première se situait au niveau régional et s'intéressait aux décisions de justice les plus importantes rendues par les tribunaux des dix-sept pays vivant sous le même système juridique de Common Law. La seconde se situait au niveau de chacun des pays inclus dans le programme. Les Etats-Unis apportèrent aussi leur soutien à la formation d'un réseau africain de rédacteurs juridiques capables d'assurer la réalisation et la diffusion de bulletins d'information spécialisées. Voir sur ce point John

puissent avoir accès aux décisions des juges supérieurs. Le fait de savoir que leurs décisions feraient l'objet d'une large publicité et d'un examen attentif de la part de tous les juristes ne pourrait qu'inciter les hauts magistrats à prêter plus d'attention à leur réputation en faisant preuve de rigueur intellectuelle.

Il apparaît nécessaire de mettre en place un système efficace d'information de tous les membres des différentes professions juridiques à l'aide des circulaires, directives pratiques, guides et manuels. La constitution des archives judiciaires nationales est également indispensable. Enfin, un matériel éducatif pour l'enseignement du droit (ouvrage de référence, bibliographie juridique et service bibliographique) permettra d'atteindre le plus grand nombre de personnes.

B. La mise en place d'un système d'information et de documentation juridique

Pour dire le droit avec pertinence, il faut d'abord le maîtriser. M. Abdoulaye BERTHE, magistrat, affirme, dans une étude sur le système de traitement et de diffusion de l'information juridique, qu'une telle vérité trouve toute sa plénitude dans une société comme la nôtre où la règle de droit, censée s'appliquer à l'ensemble de la communauté nationale, est posée dans une langue et suivant une technique méconnue du plus grand nombre. [590]

Pourtant, il est unanimement accepté que *« nul n'est censé ignorer la loi »*. Le Mali, à l'instar des autres Etats francophones d'Afrique, a fait sienne cette assertion mais en enfermant l'information juridique uniquement dans une procédure ou technique d'emprunt. C'est la raison pour laquelle le risque de sous information et même du rejet du droit est quasi permanent.

L'évaluation de la situation des juridictions dans le cadre du PRODEJ a révélé l'insuffisance de ressources juridiques essentielles telles que les livres, recueils de jurisprudence, recueils de lois et de revues.

Les besoins en information juridique et judiciaire demeurent insatisfaits selon qu'on se place du côté des acteurs (problèmes d'accès au journal officiel, jurisprudence inconnue), ou de celui des usagers du service public de la justice (ignorance des textes ou leur incompréhension, les lois et décrets rédigés dans une langue et suivant une technique inconnue du plus grand nombre de la population).

Ces insuffisances réduisent considérablement l'efficacité de l'administration de la justice. Cette reconnaissance salutaire du problème doit être suivie d'initiatives destinées à améliorer la situation actuelle.

C'est pourquoi il est impérieux d'accorder une attention particulière à la *« vulgarisation »* du droit en vue d'instaurer une culture juridique. A cet effet, la

---

Seaman BAINBRIDGE ,*The Study and Teaching of Law in Africa* ,Hackensack, NJ, Fred B. Rothman & Co.,1972,p 137-138.

[590] Etude réalisée par Abdoulaye BERTHE, magistrat, à l'époque Secrétaire général adjoint du gouvernement dans le cadre du forum national sur la justice au Mali qui s'est tenu du 30 mars au 03 avril 1999, au Palais des congrès de Bamako. Conf. *Actes du forum national sur la justice du Mali*, op cit. p.301 et suivants.

diffusion des informations relatives au droit et à la justice est une nécessité. Celle-ci passe nécessairement par la promotion de la recherche et du traitement de l'information juridique. Sur cette question, les réformateurs de certains pays d'Afrique considèrent comme essentiel, le rôle que peut jouer la presse dans l'instauration d'une culture juridique populaire et le contrôle du comportement de l'institution judiciaire.

En effet, la presse apparaît comme étant un moyen efficace d'information juridique et de suivi de l'action du juge. Elle offre également aux citoyens une sorte de forum leur permettant d'échanger leurs points de vue sur les questions morales qui sous-tendent le droit. L'idée de l'utilisation des médias comme moyen de communication juridique nous paraît particulièrement appropriée. Non seulement, parce que plus d'un foyer sur deux dispose déjà d'un récepteur radio, mais plus encore parce que l'importance des moyens de communication de masse est un fait reconnu par la plupart des chercheurs en sciences sociales qui l'abordent comme un spectacle complexe de discours et d'images[591]. Pour ce qui est du droit, il s'agit de le porter dans la conscience des citoyens, en donner le sens et en relever les expériences pouvant susciter son importance incontournable dans l'Etat et la société à construire.

Ces différentes actions à entreprendre nécessitent la mise en place d'un fonds pour investir à grande échelle dans les domaines de l'impression, de la reproduction et de la diffusion des jugements de la Cour suprême. Il faudra procéder à l'affectation d'une priorité budgétaire accrue en vue de l'acquisition de documents juridiques. Une autre source de préoccupation est d'assainir le système judiciaire.

---

[591] Anne COLLONALD, « *Identités Stratégies* », Actes de la recherche en Sciences sociales, n°73, 1988, p.29-51.

Section 2 : L'assainissement du système judiciaire.

Au sein du système judiciaire malien, il existe une pluralité d'acteurs qui évoluent et entretiennent des interactions les plus variées. Nous distinguons les juges, les usagers de la justice mais aussi tout un ensemble d'intervenants qui participent chacun à sa manière à la production du travail judiciaire. Dans la diversité de leurs fonctions, les juges constituent les acteurs stratégiques du système judicaire. Leur rôle y est prépondérant. Ils accusent, instruisent et rendent la justice.

Les juges sont assistés dans leur travail par un personnel administratif comprenant les greffiers, les secrétaires de greffe et parquet qui jouent également un rôle important dans le fonctionnement de la justice. Les premiers sont spécialisés dans l'administration de la justice alors que les seconds remplissent des tâches de secrétariat indispensables à la production des documents liés à l'activité judiciaire. Si les greffiers dont les fonctions sont fort diversifiées jouent un rôle important dans l'accès au juge, les secrétaires pour leur part, sont incontournables dans l'établissement des pièces d'état civil comme les certificats de nationalité, les casiers judiciaires, les jugements supplétifs.

A ceux-ci, s'ajoutent certains acteurs non moins importants qui prennent une part active à la production du travail judicaire. Il s'agit de ceux que l'on appelle les *« auxiliaires de la justice »* qui occupent en fait une position d'interface entre l'appareil judicaire et les usagers : avocats, notaires, huissiers, interprètes. Chacun d'eux occupe une place spécifique dans le système judiciaire, qu'il partage avec d'autres acteurs informels. Ceux-ci participent également aux activités judiciaires à travers un travail d'intermédiation entre la justice et ses usagers. Quant aux usagers des services de la justice, il faut souligner qu'il s'agit des citoyens car chacun de nous est susceptible d'avoir affaire à la justice, soit en tant que partie dans un litige, soit, en cas de besoin, d'un acte d'état civil.

Le système tel que présenté provoque la peur chez les usagers qui l'abordent avec beaucoup de méfiance en évoquant comme argument *« l'existence de la corruption ».*

Cette situation n'est pas particulière au Mali. Bien au contraire, partout dans le monde, la corruption porte atteinte au système judiciaire, refusant aux citoyens le droit d'accès à la justice et le droit fondamental à un procès juste et équitable et, parfois même, le simple droit à un procès[592].

La corruption dans le secteur de la justice apparaît comme un problème embarrassant. En effet, il est quasi-impossible de tracer une frontière claire entre la corruption et les notions voisines que sont : *le « favoritisme », le « clientélisme », le « coup de piston » et les « arrangements ».*

D'une manière générale, les usagers de la justice sentent le besoin de se protéger dans leurs rapports avec la justice. C'est probablement ce qui explique le recours fréquent à des intermédiaires ou encore des procédés censés leur assurer la bienveillance des magistrats. En tout état de cause, rien ne pourrait davantage

---

[592] Tel est le constat du Rapport mondial sur la corruption 2007. Voir *La corruption dans le système judiciaire*, par Transparency International, 2007.

affaiblir la légitimité de l'institution judiciaire si le personnel judiciaire est soupçonné de recevoir des gratifications pour le service rendu. Cette problématique qui est au cœur de notre réflexion interpelle la société dans son ensemble, car la soif de justice est une revendication naturelle pour chaque personne humaine.

Notre propos n'est pas de faire ici le procès de la justice. Nous avons essayé, autant que possible, de nous dégager de toute condamnation morale et de tout jugement. Notre approche qui est socio-juridique se veut plutôt modeste et pédagogique. Nous souhaiterions avant tout comprendre les manifestations de la corruption dans le secteur de la justice, en découvrir les raisons et les remèdes et éventuellement suggérer des solutions appropriées pour une protection juridictionnelle efficace des droits et libertés fondamentaux.

Notre réflexion sur le phénomène de la corruption s'articulera autour de deux axes : les manifestations de la corruption dans le domaine de la justice **(§.1)** et les mesures recommandées pour lutter efficacement contre la corruption dans le système judiciaire malien **(§.2)**.

§1. Les manifestations de la corruption au sein du système judiciaire

L'appareil judicaire a fait l'objet de vives critiques qui, au-delà du juge, touchent l'ensemble de la famille judiciaire. De nombreuses études réalisées par d'éminents juristes et enseignants maliens[593] ont suffisamment révélé les causes et pratiques de la corruption dans le secteur de la justice qui sont suffisamment connues de tout le monde.

Dans le contexte malien, les formes et mécanismes de corruption que l'on observe sont multiples et variés. La corruption peut s'étendre au fait de soudoyer un juge pour obtenir une décision favorable, ou une absence de décision. La corruption judiciaire s'étend également à l'abus des fonds affectés à la justice ou au pouvoir attaché à la fonction judiciaire. Elle peut également se traduire par un système biaisé d'attribution des dossiers ou survenir dans le cadre des autres procédures antérieures au procès ; c'est le cas notamment d'un agent soudoyé qui en vient à « égarer » certains dossiers ou certaines pièces à conviction. Enfin, elle peut consister à influencer tout règlement judiciaire et l'application ou non des décisions de justice et des peines.

Les différentes manifestations peuvent être regroupées en deux catégories : les opportunités structurelles de corruption dans le secteur de la justice **(A)** et l'intermédiation comme forme de corruption et de gestion de l'incertitude **(B)**.

A. Les opportunités structurelles de corruption dans le secteur de la justice

Les rapports qui se développent entre le service public de la justice et les usagers sont devenus marchands ou fortement personnalisés selon le cas. Il existe actuellement un ensemble de terreaux favorables aux pratiques corruptives. Les

[593] On peut citer entre autres, Me Amidou DIABATE, Me Mohamed Aly BATHILY, Me Ahmadou TOURE, Dr Zeini MOULAYE, Dr Daniel TESSOUGUE, Pr Eloi DIARRA, Pr Yaya DOUMBIA et Pr Abdoulaye DIARRA.

pratiques courantes désormais ancrées dans la structure judiciaire sont : la manipulation des espaces normatifs et la privatisation interne.

Dans l'exercice de leur fonction, les juges sont amenés à appliquer des textes qui sont souvent étrangers à la majorité des Maliens. Leur pouvoir s'instaure à travers leur capacité à se mouvoir à travers les labyrinthes juridiques. C'est là un des mécanismes qui obligent l'usager à recourir au conseil d'un avocat lorsque ses moyens financiers l'autorisent. Dans le cas contraire, il devrait rechercher des moyens non conventionnels pour affronter ces règles méconnues.

La recherche effrénée des décisions favorables crée la collusion entre le juge et l'avocat où les décisions sont le produit d'un arrangement préalable. Le plus souvent, ceux-ci se connaissent et évoluent dans les mêmes milieux. Leurs relations de familiarité favorisent les arrangements des décisions de justice au détriment des principes et textes normatifs.

Aujourd'hui, l'arrangement des dossiers est devenu une banalité. Cette pratique est favorisée par la complicité des intermédiaires entre le juge et le justiciable, soit pour arnaquer celui-ci, soit pour obtenir la faveur du juge aux fins d'une éventuelle récompense du justiciable. Les palais de Justice des grandes villes sont devenus les lieux de prédilection des gens de toutes catégories (interprètes, agents de sécurité,...) qui se livrent à cette pratique. Il n'est pas rare qu'un individu vous accoste dans la cour de la justice et vous dise qu'il connaît tel juge et qu'il peut le voir pour négocier avec lui ; ou encore qu'il vous dise que le juge ou le greffier demande telle somme d'argent avant de traiter votre dossier alors qu'en réalité, le juge ou le greffier en question en est ignorant. A cela s'ajoutent les infractions connexes qui sont, entre autres, l'escroquerie, le trafic d'influence, l'abus de confiance et le détournement des deniers publics. Toutes ces infractions se matérialisent dans le milieu judiciaire, tantôt par l'entremise des magistrats eux-mêmes, tantôt entre magistrats et greffiers, magistrats et avocats ou magistrats et justiciables.

Par ailleurs, c'est autour de la délivrance d'actes civil ou judiciaire que se déploie l'essentiel des stratégies corruptives. Celle-ci n'est presque jamais automatique. Malgré les textes qui régissent la matière, elle est toujours reportée et reportable, créant chez l'usager un sentiment d'insécurité. Les auteurs jouent sur la lenteur de l'administration judiciaire pour étendre ce principe à la délivrance d'actes qui relèvent d'un simple travail de secrétariat. On fait alors payer aux usagers *« le service rapide »*. Pour effectuer un acte relevant de leur fonction, certains fonctionnaires s'évertuent à faire payer l'usager en vendant le « service » qu'ils sont censés officiellement effectuer « gratuitement ». Cette variante de privatisation s'est installée dans nos mœurs. Elle est parfois justifiée par les intéressés en raison du manque de moyens et de matériels indispensables à l'accomplissement des tâches de service public.

Nous assistons, véritablement, à la transposition, dans le service public, d'une pratique traditionnelle de reconnaissance envers un bienfaiteur : ***woro songon***[594]. Généralement, certains profitent de l'ignorance des usagers en matière de tarifs des frais de justice. Ici le fait de payer le personnel à l'acte et de main à main s'est légitimé. Cette pratique n'est pas considérée comme un service indu, illégal, mais un service normal sur lequel se greffe une facturation privée. C'est l'usager qui paye directement ce surcoût privatisé. Il peut aussi prendre la forme d'une surfacturation : au droit légitime que doit payer l'usager, s'ajoute un droit illégitime perçu par l'agent.

B. L'intermédiation comme forme de corruption et de gestion de l'incertitude

L'intermédiation est le principal mécanisme de production de la corruption au sein de la justice. Elle est favorisée par l'influence de multiples réseaux d'intermédiaires qui incitent à l'activation des liens avec le personnel judiciaire.

En tant que citoyen, le juge vit au sein d'une société dont il partage les espérances et les craintes, mais aussi les pulsions et les humeurs, voire parfois les idéologies. Le juge est plongé dans une société qui l'expose à bien des sollicitations ainsi qu'à toutes les séductions de l'argent ou des honneurs et aussi, il faut bien le dire, à d'éventuelles pressions émanant de groupes sociaux, économiques ou culturels les plus divers. En effet, les relations interpersonnelles, ethniques, l'appartenance à un réseau influencent très largement l'office du juge. Celui-ci subit la pression et parfois la peur d'être marginalisé.

Cette pratique est la cause pour laquelle le juge lui-même se cherche. Certes, certains juges adoptent dans l'exercice de leur fonction des attitudes qui ne sauraient être tolérées lorsqu'elles s'accompagnent d'actions déplorables tendant à imposer aux justiciables certaines conditions en dehors des juridictions. Cependant, dans certains cas, d'autres juges se trouvent être pris en otage par des cercles vicieux capables de faire intervenir toute la chaîne des relations humaines pour les contraindre à rendre une décision souvent contre leur propre gré.

La banalisation des pratiques observées, leur enracinement dans le système judiciaire, leur enchâssement dans des logiques sociales qui concourent à les légitimer, amènent sans doute à une sorte de cercle vicieux. On voit là tous les enjeux liés à la constitution de réseaux relationnels et au processus d'amputation ou d'imputation des dossiers tant au niveau de l'instruction qu'au niveau du jugement.

Le rapport avec la justice dépend du poids social et économique ainsi que des relations que l'usager entretient avec un membre de l'appareil judiciaire. Il est reconnu qu'un usager pauvre sans relations peut banalement passer plusieurs années en détention sans bénéficier d'un avocat.

---

[594] Le *prix de colas* qui est une tradition consistant en un geste symbolique ayant pour but d'exprimer sa reconnaissance envers une personne qui a rendu un service.

Au fil du temps, il s'est répandu le sentiment que les décisions de justice s'achètent, que nul ne peut être frappé d'une décision judiciaire s'il est riche et bien placé dans l'échelle sociale et qu'au fond, les lois sont faites pour ceux qui sont capables d'acheter les juges. Cette perception semble non seulement partagée au plus au niveau de l'Etat, mais aussi par les citoyens. Même les juges dénoncent, en leur sein, l'existence de certains comportements qui ternissent l'image de leur profession.

Les réseaux sociaux ont une incidence certaine sur le comportement du juge dans l'exercice de sa fonction. A l'instar des autres fonctionnaires, le juge et le personnel judiciaire se trouvent enfermés dans une trame coutumière dont la loi n'arrive pas à les extraire. Ils font l'objet de pressions de la part de leur famille et d'autres réseaux (cercles d'amis et de liens divers). Il existe rarement de dossier qui ne suscite une intervention. Le juge ou le fonctionnaire qui refuserait de se plier aux exigences d'un tel réseau sera accusé d'être asocial : « *Mogotè ni yè, Mogoya ta la, A ka jugu..* »[595]. Dans ce contexte, il sera difficile de dire non à sa famille pour ne pas passer pour un ingrat. Une autre pratique, qui existe dans le secteur judiciaire, est la pression sur un collègue qui est en charge d'un dossier au profit des personnes recommandées « *Barakè nyongoya gasi..* [596]». Ici la transaction n'est pas nécessairement financière. Nous pouvons l'analyser comme un échange de services entre collègues. Dans la plupart des cas, le demandeur s'adresse à ceux qui lui sont redevables d'une façon ou d'une autre. Généralement, il se trouve que les juges ont appartenu auparavant à plusieurs cercles. Partout où il se trouvera, il sera redevable d'une manière ou d'une autre à ces groupes dont le fonctionnement est fondé sur le corporatisme. Aujourd'hui, en raison de l'intensification des relations sociales entre les différents membres de la société, la solidarité est devenue l'un des devoirs de tout citoyen.

Nous nous sommes beaucoup plaints, certes à juste raison, mais souvent à tort, de la corruption des juges. Nous les jetons en pâture sans aucune forme de procès et surtout sans chercher à trouver les causes exactes de leur déficience[597]. Si certaines causes sont imputables aux juges, d'autres sont indépendantes de leur volonté : le nombre encore faible de magistrats, une formation insuffisante ou inadéquate sont autant de facteurs qui sont incontestablement à l'origine de la corruption au sein du système judiciaire[598].

Ainsi, la corruption construit son propre sous-système social, avec ses acteurs, sa morale, ses logiques, ses enjeux légitimes, ses seuils, sa légitimité et ses finalités. Au lieu de se contenter des injonctions morales ou politiques venant de l'extérieur, la solution à la corruption judiciaire se trouve dans la restauration de la justice. Celle-ci passe nécessairement par la valorisation des juges et agents intègres et compétents actuellement isolés dans leurs services et souvent découragés. Cependant, selon un adage partagé « Mieux vaut prévenir que guérir ». C'est dans l'esprit des hommes que peuvent s'élever les barrières les plus efficaces contre la

[595] Celui là n'est pas humain, il est méchant…
[596] La solidarité entre collègues.
[597] A.B.FALL, Afrilex n°03/2003, op cit., p 19.
[598] Voir Rapport de la concertation /groupe de réflexion sur la corruption. Forum sur la justice 1999.

corruption et ses effets[599]. Il est donc indispensable qu'une véritable politique soit mise en œuvre pour élever notre sens de la justice et notre engagement à la manifester. Pour ce faire, il faudra soutenir l'émergence d'un mouvement civique pour une gouvernance transparente et rigoureuse qui ne soit pas fondée sur la recherche d'une rente. La famille en tant que premier lieu d'éducation et de construction de l'homme doit être un espace social d'apprentissage de valeurs « anti-corruption ».

§2. L'application des mesures concrètes contre la corruption au sein du système judiciaire

La justice est le baromètre à partir duquel on peut constater l'état d'avancement d'un pays en matière de démocratie, de droits de l'homme et de bonne gouvernance. Elle assure la régulation des rapports sociaux et demeure en même temps, la pierre angulaire pour la consolidation des idéaux républicains de l'Etat de droit. Certes, il est indispensable de doter les magistrats de moyens classiques de travail et des émoluments de nature à les mettre à l'abri du besoin et des sollicitations de la part des justiciables. Mais il faut lutter efficacement contre la corruption des magistrats.

Dans le cadre de la lutte contre la corruption, le Ministère de la justice a pris des mesures importantes pour renforcer la transparence dans le traitement des dossiers de la justice et renforcer les structures de contrôle[600].

Les principes déontologiques exigent des juges de rendre une justice impartiale, sans aucune considération de personnes, d'intérêts, d'appartenance sociale, ethnique, religieuse, politique, régionale ou raciale. Cependant, dans les faits, les juges observent, difficilement ces règles dans un contexte social caractérisé par la précarité des conditions de travail. Cette situation place les juges dans un état de dépendance permanente vis-à-vis des justiciables et ouvre la voie à la corruption, à la médiocrité et à tous les maux connexes.

Malgré les efforts enregistrés, il est impérieux d'impulser une dynamique positive dans la lutte contre la corruption au sein de la justice malienne. Il faudra appliquer des mesures complémentaires mais concrètes. A cet effet, nous préconisons d'instaurer la transparence et l'obligation de rendre des comptes **(A)** et la reconnaissance et la récompense **(B).**

---

[599] Moussa Mara, *Pour un Mali meilleur : Pistes de réflexion,* éd. Jamana, 2006, p 291.

[600] Il faut noter que les stratégies préconisées dans le cadre du PRODEJ sont plus techniques. On peut évoquer entre autres : le renforcement du contrôle à tous les échelons du service public de la Justice par l'Inspection des services judiciaires et autres organes de régulation et de contrôle de l'activité judiciaire (chambres d'Accusation, Parquets) ; la mise en place de mécanismes indépendants de prévention de la corruption notamment un Observatoire comprenant des représentants de la société civile ; l'amélioration de la transparence au niveau des procédures ; l'application stricte et objective des sanctions aux manquements des règles de déontologie ; l'élaboration d'un programme de formation en déontologie ; la mise en œuvre de campagnes de sensibilisation sur le phénomène de la corruption avec le concours de la société civile.

A. La transparence et l'obligation de rendre des comptes

S'il n'est point de doute que de nombreux magistrats ont fait preuve d'une grande compétence et d'un comportement exemplaire dans le cadre du service comme en dehors de leur fonction, d'autres exemples moins réjouissants révèlent, des juges peu scrupuleux. Au-delà de la spécificité du service public de la justice, certains agissements de la part des magistrats maliens nécessiteraient qu'on lui applique la même politique de moralisation que l'on organise pour les autres services publics de l'Etat. Certains juges conscients de bénéficier, d'une large protection, prennent parfois des positions incompatibles avec les exigences de leur fonction.

Les attitudes fautives dans l'exercice même de la fonction de juger s'accompagnent parfois et malheureusement d'attitudes déplorables des juges à l'extérieur même des locaux qui abritent les juridictions et en dehors de leur fonction[601].

Il est souhaitable de prendre un certain nombre de mesures visant à assurer la transparence et l'obligation pour le juge de rendre compte de ses activités. A cet effet, l'appareil judiciaire doit être muni d'instruments de travail appropriés pour éviter la perte de certains éléments importants indispensables à la manifestation de la vérité. L'informatisation en cours doit se poursuivre afin d'éviter la manipulation des pièces du dossier. Le contrôle disciplinaire du Parquet général sur les professions juridiques et les officiers de police judiciaire doit être effectif. Il est nécessaire d'insister sur la production des notices périodiques par les juges et la publication des décisions de justice.

La nécessité s'impose d'adopter et de publier aussi largement que possible deux nouvelles lois ; l'une définissant le mode de calcul des dommages et intérêts dans les procédures judiciaires, l'autre précisant les tarifs et frais de justice. L'objectif recherché ici est de susciter une plus grande transparence et l'équité dans ces domaines. Ces recommandations visent à empêcher toute collusion entre les juges et les plaignants, un phénomène apparemment de grande ampleur. Il s'avère indispensable d'institutionnaliser un organe chargé de recevoir les contestations éventuelles d'amendes imposées aux justiciables, de façon à empêcher les abus contre lesquels, en pratique, les citoyens ordinaires n'ont que très peu de recours.

L'Inspection des Services Judicaires a besoin d'être renforcé en moyens matériels et humains nécessaires à l'accomplissement de sa mission. Pour récompenser les juges les plus méritants il est impérieux d'adopter une loi, obligeant les juges à déclarer leurs biens. Les déclarations des personnes intéressées devront être remises au service de l'inspection judiciaire, et ne passeront entre les mains du Ministère des Finances, seulement qu'en cas de doute ou de manque de clarté. Déjà la pratique existe au Mali. Elle concerne le Président de la République[602].

Le président de la République en sa qualité de président du CSM est aussi magistrat de la République. Il s'agira donc d'un élargissement de la déclaration des

---

[601] AB FALL, op cit. p 14.

[602] L'article 37 de la Constitution du 25 février 1992 dispose : « *....après la cérémonie d'investiture et dans un délai de 48 heures, le Président de la Cour suprême reçoit publiquement la déclaration écrite des biens du Président de la République. Cette déclaration fait l'objet d'une mise à jour annuelle...* ».

biens aux autres magistrats à l'image du chef de l'Etat. La déclaration des biens vise à sauvegarder l'intégrité des juges. Elle n'est en aucun cas envisagée comme un instrument policier, mais uniquement une mesure concrète de lutte contre la corruption.

B. La reconnaissance et la récompense du mérite

La promotion des juges, doit être fondée sur des facteurs objectifs, en particulier la capacité, l'intégrité et l'expérience, à l'exclusion des facteurs tels que les attitudes de discrimination établies sur le genre, l'ethnicité et l'appartenance politique. L'exercice de la fonction judiciaire exige de nombreuses qualités : des connaissances techniques et pratiques, certes, mais aussi la connaissance des hommes, l'aptitude à comprendre leurs problèmes, et par dessus tout des qualités de sagesse, de bon sens et d'indépendance[603].

La réputation et la moralité de ceux qui ont la fonction de dire le droit, ou de contribuer à rendre la justice, tiennent une place importante dans l'opinion publique. Celle-ci admet difficilement que ceux-ci puissent incarner la justice, alors que leur comportement en société empêcherait qu'on leur accorde le moindre respect normalement dû à ceux qui agissent au nom du peuple. Actuellement, le manque de considération à l'égard de nombreux juges, auxiliaires de justice et agents du service public de la justice tient à leur moralité.

Il serait souhaitable de privilégier désormais deux critères dans les différents recrutements : les aptitudes professionnelles et morales. Certes, les compétences professionnelles sont nécessaires, mais il ne faut pas perdre de vue l'aptitude morale des candidats qui doit être rigoureusement sauvegardée comme critère. Par voie de conséquence, le recrutement doit être précédé d'une enquête de moralité fiable. Il est important de veiller à ce que chaque juge et agent suive un plan de carrière, que les magistrats de classe exceptionnelle soient affectés à des postes qui leur reviennent de droit. Aucun esprit partisan ne doit prévaloir dans la promotion du corps judiciaire. Il doit en être de même de leurs collaborateurs directs à savoir les greffiers en chef, les greffiers et secrétaires de greffes.

Les nominations judiciaires doivent être fondées sur les compétences et obéir à des critères de sélection clairs et portés à la connaissance de tous. En outre, les candidats doivent avoir fait preuve de leur compétence et de leur intégrité : *« science sans conscience n'est que ruine de l'âme »*. Par ailleurs, les salaires du personnel judiciaire doivent être en rapport avec l'expérience, les résultats et la formation professionnelle. Ensuite, les mutations du personnel judiciaire doivent reposer sur des critères objectifs pour protéger les juges indépendants et impartiaux.

Au Mali, la magistrature semble être le corps le plus « gratifié ». A tort ou à raison, la majorité de la population croit que les juges sont les mieux payés de toutes les catégories socioprofessionnelles relevant de l'Etat. Cette perception des choses a commencé à partir des années 1980. En effet, nous assistons à l'avènement d'un statut particulier de la magistrature avec comme corollaire un traitement spécial.

---

[603] Voir sur ce point Demba SY, *La condition de juge en Afrique : l'exemple du Sénégal,* op cit., p37

Les magistrats reçoivent une rémunération comportant le traitement, les prestations familiales et des indemnités. Ils ont un statut particulier différent du statut général des autres corps de la fonction publique. Ils ont aussi une grille indiciaire différente de la grille des autres fonctionnaires de la *catégorie A*. Ils ont des primes et des indemnités de fonction liées à leur poste de mutation. Tous ceux qui ne sont pas logés ont droit à une indemnité de logement (50.000) mensuelle. La rémunération évolue durant sa carrière par le jeu des avancements de grade, de groupe et d'échelon.

Rémunération d'un juge de base en début de carrière - Indice 350 :

Solde brute : .... 292,5 x 350	102.375
Résidence :	1.500
Indemnité de solidarité :	200
Sous-Total :	105.875
CRM 4% :	4.175
ITS :	8.238
Net à payer :	**93.462 F CFA**

Pourtant, les juges eux-mêmes, ne cessent de déplorer leur situation en mettant un accent particulier sur l'absence d'une vraie politique d'encouragement et de motivation. Certains d'entre eux pensent que l'exhortation au sentiment patriotique tant prôné ne suffit plus à elle seule pour amener le citoyen au don de soi pour la patrie[604]. A leur entendement *"Tant qu'on ne parviendra pas à inventer une formule objective permettant au travailleur de bénéficier directement et immédiatement du travail qu'il fournit en proportion de son effort et de son rendement, on dénoncera comme on peut, on punira comme on veut, mais jamais on n'atteindra la performance souhaitée"*[605]. Cet état d'esprit d'un magistrat résume la structure mentale de la majorité de ce corps. C'est pourquoi, nous estimons qu'il est nécessaire, aujourd'hui, d'imaginer des moyens permettant de motiver davantage les juges. Aussi avons-nous proposé l'institutionnalisation d'une prime du *treizième mois* conditionnelle.

Une prime est une somme versée à un salarié, mais distincte de son salaire habituel. Elle présente donc un caractère relativement exceptionnel, même si sa périodicité peut être annuelle. Elle vient donc en supplément du salaire habituel et a souvent pour objet de récompenser le salarié pour avoir accompli une performance jugée satisfaisante (prime au mérite, prime de présence) ou pour compenser une

[604] Voir sur point Adama Yoro SIDIBE, *Droit et pratique du droit au Mali,* Ed. Jamana, 2007, p 35.
[605] Ibid.

difficulté particulière des fonctions dévolues à ce salarié (prime de risque ou prime de sujétions particulières). Elle peut aussi constituer simplement une rémunération exceptionnelle (prime de fin d'année ou *treizième mois*).

La prime de *treizième mois* est donc une gratification versée par l'employeur indépendamment du salaire normal. Mais en pratique, cette hypothèse est assez rare. Elle est surtout courante dans le secteur bancaire. Elle n'existe pas dans le secteur public où l'Etat est le principal employeur.

Dès lors, l'envisager à l'intention des magistrats constitue une manière de transposer cette pratique d'origine privée dans le public. Ici, c'est plutôt la finalité recherchée qui importe : encourager les juges qui ne sont pas corrompus. La prime de fin d'année doit être prise en compte dans le calcul des indemnités de rupture au prorata de la période couverte par la prime. Toutefois, dans la présente hypothèse, elle est conditionnée au quitus.

Le mot quitus est défini comme un acte par lequel le responsable de la gestion d'un patrimoine ou d'une opération déterminée, est reconnu s'être acquitté de sa charge. Cette reconnaissance pourrait être faite par l'Inspection des services judiciaires (ISJ) qui est l'organe chargé de contrôler les activités des juges[606]. Elle peut, sur instruction ou d'initiative, déclencher toute mission d'investigation ou de contrôle. Elle formule à l'issue de ses missions des recommandations tendant à l'amélioration des méthodes et procédures de travail. A noter que les rapports d'inspection établis par l'Inspecteur en chef sont annuels et transmis au Garde des Sceaux, au Premier Ministre et au Président de la République.

Il convient de souligner qu'au plan formel, l'inspection est hiérarchiquement placée au-dessus des directions ; en ce sens, elle peut procéder à des investigations sur tous les services relevant de l'autorité du ministre de la justice[607]. Ce qui lui permet d'émettre un avis sur le fonctionnement du système judiciaire de façon générale. L'IFS est la structure qui peut juger de l'opportunité d'accorder ou non le *treizième mois* aux juges. Cette décision pourrait être consécutive aux rapports qu'elle élabore et présente à la fin de l'année. Quels pourront être alors, les critères d'obtention du *treizième mois* ?

Dans ces différents rapports, l'Inspection des Services Judiciaires (I.S.J) a relevé justement des faits qui ont tendance à « s'institutionnaliser ». Il s'agit notamment des irrégularités administratives telles que l'existence de registre de recouvrement des amendes et frais de justice non coté et non paraphé. Au plan financier, la non-tenue des registres réglementaires et comptables, le non-paiement de bons d'argent accordés au personnel[608]. Le respect de ces normes pourrait être, la condition *sine qua non* d'obtention de la prime. Mais au-delà de ces mesures positives relevant de l'Etat, il est également nécessaire de repenser la question de l'indépendance liée à la personnalité même du juge. Enfin, il est indispensable d'assurer au personnel judiciaire à l'heure de la retraite des pensions substantielles.

---

[606] L'ISJ a été créée par l'Ordonnance n°00-57/P-RM du 28 septembre 2000 complété par le décret No 073/P-RM du 12 février 2001 qui fixe l'organisation et les modalités de fonctionnement.

[607] *Etude institutionnelle du ministère de la justice,* réalisée par le PRODEJ – 2001, P. 15

[608] *Rapport de l'Inspection de services Judiciaire (ISJ) du Mali,* (Période allant du 1er Janvier 1995 au 27 septembre 2005).

Aux termes de cette réflexion, il nous semble que toute entreprise visant à lutter contre la corruption ne peut aboutir à des résultats tangibles que sur la base de l'identification de l'esprit qui anime le système judiciaire. Il faut attaquer le mal à la racine, sous peine de le voir réapparaître constamment sous une forme ou une autre. Nous laissons aux socio-anthropologues le soin de développer la question avec la maitrise qui s'impose.

Toutefois, une vérité demeure : la lutte contre la corruption au sein de l'appareil judiciaire est un combat de longue haleine qui exige une approche systémique bâtie sur l'intégrité. Pour l'emporter il faut une adhésion des acteurs aux principes éthiques dans le contexte d'une justice réhabilitée.

Titre II

Une justice réhabilitée

De nombreuses études ont révélé que le système judiciaire malien est en panne[609]. Ce constat est largement partagé à la fois par les populations et les acteurs de la justice. Les récriminations contre le système judiciaire malien portent aussi bien sur le comportement des juges dans l'exercice de leur fonction que sur l'inadaptation des textes juridiques au contexte socioculturel. Nous avons, dans la partie précédente, insisté sur la personne du juge en tant qu'acteur principal du système juridictionnel. Mais le juge seul ne peut .permettre au système de fonctionner efficacement. Il faut reconnaître que le travail du juge s'accomplit particulièrement dans des conditions des plus difficiles.

De nombreuses décisions rendues par les juges ne satisfont pas les justiciables qui ne cessent de stigmatiser la lenteur, la lourdeur et l'inefficacité de la justice. Ceux qui sont chargés d'animer la justice reconnaissent eux-mêmes la nécessité d'améliorer la qualité de la justice. Le système judiciaire souffre incontestablement d'une crise de confiance des justiciables. Une partie importante de la population ne se reconnaît pas dans le système et a recours à des arrangements à l'amiable ou à d'autres formes de règlements des litiges. En milieu rural, le recours à la justice se fait en dernier lieu lorsque toutes les voies disponibles ont été épuisées.

Une étude a démontré que 65% des personnes interrogées, ayant eu recours à la justice pensent que les décisions rendues par elle, font d'autant plus autorité qu'elles sont conciliantes[610]. Cette étude a révélé que les populations ont le sentiment de voir aggraver leurs différends lorsqu'elles s'adressent à la justice.

La pérennisation du processus démocratique malien dépend en grande partie de l'efficacité du système judiciaire. Il importe de lui doter de moyens permettant d'assurer efficacement sa mission. Toutefois, la solution ne saurait se limiter aux arrangements internes. Elle requiert une approche systémique. L'efficacité de la justice dépend non seulement de la fonction institutionnelle mais aussi et surtout de la force qu'ont les textes usuels à trouver des solutions durables aux litiges. Elle est étroitement liée à la compatibilité de la règle de droit avec l'environnement socioculturel.

Comme le relève le Professeur Amsatou SOW SIDIBE : « *la survie des Africains dépend de la conservation de leur environnement culturel. A cet effet, il est nécessaire de lutter contre la tendance au mimétisme aveugle et de sauvegarder les traditions négro-africaines. Pour se faire reconnaître, l'homme noir doit se prouver à lui-même et prouver aux autres l'existence d'une culture africaine »*[611].Il faut donc

---

[609] On peut citer entre autres : Zeiny MOULAYE, Amidou DIABATE et Yaya DOUMBIA, *La gouvernance de la Justice au Mali,*_FES, 2007 ; Moctar COULIBALY, *Etude de la problématique de l'accès à la justice,* PRODEJ, 1999 ; Me TRAORE Kadidia DOUCOURE, Indépendance et responsabilité du juge point de vue de la société civile, PRODEJ, Bamako, 1999, Etude institutionnelle du Ministère de la justice 2001.

[610] Doulaye KONATE, Anatole SANGARE et Issa Meyes COULIBALY, *Etude sur la perception de la culture de la paix et des droits humains au Mali*_MEN, PNUD Août 1999.

[611] Amsatou SOW SIDIBE, *Le pluralisme juridique en Afrique,* op cit., p 126.

éviter la tendance au mimétisme aveugle et envisager plutôt la sauvegarde de nos traditions. Dans cette perspective, il est indispensable de poursuivre la réflexion en profondeur afin de doter le système juridictionnel des moyens lui permettant d'être efficace. Ici nous entendons par « moyen » ce qui permet de réaliser l'efficacité de la protection juridictionnelle des droits et libertés fondamentaux.

La réhabilitation de la justice requiert d'une part, la recherche d'un équilibre entre la pensée juridique locale et les exigences de l'Etat de droit **(Chapitre I)** et d'autre part, le renforcement de la légitimité du juge **(Chapitre II).**

Chapitre I

La recherche d'un équilibre entre la pensée juridique locale et les exigences de l'Etat de droit

M. Michel ALLIOT démontre, qu'en toute communauté, se cachent des structures sociétales et qu'à l'inverse, l'on retrouve des structures communautaires dans les modèles sociétaux étatiques. Il affirme justement : « *les structures d'une société ont toujours un niveau apparent et un niveau caché (...) Au premier abord, on peut dire que les communautés d'Afrique noire valorisent traditionnellement la hiérarchie et les complémentarités au niveau apparent, la fraternité au niveau caché, tandis que celles d'Europe valorisent l'égalité et la similitude au niveau apparent, les hiérarchies au niveau caché* »[612].

Ce constat s'applique à la société malienne qui est essentiellement plurale. Ce pluralisme se perçoit par rapport à l'être humain lui-même qui *« possède une identité multiple l'englobant dans plusieurs sociétés et donc, dans plusieurs droits ».* C'est ce que l'Anthropologie du droit appelle le pluralisme juridique qui, selon la définition de J.GRIFFITHS, consiste dans la multiplicité des droits en présence à l'intérieur d'un champ social[613].

Le droit positif malien est, pour l'essentiel, héritier du système français. C'est un droit qui demeure incompris par la majeure partie de la population. Il est perçu comme un ensemble de dispositions auxquelles on ne recourt que contraint et forcé, à condition déjà de les connaître. Corrélativement aux difficultés que le droit rencontre pour s'imposer, se pose aussi le problème des rapports entre la pensée juridique locale et les exigences de l'Etat de droit. En effet, l'avènement de la démocratie et l'instauration de l'Etat de droit créent des obligations pour l'Etat.

Au plan juridique, l'adhésion au concept d'Etat de droit s'explique par l'expérience douloureuse des régimes autocratiques qui a conduit les acteurs politiques à une prédilection singulière pour les droits de l'homme fondés sur un mécanisme efficace de protection.

A ce propos le Professeur Dominique ROUSSEAU affirme : *« la question de l'état de droit est importante à comprendre parce que pour le juriste il y a deux définitions possibles ».* Selon lui *: « tout d'abord l'Etat de droit peut être l'Etat de n'importe quel droit. Par exemple l'Etat nazi était un Etat de droit, il avait une constitution, des tribunaux, des juges. L'Etat de droit est ici, un Etat qui définit les règles de production de règles. Ensuite, l'Etat de droit n'est pas l'Etat de n'importe quel droit, c'est l'Etat qui met en œuvre les droits de l'homme*[614] *; Etat de droit où le*

[612] M. Alliot, 1989, 31-36 cité par. Roselyne MAVUNGU in Synthèse sur les travaux et expériences en médiation du LAJP. Texte paru dans : Bulletin de liaison du LAJP, n°22, sept. 1997, pp. 82-88.
[613] Roselyne MAVUNGU in Synthèse sur les travaux et expériences en médiation du LAJP. Texte paru dans : Bulletin de liaison du LAJP, n°22, sept. 1997, pp. 82-88.
Ibid.
[614] Voir sur ce point la définition donnée par le *Vocabulaire juridique,* publié sous la direction de Gérard CORNU, PUF, 2004, p 368.

législateur lui-même ne peut pas produire n'importe quelle loi mais doit voter celles qui respectent la constitution énonçant les droits fondamentaux »[615].

Pour le doyen Abdoulaye Sékou SOW, *« l'Etat de droit s'oppose à l'Etat de police dans lequel les autorités gouvernementales et administratives agissent à leur guise. Il implique l'obligation pour l'Etat d'édicter, de se soumettre et de faire appliquer un ensemble de règles et de normes qui gouvernent la vie publique. Il s'agit de la constitution qui fixent l'organisation de l'Etat et qui aménage la séparation des pouvoirs. Il s'agit ensuite de mettre en place des procédures de contrôle et de sanction du droit par des juges indépendants .Il s'agit enfin de l'aptitude de l'Etat souverain à respecter et faire respecter le droit dans les limites de son territoire »*[616].

Il ressort de cette définition que les droits de l'homme constituent l'un des piliers de l'Etat de droit. Ils constituent le domaine par excellence où l'on peut retrouver l'originalité africaine, c'est-à-dire la conception africaine des droits et libertés, socle de l'Etat démocratique communautaire fondé sur les valeurs africaines et maliennes[617]. Aussi, faut-il souligner que le respect des droits de l'homme et la soumission des institutions politiques et administratives de l'Etat au droit est devenu depuis mars 1991, la philosophie sinon l'idéologie politique du Mali[618].

Au plan sociologique, on assiste à la résurgence des conceptions endogènes de la régulation et même de l'organisation sociale ; conceptions qui, on le constate avec force aujourd'hui à l'heure de la démocratisation, ont en réalité toujours été récurrentes.

De façon générale, l'Etat malien demeure confronté à la problématique d'une part de l'affirmation de principes de valeur universelle et d'autre part à leur application pratique. Cette situation interpelle au premier chef le juge malien qui demeure lui-même confronté à la problématique de concilier la pensée juridique locale avec les impératifs de l'Etat de droit. Il faut donc trouver l'équilibre entre ces deux exigences pour qu'il accomplisse dûment sa mission.

Dans cette perspective, il ne sera pas question de s'isoler des autres civilisations, de les ignorer, de les haïr ou mépriser, mais plutôt d'établir une symbiose avec elles. Tout au plus, il s'agira d'aider à la recherche d'un équilibre entre la pensée juridique locale et les exigences de l'Etat de droit[619]. Cela passe par deux voies : d'une part, l'application du droit international des droits de l'homme par le juge **(Section 1)** et d'autre part, la rationalisation du système juridique (**Section 2).**

[615] Dominique ROUSSEAU, *L'Etat de droit est-il autre chose ?* Articles Psychiatries, n°144, décembre 2005, p72. Source : Centre National de la recherche Scientifique INST diffusion.

[616] Abdoulaye Sékou Sow, op cit. p 352.

[617] Ibid.

[618] Ibid. p 353.

[619] Il est important de souligner qu'en Afrique noire la Nation a précédé l'Etat (imposé part le système colonial). Si bien que l'Etat, dans la conscience africaine, s'apparente à la coercition. L'Etat n'est donc pas l'expression de la volonté générale, alors que la Nation qui l'est, est étrangère à l'Afrique.

Section 1 : L'application du droit international des droits de l'homme par le juge : une exigence de l'Etat de droit

Le droit international des droits de l'homme s'applique dans les ordres juridiques internes. Les recours internationaux, lorsqu'ils existent, sont subsidiaires, ne sont utilisables qu'après l'épuisement des recours internes. Il s'agit là d'une règle essentielle qui permet à l'Etat de résoudre éventuellement la question en droit interne, ce qui donne au juge un rôle considérable. Ce contrôle pose la question des relations entre le droit international et le droit interne.

Il faut souligner à ce sujet que le droit international des droits de l'homme n'a cependant pas pour but de remplacer le droit interne mais de le renforcer. En d'autres termes, les instruments juridiques relatifs aux droits de l'homme servent à guider les Etats et leur permettent de mieux protéger les personnes relevant de leur juridiction. Le DIDH sert aussi à appuyer la législation et les procédures nationales en vigueur. Mais la protection des droits et libertés n'est pas exercée seulement par des organismes internationaux. Elle l'est aussi par les juges nationaux, lorsque ceux-ci statuent sur la base d'engagements internationaux[620]

Le devoir du juge national d'appliquer le droit conventionnel est fondé, d'abord, sur une exigence internationale, celle qui se déduit de l'obligation d'exécution incombant à son Etat national dont il est l'organe. Cette fonction s'intègre naturellement dans la mission générale de *« dire le droit »,* car une fois introduit dans l'ordre interne, le traité pénètre dans l'ordonnancement juridique que le juge a le devoir naturel de garantir et de mettre en œuvre[621]

Nous aborderons ici la question de l'applicabilité des traités par les juges maliens **(§1)**, laquelle n'est pas aisée à analyser, car il faut savoir dans quelle mesure le juge malien relevant d'un Etat donné est tenu d'appliquer un traité en lieu et place d'une norme issue de son propre ordre juridique.

Le respect de ces engagements suppose que les Etats parties s'engagent à prendre toutes les mesures législatives, administratives et autres, nécessaires pour mettre en œuvre les droits reconnus dans les traités qu'ils ont signés et ratifiés. C'est celui qu'a choisi le Mali, qui a sans équivoque affirmé, dans sa Constitution, son option et son engagement en faveur de l'Etat de droit et du respect des droits de l'homme. Le rôle des juges est dans un tel contexte, prépondérant. Toutefois, on constate que ceux-ci sont confrontés à la problématique de la réception en droit interne **(§2)** des instruments juridiques internationaux ratifiés par le Mali.

---

620 Gilles LEBRETON, *Libertés publiques et Droits de l'homme,* op cit., p. 251.

621 Patrick DAILLIER et Alain PELLET, *Droit international public,* LGDJ, E.J.A, 2002, P. 236. Voir également sur ce point les auteurs ci-après : F.LAMOUREUX, *L'application du droit international conventionnel par les tribunaux français*, thèse, Paris II, 1976, p 398 ; M.L. NOBOYET, « *La mise en œuvre du droit international privé conventionnel – incidences du droit de traités sur les pouvoirs du juge national* », Mél. Perrot, p 313-336 ; J BASDEVANT « *Le rôle du juge national dans l'interprétation des traités diplomatiques* », R.C.D.I.P., 1949, p 413- 433.

§1. L'applicabilité des instruments internationaux relatifs aux droits de l'homme.

L'applicabilité se définit traditionnellement comme le caractère de ce qui est applicable. Par voie de conséquence, elle implique la possibilité pour un individu de faire valoir un droit conféré par un traité ou une convention. Cette possibilité peut s'exercer devant une autorité administrative ou une juridiction.

Au Mali, les conventions et traités ont force de lois. Les juges maliens devront être à l'aise lorsqu'ils appliqueront les conventions, notamment ceux relatifs aux droits de l'homme. Toutefois, si le système juridique accorde au juge les mêmes pouvoirs que ceux dont il dispose dans l'application du droit interne, la problématique réside au niveau du juge lui-même. Le comité des droits de l'Homme des Nations Unies[622], lors de sa session de mars - avril 2003, tout en se félicitant de l'adhésion du Mali à de nombreux traités des droits de l'homme, s'interrogeait à propos de l'applicabilité des conventions relatives aux droits de l'homme sur le territoire malien. Il déplorait en même temps que le Mali n'ait pas donné de cas précis attestant de l'application des conventions ratifiées.

Ce constat est révélateur des difficultés qui entourent la reconnaissance juridique du principe de la primauté des instruments juridiques relatifs aux droits de l'homme **(A)** et l'interprétation par le juge des instruments juridiques relatifs aux droits de l'homme **(B).**

A. La reconnaissance du principe de la primauté des instruments juridiques relatifs aux droits de l'homme : la portée de l'Article 116 de la constitution

La reconnaissance juridique du principe de primauté du DIDH signifie que les obligations en matière de droits de l'homme doivent systématiquement prévaloir sur toute autre obligation. Au plan doctrinal, deux grands principes s'opposent à propos du principe de la primauté du droit international : le dualisme et le monisme[623].

Pour les dualistes, la question des rapports entre normes appartenant à des ordres juridiques différents ne se pose pas ; tout est question de perspective. Ils considèrent que dans l'ordre interne, seules peuvent trouver application les normes internes et dans l'ordre international, ce sont les règles internationales et elles seules qui s'appliquent. En somme, les dualistes refusent de raisonner en terme de *« supériorité »* : les ordres juridiques sont séparés ; les règles internes sont de *« simples faits »* au regard du droit international et réciproquement[624].

Les partisans du monisme divergent dans leurs conclusions sur le problème du rapport hiérarchique entre le droit international et le droit interne. Cette diversité des thèses monistes a conduit certains auteurs à postuler qu'elles concluront

[622] Voir les observations du comité des droits de l'homme à propos du 2e rapport périodique du Mali sur le Pacte International Relatif aux Droits Civils et Politiques, p.9 10 et 11. Il ressort principalement des observations du comité, que jusqu'à présent, le Mali a beaucoup à faire en matière de respect des droits de l'Homme, surtout en ce qui concerne le respect des exigences du pacte sur les droits civils et politiques comme l'a si bien mentionné le comité. Voir *http : /www.hri.ca*
[623] Patrick DAILLIER et Alain PELLET, *Droit international public*, op. cit., p 95.
[624] Ibid. p 95.

nécessairement à la primauté du droit international. Toute la doctrine objectiviste, lorsqu'elle se réclame du monisme, affirme la primauté du droit international sur le droit interne[625].

Par delà la séparation classique entre monisme et dualisme qui se partagent équitablement les systèmes juridiques, c'est surtout la place réelle de l'instrument international dans la hiérarchie des normes qui importe.

A l'instar de nombreux Etats francophones ouest- africains[626] , le Mali a opté pour le monisme. Les relations entre le droit international et le droit interne sont très nettement définies. Les règles relatives à cette matière se trouvent aux articles 114 à 117 de la Constitution. Si les traités et accords internationaux sont négociés et ratifiés par le Président de la République, engagent les finances de l'Etat, ceux relatifs à l'état des personnes qui comportent cession, échange ou adjonction de territoire ne peuvent être approuvés ou ratifiés qu'en vertu d'une loi. Comme nous l'avons déjà précisé, tous les traités, avant leur ratification sont déférés au jugement de la Cour constitutionnelle. L'article 116 de la Constitution dispose : *« les traités ou accords régulièrement ratifiés ou approuvés ont dès leur publication, une autorité supérieure à celle des lois sous réserve pour chaque traité ou accord de son application ».*

Une fois que les accords ou traités ont été régulièrement ratifiés ou approuvés, ils acquièrent dès leur publication une autorité supérieure à celle des lois. Pour le professeur Eloi DIARRA, malgré la clarté de cette disposition, la question de supériorité ou non du traité n'est pas résolue de façon évidente. Il estime qu' en sous-entendant qu'il ne saurait y avoir de contrariété entre la constitution et le traité, que même la première pourrait être modifiée pour permettre la ratification du second, on veut dire implicitement que les accords internationaux ont une force supérieure à la Constitution, mais une telle disposition n'est pas explicitement décrite dans la norme constitutionnelle [627].

L'attitude de nombreux juges maliens face à cette disposition constitutionnelle est source d'inquiétude quant à l'effectivité des instruments juridiques relatifs aux droits de l'homme[628]. En effet, la plupart d'entre eux ayant été formés le plus souvent aux techniques du droit interne et plus familiarisés à ce droit, ont une tendance plus forte à rechercher dans le droit interne les solutions aux problèmes juridiques auxquels ils sont confrontés.

---

[625] Ibid. p 95.

[626] Cf. art 151 de la Constitution du Burkina ; article 79 de la Constitution guinéenne ; article 132 de la Constitution du Niger ; article 147 de la Constitution du Benin ; article 98 de la Constitution du Sénégal. Cependant il faut préciser que les constitutions du Togo et de la Cote d'ivoire ne font pas référence à la question de la suprématie des conventions internationales sur le droit interne.

[627] Eloi DIARRA, *Le droit des droits de l'Homme dans les pays d'Afrique (cas du Mali),* in Recueil juridique des droits de l'homme en Afrique vol. 2 2000-2004, Tome 2, éd. Bruylant, 2005, p 1435.

[628] Voir Arrêt n° 169 du 04 mars 2009 de la Cour d'Appel de Bamako : Affaire O. S. contre FB - partage de succession. Dans cette affaire le juge malien a conclu que même si dans les traités internationaux ratifiés par le Mali l'égalité entre l'homme et la femme est prônée, il n'en demeure pas moins qu'en matière successorale pour que ce principe soit applicable il faudra qu'il soit intégré dans les textes internes ; que ceci n'ayant pas été fait encore la dévolution des biens successoraux se fera selon la coutume des parties.

Cette attitude s'explique par le fait que le droit interne a très souvent l'avantage d'offrir dans pratiquement tous ses aspects, une réglementation claire et précise dont les modalités de mise en œuvre sont très souvent mieux maîtrisées par les juges. Par ailleurs, la plupart des questions abordées par le droit international sont parallèlement traitées par le droit interne. Ce qui met très souvent les normes de droit international en concurrence avec celles du droit interne.

Cette concurrence est défavorable au droit international. Dans de nombreux cas, les instruments juridiques internationaux se bornent d'annoncer des principes sans s'attarder sur les modalités de leur mise en œuvre.

Dans ce contexte, le droit international est perçu par certains juges maliens comme un droit ésotérique et abstrait invoqué uniquement par des plaideurs n'ayant pas trouvé d'éléments probants dans le droit interne. Même dans des matières dans lesquelles les juges sont appelés à appliquer des dispositions du droit international, ils manifestent leur incertitude et leur timidité.

Le juge malien devra impérativement tenir compte de l'évolution actuelle en matière de droits de l'homme en les appréhendant comme des méta-normes[629] en tant que conditions de légitimité du droit international lui-même.

De ce fait, l'acception actuelle de la publication comme mécanisme de réception doit être relativisée. En effet, contrairement à la pratique des pays anglophones, la publication n'est pas un acte de réception. Elle rend la convention opposable à tous. A ce propos le professeur M. Filiga SAWADOGO observe : *« Comme les textes internes, les conventions internationales doivent être publiées. Contrairement à certaines pratiques nationales qui semblent considérer la publication des conventions comme facultative, il convient toutefois de souligner que juridiquement, elle conditionne la force obligatoire de celle-ci »*[630]. La publication est donc essentielle pour que les dispositions des engagements internationaux deviennent opposables à tous.

Par ailleurs, la question fondamentale de la réciprocité introduite par l'article 116 de la constitution mérite d'être précisée. Il convient de rappeler que la règle internationale protectrice des droits de l'homme n'est pas une règle internationale comme les autres : elle n'est pas soumise au principe de réciprocité et elle bénéficie d'une présomption d'applicabilité directe. Une autre difficulté d'application des instruments juridiques relatifs aux droits de l'homme réside dans leur interprétation par le juge.

---

[629] Terme employé dans une acception générale, comme équivalent de règle de droit placée en tête des autres règles de droit. Dans la théorie de Kelsen, éléments coordonnés et hiérarchisés qui constituent un système de droit ou « ordonnancement juridique », dans le quel les normes supérieures engendrent directement les normes inférieures (constitution, lois, règlements, etc.). Kelsen s'est attaché à faire de la théorie du droit une véritable science, dépourvue de toute arrière pensée idéologique. Ce faisant, il en est arrivé à décrire le système juridique comme une pyramide de normes au sommet de laquelle se trouve la norme fondamentale, justifiant toutes les autres. On a pu reprocher à Kelsen un normativisme froid. Dans la Théorie pure du droit, l'hypothèse du conflit de normes illustre son raisonnement. Source : Kelsen (Hans), Théorie pure du droit, trad. par Eisenmann (Charles), Paris, Dalloz, 1962.

[630] Filiga M. SAWADOGO, *Le juge national et le droit communautaire* : communication introductive au colloque de Ouagadougou sur l'application du droit international dans l'ordre juridique interne des Etats francophones Ouest-Africains, in Cahiers de l'Association des Hautes Juridictions Francophones, op cit. p 82.

B. L'interprétation par le juge des instruments juridiques relatifs aux droits de l'homme

Messieurs Patrick DAILLIER et Alain PELLET, soutiennent que l'interprétation de la règle de droit ou de tout texte ayant force obligatoire est une opération qui doit s'accomplir dans l'ordre international comme dans l'ordre interne.[631] Il existe en droit international contemporain, deux grands modes d'interprétation. Le premier est l'interprétation par la voie internationale, par les Etats, par une organisation internationale. Le second mode d'interprétation se réalise par la voie interne. La question qui se pose justement dans l'ordre interne est de savoir qui peut interpréter ?

Le droit d'interpréter une règle juridique appartient naturellement à celui qui a le pouvoir de la modifier ou de la supprimer. En vertu de sa souveraineté, chaque Etat a le droit d'indiquer le sens qu'il donne aux traités, auxquels il est partie, en ce qui le concerne. Ce principe justifie donc l'attitude du juge malien face à cette question. En outre, des difficultés d'application peuvent surgir non pas dans la sphère internationale, mais dans l'ordre interne.

Le problème se pose alors principalement devant le juge interne. Selon une pratique traditionnelle observée dans la plupart des Etats, les juges nationaux « s'imposent souvent une certaine retenue à cet égard et vont même jusqu'à s'interdire d'interpréter le traité et à se retrancher derrière la position du Ministère des Affaires Etrangère, saisi à titre préjudiciel[632] ».

L'attitude du juge malien en matière d'interprétation des traités illustre à juste titre le mimétisme récurrent qui caractérise le système juridique malien. En effet, à l'instar de leurs homologues français, les juges maliens, soucieux de ne pas s'immiscer dans la conduite des relations diplomatiques, se sont longtemps interdit d'interpréter eux-mêmes les engagements internationaux du Mali[633].

---

[631] P. DAILLIER, A PELLET, op cit. P. 236 et suv.

[632] En France, les juges, tant judiciaires qu'administratifs, avaient coutume de demander un « avis » au Ministre des Affaires Etrangères. Bien qu'en principe, ils ne fussent pas liés par cet avis, ils s'y conformaient habituellement. Cette « docilité » à l'égard du pouvoir exécutif a été dénoncée. En réalité, cette attitude réservée des juges internes est fondée sur le désir de ne pas gêner l'action extérieure de l'Etat. En France, les évolutions jurisprudentielles récentes témoignent cependant d'une nouvelle hardiesse du juge puisque le Conseil d'Etat et la Cour de cassation, sans s'interdire de consulter, le cas échéant, le ministre des affaires étrangères, considèrent désormais son avis comme un simple élément d'information. La Haute juridiction administrative, puis la Cour de cassation en ses différentes chambres, ont abandonné progressivement le principe du renvoi préjudiciel au Ministre des Affaires étrangères. Le Conseil d'Etat avait ouvert la voie, en se reconnaissant compétent pour interpréter les traités - CE, 29 juin 1990, G.I.S.T.I, Rec.171, note Abraham. Cette position a été suivie par les juridictions civiles - Cass. Civ. 1, 19 déc. 1995, Banque africaine de développement, Bull. P 32719 décembre 1995 ; B 1, N° 470. Voir aussi Desportes, « *Le nouveau Droit pénal* », Economica, 4ème édition, P. 179, N°255 et la Chambre criminelle s'y est ralliée récemment, en approuvant l'interprétation, par une chambre d'accusation, d'une disposition de la Convention franco-sénégalaise d'entraide du 29 mars 1974- Crim, 30 mars 1999, B 60. Voir sur ce point P.DAILLIER et A. PELLET, op cit. P 255.

[633] Le Conseil d'Etat a manifesté son souci de ne pas embarrasser l'exécutif par une interprétation susceptible de donner naissance à des difficultés diplomatiques. Voir CE 14 Janv. 1987, Soc. Delmas-vul jeux Rec. p 4 ; CE 27 janv.1989, Beaumartin et autres, Rec., p 35.Voir Pierre Mayer, *Droit international privé,* 5e éd., Montchrestien, 1994, p 32.

Face à un tel problème, ils se référaient systématiquement au Ministre des affaires étrangères et sursoyaient à statuer jusqu'à ce que celui-ci ait donné l'interprétation requise. Cette attitude n'a évolué que récemment. Aussi, avec la constitution du 25 février 1992 le débat sur les compétences d'interprétation du traité par les juges a-t-il refait surface. Mais le législateur est resté en marge et n'apporte pas expressément de solution. Cette question a fait l'objet d'un débat jurisprudentiel en France. En faveur de la reconnaissance des compétences du juge judiciaire pour interpréter les traités, la jurisprudence a identifié deux hypothèses.

La première est la théorie de l'acte clair selon lequel le juge peut interpréter les traités lorsque leur sens et leur portée ne présentent pas d'ambiguïté[634]. La seconde hypothèse est envisageable toutes les fois que les contestations qui donnent lieu à cette interprétation ont pour objet des intérêts privés qui, par la loi, sont attribués au pouvoir judiciaire[635]. Cette seconde hypothèse est extrêmement floue. D'ailleurs, la jurisprudence française témoigne d'un remarquable empirisme[636].

Dans tous les cas, la question de l'interprétation interne des normes internationales se pose. Le juge malien pourra, éventuellement, faire recours au droit conventionnel. Aux termes de l'article 31 § 1 de la Convention de Vienne : *« Un traité doit être interprété de bonne foi suivant le sens ordinaire à attribuer aux termes du traité dans leur contexte et à la lumière de son objet et de son but ».* Dans sa fonction d'interprétation, le juge malien devra mieux appréhender le texte et le contexte du traité.

La solution la plus évidente est celle qui consiste à interpréter le moins possible et à s'en tenir au « sens ordinaire » des mots, ce qui n'est possible que lorsque la disposition à appliquer est rédigée « en termes non équivoques ». Dans ce cas précis, le rôle du juge est nettement tracé. Placé en présence d'un traité suffisamment clair, il est tenu de l'appliquer tel qu'il se présente[637]. Il lui reviendra donc d'interpréter les mots d'après leur sens naturel et ordinaire dans le contexte où ils figurent[638].

La règle de *l'effet utile* permettra au juge d'aboutir à une interprétation efficace. Selon cette règle, le juge doit supposer que les auteurs du traité ont élaboré une disposition pour qu'elle s'applique. Il doit donc entre plusieurs sens possibles, choisir celui qui permet son application effective (*ut res magis valeat quam pereat).*

Toutefois, l'observation de la règle de l'effet utile ne devrait pas conduire le juge à rechercher inconditionnellement l'application du texte au point de le mettre en contradiction avec d'autres éléments du traité. Une telle contradiction se produirait, justement, si l'interprétation devait donner à ce texte un sens

---

634 Cass. Crim., 26 juillet 1867, S.1867, 1,409.

635 Cass. 24 juin 1839, Napier : Affaire de la succession du Duc de Richmond, S.1839, 1,577.

636 Voir les nombreux exemples donnés par Ch. Rousseau, *Droit international public*, Sirey, 1971, .1p.257-263.

637 Voir Acquisition de la nationalité polonaise, 1923, série, B, n° 7, p 20, principe rappelé dans les arrêts de la C.I.J du 3 février 1994, Rec. P.25 et du 27 juin 2001.

638 Voir Arrêt du 12 déc.1996, Plates-formes pétrolières (exception préliminaire), Rec. P. 818.

incompatible avec « sa lettre et son esprit »[639], avec « sa fonction » ou « son objet » et « son but »[640].

La perception des juges maliens de l'application des instruments juridiques relatifs aux droits de l'homme mérite une attention toute particulière. Aussi les différentes attitudes méritent-elles d'être analysées au regard de l'évolution du débat doctrinal sur l'applicabilité directe du droit international des droits de l'homme.

Certains juges pensent que pour la mise en œuvre des conventions internationales de protection des droits de l'homme, il faut au préalable des textes d'application. D'autres estiment que, de par leur nature écrite, elles sont incompatibles avec les matières relevant traditionnellement du droit oral ou coutumier. En réalité, cette réticence des juges tient à deux choses : en premier lieu, à une information et à une formation insuffisantes sur les questions relatives aux droits humains et en second lieu au « chauvinisme national juridique ».

Pour l'essentiel, il est important d'attirer l'attention du juge sur le principe d'applicabilité directe des instruments juridiques relatifs aux droits de l'homme. Ce principe suppose que la règle internationale n'a pas besoin, pour être applicable, d'être introduite dans l'ordre juridique interne par une disposition spéciale[641].

En ce qui concerne les conventions relatives aux droits de l'homme, les juges judiciaires, administratifs et constitutionnels peuvent les appliquer directement[642]. Le seul problème qui demeure est celui de la réception en droit interne des instruments juridiques internationaux relatifs aux droits de l'homme. Cette question de réception de la règle conventionnelle dans le droit interne, qui vaut pour toute convention internationale n'est pas propre aux traités protecteurs des droits de l'homme. Elle relève du régime constitutionnel des Etats, qui définit l'attitude générale de l'Etat face au droit international[643].

§ 2. La réception en droit interne des instruments juridiques internationaux relatifs aux droits de l'homme.

Pour que les libertés et droits fondamentaux puissent entrer dans le droit positif, il est indispensable que l'Etat les consacre à travers un instrument de nature juridique. C'est à cette condition qu'ils peuvent être invoqués par des individus qui en sont bénéficiaires. L'Etat est ainsi conduit à arrêter la teneur et la nature des procédés juridiques de reconnaissance des droits reconnus dans le système juridique national.

Dans le système malien qui est de droit écrit, il est nécessaire d'intégrer les droits de l'homme consacrés par les instruments juridiques internationaux dans le

[639] CIJ, Interprétation des traités de paix rec.150, p. 229.
[640] CPIJ 1927, Usine de Chorzów, série A, n° 9, p 24 et 1928, questions des communautés gréco-bulgares, 1928, série B, n° 17, p 19.
[641] Frédéric SUDRE, *La dimension internationale et européenne des droits et libertés fondamentaux*, in Droits et libertés fondamentaux, op cit., p 22.
[642] Voir notamment sur ce point le doyen Robert DOSSOU, *L'application des conventions relatives aux droits de l'homme*.
[643] Ibid.

corpus juridique. Les droits doivent être reconnus par les sources mêmes du droit et être garantis par le droit et le juge suivant deux principes. Le premier principe est la règle *« pacta sunt servanda »* qui signifie qu'il faut respecter les accords. Ce principe qui est l'élément clé de la doctrine normative de Hans KELSEN repris par la Convention de Vienne de 1969 sur les traités, postule l'obligation d'exécution. Le second principe est celui de la bonne foi formulée expressément par l'article 2 de la charte de l'ONU. Ce principe impose aux Etats et aux organisations internationales une obligation de loyauté, de respect de la parole donnée[644].

Cependant, il est établi que le droit conventionnel des droits de l'homme est « fragile » et « faible ». Le rôle du juge dans ces conditions est loin d'être aisé et celui-ci ne peut exercer un contrôle efficace que si les règles internationales ont été traduites dans la législation interne avec des sanctions. Il en est autrement lorsque cette traduction n'existe pas[645].

Cela dit, l'une des modalités d'application du droit international dans l'ordre interne est l'harmonisation des instruments juridiques relatifs aux droits de l'homme avec le droit interne **(A)**. Cette pratique qui est prônée par les spécialistes du DIDH doit être soutenue par la prise en compte du principe d'intangibilité des droits de l'homme **(B).**

A. L'harmonisation des instruments juridiques relatifs aux droits de l'homme avec le droit national

Depuis son accession à l'indépendance en 1960, le Mali a ratifié un nombre important de traités relatifs aux droits de l'homme. Cependant, la ratification des instruments internationaux n'est pas une fin en soi. Il est possible de ratifier tous les instruments relatifs aux droits de l'homme sur le plan international sans pour autant respecter les droits de l'homme dans le cadre interne, sous couvert de l'affichage « international » et sans qu'aucune conséquence pratique ne soit tirée des engagements internationaux pour les transposer encore moins pour les respecter. Inversement, on peut, du moins théoriquement, concevoir que les droits de l'homme puissent être pleinement garantis sur le plan interne, sans engagement international. Mais face à ces deux situations il est évident que les engagements internationaux, les principes constitutionnels, les garanties internationales et les garanties internes se complètent et se renforcent dans un Etat de droit.

Même si les traités ont, dès leur ratification, une valeur supérieure à la législation, il s'avère nécessaire de transcrire leurs dispositions dans les lois nationales. L'expérience a démontré que les dispositions imposées ne sont pas aussi efficaces que celles qui sont accessibles à tous les citoyens.

Lorsqu'un Etat a ratifié un traité, il est donc tenu de prendre les mesures appropriées pour le faire appliquer au niveau national. .Il peut le faire en donnant effet à une loi correspondant à l'objet du traité ou en rendant celui-ci directement applicable dans l'ordre juridique interne. Cela a son importance car si l'ordre

---

[644] Amsatou SOW SIDIBE, *Pluralisme juridique*, op cit. p 59.

[645] Communication *Introductive au colloque de Ouagadougou sur l'application du droit international dans l'ordre juridique interne des Etats francophones Ouest Africains,* in Cahiers de l'Association des Hautes Juridictions Francophones, op cit., p 65.

juridique interne a rendu applicable un instrument international relatif aux droits de l'homme, il devient possible de se prévaloir de ses dispositions en utilisant les voies de recours internes.

Les techniques de réception du droit conventionnel sont assez diverses. On distingue traditionnellement deux : le système d'incorporation législative et l'adoption des mesures complémentaires.

La première option qui est le système d'incorporation législative est laissée au libre choix de l'Etat[646]. Celui-ci est du reste libre de considérer que son droit interne est d'ores et déjà en accord avec le traité et de ne prendre aucune mesure d'introduction spécifique au risque de voir sa responsabilité internationale engagée si l'autre ou les autres parties le contestent.

Les récentes constitutions africaines ont voulu écarter ce risque en mentionnant les principaux instruments juridiques internationaux dans leurs préambules. C'est le cas notamment des constitutions du Bénin[647], du Niger[648], du Burkina-Faso[649], du Sénégal[650] et du Mali. Certains constituants ont pris le soin de mentionner que ces instruments internationaux font partie intégrante de la constitution, ce qui leur confère une valeur constitutionnelle.

C'est le cas de l'article 50 de la constitution togolaise qui dispose : *« les droits et devoirs énoncés dans la Déclaration Universelle des Droits de l'Homme et dans les instruments internationaux relatifs aux Droits de l'Homme ratifiés par le Togo, font partie intégrante de la présente constitution »*.

En faisant ainsi référence, dans les constitutions, aux normes de droits de l'homme inscrites dans les textes internationaux, les Etats africains leur donnent une force au moins égale à celle de la constitution puisque désormais intégrées au « bloc de constitutionnalité »[651].

La seconde est l'adoption de mesures complémentaires. Que les traités soient « *self-executing* »[652] ou non, leur application exige des mesures internes complémentaires. Dans la plupart des Etats africains, l'introduction du droit international dans l'ordre interne est subordonnée à l'accomplissement par l'autorité étatique d'actes spéciaux. Les conditions requises pour l'insertion varient selon les différents systèmes juridiques[653].

---

646 Patrick DAILLIER et Alain PELLET op cit. p.229 et suiv.

647 Conf. préambule de la constitution du Bénin du 11 décembre 1990.

648 Conf. préambule de la constitution du Niger du 18 juillet 1999.

649 Conf. préambule de la constitution du Burkina Faso du 11 juin 1991.

650 Conf. préambule de la constitution sénégalaise du 7 mars 1963 modifiée le 22 janvier 2001.

651 Le bloc de la constitutionnalité excède la constitution écrite proprement dite dans la mesure où il intègre le préambule de la Constitution, les déclarations de droit, les principes à valeur constitutionnelle ainsi que certains apports de la coutume V sur point El Hadj M'BODJ Cours de théorie constitutionnelle op cit p. 142.

652 Un traité est dit *« self-executing »* lorsqu'il trouve directement application dans l'ordre interne sans nécessiter de normes particulières de réception et d'application.

653 Voir sur ce point Amsatou SOW SIDIBE, Communication *Introduction au colloque de Ouagadougou sur l'application du droit international dans l'ordre juridique interne des Etats francophones Ouest Africains,* in Cahiers de l'Association des Hautes Juridictions Francophones, op. cit. p 61.

Le constituant malien donne aux conventions internationales une place infra-constitutionnelle ; mais supra-législative. Encore faut-il que ces traités soient ratifiés et publiés. Reste ensuite le problème de l'article 116 de la constitution qui prévoit une clause d'application réciproque.

A ce sujet, il y a lieu de relever que la règle internationale protectrice des droits de l'homme n'est pas une règle internationale comme les autres car elle n'est pas soumise au principe de réciprocité et elle bénéficie d'une présomption d'applicabilité directe[654].

Peut-on alors considérer les règles affirmées par les conventions internationales des droits de l'homme comme ayant valeur constitutionnelle dans le système juridique malien ? Les juges maliens peuvent-ils faire une application directe d'une convention relative aux droits de l'homme ?

Comme nous l'avons souligné, le Mali a fait l'option du monisme en optant pour l'incorporation du droit international dans le droit interne avec rang « supra législatif », imposant ainsi aux juges une obligation d'application. De l'avis du professeur LAMPUE, il y a de ce fait une présomption d'applicabilité[655]du droit conventionnel puisque les citoyens maliens disposent d'un droit de recours devant le juge national, en cas de violation de leurs droits fondamentaux. Ce droit de recours est fondé principalement sur la Déclaration Universelle des Droits de l'Homme et la Charte Africaine des Droits de l'homme et des peuples, insérés dans le préambule de la constitution du 25 février 1992.

Ce droit de recours doit être effectif en offrant toutes les garanties d'efficacité requises et des chances de succès au plaideur. La méconnaissance de cette obligation pourrait être analysée comme un « déni de justice »[656].

Dans le contexte malien, l'incorporation du DIDH dans le droit interne doit être effectif et sa violation ou son non- respect doit avoir des conséquences juridiques concrètes. Au demeurant, rappelons que l'incorporation des règles des traités internationaux dans le droit interne constitue non seulement une obligation découlant des traités mais présente l'avantage de rendre les dispositions des traités internationaux applicables en droit interne.

En principe, toutes les conventions ratifiées par le Mali font partie de l'ordonnancement juridique national. Elles sont applicables et doivent être observées. Mais pour les rendre plus efficaces et assurer leur application il faut nécessairement les traduire dans la législation nationale. Il serait aussi souhaitable que l'Etat malien entreprenne un examen ou une reforme en profondeur de l'ensemble de la législation nationale pour les mettre pleinement en concordance avec les dispositions des instruments juridiques relatifs aux droits de l'homme ratifiés. C'est là une tâche redoutable pour le gouvernement malien à qui incombe la responsabilité de prendre toutes les mesures législatives nécessaires.

---

[654] Pour une analyse approfondie, voir Frédéric SUDRE, *La dimension internationale et européenne des droits et libertés fondamentaux*, in Droits et libertés fondamentaux, op cit. , p 17.

[655] P. LAMPUE, *Droit écrit et droit coutumier en Afrique francophone*, Penant, 1979, p 248.

[656] Sur ce point Voir Amsatou SOW SIDIBE, *Communication introductive générale au colloque sur l'application du droit international dans l'ordre juridique interne des Etats francophones ouest-Africains* op cit p. 61.

Certes, il existe une pluralité de structures qui interviennent dans ce domaine. Cependant, il est constant que celles-ci évoluent de façon isolée. Au niveau de certains départements ministériels, une division est responsabilisée pour assurer le suivi de l'application des conventions internationales. C'est le cas notamment du Ministère du Travail qui est chargé de produire des rapports sur les mesures d'application des conventions de l'OIT. Mais ce dispositif n'existe pas encore dans la plupart des départements ministériels d'assurer le suivi de l'application des conventions internationales.

Il serait nécessaire de mettre en place une commission technique d'experts qui sera chargée de conduire le processus d'harmonisation et qui pourra accomplir des tâches d'assistance, de conseils.

Cette commission devra notamment détecter les insuffisances des projets de lois et assurer leur mise en conformité avec les dispositions des conventions internationales. Elle sera chargée aussi de la collecte d'information sur l'application des conventions. Elle sera composée des acteurs impliqués dans l'élaboration, la mise en œuvre et le suivi des lois. Il s'agit, entre autres, des représentants de la Commission nationale des Droits de l'homme, du secrétariat général du Gouvernement, des départements ministériels, de la direction des affaires juridiques du Ministère des Affaires étrangères, de l'Assemblée Nationale, du Conseil Economique Social et Culturel, du Haut Conseil des Collectivités, du Médiateur de la République et des organisations de la société civile.

En plus de l'harmonisation que nous venons d'examiner, la portée réelle de la norme internationale protectrice des droits de l'homme en droit interne tient aussi aux modalités d'exercice du droit reconnu. Invoquer utilement une norme internationale protectrice des droits de l'homme devant le juge malien suppose une connaissance des conditions dans lesquelles, l'individu peut se prévaloir des droits reconnus. Ce qui nous conduit à évoquer le primat accordé aux droits intangibles.

B. Le primat du principe d'intangibilité en droit international des droits de l'homme

Le professeur Fréderic SUDRE relève justement que ce serait une lourde erreur de croire que les conventions internationales des droits de l'homme d'effet direct accordent au justiciable une protection absolue et constituent en matière de moyens de défense, la panacée[657]. Selon cet éminent juriste, il importe de distinguer les droits intangibles des autres droits que sont : les droits conditionnels et les droits indirects. Il insiste précisément sur la prise en compte du principe d'intangibilité de certains droits.

Le principe d'intangibilité implique pour le juge d'interpréter le droit positif à la lumière du paradigme des droits de l'homme. En tant qu'expression et garantie de l'Etat de droit, les droits de l'homme, possèdent une position particulière dans l'ordre juridique : ni le législateur, ni d'ailleurs même le constituant ne peuvent y porter librement atteinte. Ils possèdent pour ainsi dire un caractère d'intangibilité.

[657] Fréderic SUDRE, *La dimension internationale et Européenne des droits et libertés fondamentaux*, in A.CABRILAC, M.A.F.ROCHE et T.RIVET, *Droits et libertés fondamentaux*, op cit., p 23 et suiv.

Selon M. Olivier de FROUVILLE, le principe d'intangibilité exprime l'impossibilité pour la volonté générale, de décréter la destruction des droits des citoyens[658]. Mais le caractère intangible des droits de l'homme ne signifie pas que ces normes soient éternelles. En effet, les droits de l'homme ne sont pas nécessairement, a priori, plus à l'abri de la révision et de l'abrogation que n'importe quelle autre norme positive[659].

La perception des droits de l'homme comme fondement du système juridique se traduit, dans les ordres internes des pays démocratiques par l'institution d'une protection contre les atteintes qui pourraient émaner des pouvoirs privés comme publics[660]. Le juge est incontestablement le mieux placé pour jouer le rôle du tiers impartial qui doit opérer la reconstruction du système juridique sur la base des exigences du principe d'intangibilité.

La doctrine place les droits de l'homme en position d'extériorisation et de supériorité par rapport à tout ordre juridique. A partir du moment où ces droits sont insérés dans le droit positif interne, tout ordre juridique tend à se reconstruire en fonction de leur exigence.

M. Olivier FROUVILLE, dans sa célèbre thèse, développe l'idée d'intangibilité suivant les différentes branches du droit. Selon lui : *« en droit privé, l'intangibilité fonde l'indisponibilité, l'imprescriptibilité et l'impossibilité de renoncer aux droits dits de la personnalité. Ces droits qui sont définis comme les droits inhérents à la personne humaine sont considérés par les civilistes comme des droits extrapatrimoniaux, « hors commerce » au sens de l'article 1128 du Code civil. Leur titulaire ne peut donc pas en « disposer » librement (indisponibilité)[661] tandis que le passage du temps n'affecte pas leur validité (imprescriptibilité)[662] ».*

S'agissant du domaine du droit public, il écrit : « *L'intangibilité fonde la position des droits de l'homme dans la hiérarchie formelle des normes qui distingue trois techniques qui peuvent être utilisées simultanément ou séparément selon les systèmes pour placer les droits hors d'atteinte* ». Pour M. FROUVILLE : *« La technique la plus classique est celle de la réserve de la loi. La seconde est la constitutionnalisation des droits qui permet de les mettre hors d'atteinte de la volonté du législateur lui-même. Les droits sont considérés comme relevant de la compétence du constituant. Enfin, la troisième technique vise à mettre les droits hors d'atteinte du constituant. Dans certaines constitutions des clauses spéciales sont insérées comme représentant la substance de l'ensemble des droits dans le*

---

658 Olivier de FROUVILLE, *L'intangibilité des droits de l'homme en droit international (régime conventionnel des droits de l'homme et droit des traités)*, éd. Pedonne, 2004, p 17.
659 Ibid. p 17.
660 Ibid. p 17.
661 D.BREDA, *Le principe de libre disposition des biens en droit civil. Contribution à la notion d'indisponibilité juridique*, thèse, Nancy, 1969, p 136. L'auteur observe que le terme d'indisponibilité est utilisé en droit français comme synonyme du concept d'inaliénabilité, cité par Olivier Frouiville, op cit., p 18.
662 « La notion d'imprescriptibilité signifie que le cours du temps n'efface pas une prérogative sous prétexte qu'il n'en a pas été fait usage ». Voir Olivier Frouiville, op cit., p 18.

groupe de normes insusceptibles de révision ou dont la révision nécessite la mise en œuvre d'une procédure complexe incluant une approbation populaire ».

Ces développements permettent d'attirer, de façon constante, l'attention du juge sur le principe d'intangibilité des droits de l'homme. Comme nous l'avons souligné, de nombreux juges n'appréhendent pas les principes fondamentaux des droits de l'homme. Cela explique, en partie, leur méfiance envers cette matière. Pourtant, les juges sont les principaux interprètes des instruments juridiques relatifs aux droits de l'homme.

Le principe d'intangibilité des droits de l'homme se présente donc comme le moteur d'une dynamique des droits de l'homme qui conduit à une restructuration de tout ordre juridique en fonction des exigences posées par ces droits. Il permet surtout de renforcer la portée des droits de l'homme par rapport aux autres droits de l'individu. Ils sont fondamentaux et, par là, largement non dérogatoires, irrévocables et intransgressibles[663].

La doctrine définit les droits intangibles comme des droits auxquels l'Etat partie ne peut porter atteinte et qu'il doit maintenir intacts[664]. Ces droits intangibles sont applicables à toute personne, en toute circonstance et en tous lieux, ils ne peuvent faire l'objet de restriction[665].

Les instruments juridiques relatifs aux droits de l'homme énoncent comme droits intangibles : le droit à la vie, le droit de ne pas être torturé ni de subir des traitements inhumains ou dégradants, le droit de ne pas être placé en esclavage ou en servitude et de ne pas être astreint à un travail forcé, le droit à la non-rétroactivité de la loi pénale et la règle « *non bis idem* » qui interdit au juge d'un Etat de poursuivre ou de punir pour une même infraction quiconque a déjà été acquitté ou condamné par un jugement définitif. Ces droits individuels relatifs à l'intégrité physique ou morale de la personne et à sa liberté forment le « noyau dur » des droits de l'homme et offrent à l'individu une protection absolue. Le Pacte International relatif aux Droits Civils et Politiques (PIDCP) élargit cette catégorie à trois autres droits. Il s'agit du droit à la reconnaissance de la personnalité juridique[666], du droit à la liberté de pensée, de conscience et de religion [667] et du droit de ne pas être emprisonné pour dette[668].

Pour sa part, la jurisprudence internationale semble avoir opté pour l'application de l'article 29 de la Déclaration Universelle des Droits de l'Homme et l'article 4 §.2 du PIDCP qui n'autorise aucune dérogation aux articles 5,7,9,11,16,18, soit aux droits à la vie, à l'interdiction de la torture, des peines ou

---

663 Raymond GOY, *La Cour internationale de justice et les droits de l'homme*, éd. Bruylant, 2002, p 59.

664 René SEVE, *Les libertés et droits fondamentaux et la philosophie*, in R.CABRILLAC, M-AFRISON-ROCHE et T-REVET, *Libertés et droits fondamentaux*, éd. Dalloz, 2008, p 42.

665 Ibid.

666 Article 16 du PIDCP.

667 Article 18 du PIDCP.

668 Article 11 du PIDCP.

traitements cruels, inhumains ou dégradants, de l'esclavage et de la servitude, la non- rétroactivité pénale, la personnalité juridique et la non-discrimination[669].

Le Mali étant Etat partie au PIDCP et à de nombreux instruments juridiques relatifs aux droits de l'homme, tout individu peut donc se prévaloir devant le juge de la protection de ces principaux droits qui engendrent des obligations absolues pour l'Etat malien.

Le juge peut se référer à la loi fondamentale qui garantit les droits intangibles. Aux termes de l'article premier du Titre I de la Constitution « *la personne humaine est sacrée et inviolable. Tout individu a droit à la vie et à l'intégrité de sa personne* ». Aussi les articles 2, 3, 4,5, 9, 10,12 offrent-ils des garanties contre les arrestations et détentions arbitraires, les actes de torture et autres traitements cruels, dégradants ou humiliants.

Les dispositions constitutionnelles visant les droits intangibles trouvent leur fondement dans la Déclaration Universelle des Droits de l'Homme, la Charte Africaine des Droits de l'Homme et des Peuples. Cependant, la question de l'intangibilité contraste avec l'existence de la peine de mort dans l'arsenal juridique. Comment alors concilier la défense du droit à la vie et l'application de la peine de mort ?

Les autres droits et libertés garantis par les instruments juridiques seront des droits conditionnels, bénéficiant d'une protection relative. Cela s'explique, selon la doctrine, par le fait que le régime juridique de ces droits conditionnels n'est pas homogène. La doctrine relève, en effet, que certains droits sont susceptibles de dérogation et peuvent alors faire l'objet, à titre exceptionnel, de non- application temporaire mais non de restriction. Toutefois, les restrictions peuvent intervenir en prenant la forme d'une clause générale d'ordre public. Selon le professeur Fréderic SUDRE, bon nombre de libertés et droits fondamentaux, tels le droit au respect de la vie privée et familiale, la liberté d'expression, la liberté d'association, le droit de manifester, la liberté de déplacement tombent sous l'empire de cette clause.

La clause d'ordre public autoriserait l'Etat à limiter l'exercice du droit proclamé tout en laissant subsister le droit. Selon cette clause, l'exercice du droit en cause peut faire l'objet des seules restrictions prévues par la loi et qui sont nécessaires dans une société démocratique à la protection de l'ordre public.

L'ingérence de l'Etat dans le droit garanti est subordonnée à une triple condition[670]. Tout d'abord « être prévue par la loi » *(dans ce cas le texte international confit à l'Etat le soin de définir les atteintes au droit reconnu)*. Ensuite viser « un but légitime » *(c'est-à-dire en réalité sécurité nationale, sûreté publique, bien être économique du pays, défense de l'ordre, prévention des infractions pénales, protection de la santé ou de la morale publique, ou encore la protection des droits et libertés d'autrui)*. Enfin, « être nécessaire dans une société démocratique »

---

[669] Voir Nguyen Quoc Denh, DAILLER Pellet, *Droit international public*, 6e éd, § 421 p 643 ; P.M DUPUY, *Droit international public*, 4e éd. § 207 ; H Thierry et al, *Droit international public*, 5e éd. p 476.

[670] Olivier de FROUVILLE, *L'intangibilité des droits de l'homme en droit international (régime conventionnel des droits de l'homme et droit des traités)*, p 18 et suiv.

(cela suppose que l'ingérence, dans le cadre d'une société dont « le pluralisme, la tolérance et l'esprit d'ouverture sont les éléments constitutifs qui répondent à un besoin social impérieux). Dès lors que le droit interne s'avère défaillant pour garantir le respect des droits individuels, le juge malien est tenu d'appliquer la norme internationale protectrice des droits de l'homme dont il est juge de droit commun. Il s'avère ainsi de plus en plus nécessaire d'envisager la rationalisation du système juridique.

Section 2 : La rationalisation du système juridique

« Les lois doivent tellement être propres au peuple pour lequel elles sont faites, que c'est un grand hasard si celles d'une nation peuvent convenir à une autre ».

Montesquieu, L'esprit des lois, L.1 ch. 3

Le droit et la justice sont avant tout tributaires d'une culture. Dans un continent comme l'Afrique dominé par l'oralité, le droit écrit a du mal à prendre le pas sur le droit traditionnel. Le droit écrit pèche, surtout, par sa logique contentieuse et répressive. Comment concilier alors le droit « vécu » et le droit « voulu » ? [671]

L'observation de la réalité juridique quotidienne a amené de nombreux juristes africains, qui s'intéressent au problème des fondements du droit, à reconnaître que tout droit est relatif, qu'il existe un pluralisme des sources du droit et qu'un retour au pragmatisme s'impose.

Le Professeur Amsatou SOW SIDIBE propose de remonter jusqu'au fonds ancestral, commun à tous les Africains[672] . Ce droit traditionnel, selon elle, doit être réactualisé dans les consciences. Elle suggère que la coutume soit étudiée et qu'une synthèse soit réalisée afin qu'on puisse dégager ses composantes positives.

L'Afrique colonisée était marquée par un dualisme juridique, fruit de la coexistence d'une dualité de statut des personnes qui relevaient du droit local ou du droit français dans les pays africains francophones et de la survivance à côté du droit écrit métropolitain, d'un droit coutumier. Le premier contenait des règles occidentales tandis que le second consistait en une codification par les administrateurs européens, à l'intention des juges indigènes, de l'ensemble des décisions rendues en Afrique et des pratiques africaines.

Lors des indépendances, les jeunes Etats ont opté pour l'utilisation du modèle européen. Des enjeux importants étaient à l'origine d'un tel choix. En effet, le droit moderne permettait de répondre aux défis de la vie internationale et d'accéder au développement économique mondial. Aussi bien à l'époque coloniale qu'après les indépendances, l'action du colonisateur comme celle des législateurs africains a eu pour effet de discréditer les formes endogènes de règlement des conflits.

A l'époque, Léopold Sédar SENGHOR ne cessait d'attirer l'attention des juristes sur l'impérieuse nécessité de mettre en valeur les aspects positifs de la civilisation africaine. Dans la déclaration liminaire lors de la Conférence de Dakar du 28 novembre 1979, il affirmait ceci : *«l'Europe et l'Amérique ont fondé leurs systèmes de droits et de libertés en se référant à une civilisation commune à leurs peuples respectifs et à certaines aspirations spécifiques. Il ne s'agira pour nous, Africains, ni de copier, ni de rechercher l'originalité pour l'originalité. Il nous faudra faire preuve, en même temps, d'imagination et d'efficacité. Celles de nos traditions qui sont belles et positives pourront nous inspirer. Vous devez donc avoir*

[671] Nous empruntons cette expression au Professeur Amsatou S.SIDIBE in, *Le pluralisme juridique en Afrique,* op cit p 268
[672] Amsatou SOW SIDIBE,*Le pluralisme juridique en Afrique*, op cit., p 268.

constamment à l'esprit nos valeurs de civilisation et les besoin réels de l'Afrique »[673].

Aujourd'hui, le Mali est passé d'une gestion communautaire des différends à une administration institutionnelle. Mais, les pratiques révèlent une résurgence des voies négociées qui démontre l'échec de la justice d'Etat neutre, impartiale et extérieure aux antagonistes. Cet état de fait est la conséquence logique de la crise actuelle du système juridique.

Face à cette situation, la rationalisation de notre système juridique s'offre donc comme un moyen permettant de renforcer l'efficacité du système juridictionnel de protection des droits et libertés fondamentaux. Elle est rendue incontournable à cause de la crise actuelle du système juridique **(§1)** nécessitant d'adapter le droit à la société **(§2).**

§ 1. La crise du système juridique

Le comportement des citoyens traduit un attachement viscéral aux croyances et aux valeurs anciennes et à une soumission volontaire aux règles coutumières. Cette tendance forte vers la réhabilitation des normes et mécanismes traditionnels est l'expression de la crise de notre système juridique.

Le droit est un instrument de pacification des rapports sociaux. Il perd par conséquent sa vocation lorsqu'il attise ou entretient des conflits qui se perpétuent souvent de génération en génération ou qui empruntent des tournures dramatiques à travers des affrontements sanglants soit entre individus, soit entre communautés unies par des liens séculaires et condamnées à coexister.

A l'analyse, la crise actuelle du système juridique est due essentiellement à deux facteurs : d'une part, l'échec de l'acculturation juridique **(A)** et, d'autre part, la résistance des populations à la dénaturation de leur conception du droit **(B).**

A. L'échec de l'acculturation juridique

L'acculturation est une "*transformation globale d'un système juridique due au contact d'un système différent.*"[674] Elle se distingue de l'emprunt qui porte seulement "*sur une institution particulière.*"[675] Cette distinction entre acculturation et emprunt a lieu d'être pour détacher le processus d'acculturation de celui de la colonisation. C'est un mécanisme qui s'est d'abord manifesté pendant la période coloniale, ce qui l'a teinté de soupçons et de méfiance légitimes. Aujourd'hui, cet aspect perdure et ne doit être ni occulté ni négligé. Mais le phénomène d'acculturation s'est transformé pour devenir un phénomène plus actif de la part des gouvernés qui s'approprient des techniques juridiques qui servent leurs objectifs et leurs intérêts. Il a des conséquences sur la perception et l'acceptation qu'on a du droit

---

[673] Cette citation apparaît dans Essays in Honour of Judge Taslim Olawale Elias, Dordrecht, Martinus Nijhoff, 1992, p 437.

[674] ALLIOT Michel, "*L'acculturation juridique*", in POIRIER, J. (dir.) *Ethnologie générale*, Paris, Gallimard, 1968, p. 1180-1181-1236.

[675] Ibid.

dans la société où l'on vit. Ce niveau d'acceptation du droit détermine la légitimité du droit, c'est-à-dire la propension que l'on ressent à vouloir s'y soumettre.

La légitimité concerne le droit quel qu'il soit, qu'il vienne de "l'extérieur", c'est-à-dire qu'il soit effectivement exogène, mais aussi qu'il soit perçu comme "extérieur" c'est-à-dire le "droit de l'autre" – même s'il émane des institutions de sa propre société. La légitimité du droit est donc un facteur essentiel pour la viabilité de la vie en société, tout simplement parce qu'elle induit non pas un sentiment d'obéissance subie mais un sentiment actif de respect des relations juridiques et sociales.

En soi, la mobilité des techniques juridiques et les emprunts font partie du jeu juridique. Mais le transfert de droit n'aura de sens si une véritable "réappropriation" du droit n'a pas lieu, une transformation adaptée aux conceptions endogènes. Pierre Legrand qui s'intéresse à la relation entre les cultures juridiques, considère qu' "*Il n'y a pas lieu de parler de transfert de droit tant qu'il n'y a pas eu de transfert de sens. Or, le sens d'une règle de droit est intransférable car culturellement fondé ; une règle de droit est l*à."

Contrairement à ce que démontre René BASTIDE dans son analyse des situations de "*contacts culturels*", les sociétés à dominante communautaire ne sont pas moins perméables aux influences culturelles extérieures, que les sociétés plus individualisées et plus différenciées[676].

Dès le début de l'occupation française, la législation malienne était conçue par la Métropole. D'ailleurs, le génie gaullien inventa, au lendemain de la seconde guerre mondiale, le concept de « communauté française d'outre-mer »[677]. Ainsi, quelques ressortissants maliens avaient leur place au sein des hautes institutions - parlement et gouvernement- de la République française. C'est au titre de cette politique assimilationniste que des lois d'émanation française, parfois multiséculaires, trouvaient application immédiate dans l'ordre interne au Mali. L'exemple typique, c'est le code civil, qui datait de 1803, et qui, en fait, n'était qu'une compilation de coutumes - *secundum* et *preater legem* - françaises telles que les avaient répertoriées, les jurisconsultes sous les ordres de l'empereur Napoléon.

Ce Code civil français a été introduit au Mali, tout comme au Sénégal, au début du XIXè siècle, c'est-à-dire à un moment où la conception unitaire du droit faisait autorité en Europe[678]. Le droit français considéré comme système juridique supérieur devait, *a fortiori,* régir la totalité de la communauté française métropolitaine et d'Outre-mer, au mépris de la spécificité des individus et de leurs valeurs de civilisation[679]. Le colonisateur, convaincu de l'efficacité de sa mission

[676] Ibid.

[677] Voir discours du Général Charles DE GAULLE, le 24 août 1958 à Brazzaville. A signaler que de tous les Etats d'Afrique Sub-saharienne, ex-colonies de la France, seule la Guinée a décliné l'offre d'appartenir à la communauté française d'Afrique. « Il n'y a pas de dignité sans la liberté. Nous préférons la pauvreté dans la liberté à la richesse dans l'esclavage... ». Discours du Président Sékou TOURE, Conakry, 25 août 1958.

[678] Amsatou SOW SIDIBE, *Le pluralisme juridique en Afrique*, op cit., p 21.

[679] Ibid. p 22.

unificatrice et surtout civilisatrice, a mené à outrance une politique d'assimilation des autochtones[680].

De façon générale, l'évolution qui s'est produite au temps de la colonisation a été, dans l'ensemble, considérée comme inéluctable par les populations africaines. L'accès des pays africains à l'indépendance, n'a en aucune façon déterminé contre elle une réaction ; les dirigeants nouveaux, bien au contraire, ont manifesté le désir de la parfaire[681].

Ainsi, le droit d'inspiration occidentale a été confirmé dans les nouveaux Etats. Même dans les pays qui se sont déclarés socialistes comme le Mali, aucune voix ne s'est élevée pour en réclamer l'abrogation. Aucune loi importante n'a été abolie dans un esprit de retour au passé[682]. Les mesures qui ont été prises, ici et là, manifestent au contraire avec netteté la volonté de maintenir en vigueur et de perfectionner le « droit moderne » mis en place à l'époque de la colonisation[683]. Ainsi, lors de son accession à la souveraineté internationale, le Mali recevait en héritage un droit suspecté, légitimement, d'être un legs hautement colonial, un droit qui aurait pu, selon les circonstances, être écarté par ses auteurs eux-mêmes lorsqu'ils avaient affaire à une revendication aussi légitime que l'indépendance[684].

Cependant, s'il faut en croire les nouveaux dirigeants, la décolonisation devait inclure impérativement l'objectif de réhabiliter le droit traditionnel, par réaction contre l'attitude de condescendance et de mépris qui a trop souvent régné à l'époque coloniale. Curieusement, l'attitude des pouvoirs publics face au retour au modèle de justice traditionnel devint suspecte. C'est comme si l'Etat se déniait lui-même. Ce sont les hauts dirigeants qui, bien qu'implicitement, relativisaient l'efficacité du droit écrit et préconisaient le retour au modèle du système juridique traditionnel, ont agi paradoxalement. Face à cette étrange attitude, il y a matière à s'interroger ; soit le pouvoir avouait l'inefficacité et le caractère inadapté des textes juridiques au contexte, soit il affirmait sa méfiance envers son propre système. La réponse est que les hauts dirigeants étaient intellectuellement assimilés par l'école coloniale. Les Africains ont été outrancièrement francisés pour ne pas se révolter contre la France.

Il est certain, qu'à l'aube de l'indépendance du Mali et au cours des quelques années qu'a duré la Ière République, les hautes autorités du pays ont appelé les chercheurs et intellectuels maliens à inventorier les données culturelles des différentes composantes du peuple malien pour, en fin de compte, définir l'étendue et les limites de leur contribution à la civilisation mondiale. Un appel solennel a été fait dans ce sens.

---

680 Ibid p 22.

681 René David et Camille JAUFFRET SPINOSI, *Les grands systèmes de droit contemporains* Dalloz 11e éd. -2002 p 455

682 René David et Camille JAUFFRET SPINOSI, op. cit., p 455.

683 Ibid. p 455.

684 Il est à remarquer que d'autres puissances coloniales avaient aussi trouvé assez de prétextes pour écarter l'applicabilité du DIH aux indépendantistes. Ainsi, au plus fort de la lutte indépendantiste dans les anciennes colonies portugaises d'Afrique, le Portugal a déclaré qu' « il se réserve le droit de ne pas appliquer la matière de l'article 3 commun aux 4 Conventions de Genève, en ce qu'il aurait de contraire à la loi portugaise ». Cette citation est empruntée à Innocent BIRUKA, *La protection de la femme et de l'enfant dans les conflits armés en Afrique*, op. cit. p. 102.

Le Président Modibo KEITA demandait, explicitement, d'une part, de débarrasser la culture malienne des apports étrangers inadaptés à son essence et impropres à son développement[685], et, d'autre part, d'analyser les données culturelles du Mali pour en tirer les composantes les plus dynamiques et donc les plus susceptibles d'être intégrées dans le processus d'évolution moderne. Il était alors demandé à chacun, dans sa sphère propre, d'apporter sa contribution à la « résurrection de l'héritage culturel national, à la restauration de la propre personnalité malienne et, donc, à l'affirmation du Mali en tant que nation »[686].

Le gouvernement de Modibo KEITA invitait à un double effort de recherche et de réflexion pour revaloriser la culture nationale du Mali. Ce discours visait aussi le système juridique, produit colonial par excellence. C'est, en effet, le domaine qui avait reçu des aspects importants de la culture occidentale à travers des codes et lois tissés à partir des *us* et coutumes européennes.

Cependant, les travaux entrepris ne parviendront guère, à sauver le droit coutumier africain[687]. Les dirigeants de nouveaux Etats, recrutés parmi les « évolués » acquis aux modes de vie de l'occident, ont bien pu dans leur discours exalter la négritude et affirmer leur africanité.

Ils ont pu se différencier les uns des autres parce que les uns ont pris leur modèle dans les pays d'économie libérale, les autres dans les pays d'économie collectivisée désireux de développer leurs pays, de les moderniser et d'en faire des nations, les uns comme les autres ont agi en définitive au préjudice de la coutume[688].

Sans doute était-il difficile de maintenir côte à côte, à la longue, un droit public moderne, fondé sur certains principes, et un droit privé coutumier, fondé sur des principes opposés. L'unité de la nation s'accommodait mal d'une cohésion trop forte de la tribu, nous révèlent certains chercheurs[689] selon lesquels, le développement de l'économie exige que l'individu soit affranchi d'une trop grande dépendance à l'égard de sa famille ou de son ethnie. Cette position n'a cependant pas empêché les populations de résister à la dénaturation de leur conception du droit

---

[685] A signaler que celui-ci avait une approche éloignée de celle du Président sénégalais Léopold Sédar SENGHOR, qui insistait sur la nécessite de « s'enraciner profondément dans la négritude tout en restant ouvert aux valeurs fécondantes de l'Occident ». Pour cette idée, voir Amsatou Sow SIDIBE, op cit., p 127 et suiv.

[686] Discours du Président Modibo KEITA devant l'Assemblée Nationale, le 20 janvier 1961.

[687] Keba M'BAYE in *«Droit et développement en Afrique francophone de l'Ouest »,* cité par René DAVID et Camille Jauffret SPINOSI, *Les grands systèmes de droit contemporains*, op. cit., p 457. L'auteur analyse avec pertinence les facteurs qui ont conduit à réviser des positions trop théoriques et à renouveler profondément, dans les différents domaines, le droit coutumier. Voir également Adde H. et L. KUPPER, éd. African Law : *Adaptation and Development,* 1965.

[688] Voir sur ce point René DAVID et Camille Jauffret SPINOSI, op. cit. p 456 ; Spécialement dans cet ouvrage, les articles de Kéba M'BAYE et B.O NWABUEZE, ainsi que le rapport introductif de synthèse de TUNC. On peut bien, avec M.GLUCKMAN et A.A SCHILLER, déplorer l'abandon des coutumes et noter les multiples inconvénients produits par l'inadaptation du droit moderne au milieu africain, mais serait-il préférable et possible, pour les éviter, de maintenir en Afrique ce qu'un auteur a appelé « un zoo anthropologique » .Voir également André TUNC, *Les aspects juridiques du développement économique*, 1966, p 121- 165 - 146.

[689] Il s'agit plus spécifiquement de René DAVID et Camille Jauffret SPINOSI, in *Les grands systèmes de droit contemporains*, op. cit. p 457.

B. La résistance des populations à la dénaturation de leur conception de droit.

La conception traditionnelle du droit est fondée sur le souci constant du maintien de la cohésion du groupe, en apportant à chacun, lors de la résolution des conflits, un minimum de satisfaction. Cette volonté procède de la nécessité de renforcer les liens qui lient les individus au sein du groupe. Il est primordial, en effet, que l'individu soit intégré au groupe et qu'il en ait conscience pour pouvoir investir son énergie dans l'intérêt de tous.

A ce propos, Michel Alliot écrit : "*Il existe une multiplicité de penser le monde et de se penser dans le monde et à chacune d'elles correspond une façon de penser le droit*"[690].Le sentiment de son appartenance à la communauté ne peut être renforcé que par la conscience que la sécurité juridique y règne car la nécessité d'aboutir à un consensus garantit à chacun le respect de son statut juridique. Et le droit est de prime abord un instrument d'intermédiation et de pacification des rapports sociaux. Son but légitime est de préserver l'équilibre de ceux des groupes sociaux qui sont impliqués dans un litige[691].

La légitimité du droit ne signifie pas sa légalité, elle va plus loin. Le droit posé, légal, ne peut être ressenti comme légitime que si les gouvernés le vivent comme conforme à leurs aspirations et à leurs conceptions du droit. M. Andrée LAJOIE l'analyse comme "*une caractéristique constitutive du droit.*"[692] Les travaux de son équipe ont mis à jour l'existence "*de multiples sources de normativité, étatiques et non-étatiques, qui forment un pluralisme très complexe* "[693]. Ce pluralisme est évolutif et dépend de l'effectivité des différents droits en présence.

La pratique malienne du droit est fondée plutôt sur la réconciliation que l'application de façon rigide d'une norme préétablie susceptible de perturber l'équilibre social. En conséquence, on assiste à la relative ineffectivité du droit étatique dans sa double dimension normative et institutionnelle.

Les difficultés d'accès à la justice, le coût élevé des procédures et l'ignorance ou la mauvaise compréhension du droit[694] traduisent cet état de fait. A cela s'ajoute l'incapacité de l'Etat à absorber les structures sociales qui continuent d'encadrer les sujets de droit.

Au regard de ce qui précède, il y a lieu de constater que ce n'est pas la justice attendue que les citoyens obtiennent à partir de l'application du droit étatique moderne. La justice étatique peut dans ce contexte difficilement inspirer confiance dans la mesure où elle est rendue par des structures et des juges d'une légitimité douteuse, qui applique des coutumes et des principes généraux étrangers aux justiciables.

---

690 Voir Roselyne MAVUNGU, Synthèse sur les travaux et expériences en médiation du LAJP. Texte paru dans : Bulletin de liaison du LAJP, n°22, sept. 1997, pp. 82-88.

691 Voir Jean du Bois de GAUDUSSON, *Le statut de la justice dans les Etats d'Afrique francophone*, in Afrique contemporaine, n° 156 (spécial) la Documentation française - 1990, p.11.

692 LAJOIE Andrée, QUILININAN Henry, MACDONALD Rod et ROCHER Guy, " *Pluralisme juridique à Kahnawake* ? "*Les cahiers de droit*, vol.39, n°4 déc. 1998, pp. 681-716, p. 705.

693 Ibid.

694 Voir infra p 187 à 196.

L'analyse de la situation actuelle révèle que le législateur malien a réduit la compétence des structures traditionnelles qui, pourtant, continuent à vider un volumineux contentieux, et peuvent produire une justice mieux comprise et mieux acceptée[695] ce, d'autant plus que la justice étatique demeure inefficace pour une plus grande partie de la population malienne.

L'étude des sociétés traditionnelles révèle que, la justice est organisée de façon collégiale. Le pouvoir de juger appartient au conseil de village sous l'autorité de son chef[696].A côté de celui-ci, d'autres instances interviennent en matière de justice. Il s'agit, entre autres, du conseil de village et des chefs religieux. Ces autorités traditionnelles, religieuses, familiales ou locales interviennent en tierce partie pour favoriser un consensus.

Nous estimons donc que ces instances amiables peuvent librement se créer, intervenir sur la scène juridique et favoriser tout consensus, dès lors que les buts poursuivis ne sont pas contraires à l'intérêt général ou aux bonnes mœurs[697].

Les notions d'intérêt général et de bonnes mœurs sont chargées de signification. Le juge tranche sur la base des textes législatifs, tandis que les sociétés sont plus préoccupées par le respect des principes d'intérêt général et de bonnes mœurs.

L'histoire du Mali est riche d'enseignements utiles à la compréhension des pratiques qui ont donné lieu à l'éclosion de sociétés vivant en paix et en harmonie[698]. La stabilité des sociétés traditionnelles était garantie par des institutions, des pratiques et des rites qui assuraient un certain équilibre sociale et permettaient le règlement pacifique des conflits.

Les populations ont gardé leurs traditions qui confèrent au chef de village l'exclusivité du pouvoir judiciaire. De par leur position sociale, les chefs religieux ou coutumiers jouent aussi un rôle important dans la résolution des conflits. Intervenant comme « juges d'exception » leur médiation peut être demandée lorsqu'un différend naît par le fait des intéressés eux-mêmes ou par le fait des autorités administratives.

Dans tous les cas, qu'ils soient saisis ou non, de part leur charge, ils doivent intercéder entre les parties afin de trouver une solution conforme à l'intérêt général et aux bonnes mœurs.

---

[695] A.W.BERTHE, Communication sur *L'importance des traditions juridiques locales dans le fonctionnement actuel du système judiciaire malien,* in Les Actes du forum sur la justice, op cit. p 88.

[696] En prenant l'exemple de l'empire peul du Macina, avec l'avènement de la *«Dina»,* le souverain d'alors Cheickou Amadou, avait réussi à mettre en place une organisation administrative, religieuse et judiciaire à la tête de laquelle se trouvait le grand conseil dit *«Batu Mawdo ».*

[697] D'un point de vue anthropologique, notent les auteurs, ces instances amiables doivent être considérées comme des "champs sociaux semi-autonomes" au sens de *Sally Falk Moore* (Law as Process, London, Henley, 1978). C'est la qualité de la solution qui détermine leur efficacité, donc leur pérennité, donc leur légitimité. Le choix de l'expression "justice de paix" n'est pas de renouer avec une vieille terminologie mais bien de fonder la pacification de la société sur une approche spécifique.

[698] Voir sur ce point UNESCO, *Les fondements endogènes d'une culture de la paix en Afrique : mécanismes traditionnels de prévention et de résolution des conflits,* 1999, p IX.

En général, lorsque le juge traditionnel, plus particulièrement le cadi, épuise ses solutions sans pouvoir vider le litige[699], il se déclare incompétent et l'affaire est renvoyée au niveau de l'autorité compétente pour suivre la voie de procédure judiciaire moderne. Mais ce cas de figure est rare compte tenu de la confiance, de la crédibilité et de l'audience dont jouissent les juges traditionnels, le cadi en particulier.

Malgré de nombreuses sollicitations du cadi au niveau local, notamment par les autorités administratives locales, cette institution religieuse n'est pas reconnue officiellement. Cependant, elle s'est révélée incontournable dans la résolution des conflits notamment dans la partie septentrionale du pays. Elle est saisie en permanence par les populations autochtones qui voient en elle la seule source de la vérité recherchée[700].

Le juge ecclésiastique a quant à lui une compétence strictement limitée aux litiges relevant du droit canonique. Son rôle est de protéger la communauté ecclésiale dans le rapport réciproque du chrétien et de la communauté ecclésiale[701]. Il est surtout saisi des questions relatives à la séparation des époux baptisés et à la nullité du mariage.

La rupture paraît dès lors consommée puisqu'il y a un ensemble de règles, relevant du droit moderne, destiné à résoudre les problèmes auxquels sont confrontées des populations qui de l'autre côté, vivent suivant des règles différentes reposant notamment sur leurs traditions ancestrales et leurs religions[702].

Au regard de ce qui précède, il apparaît clairement que la justice moderne est basée sur des principes et des structures dont la légitimité n'est pas totale. Dans ces conditions elle pourra difficilement incarner les aspirations des citoyens en leur faisant entièrement confiance. Il faut donc adapter le droit à la société malienne.

§.2. La nécessité d'adapter le droit à la société

Aucune société ou communauté humaine ne peut vivre en paix et en harmonie sans règles, conventions et lois qui déterminent les droits et devoirs

---

699 Au terme d'une rigoureuse procédure de confrontation des parties, d'audition des témoins, d'administration de la preuve et le cas échéant de prestation de serment sur le coran ou d'autres pratiques quasi-mystiques telles que l'ordalie et la divination.

700 Exemple d'un conflit réglé par le Cadi rapporté par le chef d'arrondissement de Gossi. Dans une affaire de divorce, le cadi a une fois démontré son sens élevé de la justice. Dans cette affaire un homme avait épousé une femme en payant une partie de la dot en nature (15 chèvres), le reliquat devant être payé plus tard en espèce, soit 40000 F/CFA. La femme a accepté toutes ces conditions et fonda avec son mari un foyer qui dura pendant de longues années. Plus tard, son mari finit par épouser une autre femme chez laquelle, il déménagea abandonnant cette dernière pendant deux ans. Excédée, celle-ci envoya des émissaires lui demander s'il ne l'aimait plus de procéder au divorce. Le mari fit savoir aux témoins qu'il l'aimait toujours nonobstant qu'il ait cessé de subvenir à ses besoins fondamentaux. La victime finit par demander au cadi de prononcer le divorce. Après audition le mari a reconnu son acte d'abandon du domicile conjugal. Il accepta le paiement du reliquat de la dot en même temps que le divorce. Après le règlement du reliquat de la dot les deux parties sont devenues libres de tout engagement. Voir Etude réalisée par Me Abdoul Wahab BERTHE et Moussa DEMBELE sur *Les modes alternatifs de règlement des litiges au Mali,* in Actes du Forum national sur la justice du Mali, op cit. p 227 et suiv.

701 Voir sur ce point le Code de droit canonique annoté, les éd. du CERF, 1989, P.785 et suiv.

702 Zeini MOULAYE, Amidou DIABATE et Yaya DOUMBIA, *La Gouvernance de la Justice au Mali*, éd. FES, 2007, op cit. p63.

réciproques des individus et des groupes, qui établissent des procédures pour régler litiges et conflits, qui assurent l'intégrité physique et morale des personnes, la sauvegarde de leurs biens et de leurs intérêts.

Cette vérité fondamentale est exprimée par le célèbre adage « *Ubis sociétas, ibi jus* ». Là où il ya une société, il y'a du droit pour réguler et réglementer la vie politique et sociale.

Comme le veut ce traditionnel adage, les sociétés africaines possèdent un droit encore largement intégré à leur texture sociale. La coutume demeure la source principale du droit africain, c'est-à-dire l'ensemble des traditions, des usages des ancêtres, rendus obligatoires par une longue expérience[703].

La règle « *Ubis societas, ubis jus* » implique que le droit soit conforme aux exigences de la société pour laquelle il est édicté. Dans ce contexte, on doit souligner que, d'une façon plus générale, il est nécessaire d'organiser et d'adapter la législation de manière à respecter les exigences de la société, ses formes de vie et, avant tout, ses croyances.

Cette adaptation de la règle à la vie peut être obtenue par des voies différentes notamment grâce à une loi, un règlement ou une décision administrative. Mais, outre que ces divers facteurs de concrétisation du droit restent eux-mêmes susceptibles d'une vérification judiciaire, le recours à un juge reste une voie privilégiée pour interpréter la règle de droit, pour l'adapter sans cesse[704] .

Le juge apparaît comme un intermédiaire entre le droit et la société. Il est le garant de l'application des normes édictées par la société. Celle-ci attend de lui une saine application de ces normes et principes. Cependant, certaines de ses décisions sont incomprises du fait de leur déphasage avec les aspirations des populations. Normalement, les populations qui sont bénéficiaires de ces lois devraient prendre part à son processus d'élaboration. Malheureusement, les populations aussi bien que le juge sont exclues du processus de confection des lois. Il advient que les textes perdent leur valeur du fait du contexte de leur adoption.

Dans la plupart des cas, les lois présentent une technicité. Or il faut ainsi maintenir les valeurs humaines en suivant l'évolution de la société. Dans cette perspective, il convient de pourvoir l'Etat malien d'une législation conforme à son environnement social et culturel en adoptant, d'une part, une législation intelligible et efficace **(A)** et, d'autre part, un système juridique intégré **(B)**.

A. Une législation plus accessible et intelligible

A l'heure actuelle, l'outil privilégié d'intervention du juge en matière de protection des droits et libertés fondamentaux est sans doute la législation. Dans l'acception la plus large, la loi est une proposition énonçant une obligation ou une nécessité. Mais comme on le sait, derrière les règles formulées par des juristes

---

703 Gilbert MANGIN, *Les structures de l'appareil juridictionnel*, in Encyclopédie juridique de l'Afrique, op cit., p 239.

704 J.VINCENT, S GUINCHARD, G MONTAGNIER et A VARINARD, *La justice et ses institutions,* éd. Dalloz, 1991, p 2.

professionnels se trouvent les pratiques des populations fondées sur leur propre manière de penser et de s'organiser.

La Constitution du 25 février 1992 a déterminé le domaine de la loi. Selon l'article 70 de la Constitution, ce domaine se décompose en deux parties : la première énumère les matières dans lesquelles la loi fixe les règles et la seconde, les matières dans lesquelles la loi détermine les principes fondamentaux.

Les droits civiques et les garanties fondamentales accordées aux citoyens pour l'exercice des libertés publiques sont du domaine de la loi. Il apparaît donc que la loi demeure capitale pour l'organisation de la vie dans la société. Mais son élaboration serait soumise à une procédure rigoureuse qui exclut une participation réelle des populations. En effet, la procédure législative comporte un certain nombre d'étapes. Elle met en scène divers acteurs, notamment le Gouvernement, le Président de la République, la Cour suprême et la Cour Constitutionnelle.

Dans le domaine des libertés et droits fondamentaux, la dialectique entre les pratiques et la législation officielle interpelle le juge. Même si celui-ci intervient dans la procédure législative ordinaire en cas de contestation éventuelle, son pouvoir est limité à l'interprétation du projet de loi.

Dans la pratique, les projets de lois sont préparés par les services des différents départements ministériels. Conformément à la constitution, ils sont délibérés en Conseil des Ministres après avis de la Cour suprême et déposés sur le bureau de l'Assemblée Nationale ». En clair, le projet de loi préparé par les services techniques doit être soumis à l'avis de la Cour suprême avant d'être adopté par l'Assemblée Nationale. La formulation de cette disposition constitutionnelle a pour but de conseiller plutôt le Gouvernement en vue de préparer un texte clair et prévenir le risque de saisir la cour constitutionnelle.

Nous pourrions conclure naturellement à une implication du juge dans l'élaboration des projets de lois. Mais en réalité, celui-ci n'intervient que pour contrôler la conformité des projets de lois avec la loi fondamentale.

Par ailleurs, l'examen en commission qui paraît être le moyen d'élargir la consultation sur le contenu du projet de loi semble être limité. Les Commissions législatives, constituent des organes de travail très importants au sein de l'Assemblée nationale. C'est au niveau des commissions qu'a lieu la première discussion sur les projets et propositions de lois en vue de préparer les débats en séance plénière. Pour mieux préparer la discussion, la commission peut entendre des personnes ressources. Le Ministre concerné par le projet de loi participe aux travaux de la commission. A l'issue de la discussion sur le projet ou la proposition de loi, la commission établit un procès-verbal qui doit indiquer le nom des personnes entendues. Ce procédé nous paraît restrictif.

Il apparaît clairement qu'il n'existe pas un débat populaire sur les projets de lois. On estime que la consultation menée par les services techniques des départements ministériels et les réunions interministérielles suffisent. Mais dans la pratique, ces procédés ne donnent lieu qu'à des rencontres entre fonctionnaires composant un cercle restreint.

Le rôle du peuple dans la production du droit est fondamental. Quel que soit le mode de production envisagé, le peuple joue un rôle dans l'espace géographique défini par l'Etat.

Il faut aussi relever que le juge lui-même se cherche actuellement entre une inflation législative persistante et des textes de lois dévalorisés. Selon l'approche instrumentaliste, une loi apparaît comme une directive émanant d'un législateur et adressée à des individus, lesquels sont censés conformer leur conduite à l'ordre reçu. La loi est donc une règle d'organisation sociale et de vie sociale. Elle s'adresse à des êtres humains, lesquels évoluent dans un contexte social.

Le juge en tant qu'acteur qui est censé être au courant de la règle de droit, doit interpréter les faits de manière à ce qu'ils soient pertinents pour la règle en question. La loi est définie comme une règle impérative établie par l'autorité souveraine. En conséquence, elle doit être intelligible.

D'une manière générale, l'intelligibilité se définit comme la compréhension ou la propension d'une chose à être comprise, à voir son sens déterminé par l'activité intellectuelle humaine. L'objectif d'intelligibilité de la loi se traduit notamment par une exigence de pression de celle-ci. Le principe d'intelligibilité impose au législateur de prémunir les sujets de droit contre une interprétation contraire à la Constitution et d'adopter des dispositions suffisamment précises et des formules non équivoques. Mais l'objectif d'intelligibilité de la loi implique une compréhension de la loi par le destinataire.

Il faut souligner qu'il existe une inflation législative qui revêt deux aspects : d'une part, l'augmentation quantitative du nombre des lois et d'autre part, l'accélération du rythme d'adoption des lois. S'agissant du premier aspect, on doit distinguer l'inflation législative interne qui s'entend de l'accroissement de la quantité de normes contenues dans chaque loi et l'inflation externe qui s'entend de l'accroissement du nombre de lois.

L'objectif d'intelligibilité implique logiquement la lutte contre l'inflation législative et la simplification du texte législatif. L'inflation peut en effet nuire à l'accessibilité de la loi. En effet, la connaissance des normes est rendue plus difficile lorsque ces normes sont plus nombreuses.

La simplification est envisagée ici comme un moyen de la compréhensibilité de la loi par le juge. Elle ne vise pas à rendre les lois simples, ce qui est impossible, mais à réduire le caractère compliqué des lois. Elle implique la simplification de la structure syntaxique de la loi mais aussi la simplification de la structure logique de la loi. Afin d'éviter certaines erreurs, le rôle des juristes dans la rédaction des projets de textes de loi devrait être renforcée.

Aussi, sous cet aspect de simplification, l'objectif d'intelligibilité de la loi englobe la bonne administration de la justice en ce qu'elle permet au juge d'appliquer des lois qui sont comprises par les citoyens. En effet, la clarté et la stabilité de la loi impliquent son intelligibilité.

Une autre difficulté qui se pose est « la connaissance » des textes législatifs. La loi par essence est censée être l'expression de la volonté générale. Ainsi, pour être efficace, le droit étatique aurait dû être connu par les populations conformément au principe originaire « *Nul n'est censé ignorer la loi* » - *ignorantia juris neminem excusa*[705].

Cependant, si l'on considère qu'une part importante de la population malienne est analphabète[706] on se posera à juste titre la question sur la manière dont elle connaîtra les innombrables règles du droit et plus particulièrement les règles de procédure et de preuve en vigueur devant les cours et tribunaux. Les lois ne sont publiées que dans les journaux officiels.

Ces journaux officiels ne sont pas largement diffusés. Nul ne peut douter que la responsabilité de l'Etat est de rendre accessible à tous les citoyens les textes de lois. Aussi est-il juste de reconnaître que l'Etat adopte des lois mais ne procèdent pas à leur diffusion. Un droit non vulgarisé auprès des familles, non enseigné dans les écoles et non diffusé largement auprès des forces vives du pays n'aurait aucune chance d'être connu.

L'ensemble de ces réflexions nous amène à proposer à l'Etat, l'adoption d'une gamme de stratégies en vue de garantir la connaissance et l'appropriation par les populations des textes législatifs. Cela se traduirait concrètement par la confection et la traduction dans les langues locales de brochures et dépliants explicitant les textes de lois. Ces supports didactiques seraient mis à la disposition des écoles mais aussi des organisations de la société civile. Toutefois, il ne s'agit là que d'une mesure transitoire. Il faut instituer un système juridique intégré.

B. Vers un système juridique intégré

Le professeur René DEGNI SEGUI nous apprend qu'un droit, quelle que soit sa perfection technique formelle, doit être en relation avec la société et l'exprimer et non être un idéal, incompréhensible pour ceux qu'il doit régir et qui sont censés ne pas l'ignorer. Plaquer dans un milieu social un système juridique étranger conduit inévitablement au fâcheux inconvénient d'hypothéquer lourdement l'efficience de ce système.[707]

Comme nous l'avons souligné, la législation est l'outil principal dont dispose un Etat qui cherche à opérer le changement social. Cependant l'objectif recherché à travers la législation semble être sans grands effets. Une analyse approfondie montre que les lois ou autres formes de changements législatifs n'aboutissent en général pas aux résultats escomptés.

L'interprétation des règles légales par les juges est en partie une activité cognitive et rationnelle. Elle est pour une grande part déterminée par les canons de la culture juridique locale. Au sein d'une culture juridique donnée, l'interprétation dépend largement du contexte social dans lequel elle prend place. La culture légale

---

[705] « *L'ignorance de la loi ne disculpe pas* » ou « *Ignorance of the law does not excuse* ».

[706] Ce problème n'est pas particulier au Mali. Le Rapport 2006 du PNUD sur le développement humain estime à près de 70% le nombre d'Africains touchés par le problème d'analphabétisme.

[707] Voir René DEGNI-SEGUI, *Codification et uniformisation du droit*, in Encyclopédie juridique de l'Afrique Tome I, p 453.

et le contexte social fixent des limites étroites au sein desquelles la « rationalité » du juge peut s'opérer.

Le constat est que l'efficacité légale n'est pas acquise. Il est évident que là où la relation des règles législatives avec les effets sociaux semble complexe et indirecte, il ya évidemment peu d'espoir qu'une législation, même bien informée, soit capable d'introduire un changement social.

La société malienne, comme toute autre société, est dynamique bien que les procédés endogènes de changement aient été perturbés et probablement altérés par un siècle de pouvoir colonial, puis de décolonisation. Cela est tout à fait évident dans les relations internes. En effet, l'islam, le christianisme, le capitalisme, le phénomène de migration de la main-d'œuvre, l'industrialisation et l'urbanisme ont tous eu un effet corrosif sur les liens sociaux.

Le décalage entre la légalité et la légitimité ainsi que l'instrumentalisation de la légalité incitent à instituer un système juridique intégré. Le législateur malien a jusque là joué sur la technique juridique en privilégiant le droit moderne. Il reste évident que le droit moderne ne peut constituer à lui seul le droit commun. Or, le législateur a accordé au droit moderne une vocation à une application générale. Il faut parvenir à créer les conditions dans lesquelles chaque citoyen se reconnaîtrait dans la législation mise en place et où les frustrations ne seraient pas à craindre. Il faudrait créer un système juridique qui serait un droit commun à tous et satisfaisant l'ensemble des citoyens.

Comme le fait remarquer le Professeur Gérard CORNU *"à certaines époques, le corps social supporte sans trop de mal la recherche, en ordre dispersé, de progrès fragmentaires. Il s'accommode d'un développement par adaptations et retouches, plus particulièrement sans doute au sortir d'un temps de stabilité"*[708].

Après de profondes mutations sociales, comme celles que nous avons vu s'opérer au lendemain de la colonisation, il semble que la société malienne aspire de plus en plus à réviser et à receler le pacte de ses valeurs et, entre autres moyens d'y tendre, à reconnaître son identité dans un ordre juridique qui la rassure et la revitalise. Sous ce rapport, la supériorité de la codification sur la législation, comme reprise de conscience collective, comme point de société, comme système de valeurs pourrait être admise.

Comme l'ont relevé les études antérieures, la justice a tenté de réduire cette antinomie entre le droit et la réalité sociale. C'est ainsi que la Loi n° 88/AN-RM du 5 août 1988 portant réorganisation judiciaire a prévu que les juridictions seront complétées dans leur composition par deux (2) assesseurs de la coutume des parties. Les matières coutumières elles-mêmes sont définies par renvoie à la loi.

La Loi n°61-101/AN-RM du 18 août 1961 portant code de procédure civile, commerciale et sociale prescrivait dans ses dispositions transitoires, notamment à l'article 231 : *« en attendant la promulgation du code civil malien, les règles relatives aux successions, donations, aux rapports des époux, à l'exercice de leurs*

---

[708] Gérard CORNU, *Codification contemporaine : valeurs et langage*, in Actes du colloque international du droit civil comparé Montréal, 1er, 2 et 3 octobre 1981.

droits et de ceux des mineurs demeurent applicables devant les juridictions visées par le présent code. En outre, les matières non réglées par le même code demeurent régies par les textes en vigueur en leurs dispositions non contraires à celles dudit code ».

Avec la modernisation, le droit est devenu, *«un symbole... d'immobilisme, la manifestation d'une conception statique, voire stagnante d'un certain ordre social ».* Ainsi se creusait progressivement un fossé entre le droit et la vie[709].

Dans les Etats d'Afrique francophone, l'expression "modernisation du droit" a en général un sens bien précis, à savoir l'introduction maximale des règles inspirées du modèle européen, en les juxtaposant aux anciennes coutumes ou en les substituant purement et simplement à celles-ci[710]. Pour le Professeur Amsatou Sow SIDIBE : *« la notion de modernisation du droit devrait signifier la réactualisation du système juridique, son adaptation au changement de la société, ce qui n'implique pas nécessairement une occidentalisation »*[711].

Certains auteurs estiment que les droits coutumiers africains, à l'opposé du droit moderne qui a toutes les vertus, n'ont que des défauts. Ils leur reprochent tout d'abord leur oralité qui constitue à leur avis une source d'imprécision et d'insécurité juridique[712]. L'hostilité à l'égard de ces droits est ensuite motivée par l'impossibilité de les connaître. M. René DAVID ajoute à ces motifs l'absence ou le manque de *juridicité* des coutumes.

De l'avis de l'auteur de la refonte du code civil dans les Etats africains, « la notion de droit n'a pas sa place dans les sociétés fermées » que constituent les communautés de villages et il ajoute que les coutumes africaines n'ont pas le caractère de coutume juridique[713]. D'autres juristes, comme le professeur GUINCHARD, ont eu le courage de souligner le caractère excessif de cet argument qui n'est en fait qu'un préjugé. Le professeur Degni-SEGUI, quant à lui, relève qu'on ne peut se laisser prendre au piège de l'européocentrisme juridique dont fait visiblement preuve le professeur DAVID[714].

Certes, on peut soupçonner la coutume d'être en retard par rapport à l'évolution en cours. Mais elle n'est pas antinomique aux principes fondamentaux des droits humains. C'est dans le but de combler cet écart entre le droit écrit et les besoins d'une société moderne que la réforme juridique nécessite un effort splendide, mais certes difficile, de la part des juristes pour l'élaboration des codes qui constitueraient avec leur largeur de vues, et leur expression des valeurs individuelles et sociales fondamentales, leur langage clair, concis et précis, l'aboutissement d'un

---

[709]CHAVEAU J-P, *La logique des systèmes coutumiers*, texte de travail pour le GRET, réseau RD, doc ronéoté, 1996, in Paul Mathieu, *La Sécurisation foncière entre compromis et conflit : un processus politique ?* Institut d'études du développement Université Catholique de Louvain, p. XXVI.

[710] Amsatou SOW SIDIBE, *Le pluralisme juridique en Afrique*, op cit., p 233.

[711] Ibid. p 233.

[712] Voir sur ce point Circulaire sénégalaise du 2 juillet 1961, travaux de codification en Côte d'Ivoire, JORCI, débats 1er octobre 1965, p 1965, cités par René DEGNI-SEGUI, op cit. p 456.

[713] René DAVID, *La refonte du code civil dans les Etats africains,* Penant 1982, p 353.

[714] Pour le professeur René Degni-SEGUI, ces différents défauts, inhérents à la nature même de la coutume, s'ils ont été pris en considération pour leur condamnation ne paraissent pas cependant décisifs. René Degni-SEGUI, *Codification et uniformisation du droit,* op cit., p 467.

processus. Il nous faut aujourd'hui des documents dignes de la société qui doit refléter non pas les aspirations d'une minorité mais la population.

Les coutumes demeurent vivaces au Mali. C'est ainsi qu'au nom de certaines pratiques sociales néfastes à l'épanouissement de certains groupes de citoyens, ceux-ci peuvent être victimes de l'exclusion économique, politique ou culturelle. Aussi, faudrait-il recenser dans ces coutumes institutionnalisées depuis longtemps, les dispositions qui portent préjudice aux libertés et droits fondamentaux des populations.

Enfin, il est important de souligner que dans ce processus, les populations doivent être consultées, écoutées et leurs opinions prises en compte si l'on veut que toute modification ou abrogation de la loi coutumière puisse coïncider avec un réel changement sur le terrain. Ces différentes propositions postulent pour le renforcement de la légitimité du juge.

Chapitre II

Le renforcement de la légitimité du juge

Les auteurs de l'ouvrage collectif sur la gouvernance de la justice au Mali soutiennent qu'il y a eu une certaine prise de conscience de la juste mesure de certaines réalités inhérentes au système judiciaire, notamment au niveau du personnel, tant à l'échelle de la famille judiciaire qu'à celle des autres acteurs de la justice[715]. Cependant, il reste que cet effort louable n'a concerné pour l'essentiel que les conditions de travail et de vie de la famille judiciaire, singulièrement des magistrats[716]. L'amélioration de ces aspects est certes nécessaire et même indispensable, mais cela ne semble pas avoir eu d'impact sur le comportement et les mentalités[717]. Il y a donc un constat récurrent : celui du problème de l'identification des populations aux juges ; se reconnaissent-elles dans le système de justice ?

La question de la légitimité du juge n'est pas simple. Sans rentrer dans des détails qui nous entraîneraient trop loin de notre objectif principal, nous pouvons simplement chercher à situer cette question, de manière à en présenter l'intérêt pour le système juridictionnel de protection des libertés et droits fondamentaux.

Puisque la notion de légitimité est difficile à appréhender, plusieurs auteurs tentent de repérer les moyens utiles à son affirmation. Certains considèrent que la légitimité impose d'être envisagée négativement et en déduisent qu'il devient nécessaire de rechercher les critères dont l'absence ou le non-respect sont susceptibles de révéler l'illégitimité.

Le Mali connaît une pluralité de sources du droit. En effet, à coté des droits traditionnels propres aux diverses communautés, il y a un droit dit moderne dont la principale source est l'Etat.

Le regard porté par le justiciable sur le juge est de plus en plus sévère. Il traduit sa crainte et son manque de confiance dans un appareil qui aurait dû être pour lui un moyen de garantie de ses droits fondamentaux. La difficulté d'appréhension de la légitimité du juge en général trouve ici son explication la plus significative.

Pour renforcer la légitimité du juge, il est indispensable que celui-ci intègre la diversité des droits culturels **(section1).** Mais il doit être soutenu à travers la promotion d'une culture démocratique intériorisée et le plein respect des droits de l'homme **(Section 2).**

---

715 Zeini MOULAYE, Amidou DIABATE, Yaya DOUMBIA, op cit., p 149.
716 Ibid.
717 Ibid.

Section 1 : L'indispensable prise en compte par le juge des droits culturels

« Chaque société développe sa propre vision du monde et de l'homme et à chaque culture correspond un système de valeur, une conception de l'homme, de ses droits et obligations dans la société »[718]

La nécessité de prendre en compte la dimension culturelle de l'ensemble des droits de l'homme actuellement reconnus participe du renforcement de la légitimité du juge. En effet, toutes les sociétés humaines tiennent à leurs propres valeurs fondamentales. Elles vivent toutes les exigences des droits de l'Homme, mais chacune à sa manière.

Selon le Professeur Melville J. HERSKOVITS, « *une culture est le mode de vie d'un peuple. C'est la manière dont les individus qui composent une société se comportent* »[719].

Le terme « Culture » recouvre ainsi les valeurs, les croyances, les convictions, les langues, les arts, les traditions, institutions et modes de vie par lesquels une personne ou un groupe exprime son humanité et les significations qu'il donne à son existence et à son développement[720].

L'expression « identité culturelle » doit être comprise comme l'ensemble des références culturelles par lequel une personne, seule ou en commun, se définit, se constitue, communique et entend être reconnue dans sa dignité[721].

Le respect de l'identité culturelle des communautés et les droits culturels de leurs membres est un moyen important de prévenir les conflits et la violence. Les autorités internes, à tous les niveaux, ont l'obligation de respecter, protéger et promouvoir les droits culturels et par ce moyen, la diversité culturelle. Le rôle du juge en tant qu'arbitre entre l'Etat et les autres acteurs est déterminant.

La protection des droits culturels lui incombe comme tous les autres droits et libertés fondamentaux. La doctrine exige que les droits culturels doivent, dans tous les cas avoir un minimum de justiciabilité[722]. Le principe de non-discrimination est considéré comme universellement exigible. Il sera toujours possible de l'invoquer devant les juges.

Cette partie de notre réflexion n'a pas la prétention de trouver des réponses aux questions complexes relatives à la diversité culturelle. Son but est plus modeste : susciter des débats dont l'aboutissement permettra au juge d'amorcer les premiers pas pour affronter les questions fondamentales relatives aux droits culturels. Nous constatons, en effet, que les droits culturels ont été revendiqués principalement dans

---

[718] Raymond Verdier, spécialiste de l'ethnologie africaine, notamment des mœurs et coutumes des populations « cabai » du nord du Togo, *in Revue Droit et culture n° V de 1983, p 87.*

[719] Melville J. HERSKOVEJ, *Les bases de l'anthropologie culturelle*, éd. Payot, Paris, 1967, p 5.

[720] Déclaration de Fribourg sur les Droits Culturels, Institut Interdisciplinaire d'Ethique et des Droits de l'Homme, adopté à Fribourg, le 7 mai 2007, Article 12.

[721] Ibid.

[722] Jean DHOMMEAUX, *Culture et Droits culturels dans les instruments internationaux relatifs aux droits de l'homme : le système des nations Unies,* in Diversité et droits culturels, OIF, septembre 2002. P. 119.

le contexte des droits des minorités et des peuples autochtones dans la perspective de les garantir de façon universelle et notamment pour les plus démunis. Les droits des minorités et des peuples autochtones introduisent respectivement les préoccupations liées à la cohésion nationale et à la sécurité nationale. Pour ces raisons, nous aborderons d'abord la protection des droits des minorités comme condition de cohésion nationale **(§1)** et ensuite nous traiterons des droits des populations autochtones comme condition de sécurité nationale **(§2)**.

§.1. La protection des droits des minorités : une condition de la cohésion nationale

Dans l'agenda pour la paix, M. Boutros Boutros-Ghali, alors secrétaire général de l'Organisation des Nations unies, souligne qu'en dépit de la coopération croissante des associations d'Etat, régionales ou continentales, le sentiment national et la revendication de souveraineté s'affirment ici et là avec une vigueur renouvelée et la cohésion des Etats est mise à mal par de violentes luttes ethniques, religieuses, sociales, culturelles ou linguistiques[723]. Il affirme : *« l'une des conditions auxquelles il faudra satisfaire pour régler ces problèmes réside dans le respect des droits de l'homme, et tout particulièrement ceux des minorités, qu'elles soient ethniques ou religieuses, sociales ou linguistiques »*[724].

La dimension humaine de la protection des minorités recouvre toute sa valeur dans le cadre d'un Etat démocratique comme le Mali. En effet, le régime démocratique repose sur le respect de la volonté de la majorité telle qu'elle est exprimée à travers les élections libres et honnêtes. Cela ne signifie pas pour autant que les minorités puissent être marginalisées, voire assimilées par la force.

Une telle politique constituerait une négation des valeurs fondamentales de la démocratie. Celle-ci présuppose au contraire le respect de la dignité humaine, le respect de l'autre, le droit à la différence, l'ouverture d'esprit, la tolérance. Telles sont les valeurs essentielles sur lesquelles se fonde la protection des personnes qui appartiennent à des minorités. Au plan national, des mesures ont été prises pour protéger les personnes appartenant à des minorités sur la base du principe d'égalité et de non-discrimination. L'article 2 de la constitution du 25 février 1992 dispose que *« Tous les Maliens naissent et demeurent libres et égaux en droits et en devoirs. Toute discrimination fondée sur l'origine sociale, la couleur, la langue, la race, le sexe, la religion et l'opinion politique est prohibée »*.

Si l'on embrasse le concept de *«minorité»* de façon aussi large, sa problématique se confond avec celle de l'égalité et de la lutte contre la discrimination. Dans une société démocratique, les valeurs fondamentales sur lesquelles repose la protection des minorités sont la tolérance et le respect de l'identité minoritaire. Assurer l'égalité effective devant la loi et la participation à la conduite des affaires publiques, voici les idées maîtresses de la protection des minorités. Encore faudrait-il cependant, que les engagements assumés soient respectés dans la pratique. La réalité contemporaine montre que cela demeure toujours un défi.

---

[723] Rapport du secrétaire général des nations Unies établi en application de la déclaration adoptée au sommet du conseil de sécurité le 31 janvier 1992 et présenté en juin 1992.
[724] Ibid.

C'est pourquoi cette préoccupation a été prise en compte dans l'aménagement des Institutions de droit interne par nombre d'Etats. Elle pose cependant plusieurs problèmes tant d'ordre conceptuel que pratique. Elle interpelle en conséquence le juge car nombre des conflits ont leurs racines dans les griefs trop longtemps ignorés qu'éprouvaient les minorités victimes de discrimination. En effet, les revendications identitaires, souvent manipulées par des intérêts politiques, se traduisent par une exigence d'autodétermination. Lorsque celle-ci est à son tour ignorée et qu'aucun mécanisme n'a été prévu pour gérer la crise, il en résulte souvent un conflit violent, ou même la guerre civile.

Dans le contexte malien, deux cas de minorités nationales méritent une attention particulière dans la perspective d'une protection juridictionnelle. Il s'agit d'une part de la minorité ethnique **(A)** et, d'autre part, de la minorité religieuse **(B).**

A. La minorité ethnique

G. BRASSEUR, dans son ouvrage intitulé *« Les établissements humains au Mali »*[725], répartit la population malienne en deux groupes : les sahéliens et les soudanais. Le premier groupe englobe des nomades blancs : les Maures, les Touareg et les Peuls. Le second groupe est formé de Songhaï, de Soninké, de Khasonké, de Malinkés, de Bambara, de Bozo, de Senoufo, de Minianka, de Bobos et de Dogon.

Parmi des groupes ethniques sommairement présentés une ethnie occupe notre pensée : celle des Touareg qui ne font pas partie des grands groupes ethniques du Mali actuel. En effet, depuis l'indépendance, on assiste à la révolte épisodique des communautés Touareg au Nord du Mali. Les causes du conflit du Nord- Mali sont à la fois politiques, économiques, sociales et culturelles. Elles plongent leurs racines dans la velléité d'autonomie voire d'indépendance de certains membres de la communauté Touareg et dans la mauvaise gouvernance des régions du Nord par les régimes successifs depuis l'indépendance. Les manifestations les plus patentes de cette mauvaise gouvernance sont le sous-développement de ces régions, le chômage endémique, la pauvreté et la misère exacerbées par l'absence de système éducatif et sanitaire, des tensions sociales autour de ressources naturelles limitées.

Aujourd'hui, les Touareg comptent parmi les populations sahéliennes dont les habitudes, le genre et le style de vie, ont été profondément perturbés au cours des dernières décennies. L'accroissement des populations et du cheptel, la raréfaction des ressources naturelles, l'élargissement des espaces occupés par d'autres secteurs économiques (l'agriculture en particulier) sont autant de phénomène, qui se développent à leurs dépens. Les zones de parcours et de pâturages sont largement entamées par d'autres acteurs, ceinturées par des activités qui les repoussent aux marges de leurs terroirs séculaires, au point de leur interdire de plus en plus, l'accès aux ressources naturelles. Ainsi, de nombreux Touareg et autres pasteurs dans la bande sahélienne, n'ont plus de recours que de renoncer au pastoralisme et de se convertir, faute d'espace de survie.

Ces vastes régions sont devenues aujourd'hui des zones de trafic en tout genre (armes, drogue, cigarettes, véhicules volés, etc.) et de repaire de terroristes

[725] G. Brasseur, *Les bambaras, in Etablissements humains au Mali*, I.F.A.N, Dakar, 1968, p 261 et suiv.

venus notamment d'Afrique du Nord. L'intolérance et la haine atteignent parfois leur paroxysme et installent le pays dans une logique de violence.

La première rébellion a éclaté en 1963, conduite par des jeunes touaregs, sans formation militaire ni programme politique. Elle a probablement été encouragée à l'époque par le dessein de certains milieux colonialistes français de remettre au goût du jour « l'Organisation Commune des Régions Sahariennes » (OCRS), visant à conserver le contrôle d'un espace saharien potentiellement riche en pétrole et utile pour les essais nucléaires. Limitée à l'unique cercle de Kidal, elle a été vite maîtrisée et matée dans le sang. Les autorités de cette époque ont, en effet, privilégié la voie militaire et les représailles qui ont suivi et fait fuir de nombreuses populations qui ont trouvé refuge dans les pays Nord-africains et en Arabie Saoudite. Cette première vague d'émigrés a été suivie par d'autres vagues lors des sécheresses de 1973 et 1984. L'Algérie et surtout la Libye ont été les principales destinations[726].

La deuxième rébellion a été beaucoup mieux préparée que la première, avec des acteurs nouveaux à tous égards, mais dont l'ossature est constituée des enfants de la première rébellion. Cette fois, les autorités maliennes ont fait usage d'une nouvelle stratégie axée non pas sur l'affrontement mais sur le dialogue, la concertation, la négociation et la participation. Une approche qui a permis d'ouvrir la réflexion sur les causes et les conséquences de cette rébellion récurrente et d'envisager, à la lumière des leçons apprises, de s'orienter vers une nouvelle forme de gouvernance de la paix et de la sécurité au Mali[727]. Le gouvernement malien a exprimé dès le déclenchement de la deuxième rébellion, son souhait de négocier avec les chefs des insurgés. Il a d'abord établi le contact par l'entremise de notables et de cadres arabes et touareg originaires du Nord.

Par la suite, pour préserver la cohésion sociale, l'unité nationale et l'intégrité du territoire national, les autorités ont développé une approche participative, dynamique et itérative qui a mobilisé le peuple malien tout entier en faveur d'une solution pacifique et négociée du conflit. Étaient impliqués à la fois les pouvoir publics, les forces armées et de sécurité, la classe politique, la société civile, le secteur privé, les pays voisins ainsi que les partenaires au développement. Malgré cette forte mobilisation, le conflit n'est pas définitivement réglé.

La protection des droits fondamentaux de cette population place le juge face à trois problématiques : l'exercice d'une autonomie politique à base territoriale, l'autonomie fonctionnelle et la citoyenneté nationale.

En effet, l'une des principales revendications de la rébellion est l'exercice d'une autonomie politique à base territoriale. En réaction à cette revendication, l'Etat malien semble privilégier les mécanismes destinés à garantir la représentation de la minorité dans les organes politiques et sa participation effective aux décisions

[726] Les plus jeunes parmi ces émigrés ont été enrôlés dans des légions islamiques étrangères. Ils ont ainsi été utilisés sur des terrains d'opération au Tchad, au Liban, en Palestine et même en Afghanistan. Par la suite, ils ont constitué le vivier du Mouvement populaire de l'AZAWAD qui a fait irruption sur la scène sécuritaire et politique malienne en déclenchant, en 1990, la deuxième rébellion. Voir sur ce point Zeini MOULAYE, Rapport sur la sécurité et la paix Mai, 2008, op cit.

[727] Voir Zeini MOULAYE, Rapport sur la sécurité et la paix Mai, 2008, op cit.

prises par ceux-ci. Toute fois, les Touareg confrontés à l'épineuse question de l'autonomie fonctionnelle réclament que leurs droits culturels soient officiellement reconnus par l'État sous la forme, par exemple, de droits linguistiques, du droit à des écoles de leur langue, de leur culture ou de leur religion, le droit à des fonds publics pour le maintien de leur patrimoine culturel.

Cependant, la reconnaissance de droits culturels à des minorités peut paraître constituer une menace à l'existence d'une citoyenneté commune en entraînant la fragmentation des identités. Les droits culturels minoritaires se distinguent des autres catégories de droit en ce qu'ils peuvent engendrer des projets autonomistes, voire sécessionnistes. Aussi la dimension culturelle de la citoyenneté peut-elle comporter une tendance à la fragmentation sociale et politique. Il n'est donc pas étonnant de constater que c'est cette dimension qui soulève actuellement le plus de difficultés dans les pays, fort nombreux, qui comptent des minorités ethniques, religieuses ou linguistiques. D'un côté, la reconnaissance d'une pleine citoyenneté est de plus en plus conçue comme nécessitant la reconnaissance de droits culturels. La recherche de l'égalité passe désormais par l'égalité différentielle, le pluralisme juridique et politique, le maintien des identités particulières. De l'autre côté, ce pluralisme est souvent considéré comme une menace pour l'unité nationale et l'harmonie sociale.

Ce paradoxe apparent tient à la nature complexe du principe d'égalité qui exige que les situations semblables soient traitées semblablement et les situations dissemblables, différemment.

Le sociologue américain Talcott PARSONS propose le concept d'« inclusion » qui implique que la participation à part entière des citoyens soit compatible avec le maintien de l'identité culturelle des groupes, et en particulier des minorités[728]. Il introduit aussi l'égalité qui selon le philosophe canadien Charles TAYLOR signifie que « certains groupes ont le droit d'être reconnus dans leur différence ». L'égalité des groupes justifie alors certaines entorses à l'égalité individuelle. Cette conception veut que certains citoyens soient inclus dans la communauté politique non seulement à titre d'individus mais également en tant que membres de différents groupes et qu'ainsi la citoyenneté soit définie à travers des identités multiples[729]. Mais une citoyenneté unique et individuelle, appliquée dans un contexte de pluralisme ethnique, entraîne parfois des conséquences oppressives et injustes, parce qu'elle oblige les minoritaires à s'aligner sur le modèle hégémonique de la majorité. Elle leur refuse la reconnaissance de leur identité. L'État démocratique et libéral ne peut satisfaire le besoin de reconnaissance des individus en reconnaissant uniquement l'universalité de l'identité, mais il doit le faire aussi pour les composantes communautaires de cette identité.

Au delà de ces considérations d'ordre sociopolitique, le juge devra pourtant gérer les actes constitutifs de violation des droits fondamentaux. Il devra prendre une position claire sur la distinction entre bandits armés et rebelles. Il existe, en effet, un banditisme résiduel engendré par la rébellion qui se manifeste

[728]. Voir T. Parsons, *Sociological Thought and Modern Society*, New York, Free Press, 1967.
[729] C. Taylor, «*The Politics of Recognition*» dans A. Gutman (dir.), *Multiculturalism. Examining the Politics of Recognition*, Princeton University Press, and Princeton (N. J.) p 199.

essentiellement par des mouvements d'humeur d'ex-rebelles, des enlèvements de véhicules et des vols à main armée. Il est fortement alimenté par la prolifération des armes légères et favorisé par l'insuffisante couverture sécuritaire des régions du Nord, notamment les territoires désertiques.

L'assurance du gain facile et de l'impunité fait que ce phénomène a pris de l'ampleur depuis quelques années et pourrait perdurer tant que des mesures radicales n'auront pas été prises pour imposer l'autorité de l'État sur tout le Nord-Mali[730]. C'est au juge qu'il appartient d'asseoir l'autorité de l'Etat en prenant des décisions protectrices des droits et libertés fondamentaux.

Le règlement du conflit touareg nécessite aujourd'hui une approche globale ; c'est-à-dire une vision qui devrait placer l'homme au cœur de la solution en privilégiant donc la sécurité humaine. Dans cette perspective il est important pour le juge de tenir compte du lien entre le développement, la sécurité et la gouvernance démocratique qui implique tous les acteurs du développement (pouvoirs publics, administration générale, secteur privé, société civile, partenaires techniques et financiers). Une vision qui répond à l'espoir de tout un peuple de bâtir un havre de paix et de sécurité et qui est susceptible de contribuer qualitativement à la création d'un climat de paix, de sécurité et de stabilité au bénéfice du développement durable du Mali.

Une autre problématique sous-jacente qui mérite une attention particulière du juge et, par ricochet, l'Etat malien est la maîtrise des flux migratoires. Le Mali paraît victime de sa tradition millénaire de terre d'accueil et d'hospitalité et de sa loi fondamentale qui stipule en son article 12 : *« Toute personne persécutée en raison de ses convictions politiques ou religieuses, de son appartenance ethnique, peut bénéficier du droit d'asile en République du Mali »*. Pourtant, le respect de cette tradition ne devrait en rien compromettre le devoir d'imposer souverainement un minimum de contrôle aux personnes franchissant les frontières du pays[731] . Le juge est appelé à intervenir sur ce terrain qui est souvent source potentielle de violation des droits et libertés fondamentaux. Il devra être plus attentif à la question de la minorité religieuse.

B. La minorité religieuse.

Le recours aux droits fondamentaux de la personne pour assurer la protection des minorités religieuses constitue une technique traditionnelle dans les pays démocratiques. Les droits fondamentaux habituellement invoqués dans ce domaine sont : la liberté de religion et le droit à l'égalité sans discrimination religieuse. Il existe d'ailleurs de larges recoupements entre ces droits qui sont souvent utilisés de façon parallèle et quelque peu interchangeable.

Il est établi que les limitations à la liberté de religion ont presque toujours un aspect discriminatoire, dans la mesure où elles s'imposent à une ou à plusieurs religions plutôt qu'à toutes, ou à certaines plus qu'à d'autres. La liberté de religion peut être invoquée contre toute intervention étatique qui aurait pour objet ou pour

---

[730] Zeini MOULAYE HAIDARA, Rapport sur la sécurité et la paix, Mai 2008.
[731] Zeini MOULAYE HAIDARA, Ibid.

effet de contraindre une personne à l'observance religieuse ou de l'en empêcher, de la forcer à un comportement contraire à sa religion ou de lui interdire un comportement rendu obligatoire par sa religion[732].

L'affirmation constitutionnelle de la liberté religieuse n'a pas été acquise systématiquement après l'indépendance. Le professeur Eloi DIARRA évoque la méfiance du pouvoir politique de l'époque à l'égard de tout ce qui était religieux et plus encore à l'égard de toute autorité religieuse[733]. Il distingue deux périodes à propos de la constitutionnalisation du principe de la liberté religieuse : celle de 1960 où il existait un silence inquiétant en matière religieuse et celle d'après 1968 où on a assisté à une lente émergence constitutionnelle du principe de la liberté religieuse[734].

La manifestation externe des convictions religieuses doit pouvoir se faire individuellement ou collectivement, en public ou en privé, par le culte, l'enseignement, les pratiques ou l'accomplissement des rites[735].

Les développements les plus intéressants en matière de protection des minorités religieuses par les droits fondamentaux se situent dans le domaine du droit à l'égalité et de l'interdiction de la discrimination. Le développement du concept de discrimination indirecte permet en effet aux minorités de contester des normes étatiques neutres, applicables de façon uniforme à tous, mais qui ont des effets préjudiciables à la liberté religieuse de certains groupes.

Même si il n'y a jamais eu de persécution ou d'hégémonie d'une religion ouvertement proclamée, le sentiment minoritaire religieux a pu se manifester à l'occasion de certains événements au niveau des différentes religions. On a pu ainsi observer de fortes tentations de se rendre justice, illustrées par la contestation du pouvoir du juge allant jusqu'à l'organisation d'expéditions punitives de populations contre des magistrats[736].

Ce phénomène atteignit son paroxysme avec l'assassinat du juge de Dioïla par des individus mus par la haine et l'intolérance religieuses. C'est ainsi que le 2 août 1992, le juge Oumar BAH fut sauvagement abattu dans l'enceinte de son domicile par un groupe de fanatiques de la secte dénommée « les pieds nus »[737].

---

732 Les textes internationaux auxquels le Mali a adhéré garantissent la liberté de pensée, de conscience et de religion. Il en va ainsi notamment de l'article 18 de la DUDH, de l'article 18 du PIDCP, de l'article 8 de la Charte Africaine des Droits de l'Homme et des Peuples. Tous ces textes consacrent par ailleurs le droit d'avoir des convictions. On peut en conclure que les termes pensée, conscience, religion et conviction doivent être lus ensemble, être considérés en gros comme des dispositions protégeant une faculté humaine, même s'il est vrai que la liberté de pensée présente des liens étroits avec une autre grande liberté classique, la liberté d'opinion.

733 Ibid.

734 Ibid.

735 Ali CISSE, *Le Mali : une démocratie à refonder*, éd. l'Harmattan, 2006, p 150 et suiv.

736 Discours de son Excellence Alpha Oumar KONARE, Président de la République, Chef de l'Etat à l'occasion de la cérémonie d'ouverture du forum national sur la justice (Bamako, le 30 mars 1999).

737 C'est la mort en détention de leur coreligionnaire qui a été le mobile de ce crime odieux. Dès qu'ils apprirent la nouvelle, le guide Cheikh Ibrahim Khalil KANTE, mobilisa les membres de la secte et mit en route un groupe de justiciers. Ce groupe arriva à Doïla, après une semaine de marche. Au lendemain de son arrivée, il se rendit au domicile du juge, armé de sabres soigneusement cachés. Après deux passages,

Dans cette affaire, c'est la problématique de l'exercice de la liberté de pensée, de conscience et de religion face au respect de l'ordre public qui se trouve posé. D'un point de vue terminologique, il convient de relever d'abord que les textes internationaux garantissent la liberté de pensée, de conscience et de religion[738].

En pratique, la liberté de pensée, de conscience et de religion est surtout la non-obligation d'avoir les mêmes convictions que la majorité ou les détenteurs du pouvoir. Elle exclut donc toute contrainte physique ou psychologique pour amener quelqu'un à abandonner ses convictions ou à en épouser d'autres. Sont également proscrites les coercitions indirectes, par exemple la subordination de certains avantages à l'acceptation ou à la répudiation d'une croyance.

Envisagée dans son aspect interne, la liberté de religion s'exerce exclusivement dans le for intérieur de son titulaire. Toutefois, l'aspect externe de cette liberté, c'est-à-dire la liberté de manifester sa religion ou ses convictions, se traduit par des actes qui appellent normalement une réglementation et qui peuvent être restreints pour des motifs d'intérêt public[739].

Il convient de ne pas perdre de vue que les manifestations d'intolérance et de discrimination fondées sur la religion ou la conviction ne sont pas seulement graves en elles mêmes, mais qu'elles sont aussi particulièrement préoccupantes parce qu'elles sont propres à engendrer des violations d'autres droits fondamentaux et, même, des crimes contre l'humanité, du crime de génocide[740]. Elles constituent de ce fait une menace pour la paix sociale.

Dans certaines circonstances, les droits et libertés fondamentaux peuvent se voir imposer certaines limites du fait de l'application des normes constitutionnelles. Des limites peuvent découler du fait que le maintien de l'ordre public impose un certain nombre de contraintes. Ainsi la liberté de manifestation ou de réunion peut-elle être restreinte dans certaines circonstances[741].

Dans une société démocratique où plusieurs religions coexistent au sein d'une même population, il est nécessaire d'assortir cette liberté de limitations propres à concilier les intérêts des divers groupes et d'assurer le respect des convictions de chacun. La répression d'un certain prosélytisme apparaît comme un moyen de sauvegarder certains droits fondamentaux.

Sur tout autre plan, l'affaire Georges Francis contre l'Archevêché de Bamako, constitue un précédent qui interpelle le juge. Les différentes décisions du juge sur cette affaire ont exacerbé le sentiment minoritaire chez les chrétiens catholiques qui ont eu du mal à concevoir que des biens de toute une institution

---

ils trouvèrent le juge dans l'enclos des moutons et l'agressèrent sans pitié. Le mercenaire qui poignarda le juge, se rendit ensuite à la prison et libéra les autres membres de la secte qui y étaient détenus. Cette double mission accomplie, le groupe s'apprêtait à regagner sa base. Mais il fut contrarié par les agents de sécurité et les chasseurs révoltés.

738 Il en va ainsi de l'article 18 de la DUDH, de l'article 18 du PIDCP et de l'article 1er de la Déclaration des Nations Unies du 25 novembre 1981.

739 Voir sur ce point le § 2 de l'art 9 CEDH et le § 3 de l'article 18 du PIDCP.

740 Giorgio MALINVERNI, *L'accès aux droits fondamentaux : la liberté de conscience*, in l'Effectivité des droits fondamentaux dans la communauté francophone, op. cit. p 145.

741 Louis FAVOREU, *Quelques éléments de théorie générale des droits fondamentaux*, in l'Effectivité des droits fondamentaux dans la communauté francophone, op. cit. p 49.

puissent être affectés à un individu mandaté au moment de la transaction en application des lois en vigueur à l'époque[742]. Cette épreuve a profondément marqué la communauté chrétienne.

Le juge devrait être beaucoup plus attentif à l'évolution de la situation religieuse et de façon spécifique au phénomène de l'intégrisme religieux au Mali. Les analyses ont montré que si on n'y prête pas suffisamment d'attention, la montée de l'intolérance religieuse commence à poser de sérieuses inquiétudes : partout des prêches et par n'importe qui, y compris par des étrangers venus de très loin, et parfois sans aucun respect pour la législation interne[743].

Par ailleurs, on a pu relever que certains de ces prêcheurs nationaux et étrangers usent de propos injurieux ou diffamatoires, incitent aux troubles et à la multiplication des courants religieux. La présence des prêcheurs venus de l'étranger passent en effet souvent par des réseaux islamistes bien implantés et sous le couvert d'organisations caritatives autorisées. Cela détourne la vigilance des forces de sécurité mais devient un facteur potentiel d'insécurité »[744] .

L'étude nationale prospective Mali 2025 note que le phénomène religieux est susceptible de constituer une menace à l'évolution de la société dans les trente prochaines années, cela, à travers la prolifération des confréries, l'interférence de la religion dans la vie politique, l'incursion des prêcheurs dans les mass médias, la communication de masse et surtout l'engouement d'une large frange de la jeunesse pour la religion. Cette analyse concerne aussi bien l'islam que le christianisme[745]. Selon cette étude « nous vivons une phase d'infiltration et d'expansion de l'islamisme radical au sein de la société malienne qui nous fait craindre les mesures suivantes : la menace sur la laïcité exercée par certains leaders religieux, l'intrusion du militantisme religieux dans le champ politique, les possibilités de conflits intra confessionnels, les éventuels conflits entre organisations religieuses et communautés de base, les risques d'apparition d'une classe d'intellectuels arabisants peu préparés pour le monde du travail et pouvant, du fait du manque de débouchés pour eux, constituer un vivier pour le recrutement de cadres et sympathisants de mouvements religieux extrémistes »[746]. Le juge doit être attentif aux menaces religieuses. Mais au delà de la question religieuse, il lui importe d'accorder une attention particulière aux populations autochtones.

---

[742] Voir Arrêt n°68 du 6 mars 2003 : Georges Francis contre Archevêché de Bamako. Dans cet arrêt la Cour suprême a conclu que la Cour d'appel en décidant que « Père Youssef Francis n'est plus propriétaire de la parcelle a méconnu l'obligation qui lui est faite par l'article 5 du Code de procédure civile commerciale et sociale qui dispose : « *le juge doit se prononcer sur tout ce qui est demandé et seulement sur ce qui est demandé* ».
Au paravent, dans l'Arrêt n° 57 du 25 septembre 2003, Joseph Francis contre l'Archevêché de Bamako, la Cour suprême a annulé deux décrets d'expropriation pour cause d'utilité publique du Président de la République. En l'espèce l'expropriation des titres fonciers appartenant au sieur Joseph Francis était intervenue sans qu'au préalable le requérant ne soit indemnisé conformément à la procédure de l'indemnisation préalable établie par le Code domanial et Foncier.
[743] Zeini MOULAYE HAIDARA, Rapport sur la sécurité et la paix-, mai 2008, p 15 et suiv.
[744] Ibid.
[745] Rapport général de l'étude nationale prospective « Mali 2025 », éd. 2001, p 88 et suiv.
[746] Ibid.

§ 2. La préservation des droits des populations autochtones : condition de la sécurité nationale

Les populations autochtones partagent le même sort dans le monde entier ou, dans une grande majorité, elles vivent au-dessous du seuil de pauvreté. Le concept « autochtone » désigne l'originaire par voie ancestrale du pays qu'il habite. Elle renvoie aux premiers occupants des terres.

Le principal instrument permettant de protéger les droits des populations autochtones est la convention n°169 adoptée par l'Organisation Internationale du Travail (OIT) concernant les peuples indigènes et tribaux dans les pays indépendants, adoptée en juin 1989 et entrée en vigueur en septembre 1991. Il y est affirmé que nul Etat ou groupe social ne peut nier l'identité des peuples autochtones et que les Etats ont la responsabilité d'assurer, avec la participation de ces peuples eux-mêmes, le respect de leurs droits et de leur intégrité.

Les études sur les populations autochtones ou indigènes montrent que, bien que certains progrès aient été accomplis, il reste beaucoup à faire pour résoudre les divergences qui subsistent entre les intérêts des peuples autochtones et le développement national ou privé, entre les moyens d'existence, les modes de vie des peuples concernés et les politiques et les projets des Etats.

Au Mali, dans la plupart des zones rurales, les systèmes fonciers locaux sont encore largement reconnus et les populations s'y réfèrent de façon préférentielle. Face à des problèmes nouveaux, les autorités endogènes, suivant les modalités de gestion locale arrivent de plus en plus difficilement à dégager des solutions efficaces et acceptées par les différentes parties en présence[747]. C'est le cas des conflits impliquant différentes entités sociales (conflits entre villages voisins) divers groupes socio-ethniques (conflits autochtones/migrants ou agriculteurs/pasteurs). Or ces conflits ont tendance à devenir de plus en plus fréquents du fait de l'accroissement démographique, du retrait des terres cultivables et de l'extension des grands centres urbains.

Le juge devient dès lors, le point de rencontre nécessaire des dossiers du foncier et de la décentralisation. Il joue à ce titre un rôle de garant de l'intérêt collectif de la nation et de l'ensemble des populations. Dans cette perspective, il a une responsabilité quant à l'équité, la neutralité dans l'application des lois et règlements relatifs aux droits fondamentaux des populations autochtones. L'intervention du juge dans la protection des droits fondamentaux des populations autochtones est rendue nécessaire à cause de la déstructuration des institutions locales et du foncier **(A).** Dans cette perspective il est impératif qu'il contribue à la sécurisation foncière **(B).**

A. La déstructuration des institutions locales et du foncier coutumier

Les systèmes fonciers locaux comprennent à la fois l'ensemble des règles rattachées à la terre et ses ressources, les institutions et les relations qui déterminent la mise en œuvre et l'application pratique de ces règles. Ils prennent racine dans le

---

[747]Hesseling GERTI, Boubacar Moussa BA, « *Le foncier et la gestion des ressources naturelles au sahel : expériences, contraintes et perspectives* » 59, CILLS-Club du Sahel, 1994, p 4.

passé dont ils tirent, pour une grande part, leur légitimité et leur efficacité relative. Leur légitimité est héritée de l'histoire et des pratiques locales[748].

Les règles de gestion et d'exploitation du droit foncier traditionnel dont l'application s'appuyait sur des institutions coutumières dans chaque société, ont été profondément perturbées au fil de l'histoire des sociétés qui se sont succédé. Le statut des chefs coutumiers, les fonctions des chefs de terre, de l'eau ou des pâturages, le respect des pratiques et des interdits, sont partout, soit tombés en désuétude, soit fortement remis en cause sans que rien de solide ne les remplace.

La contestation de l'autorité des chefs de lignage et de famille et la mise en cause des mécanismes de gestion collective des ressources ont conduit à l'aggravation des conflits fonciers et la mise en cause des ententes antérieures (zones pastorales ou agricoles, appropriation et prêts de terre, instances de gestion des litiges ou de conciliation).

L'une des caractéristiques du système foncier coutumier est l'acceptation des migrants ou allochtones arrivant sur un territoire local et qui souhaitent obtenir des terres. Les nouveaux venus peuvent quasiment toujours obtenir l'accès à l'usage durable des terres dont ils ont besoin pour vivre, pour autant qu'ils reconnaissent l'autorité foncière et politique qui régit le territoire autochtone, et qu'ils lui fassent preuve d'allégeance. C'est à cette condition qu'ils reçoivent des droits fonciers qui ne sont pas des droits de propriété définitifs, mais qui, le plus souvent, sont cependant des droits durables et sécurisés.

Mais cette sécurité est conditionnelle et relationnelle, c'est-à-dire que ces droits durent tant que la relation sociale d'allégeance est réaffirmée et reconnue de part et d'autre. Il y a en ce sens de véritables clauses non-foncières des conventions foncières[749].

La logique sociale du territoire et les systèmes fonciers traditionnels sont inclusifs, relationnels (conditionnels), implicites, imprécis et négociables[750]. Dans la logique économique de mise en valeur qui caractérise la propriété de droit moderne, c'est à peu près l'inverse : la sécurité par la propriété est inconditionnelle et non relationnelle (non déterminée par la qualité subjective des relations entre personnes) et elle se manifeste comme un droit d'exclusion[751]. Cette propriété s'appuie sur un enregistrement écrit, explicite et précis des droits et des transactions.

Les droits fonciers coutumiers ont été toujours abordés par opposition au droit moderne étatique. Ces droits font chaque fois appel à des situations où la règle de gestion ou de règlement des conflits est issue « d'un usage général et prolongé et qui constitue une source de droit aussi longtemps qu'elle ne s'oppose pas au droit positif ». Vu sous cet angle, il apparaît donc deux sortes de pratiques foncières dont l'une privilégie davantage les us et coutumes des populations rurales de base, et

---

[748]Hesseling GERTI, Boubacar Moussa BA, « *Le foncier et la gestion des ressources naturelles au sahel : expériences, contraintes et perspectives* », ibid. p 4.

[749] CHAVEAU J-P, *La logique des systèmes coutumiers*, texte de travail pour le GRET, réseau RD, doc ronéoté 1996, in Paul Mathieu, *La Sécurisation foncière entre compromis et conflit : un processus politique ?* Institut d'études du développement Université Catholique de Louvain.

[750] Ibid.

[751] Ibid.

l'autre se démarquant de la première, s'appuie sur une logique étatique écrite, unitaire.

La gestion des conflits du foncier suppose donc une parfaite maîtrise par le juge des textes spécifiques, relatifs à la gestion de la terre, tant en ce qui concerne l'attribution des pouvoirs appropriés aux collectivités, que les procédures de gestion et les organisations administratives qui en ont la charge. L'analyse des questions foncières par le juge devrait reposer sur un certain nombre de questions fondamentales, qui s'enchaînent.

La première question qui se pose est celle de la pertinence ou de la nécessité de se référer au droit de propriété. Selon M. A. ROCHEDUDE : « *Si l'on tient compte de la nécessité de sécurisation, la propriété apporte sans doute une solution positive. Encore faut-il admettre qu'il ne s'agit pas nécessairement de la propriété au sens civiliste et absolu du terme, mais plutôt de ce lien de droit extrêmement précis et reconnu qui garantirait à une personne physique ou morale qu'elle peut mettre en valeur un terrain, qu'elle peut en disposer de manière raisonnable (en bon père de famille), dans le cadre de sa gestion patrimoniale* »[752].

L'objectif recherché à travers l'accès à la terre par tous, est la sécurité alimentaire des exploitants. La non-aliénation des terres par l'étranger est de règle, pour garantir la transmission de la terre à la descendance. Les terres ne sont donc généralement que prêtées aux étrangers, qui sont souvent soumis pour leur exploitation, à des restrictions comme la plantation d'arbres, les clôtures, les puits ou tout autre acte pouvant, pour l'administration, générer des droits.

La seconde question renvoie à la distinction entre le droit sur le sol et le droit sur l'utilisation du sol. Celle-ci implique la prise en compte des grands principes d'accès à la terre et de stabilisation du lien entre celle-ci et son détenteur. Le pouvoir foncier au Mali procède de la problématique de légitimité. Dans le même temps, quelles que soient les dispositions légales en vigueur, on sait que les pratiques étaient fondées sur les principes coutumiers.

La complexité du système foncier réside dans le fait qu'il met en jeu des sphères très différentes de la vie sociale : essentiellement le pouvoir, la richesse et les significations ou identités. Une seconde dimension de la complexité est la coexistence, sur un même espace, d'une multiplicité de droits pour une multiplicité d'acteurs ayant des droits différenciés. Il faut donc qu'il œuvre davantage pour la sécurisation foncière.

B. La nécessité de la sécurisation foncière

L'analyse des pratiques de gestion foncière indique clairement tant dans ses formes coutumières que modernes, une situation d'insécurité[753]. Les questions essentielles qui affectent les peuples autochtones et qui de surcroît interpellent le juge sont relatives aux droits fondamentaux que sont : les droits à la terre, à

---

[752]ROCHEGUIDE Alain, *Décentralisation, acteurs locaux et foncier : mise en perspective juridique des textes sur la décentralisation et le foncier en Afrique de l'ouest et centrale*, 2000, op cit., p 50.

[753] E.H. TALL, M.T.ROUEN Y, Peter BLOCH, *Etude sur la problématique foncière dans les périmètres irrigués au Mali*, University of Wisconsin Dadisson, décembre 2002, p 39.

l'éducation et la culture. Les études ont révélé que le taux de recours en matière de litiges fonciers et plus généralement, de conflits communautaires est très élevé, y compris jusqu'au pourvoi en cassation[754].

La base des litiges qui mènent souvent à des conflits qui sont portés au niveau juridictionnel consiste le plus souvent à une remise en cause des droits coutumiers existant depuis de longues années. Ceci dénote bien la déstructuration du foncier au Mali.

Certains conflits fonciers dont le juge est saisi datent de plusieurs générations. La plupart d'entre eux sont entretenus par les décisions contradictoires des autorités judiciaires et portent sur plus de la moitié des 11.000 villages que compte le pays[755]. Ils constituent une poudrière permanente et il suffirait d'une étincelle pour y mettre le feu et réveiller les vieux litiges.

Ce sont des problèmes aux conséquences imprévisibles, souvent à l'origine de situations dramatiques.[756] C'est le cas du conflit foncier entre les villages de Seyna et Goléa (cercle d'Ansongo, région de Gao). Ces deux villages se disputent depuis très longtemps une portion de terre. Ce conflit a engendré plusieurs fois des affrontements qui ont causé plusieurs morts et des blessés.

Ce dossier est entre les mains des juridictions depuis une dizaine d'années, avec des décisions contradictoires d'un juge à un autre. Ce conflit montre l'autre face de l'iceberg, à savoir, le rôle et la responsabilité des juges dans le renouvellement des conflits. Pour l'instant, il existe encore un calme précaire, mais la tension est toujours perceptible, et selon les observateurs, un affrontement pourrait éclater à tout moment tant que la question n'est pas tranchée de façon impartiale par le juge[757].

Un autre conflit, toujours lié à la terre, oppose les populations de Dialloubé (cercle de Douentza) à celles de Bambara-Maoudé (cercle de Gourma-Rharous). Après plusieurs règlements par l'administration, le conflit éclata en 1994. Il tourne autour de l'exploitation des champs de décrue situés dans le lac Niangaye, toutes les parties se réclamant propriétaires. Les autorités ont tenté en vain de résoudre ce conflit pour la simple raison que les parties n'ont pu s'entendre sur une limite réelle de partage. Cette affaire est pendante devant le juge de Douentza depuis 1996. Ce conflit montre en quoi la nature peut-être facteur de catalyseur d'un conflit. Il s'éteint pendant les années de grandes crues où les champs ne sont pas disponibles.

Le juge est aussi confronté à un conflit intercommunautaire qui oppose le village de Dempari (cercle de Bandiagara) à celui de Kiro (cercle de Douentza). Il concerne l'application d'une convention signée en 1961 entre les populations des deux villages aux termes de laquelle, Kiro, reconnu propriétaire coutumier, exige de Dempari l'apport d'un fagot de bois conformément à la coutume. Le village de Dempari refusa une telle soumission sous prétexte que celle-ci n'a jamais fait partie

---

[754] Zeini MOULAYE, Amidou DIABATE et Yaya DOUMBIA, op cit., p 65.

[755] Zeini MOULAYE HAIDARA, Rapport sur la paix et la sécurité Mai 2008.

[756] Zeini MOULAYE HAIDARA Rapport sur la paix et la sécurité Mai 2008.

[757] O.KORNIO, A.Z DIALLO et Fatimata SOW, *Recherche à finalité pédagogique sur la prévention et la gestion des conflits communautaires au Mali,* Fondation Friedrich Ebert, février 2004, p 39.

des clauses ayant lié les deux villages depuis leur installation. C'est l'un des rares conflits qui est passé devant le juge de paix, puis le juge d'appel.

Un autre juge est saisi d'un conflit de pêcheries, opposant les populations des villages de Koro et de Touné qui s'étaient affrontées violemment. Il y eut des coups et blessures volontaires. Le juge emprisonna les belligérants. Ce conflit dure depuis 25 ans et aucun juge n'ose en réalité réveiller le dossier. Malgré l'existence de législations foncières « modernes » qui ont officiellement remplacé les autorités et règles « coutumières », les populations continuent, pour une très grande part à vivre l'accès à la terre par rapport aux règles et perceptions locales[758].

Dans l'ensemble, les systèmes fonciers locaux sont encore mal connus des juges à cause de leur diversité, leur complexité mais aussi et surtout leur capacité d'adaptation. Au niveau de la recherche, la majorité des intervenants sont encore marqués inconsciemment par l'idéologie coloniale et par l'idée dominante des théories politiques du développement durant ces cinquante dernières années. L'attitude implicite, mais réelle, vis-à-vis des populations autochtones est que celles-ci sont attardées, incapables de dynamisme et de développement.

La légitimité des droits des populations autochtones est héritée de l'histoire et des pratiques locales mais en même temps, ils s'adaptent de façon dynamique aux réalités nouvelles dans lesquelles ils évoluent : changements démographiques, politiques, nouvelles législations foncières étatiques, transformations des relations au sein des communautés locales. Cette adaptabilité des règles et des systèmes fonciers dits « traditionnels ou coutumiers » est une caractéristique importante des droits des populations autochtones au Mali. En effet, les droits anciens qui correspondent à des rapports sociaux réels persistent sous des formes adaptées.

Les pratiques nouvelles de « marchandisation informelle » de la terre répondent aux nouvelles conditions économiques de rentabilité. Ces pratiques s'adaptent avant la loi et anticipent sur la mise à jour nécessairement plus lente des règles juridiques .En outre, le compromis entre acteurs, entre les populations et l'Etat, entre les règles formelles et les pratiques informelles non légales, est une composante essentielle des transformations et des relations changeantes dans le domaine foncier.

Il faut souligner également la contradiction entre le droit positif et la tradition et tous les risques qui accompagnent l'application aveugle des textes surtout avec le processus de la décentralisation qui est à la base des conflits intra et intercommunautaires. Conséquences des litiges fonciers, ils ont été parfois exacerbés par le découpage administratif dans le cadre de la décentralisation. Ils interpellent aujourd'hui le juge au regard des nombreuses pertes en vies humaines. A titre d'exemple, on peut évoquer le conflit foncier qui oppose les Arabes Oulad Bouhanda et Oulad Amra et les Tamacheq Kel Antessan à Tagaft (Tombouctou).

La compréhension des conflits fonciers par le juge nécessite une approche historique du droit foncier traditionnel. Dans le domaine de la gestion de la terre, la dialectique entre les pratiques locales et la législation officielle est le résultat d'un long processus commencé depuis l'époque coloniale et se poursuivant à l'heure

[758] Voir Gerti HESSELING et Boubacar Moussa BA, op cit., p 3.

actuelle. Pendant la période coloniale, le besoin de contrôler la force de travail (entre autres pour fournir des produits agricoles) l'emportait sur le besoin de contrôler l'organisation foncière. Et c'est surtout lorsque les sociétés ont commencé à se transformer en productrices de denrées d'exportation, que le « foncier coutumier » est devenu un objet de recherche et un enjeu politique[759].

Le rôle du juge dans la sécurisation foncière est intimement lié à celui de l'Etat qui apparaît aujourd'hui comme crucial sous trois aspects : garantir la stabilité politique globale, répondre aux demandes de formalisation des droits ou des transactions et enfin arbitrer les conflits. L'importance des juridictions étatiques accessibles et crédibles pour résoudre des conflits qui dépassent de plus en plus souvent les capacités d'arbitrage des pouvoirs traditionnels est évidente.

Dans le processus de transitions foncières actuelles la coexistence de registres relationnels multiples et de logiques foncières opposées devient de moins en moins sécurisante et de plus en plus conflictuelle.

Au regard de l'existence du pluralisme juridique, il est souhaitable d'explorer aujourd'hui les diverses modalités institutionnelles nouvelles de la formalisation des droits fonciers pour permettre au juge de disposer des instruments de référence pour mieux gérer les conflits. Certes, le coutumier sert de référence en matière juridictionnelle. Mais les pratiques coutumières sont traitées comme des questions de fait plutôt que de droit. Il importe de mettre en place de véritables commissions d'arbitrage en matière de conflits fonciers dont la saisine serait obligatoire avant l'intervention du juge qui n'aurait pour seul rôle , en cas d'accord des parties, que d'homologuer le procès-verbal de l'accord[760]. En outre, il est impératif que la composition et l'organisation de ces commissions épousent les contours de la décentralisation et qu'une approche participative soit adoptée pour que les populations et leurs représentants soient parties prenantes des décisions de confirmation et de sauvegarde des droits coutumiers. Mais il faudra surtout insister sur la promotion d'une culture démocratique intériorisée et le plein respect des droits de l'homme.

---

[759] HESSELING Gerti, BA Boubacar Moussa, op cit., p 27.

[760] Il semble qu'un pas ait été franchi dans ce sens avec l'adoption du décret n°09-011/P-RM du 19 janvier 2009 fixant les attributions, la compétence et les modalités de fonctionnement des commissions foncières locales et communales et la loi n°06-045 du 05 septembre 2006 portant loi d'orientation agricole.

Section 2 : La promotion d'une culture démocratique intériorisée et le plein respect des droits de l'homme

Le développement de la capacité des citoyens à connaître leurs droits et devoirs est le moyen le plus sûr de renforcer l'efficacité de la justice. Un citoyen bien informé est plus apte à défendre ses droits et libertés fondamentaux. Pour ce faire, il faut envisager des stratégies visant à promouvoir une culture démocratique.

Dans la Déclaration de Bamako adoptée le 03 Novembre 2000 à l'issue du symposium international sur le bilan des pratiques de la démocratie, des droits et libertés dans l'espace francophone[761], les Etats membres de la Francophonie se sont engagés à *« développer l'esprit de tolérance et promouvoir la culture démocratique dans toutes ses dimensions afin de sensibiliser par l'éducation et la formation, les responsables publics, l'ensemble des acteurs de la vie politique et tous les citoyens aux exigences éthiques de la démocratie et des droits de l'homme »*[762].

S'il est vrai que le continent africain n'a pas participé au processus de conception, de codification et de négociation des principaux instruments juridiques internationaux relatifs aux droits fondamentaux (notamment la DUDH et les 2 pactes internationaux), le patrimoine culturel africain contient des normes correspondantes à l'esprit et aux valeurs prônées par les instruments susmentionnés.

Ainsi, nous apprenons que dans l'empire du Mali, l'individu souffrait moins de discrimination ou oppression systématique[763]. La notion de processus qui légitime la justice imprégnait la loi indigène ; la privation de la propriété ou de la liberté personnelle était rare[764]. La sécurité de la personne était assurée et le processus du droit coutumier n'était pas caractérisé par des empiétements brutaux et imprévisibles du souverain sur l'individu, mais par des procédures méticuleuses, quoique lourdes, de prise de décision[765].

Après tout, les droits de l'homme, malgré des revendications relativement exagérées d'universalité, sont eux-mêmes l'émanation de cultures spécifiques[766]. Cet argument repose sur le principe du relativisme culturel : ni la culture africaine ni la

---

[761] Le symposium a été l'aboutissement d'un processus qui a réuni les experts de la Francophonie autour des pratiques de la démocratie dans l'espace francophone. Voir Rapport introductif général de la 5e réunion préparatoire du Symposium international sur les pratiques de la démocratie, des droits et des libertés dans l'espace francophone, Sofia (Bulgarie) 22 au 24 juin 2000, OIF-DDHD.

[762] Déclaration de Bamako adoptée le 3 novembre 2000 par les Ministres et chefs de délégations des Etats et gouvernements des pays ayant le français en partage lors du "symposium international sur le bilan des pratiques de la démocratie, des droits et des libertés dans l'espace francophone" O.I.F. A travers l'adoption de la déclaration de Bamako, la Francophonie s'est dotée d'un texte normatif sur la démocratie, les droits de l'homme à l'issue d'un processus inédit, associant pour la première fois Etats, gouvernements, parlementaires, maires , experts, universitaires, représentants des ONG, société civile et medias.

[763] Voir sur ce point Joseph KI-ZERBO, *Histoire de l'Afrique noire* , éd. Hatier, p 140 er suiv

[764]Voir sur ce point CEHSAO, *Coutumiers juridiques de l'Afrique occidentale Française - Tome II Soudan*, Paris V, Larousse éditeur, 1939, (Publication du comité d'études historiques et scientifiques de l'Afrique occidentale française).

[765] Ibid.

[766] J.DONNELLY, "*Human Rights and Human Dignity, an Analytical Critic of non- Western Conception of Human Rights* ", American Political Science Review, 1982, 76, p 312.

culture occidentale ne peut être considérée supérieure pour des raisons inhérentes ; toutes les deux ont droit à un respect égal[767].

La conception africaine des droits de l'homme est un aspect essentiel de l'humanisme africain soutenu par la doctrine religieuse et le principe de responsabilité vis-à-vis des ombres ancestrales"[768]. En effet, l'idéal des droits humains est bien présent dans l'ancienne société malienne étant donné l'existence incontestée, dans la culture traditionnelle au Mali, de mécanismes présidant à la sacralité de l'humanité.

Même si certaines coutumes, encore appliquées sont anachroniques et ne laissent que peu d'espace à l'idéal des droits humains[769], il y a lieu de reconnaître que la culture malienne contient d'importants fondements endogènes pour une culture du droit, de la paix et des droits de l'homme.

La promotion d'une culture démocratique intériorisée, pourrait être un moyen utile qui nécessite la recherche de l'idéal des droits humains dans la société malienne **(§ 1)** et dont la finalité sera l'émergence de la citoyenneté **(§2).**

§ 1. L'idéal des droits humains dans la société malienne

Lorsqu'on aborde la question des droits de l'homme, on doit admettre que les mêmes critères ne sont pas applicables dans tous les pays. La notion de droits de l'homme relève de la conception du droit naturel. La théorie du droit naturel affirme qu'il existe un droit antérieur à la formation de l'Etat, un corps de règles que la raison peut découvrir en analysant la nature de l'homme.

Selon cette conception, l'homme, parce qu'il est un homme, possède un ensemble de droits inhérents à sa nature, et qu'on ne peut méconnaître sans porter atteinte à celle-ci. Peu importe que le droit positif propre à un pays ou à une époque ne les consacre pas, même bafoués, violés par la législation d'un Etat, les droits de l'homme n'en subsistent pas moins.

La notion de « Droits de l'Homme » transcende donc sa reconnaissance par les lois. Cependant, si cette reconnaissance est possible, les Droits de l'Homme présentent alors les caractères qui permettent à un individu, à un peuple, à une minorité, une prérogative reconnue.

Dans les pays sud asiatiques, il y a deux pensées qui sont très courantes comme le cas du confucianisme ou du bouddhisme par exemple qui s'occupent réellement du problème de l'homme. C'est plutôt plus éthique que juridique, comparé au concept des Droits de l'Homme occidentaux : l'homme est très

[767] Des traces de cette pensée apparaissent dans le paragraphe 4 de la Charte africaine des droits de l'homme et des peuples de 1981, qui contient une clause exhortant les Etats à faire attention "aux vertus de leur tradition historique et aux valeurs de la civilisation africaines ".Le texte est cité intégralement dans international légal Materials, 1982, 21, 58 ff. Pour les commentaires, voir U.O. UMOZURIKE, 1983, in Amercan Jnl of int Law, 902 ff.

[768] ASANTE op cit. pp. 73-4.

[769] Toutefois, cela ne justifie nullement une mise à l'écart de la coutume qui, de facto, a plus de force que la loi au Mali.

important parce que d'après le confucianisme, il y a trois éléments qui régissent l'univers : l'homme, le ciel et la terre.

Par ailleurs, l'idée de liberté, était loin d'être inconnue des civilisations d'Afrique, même si elle n'y prenait pas la forme de convention explicite[770]. Ainsi, toute revendication affirmant que les droits de l'homme n'ont pas leur place en Afrique en raison des conditions spécifiques au continent africain peut être réfutée simplement en faisant remarquer le caractère douteux des preuves[771].

Selon le doyen Kéba M'BAYE : *"il y a une conception africaine spécifique du droit et particulièrement du droit des droits de l'homme. En Afrique, le droit n'est pas conçu comme une sorte d'épée mise entre les mains de l'individu pour lui permettre de se défendre contre le groupe. Il est plutôt considéré comme un ensemble de règles protectrices de la communauté dont l'individu fait partie"*[772]. Cette conception africaine des droits de l'homme est inscrite dans la Charte africaine des droits de l'homme et des peuples[773].

La présence de l'idéal des droits humains dans les sociétés maliennes peut être appréhendée à travers des mécanismes présidant à la sacralité des droits humains notamment à travers l'analyse de la pertinence de la valeur juridique de la charte de « *Kurukanfuga* » **(A)** et la valorisation du droit coutumier **(B).**

A. La pertinence de la valeur juridique de la charte de « Kurukanfuga »

Pays de civilisation millénaire, le Mali puise les racines de sa pratique actuelle des droits de l'homme dans sa propre histoire. L'être humain est sacré dans la culture malienne traditionnelle[774]. En témoigne notamment la valeur historique du « *Kurukanfuga* » ainsi que la pratique consacrée de l'éthique des cousinages ou la parenté à plaisanterie qui y découlent, en fait, un instrument au service de la paix.

Au cours de son histoire, le Mali a adopté des instruments juridiques à caractère déclaratoire[775] utiles qui ont contribué à garantir la paix et la sécurité. On relève, de plus en plus, dans les discours officiels prononcés à l'occasion de *fora* relatifs à la culture de la paix et des droits de l'homme, des références à des faits majeurs de notre histoire ou à des ressources culturelles de notre pays. Il en est ainsi de la fréquente référence faite à la Charte de *« Kurukanfuga »,* considérée par certains comme un repère, voire un précédent historique important en matière des droits de l'homme dans notre pays.

A ce sujet, les opinions divergent quant à la nature juridique de ce contrat social. Certains chercheurs ont exprimé la plus grande réserve quant à cette

[770] Voir sur ce point W. LAQUEUR et B RUBIN, *Anthologie des droits de l'homme,* op. cit. p 2.
[771] T.W. BENNETT, *Les droits de l'homme et les traditions culturelles africaines*, op cit. p 108.
[772] Keba M'BAYE, *Les droits de l'homme en Afrique,* op cit. p 187.
[773] L'idée est exprimée dans un paragraphe du préambule dans lequel les Etats africains reconnaissent :" que d'une part, les droits fondamentaux de l'être humain sont fondés sur les attributs de la personne humaine, ce qui justifie leur protection international, et que, d'autre part, la réalité et le respect des droits du peuple doivent nécessairement garantir les droits de l'homme ".
[774] Sotigui Penda Mori SIDIBE, *La rencontre de Jésus christ en milieu Bambara*, thèse, Lyon 1974 p. 33.
[775] Le caractère déclaratoire de cet instrument tient à l'oralité qui est l'une des caractéristiques des règles de droit.

caractérisation qui est faite à Kurukanfuga. Pour ceux-ci, ni l'historiographie malienne, ni les enquêtes de terrain entreprises dans certaines localités telles que Kela et Krina ne les autorisent à avaliser l'identification de Kurukanfuga comme un événement emblématique des droits de l'homme[776]. Pour d'autres chercheurs, il ne peut y avoir de doute sur la portée juridique de *« Kurukanfuga »* comme instrument de promotion et de protection des droits de l'homme.

Pour notre part, nous estimons que la valeur historique de *« Kurukanfuga »* est aujourd'hui un acquis. Il reste à présent sa consécration normative. Nous nous fondons sur les travaux réalisés par certains historiens qui ont établi que cette charte, qui a été adoptée après la victoire de Kirina[777] et qui a marqué le point de départ de l'empire du Mali, constitue une charte qui a régi pendant des siècles la vie de cette partie de l'Afrique noire. On retient que les hommes de Soundjata déployèrent en 1235, une vaste action diplomatique (à l'échelle du Mandé et d'autres entités issues de l'éclatement du Ghana) dont le point culminant fut l'assemblée de Kurukanfuga au cours de laquelle furent établies les bases du nouvel Empire. Il est vrai que cette négociation était doublée d'une action dissuasive et même souvent coercitive à l'endroit de certains roitelets récalcitrants.

Les traditionalistes mandingues rappellent les 44 articles qui composaient cette charte[778]constitutive de l'empire de Mali, établie à Kangaba en 1236. Rien ne peut faire mieux revivre cette époque lointaine, qui apparaît pourtant par certains aspects singulièrement actuels[779].

Le professeur Joseph KY-ZERBO rapporte à juste titre que Soundjata avait arrêté les droits et devoirs de chacune des ethnies associées. Il affirme également que trente clans furent constitués dont 5 d'artisans, 4 de guerriers, 5 de marabouts et 16 d'hommes libres dit cependant « les esclaves de la collectivité (Ton dyon) »[780]. A Kurukanfuga, près de Kangaba (Mali), les chefs rassemblés s'entendirent pour lui conférer le titre de Mansa (souverain, chef suprême). Le sentiment national mandé qui avait suscité la victoire de Kirina, donnait naissance à un Etat.

Quand il regagna en 1240 sa capitale du Haut-Niger, Soundjata était à la tête d'un empire dont l'étendue rendait excentriques les premiers sites sans doute

---

[776] Voir en particulier, l'Etude réalisée par les chercheurs maliens, Pr. Doulaye KONATE, Anatole SANGARE et Issa Meyes. COULIBALY sur *La perception malienne de la culture de la paix et des droits de l'homme*, PNUD- Ministère de l'Education Nationale, Août 1999.

[777] Kurukanfuga est une clairière du Mandé, où, en 1235, se serait réunie la première assemblée constituante d'Afrique de l'Ouest, sous la direction du chef Soundjata KEITA, fondateur du premier empire du Mali. Le but était de "donner le pouvoir au peuple" dont le « sentiment national mandé » avait suscité la victoire de Kirina donnant naissance à un Etat. Voir Joseph KY-ZERBO, *Histoire de l'Afrique noire*, éd. *Hatier* 1972, p 13.

[778] En ce même XIIIème siècle, précisément en 1215, vit le jour la Grande Charte appelée Magna Carta en Latin. Elle a été imposée par les barons d'Angleterre révoltés contre le roi Jean Sans Terre et comportait 63 articles qui garantissaient les droits féodaux, les libertés de l'Eglise et des villes contre l'arbitraire du Roi. Celui-ci s'engagea à respecter certaines libertés de nature surtout politique, et issues du respect des traditions de la monarchie anglaise. Voir Jean Jacques ISRAEL, op cit. p. 82.

[779] Le texte comprend de nombreux droits humains fondamentaux qui sont aujourd'hui consacrés par les instruments juridiques relatifs aux droits de l'homme. Il est structuré en IV Tables et 44 articles : I-De l'organisation sociale (articles 1 à 33), II -Des biens (articles 34 à 39), III-De la préservation de la nature (articles 40 à 42) et IV-Dispositions Finales (articles 43 et 44).

[780] Joseph KY-ZERBO. *Histoire de l'Afrique noire*, op cit. p 133 et suiv.

successifs de la cour royale : Djeliba, Kangaba. Il transféra sa capitale à Niani non loin des lieux où la victoire avait fondé sa fortune. D'autres campagnes, dirigées vers l'ouest, annexèrent bientôt la deuxième grande région de l'or du Soudan : le Bambouk. Puis les opérations furent poussées jusque dans le Bandou, le Bas-Sénégal et la basse-Gambie étendant la suzeraineté du Mali sur les provinces extrême-occidentales de l'empire du Ghana (Djara-Tékrour)[781].

Ainsi l'empire de Soundjata a été organisé sur la base d'un contrat social. C'est pourquoi, en dépit de la controverse sur sa nature juridique, nous estimons que Kurukanfuga peut être considéré comme un instrument déclaratoire puisqu'il s'apparente à une charte. En effet, si l'on admet que l'idée des droits de l'homme procède aussi bien d'un mouvement universel que de spécificités régionales et qu'ils bénéficient de la présomption d'universalité en ce qu'ils sont inhérents à la personne humaine,[782] chaque peuple a la liberté d'élaborer ses propres instruments.

La Charte de Kurukanfuga a énoncé le respect des droits de la personne humaine : " *« chacun a droit à la vie et à la préservation de son intégrité physique »*[783] et le principe du respect de la dignité humaine : *« tuez votre ennemi, ne l'humiliez pas »*[784] .

Elle a énoncé le principe de la considération due aux femmes en disposant ainsi : *« n'offensez jamais les femmes, nos mères »*[785]. En plus de leurs occupations quotidiennes, les femmes doivent être associées à tous nos gouvernements *»*[786]. La protection des femmes et des enfants était l'une des préoccupations des populations du Mali. La Charte dispose : *« quand votre femme ou votre enfant fuit, ne le poursuivez pas chez le voisin»*[787], ou encore *« l'éducation des enfants incombe à l'ensemble de la société », « le chargé de mission ne risque rien au Mandé »*[788].

Par ailleurs la charte a consacré le droit de propriété et ses modes d'acquisition : « *il y a cinq façons d'acquérir la propriété : l'achat, la donation, l'échange, le travail, la succession ; toute autre forme sans témoignage probant est équivoque.* Elle a aussi énoncé le principe de la prescription dans le souci de préserver la sécurité juridique; *« les mensonges qui ont survécu quarante ans*

---

781 Ibid.

782 Deux auteurs donnent des définitions dans ce sens. Selon CRANSTON, « un droit de l'Homme est par définition une morale universelle, quelque chose que tout homme devrait avoir, quelque chose dont on ne peut priver personne sans un sérieux affront à la justice, quelque chose qui appartient à tout être humain simplement parce qu'il est humain ». Quant à WASSERTON, il énumère les conditions d'un véritable droit de l'Homme : « premièrement, il doit être humain ; deuxièmement, puisqu'il s'agit des mêmes droits pour tous les êtres humains, ces êtres doivent pouvoir en jouir au même titre ; troisièmement, puisque tous les êtres humains possèdent des droits de l'Homme, il faudrait écarter tous ceux des droits dont on ne peut bénéficier qu'en raison d'un statut ou d'une relation particulière tel que celui de parents... Et quatrièmement, s'il y a des droits de l'homme, ils devraient être opposables à l'égard de tous » : Voir Dundes Rentein ALLUSON International Human Right : *Unversalism versus relativism, Frontiers of Anthropology* - Vol 6, publications New burg Park. London, 1990, p 47.

783 Article 5.

784 Article 32.

785 L'article 14 est relatif aux droits des femmes.

786 L'article 16 est relatif aux droits des femmes.

787 L'article 11 est relatif aux droits des femmes et de l'enfant.

788 L'article 25 est relatif au droit à l'éducation.

doivent être considérés comme des vérités »[789]. Enfin, elle a consacré la préservation de l'environnement : *"la brousse est notre bien le plus précieux, chacun se doit de la protéger et de la préserver pour le bonheur de tous"*[790].

Même si elle contient quelques dispositions qui ne correspondent pas aujourd'hui à l'esprit des droits humains, nous sommes convaincu que la Charte de Kurukanfuga, de par sa portée, a été instituée comme une charte devant régir les relations sociales et donner à chaque citoyen sa place et sa dignité à cette époque. Cela peut être parfaitement démontré par l'un de ses principaux mécanismes, à savoir l'institution de l'éthique des « cousinages », une sorte d'humour au service de la paix.

L'éthique des « Cousinages », encore appelée « parenté à plaisanterie » ou « *Sanankouya* » est une sorte d'humour au service de la paix. C'est un des principaux mécanismes créés par le génie de Soundjata, au terme de la conquête de son grand empire, pour garantir la concorde et l'harmonie au sein de cette société multiethnique et multiculturelle[791].

Il consiste en une taquinerie de son interlocuteur, en évoquant l'un ou l'autre aspect de sa culture ou de son mode de vie. Parfois, cette taquinerie peut même porter sur l'une ou l'autre caractéristique physique de son interlocuteur.

Le fait d'évoquer, amicalement et de manière pacifique, l'une ou l'autre caractéristique de l'autre qui, dans un autre contexte, pourrait être considéré comme un défaut, est une façon d'exorciser la tension que pourrait susciter l'évocation de l'aspect en question. Ainsi, le fait de traiter son interlocuteur d'esclave ou encore de gourmand, ou tout simplement le fait de taquiner l'autre en évoquant et raillant « amicalement » ses habitudes alimentaires, est une façon de prévenir l'explosion de colère et ainsi maintenir la paix.

Le Sénégal, dont une partie faisait partie de l'empire de Soundajata, connaît également l'éthique des cousinages. On y découvre, en effet, la pratique d'un humour au service de la paix, la *« Sanankouya »*[792] ou *parentés à plaisanterie,* dont la fonction, à travers l'utilisation dérisoire et irrévérencieuse des patronymes, permet « *d'établir une relation pacifique dans les rapports de parenté clanique avec les alliés matrimoniaux* ». Utilisant la même valeur, un mouvement biculturel *Joola-Seerer*, dénommé "*Hangel* et *Jambooñ*" selon la « *légende des deux sœurs naufragées* », mères mythiques des peuples *Joola* et *Seerer*, entreprit de résoudre le conflit de Casamance par la clef des cousinages. Se fondant sur le principe de l'immunité du cousin dans l'exercice de ses droits, une délégation de *Seerer* est entrée dans la forêt pour rencontrer les combattants du MFDC. Non seulement elle en sortit indemne, mais un processus était enclenché aboutissant au premier cessez-

---

[789] L'article 17 traite implicitement du droit à la sûreté.

[790] L'article 40 traite du droit à l'environnement.

[791] L'article 7 de la Charte de Kurukanfuga dispose : « Il est institué entre les Mandekas le *« Sanankouya »* (cousinage à plaisanterie) et le « *Tanamanyoya* » (force de totémisme). En conséquence, aucun différend né entre ces groupes ne doit dégénérer, le respect de l'autre étant la règle. Entre beaux-frères et belles sœurs, entre grands parents et petits-enfants, la tolérance et le chahut doivent être le principe.

[792] Voir, pour le cas du Sénégal, Babacar Dédith DIOUF, *L'éthique des Cousinages ou l'Humour au service de la Paix*, Dakar, Enda Tiers Monde, 1997, p 4.

le-feu. La preuve était donnée que le Cousinage pouvait régler les conflits présents. De même, les taquineries touchant au sexe, entre cousins ou alliés même éloignés, sont largement tolérées entre personnes de même classe d'âge.

Le rôle des cousinages en matière des droits de l'homme apparaît clairement, lorsqu'on considère que la pratique des « parentés plaisantes » avait pour fonction principale de confirmer et cimenter le fait sociologique majeur que tout le monde est en relation de parenté. Déjà, cet aspect garantissait une place pour chacun et était un mécanisme d'exorcisme de tous les maux que nous observons aujourd'hui tels que la xénophobie, l'exclusion etc.

Ainsi, un système qui garantissait le droit de chacun à la citoyenneté, et, par-dessus tout, rappelait et renforçait constamment les multiples formes de protection sociale au sein de cette société, était un important instrument pour les droits de l'homme, bien que non écrit.

La protection juridictionnelle des libertés et droits fondamentaux est avant tout tributaire de l'environnement dans lequel se meut la justice dans son ensemble. Les droits de l'homme sont un idéal qui nécessite un concours de facteurs telle la volonté politique[793], la prise de conscience des juges, l'éveil des populations, les moyens matériels, humains et institutionnels, la conformité des autres normes écrites en vigueur dans le pays avec les règles coutumières fondamentales.

Après tout, il faut permettre à chaque société d'entrer dans le temple des valeurs universelles par les portes qui lui sont les plus familières[794]. Les droits coutumiers en sont pour les sociétés maliennes.

B. La valorisation des droits coutumiers

Le professeur Emmanuel DECAUX affirme, que le droit, tout comme la langue, s'inscrit au plus intime de la culture de chacun, une culture plurielle, faite tout à la fois d'élection subjective, d'identité nationale, mais aussi d'adhésion à un patrimoine commun de l'humanité[795]. Les droits coutumiers sont des systèmes juridiques apparaissant avec la période d'administration coloniale. Constitués sur la base des droits traditionnels[796], leurs modes de formation échappent à l'intervention de l'administration coloniale[797].

---

[793] On reconnaît, en effet, que les grands principes universels énoncés peuvent très vite s'effondrer sous le poids de la réalité économique et sociale, et plus particulièrement suite aux options politiques en place..
[793] Ali CISSE, *Le Mali : Une démocratie à refonder*, op cit., p 128.
[794] Ibid.
[795] Emmanuel DECAUX, *Justice et droits de l'homme,* Revue droits fondamentaux, n°2 Janvier 2002.
[796] On entend par droits traditionnels les droits dont la formation et le mode de légitimation ne relèvent pas du droit de l'Etat qu'ils précèdent et dont le mode de fonctionnement est altéré aujourd'hui par l'existence d'un arsenal juridique étatique. Il s'agit en définitive de droits originaires qui témoignent d'un état de société et d'une conception particulière, qui donne forme, par la norme, aux rapports sociaux autochtones qui tisse le pouvoir comme élément qui structure les sociétés africaines. Voir sur ce point Etienne LE ROY et Mamadou WANE, *La formation des droits "non étatiques"*, in Encyclopédie juridique de l'Afrique, op cit., p 353.
[797] Ibid. p 355 V; également Alfred AUBERT, *Coutume Bambara de Bougouni in intitulée*, in *Coutumiers juridiques de l'Afrique occidentale Française - Tomme II : Soudan, op cit. p 8*

Il est évident aujourd'hui que la survie des Africains dépend largement de la conservation de leur environnement culturel. Cependant, il est nécessaire de lutter contre la tendance aveugle au mimétisme aveugle et de sauvegarder les traditions négro-africaines. Dans cette perspective, le Professeur Amsatou Sow SIDIBE relève à juste titre que pour se faire reconnaître, l'homme noir doit se prouver à lui-même et prouver aux autres l'existence d'une culture africaine authentique, originale, susceptible de rivaliser avec n'importe quelle autre[798]. Ces propos sont assez évocateurs car l'affirmation de l'identité culturelle constitue un aspect essentiel de la Négritude définie comme "l'ensemble des valeurs culturelles du monde noir "[799].

L'universalité des droits fondamentaux dans une vision anthropologique, postule à la recherche de l'idéal des libertés et droits fondamentaux de l'homme dans les contes, proverbes et autres genres littéraires[800].

Ainsi, d'innombrables proverbes appellent explicitement au respect et à la considération de l'être humain. A titre illustratif, dans la coutume bambara, on dispose d'un impressionnant dispositif juridique[801]. Certaines expressions sont porteuses des valeurs des droits humains. On peut entre autres citer :

- ***Ni ka koro ni ye, nka ni man fisa ni ye*** : *Il y a des vies plus anciennes que d'autres, mais aucune n'est mieux que l'autre, toutes se valent.*

En d'autres termes, toutes les vies sont égales aux yeux de tous[802]. Ce proverbe abonde dans le même sens que le magnifique préambule de la Déclaration Universelle des Droits de l'Homme, signée le 10 décembre 1948 et qui stipule : « *Tous les êtres humains naissent libres et égaux en dignité et en droits….* »

- ***An te jonko tile la*** : *Nous ne sommes plus au temps de l'esclavage.*

Ce proverbe insiste sur le caractère élevé de la dignité. Il faut, dans toutes les relations entre sujets de droits, tenir compte des droits de l'homme et les mettre au centre de toutes les préoccupations. Ce proverbe renvoie aux dispositions de la Convention relative à l'esclavage, signée à Genève, le 25 septembre 1926[803].

---

[798] Amsatou Sow SIDIBE, *Le pluralisme juridique en Afrique*, op cit., p 126.

[799] L.S.SENGHOR, "*Négritude, arabisme, francité»,* Beyrouth, 1967, cité par Amsatou Sow SIDIBE, op cit. p 127.

[800] Père Charles BAILLEUL, *Sagesse bambara : proverbes et sentences*, Bamako, Editions Donniya, janvier 2005, IV (Introduction).

[801] Comme matière vivante et consciente, l'homme aspire au bien-être, un minimum d'aisance et de prospérité. Il a besoin d'une alimentation régulière, saine, abondante. A l'alimentation s'ajoutent la santé, l'habillement, le logement, les divers moyens de communications avec autrui et ses proches, la liberté de mouvement tant à l'intérieur qu'à l'extérieur de son pays. Il s'agit là des éléments constitutifs du bonheur tant individuel que collectif du système bambara de valeurs. En d'autres termes, aux yeux du bambara a de la valeur tout ce qui construit et pose l'homme en harmonie avec le "nous" (la collectivité) dont il dépend. Ainsi ces valeurs en questions sont également des droits et libertés fondamentaux puisque dans la société bambara les droits sont confondus aux valeurs. Voir sur point Sotigui Penda Mori SIDIBE, *La rencontre de jésus christ en milieu Bambara*, thèse, op cit. p 176.

[802] Ce proverbe a été transcrit dans la Constitution du Mali du 25 Février 1992 en son article 1er qui dispose : *« la personne humaine est sacrée et inviolable ».*

[803] La convention a été amendée par le Protocole fait au siège de l'ONU, à New York, le 7 décembre 1953 ; la convention amendée est entrée en vigueur le 7 juillet 1955, date à laquelle les amendements énoncés dans l'annexe au Protocole du 7 décembre 1953 sont entrés en vigueur conformément à l'article

- ***Masa kelen tile te dine ban*** : *Aucun règne, n'est éternel.*

Ce proverbe est cité à propos d'un chef de famille, de village ou d'un roi qui pressure sa population[804]. En d'autres termes, aucune autorité ne doit être tyrannique ou despotique. Ce proverbe renvoie, clairement, aux prescriptions du Pacte International relatif aux Droits Civils et Politiques signé en 1966 et entré en vigueur en 1976.

- ***Bée n'i kono ko*** : *A chacun son avis.*

Ce proverbe exprime l'idéal de tolérance, c'est-à-dire l'acceptation de l'autre dans ses différences et particulièrement, dans sa différence d'opinion. Ce proverbe renvoie et exhorte les gens à la liberté d'opinion et d'expression, et donc au Pacte International relatif aux Droits Economiques, Sociaux et Culturels signé en 1966 et entré en vigueur en 1976.

- ***Hake be se fanga la :*** *Le pouvoir a raison de tout, sauf du péché.*

Ce proverbe nous renseigne clairement que les puissants seront punis pour avoir opprimé les pauvres. Aucune possibilité d'échapper à la loi du fait de leur position. Ce proverbe coupe court avec le honteux principe de l'immunité des hauts responsables étatiques qui est en vogue aujourd'hui et selon lequel les puissants peuvent, en toute impunité, piller les biens publics et écraser toute velléité de dénonciation ou de revendication .

- ***Da jolima te tinye fo*** : *Une bouche ensanglantée ne saurait dire la vérité.*

En d'autres termes, celui qui est torturé dira n'importe quoi pour s'en sortir. Ce proverbe fustige la torture et autres traitements cruels, inhumains et dégradants, et tous actes d'instrumentalisation de l'humanité. Il abonde donc dans le même sens que la Convention *ad hoc* signée à Washington en 1984.

Aussi certains principes fondamentaux en matière de procédure judiciaire existent dans les sociétés maliennes[805]. A titre illustratif on peut évoquer entre autres :

Pluralité des témoins :

- ***Bee k'a ye ka fisa mogo kelen k'a ye*** : *De nombreux témoins valent mieux qu'un seul.*

Il est judicieux de se fier à plusieurs témoignages concordants.

- ***Nin ye dununin kelen kan ye, ne te se k'o lakali*** : *Ceci n'est que le son d'un seul petit tambour, je ne peux le propager.*

Il faut plusieurs témoins pour s'assurer de la vérité et trancher. Se dit lorsqu'un seul des protagonistes d'une affaire est présent.

III du Protocole. Voir sur ce point Henri OBERDORFF et Jacques ROBERT, *Libertés fondamentales et droits de l'homme,* op cit. p 244.

[804] Père Charles BAILLEUL, op cit. p.24.

[805] Tous les proverbes, maximes et principes droits coutumiers ont été tirés de l'ouvrage du Père BAILLEUL cité plus haut.

***Priorité du témoignage direct ou de première main** :*

- ***N y'a ye, o ko fisa Ni n'y a men ye*** : « Je l'ai vu » vaut mieux que « je l'ai entendu dire ». Le témoignage d'un ouï-dire est en principe refusé devant le juge coutumier malien. Il faut que les éléments factuels relatés soient corroborés par des témoignages directs.

Probité et intégrité des juges et leur responsabilité devant Dieu :

- ***Mogo be sariya tige Ala bonya fe*** : On doit juger de façon à faire honneur à Dieu. Le juge et le législateur doivent se conformer aux lois divines. En particulier ne pas tenir compte de l'argent offert.

***Primauté des faits dans toutes procédures pénales** :*

- ***A'y'a mine! A b'a da la', o be bèn, nka 'A'y'a mine! A b'a kono dalilu t'o la*** : (Crier) : Attrape-le ! Il l'a dit', c'est bien ; (mais crier) : Attrape-le ! Il le pense. Cela est illégal. C'est-à-dire que le procès d'intention n'est pas légal ; il ne faut pas accuser sur la base de présomption, encore moins condamner.

***Refus et condamnation du mensonge** :*

- ***Joli te keneya ne kan*** : Une plaie ne peut guérir, tant qu'il y a du pus. Une querelle ne peut être tranchée sur le mensonge ou l'injustice.
- ***Ni nkalon ye san ba kelen ke ka taama, tinye b'a mine sogomada kelen*** : Si le mensonge voyage pendant mille ans, la vérité le rattrapera en une matinée. Un jour vient où la vérité triomphera.
- ***Nkalon b'a don nye, a te a duguje nye*** : Le mensonge rend service le jour même, mais pas le lendemain.
- ***Nkalon ye cesirilan ye min ke k'a tigi cesiri*** : Le mensonge est la ceinture du menteur. C'est avec elle qu'on le lie.
- ***Kalambaanciya be ko tige, nka a te ngomi yaara*** : Le mensonge peut traverser un marigot, mais il est incapable de faire tomber toutes les gouttes de rosée. Le mensonge a ses limites.

Dans la perspective de rétablir une mesure plus exacte du droit traditionnel dans son prolongement au niveau de l'humain, il nous semble que le droit coutumier et les droits modernes peuvent cohabiter[806]. Cela passe nécessairement par l'émergence d'une conscience sociale.

§2. L'émergence de la citoyenneté

La promotion des droits et libertés fondamentaux repose avant tout sur l'éducation la plus large possible de la société à travers la mise en œuvre des actions de formation, d'information et de sensibilisation.

---

[806] Voir sur ce point l'importante conception développée par M. Ratiany Ramarolanto-Ratariaray sur le cas malgache, in l'Effectivité des droits fondamentaux dans les pays de la communauté francophone, op cit. p 510.

Au Mali, divers acteurs interviennent dans la promotion et la protection des droits de l'homme[807] par le biais de la formation, de la vulgarisation des instruments et des campagnes de sensibilisation aux droits de l'homme touchant le public et les secteurs de l'information, de la communication et des médias.

Les activités des organisations de la société civile malienne et de l'Etat tendent pour l'essentiel à apporter aux citoyens une véritable culture et une ouverture aux valeurs de la démocratie et de l'Etat de droit. Mais l'ancrage d'une culture de droit et de la citoyenneté passe nécessairement par le renforcement du parajuridisme **(A)** et l'éducation aux droits humains **(B).**

A. Le renforcement du parajuridisme

Dans son étude sur l'accès à la justice dans les quartiers pauvres de Dakar, Abidjan, Niamey et Ouagadougou, Pathé DIAGNE[808] soulève divers points tous aussi pertinents les uns que les autres et démontre d'emblée que le problème de l'accès au droit dans les pays d'Afrique noire francophone ne se circonscrit pas aux seules populations rurales.

Il en ressort que la justice et ses auxiliaires sont très faibles ; que le coût de la justice est mal connu et pris en compte de manière superficielle. Or, c'est à ce coût que l'on pense immédiatement dans la relation justice et justiciables pauvres.

Il y a en effet une grande confusion dans l'esprit des populations sur les compétences réelles du personnel de la justice, de ses auxiliaires singulièrement (gendarmes, policiers, huissiers, clerc de notaire...), des agents des administrations et des services publics avec lesquels peut naître un litige (agent du fisc, employé des services publics et parapublics, postiers...). C'est d'ailleurs pourquoi, les employés des administrations diverses et les auxiliaires de la justice abusent facilement de l'ignorance des habitants en instaurant leur "justice" en couvrant parfois crimes et délits.

De manière globale, les jugements sur les relations entre les citoyens eux-mêmes d'une part et entre les citoyens et les personnels des services publics d'autre part, sont variables et en corrélation avec le niveau d'éducation, d'information et de vie.

Dès lors, au lieu de trouver dans ces explications des raisons pour justifier le développement en Afrique d'une justice informelle, traditionnelle ou associative plus proche des populations[809] il faut, au contraire, reconnaître là les lacunes d'une diffusion suffisante et d'une socialisation juridique.

---

[807]Il s'agit, entre autres, de la Commission Nationale des Droits de l'Homme (CNDH) créé en 1996 et le Programme d'Appui conjoint à la promotion des droits de l'homme et du genre (PCDHG).

[808] Pathé DIAGNE, *"Accès à la justice dans les quartiers urbains pauvres, Dakar, Abidjan, Niamey, Ouagadougou* ", in Pauvreté urbaine et accès à la justice en Afrique, Impasses et Alternatives, L'Harmattan, 1995, p.27-116.

[809] L'opposition entre droit coutumier et droit moderne ne doit pas toujours être présentée comme une raison culturelle à l'éloignement des populations africaines de la chose juridique. Parce que nulle part en Afrique, aucune pratique coutumière ne peut être efficacement opposée à la légalité étatique ; tout comme les modes informels de règlements des conflits sont davantage considérés comme une lacune du droit étatique d'atteindre toutes les couches de la population. C. VIDAL.,"*Procédures de jugement officielles,*

Les possibilités ou non de l'accès au droit expliquent ainsi plus aisément les conduites, les motifs, les inhibitions du citoyen face au droit et aux institutions judiciaires.

La pratique des *"parajuristes"* par les associations maliennes permet d'informer les populations sur leurs droits et contribue à les familiariser aux textes, procédures et institutions, en participant par ce biais à la socialisation juridique postulée. Parmi les organisations les plus actives on note l'Association des Juristes Maliennes, l'Observatoire des Droits de l'Enfant et de la Femme et DEME-SO (Maison de l'entraide, en bambara). Depuis 1993, l'A.J.M s'est dotée d'une clinique juridique. Actuellement, elle a une clinique juridique à Kayes et à Sikasso dirigée par des parajuristes ayant reçu une formation pour orienter et conseiller les cibles dans les domaines élémentaires du droit[810].

Dans les régions où l'AJM ne possède pas de cliniques fixes, elle intervient à l'aide d'une clinique mobile. Ses cibles sont : les associations féminines en général, les femmes démunies et les femmes détenues en particulier, les mineurs détenus, les populations rurales et périurbaines ainsi que les familles. Il faut noter par ailleurs que l'AJM donne la priorité à l'approche genre dans toutes ses interventions.

Quant à l'Observatoire des Droits de la Femme et de l'Enfant (ODEF)[811], cette organisation a signé un accord avec des avocats pour la défense des droits des femmes et enfants les plus démunis qui n'arrivent pas à s'assurer leurs services[812].

Les activités de l'ODEF s'étendent à d'autres localités comme Koulikoro et Koutiala à travers des antennes chargées d'apporter son appui aux femmes rurales. Ses groupes cibles sont : les femmes démunies et non instruites ignorant

---

officieuses et privées en Côte d'Ivoire", C.U.R.A.P.P. Presses universitaires de France, 1995, p .201 ; Jean YADO TOE, "*Les modes informels de régulation des délits et des conflits dans les quartiers pauvres de Ouagadougou"* ; R. DEGNI-SEGUI, "*Modes informels de régulation dans les quartiers urbains pauvres: l'exemple d'Abidjan*, in Pauvreté urbaine et accès à la justice en Afrique, Impasses et alternatives, L'Harmattan, 1995, p.317-383.

[810] Au moment de la création de l'AJM, le contexte africain était caractérisé par des régimes militaires, doublés de la méconnaissance et la non application des droits des femmes et enfants. Bien qu'en gestation depuis 1983, l'AJM a été créée officiellement en 1988 sur incitation de la Fédération Africaine des Femmes exerçant des professions dans les domaines judiciaires : notaires, avocates, magistrates, huissiers, juristes d'entreprises, commissaires priseurs, etc.

[811] Créé le 10 décembre 1994, l'ODEF a pour objet la protection et la promotion des Droits de la Femme et de l'Enfant. Il est constitué de 150 membres au moment de la signature de l'accord-cadre. Les membres sont reconnus pour leurs expériences et leur engagement en faveur de la Démocratie et les Droits de la personne humaine en général, de la femme et des enfants en particulier. Il s'agit des Femmes Avocates, Magistrats, Educatrices, Sociologues, Economistes, Opératrices économiques, Administratrices Civiles, Notaires, jeunes diplômées etc.... Il exerce avec d'autres associations féminines des pressions sur le gouvernement dans le cadre de la sauvegarde des droits des femmes et des filles en dénonçant entre autres l'excision, la sous scolarisation des filles et le trafic des enfants.

[812] L'ODEF est intervenu à travers des projets parmi lesquels : depuis octobre 1995 un Bureau de secours juridique financé au début par une aide privée de Barbara HOFFMAN, Avocate Américaine et ses cotisations. De mars 1996 à avril 1998 ce bureau de Secours juridique a été financé par une ONG Hollandaise : Bilance (actuellement dénommé CORDAID). Ce bureau accorde en moyenne 192 Assistances par an, 97 Consultations, 96 conférences et causeries sur les Droits et Devoirs des femmes. Du 1er décembre 1996 au 30 novembre 1997, l'ODEF a géré la Cellule d'Appui à l'Exercice des Droits Politiques et Civiques des Femmes au Mali, financé par une Subvention du National Démocratic Institute (NDI – USA).

tous les droits et prérogatives qui leur sont accordés par la loi, les adolescentes migrantes dans les milieux urbains sans revenu et sans défense, les enfants en danger moral généralement en rupture avec leur famille.

Enfin, l'association DEME-SO/clinique juridique créée en 1991 par des jeunes juristes maliens, s'est fixée pour objectif d'assurer une orientation juridique aux victimes d'abus en matières de droits démocratiques et de prévenir les abus par l'information et la sensibilisation des populations sur leurs droits et devoirs civils et civiques.

Dès sa création, DEME-SO s'est résolument engagée dans la promotion de la Démocratie et de la protection des Droits de la Personne. Aujourd'hui, des résultats positifs ont été enregistrés. DEME-SO s'est distinguée dans la formation des parajuristes[813] dans la reforme carcérale au Mali avec l'adoption des textes sur le Travail d'Intérêt Général (TIG)[814] et la conduite d'une politique de réinsertion et de mobilisation sociale en vue de l'humanisation des prisons[815]à travers l'institutionnalisation de la semaine du détenu.

Au total, l'institution de « parajuridisme » est effective au Mali. Il faudrait donc tout mettre en œuvre pour capitaliser l'expérience acquise à travers des années d'action à destination des populations. Nous pensons qu'il faudrait instituer deux ou plusieurs rencontres annuelles d'acteurs impliqués dans le parajuridisme, sous forme de séminaires ou fora d'échange d'expériences, pour le renforcement des capacités des différents acteurs impliqués dans le parajuridisme.

Il faudrait, surtout, revoir et renforcer la capacité des parajuristes, afin que la formation-information dispensée aux populations soit la plus utile possible. A cet effet, on peut proposer la confection de supports pédagogiques dans plusieurs domaines de la vie juridique : les techniques contractuelles, le droit des personnes et de la famille, le droit successoral, le droit foncier, les droits humains, la procédure civile et commerciale, l'organisation et la compétence judiciaire. Au regard de ce qui précède, il faudra promouvoir l'éducation aux droits humains.

---

813 Aujourd'hui plus de 240 para juristes dans les régions de Koulikoro avec l'ONG 3AG et KILABO, à Sikasso et Ségou avec KILABO et Mopti avec l'O.N.G ASSAFE.

814 Grâce à Pénal Reform International, les autorités du Mali ont entrepris des reformes en vue de l'application du TIG. C'est ainsi qu'en 2002 une disposition portant modification du code pénal notamment en son article 14 qui traite de la peine de travail d'intérêt général a été adoptée par l'Assemblée Nationale. La nouvelle rédaction précise que c'est une peine alternative à l'emprisonnement, prononcée à titre principal et ne pouvant être cumulée avec une peine d'emprisonnement. Elle n'est applicable qu'aux délits pour lesquels le maximum de la peine encourue n'excède pas deux ans. Elle ne peut être inférieure à 40 heures ou supérieure à 480 heures pour le condamné majeur. Elle ne peut être inférieure à 20 heures ou supérieure à 180 heures pour le condamné mineur âgé de 16 à 18 ans non révolus. La non exécution, même partielle de la peine de travail d'intérêt général entraîne l'application de la peine d'emprisonnement prononcée au moment de la condamnation.

815 Cette idée a été fortement recommandée par les organismes spécialisés et notamment par la Croix rouge et la Commission des Nations Unies pour la prévention du crime et la justice pénale, de trouver des mesures alternatives à l'incarcération. La peine de travail d'intérêt général est une de ces mesures alternatives. Elle a été introduite dans notre nouveau Code pénal du 20 août 2001 en son article 14.

B. L'éducation aux droits humains

La communauté internationale est de plus en plus unanime à considérer que l'éducation aux Droits de l'homme facilite considérablement la réalisation des droits de l'homme[816] et la démocratie. L'éducation dans ce domaine vise à établir la part de responsabilité qui revient à chacun de faire des droits de l'homme une réalité autour de soi et dans la société de façon générale. En ce sens, elle contribue à prévenir à long terme les violations des droits de l'homme et les conflits, à promouvoir l'égalité et le développement durable et à renforcer la participation des populations à la prise de décisions dans le cadre d'un système démocratique[817].

L'éducation aux droits humains peut être définie comme *« un processus global, étalé sur toute une vie, au cours duquel chacun, à tous les niveaux de développement et dans toutes les sociétés, apprend le respect dû à la dignité d'autrui ainsi que les procédés et méthodes propres à le garantir ».* Il y a donc trois éléments clés dans cette définition.

Tout d'abord, c'est un processus étalé sur toute une vie, et qui ne s'adresse pas seulement aux étudiants dans le système d'éducation formelle. Ensuite c'est un processus global qui implique tous les membres de la société. Enfin, c'est un processus qui renforce le pouvoir des individus, leur permettant de prendre leur vie en main, en identifiant les violations commises et en leur donnant la capacité d'utiliser les mécanismes de réparation existants.

Il existe traditionnellement trois approches de l'éducation en droits humains qui peuvent être appliquées dans le contexte malien.

La première est l'approche des valeurs à travers l'enseignement des droits humains. Au Congrès de Vienne sur l'enseignement des droits de l'homme organisé par l'UNESCO en 1998, il avait été proposé que soit élaborée une convention internationale rendant obligatoire l'enseignement des droits de l'homme[818]. Ce n'est donc pas un hasard si cette même idée se retrouve ainsi à l'article 25 de la Charte Africaine des Droits de l'Homme et des Peuples (CADHP) de 1981 qui est libellé comme suit : *« Les Etats parties à la présente Charte ont le devoir de promouvoir et d'assurer, par l'enseignement, l'éducation et la diffusion, le respect des droits et des libertés contenus dans la présente Charte et de prendre des mesures en vue de veiller à ce que ces libertés et droits soient pris, de même que les obligations et devoirs correspondants ».*

---

816 Des dispositions concernant l'éducation aux Droits de l'homme figurent dans de nombreux instruments internationaux, dont la Déclaration universelle des droits de l'homme (art. 26), le Pacte international relatif aux droits économiques, sociaux et culturels (art. 13), la Convention relative aux droits de l'enfant (art. 29), la Convention sur l'élimination de toutes les formes de discrimination à l'égard des femmes (art. 10), la Convention internationale sur l'élimination de toutes les formes de discrimination raciale (art. 7) et la Déclaration et le Programme d'action de Vienne (partie I, par. 33 et 34 et partie II, par. 78 à 82), ainsi que la Déclaration et le Programme d'action de la Conférence mondiale contre le racisme, la discrimination raciale, la xénophobie et l'intolérance qui y est associée, tenue à Durban *(Afrique du Sud)* en 2001 (Déclaration, par. 95 à 97, et Programme d'action, par. 129 à 139).

817 Voir Résolution 2004/71 de la Commission des droits de l'homme.

818 Karel VASAK, *« La culture démocratique »*, Rapport introductif général de la 5e réunion préparatoire du Symposium international sur les pratiques de la démocratie, des droits et des libertés dans l'espace francophone, Sofia (Bulgarie), 22 au 24 juin 2000, OIF-DDHD, 2001, p 25.

Cette obligation découlant de la CADHP n'est pas observée au Mali car, les droits de l'homme ne sont pas enseignés. On assiste donc à une marginalisation du DIDH aussi bien dans les curricula que dans le programme de formation du juge malien.

Le curriculum est défini comme étant « l'ensemble des dispositifs (programmes, emploi du temps, matériels didactiques, modes d'évaluation) qui dans le système scolaire et universitaire permet d'assurer la formation des apprenants » dans une approche globale et systémique[819].

Le Mali a adopté des programmes de formation à travers plusieurs reformes depuis 1962 en passant par le Programme Décennal de Développement de l'Éducation (PRODEC). Cependant, on note qu'en matière de droits humains, il n'existe pas un système intégré de formation[820]. Une décision politique doit être prise afin que l'enseignement des droits de l'homme soit systématiquement développé dans notre pays à tous les niveaux d'enseignement.

Au niveau universitaire, il y a lieu de noter que les étudiants qui sont orientés à la faculté des sciences juridiques et Politiques de l'Université de Bamako pour devenir juristes après quatre années de formation, ne bénéficient pas d'un cours en droit international des droits de l'homme. Il s'agit là d'une tradition qui existe depuis l'époque de l'Ecole Nationale d'Administration (E.N.A)[821] où on dispensait uniquement des cours de Libertés publiques, de droit international public ou de droit international humanitaire. Ces différentes matières, même si elles permettent d'appréhender quelques aspects relatifs au DIDH, ne peuvent le remplacer valablement.

La Faculté des Sciences Juridiques et Politiques qui a été élevée sur les cendres de l'ENA a hérité de cette situation sans aucune modification. Il convient d'insister encore une fois sur la nécessité de créer un véritable enseignement spécialisé des droits de l'homme et des fondements de la démocratie en tant que discipline autonome. Un terme doit être mis à la pratique actuelle qui consiste à confondre les libertés publiques aux droits de l'homme.

Au niveau secondaire, l'enseignement des droits de l'homme pourrait s'effectuer dans le cadre des disciplines qui s'y prêtent le mieux telles que l'histoire. Mais, il serait souhaitable d'introduire une nouvelle discipline qui pourrait être « l'Education aux Droits Humains » (EDH) comportant l'étude tant des droits que des

---

[819] *Etude sur le droit au développement : cas du Mali*, PDHR/DPEDH - Mali juillet, 2004. p. 102.

[820] Sur ce point, il y a lieu de signaler que quelques initiatives sont en cours, mais concernent spécifiquement l'éducation à la citoyenneté. Il s'agit du Programme National d'Education à la Citoyenneté (PNEC) 2005-2006 L'originalité du PNEC réside dans la qualité de son contenu informatif et sa rigueur pédagogique, le tout dans une forme divertissante et accessible au public. Toutefois, le PNEC est conçu comme une stratégie de transformation sociale impliquant des modifications d'habitudes et des changements de comportement. Ce programme a une vocation plus globale. Certaines organisations telles que le Réseau Aga Khan de Développement, Mali (AKDN Mali) s'intéressent au développement de curricula mais exclusivement dans le domaine de l'éducation à la citoyenneté.

[821] L'Ecole Nationale d'Administration (E.N.A) de Bamako fut créée après l'indépendance en 1964. L'objectif visé à l'époque était de doter les services publics de l'Etat des cadres dans le domaine de l'administration publique et des sciences juridiques. Les sortants de l'ENA bénéficiaient d'une formation ouverte sur les réalités locales et internationales. Toutefois, le droit international des droits de l'homme n'était pas enseigné.

devoirs des citoyens. L'étude sur la « perception malienne de la culture de la paix et des droits humains » a identifié une gamme de compétences qui doivent être orientées dans la conception des thèmes, des contenus et des objectifs d'apprentissage[822]. De l'analyse des pistes proposées, il sera souhaitable d'instituer l'éducation aux droits humains (EDH) dans les instituts de formations de maîtres à travers des journées d'études.

Au niveau de l'enseignement fondamental, l'EDH s'inscrira dans le cadre du PRODEC telle que prévoit le mécanisme existant dans l'esprit des exigences de la démocratie. Pour cela, il faut impérativement mettre l'emphase sur la formation continue des enseignants. Il faudra aussi inscrire la formation des formateurs dans le cadre d'un cycle précis. Pour ce faire, il sera indispensable d'envisager l'élaboration des matériels et outils didactiques en matière des droits humains.

Enfin, la Chaire de l'UNESCO devrait œuvrer pour le maintien d'une véritable synergie entre les établissements scolaires dans le cadre de l'enseignement des droits de l'homme avec l'appui de l'UNESCO qui a d'ailleurs inscrit dans ses priorités au Mali l'éducation aux droits humains[823]. Une réflexion sur les stratégies d'éducation à la culture de la Paix et aux Droits Humains a été menée dans ce sens dans le cadre du PRODEC. Elle a abouti à l'élaboration d'un curriculum pour l'éducation de base et l'enseignement secondaire général et technique ainsi que l'enseignement normal[824]. Il est souhaitable de les capitaliser dans le cadre d'une approche globale et intégrée de l'enseignement des droits de l'homme au Mali.

La seconde approche sera fondée sur le renforcement des capacités des professionnels et praticiens du droit dans le souci d'une responsabilisation plus poussée. Cette approche s'adresse à des groupes professionnellement impliqués dans le domaine des droits humains, comme les avocats, les journalistes, les militants des droits humains. La violation des droits humains est perçue comme inhérente à leur travail. Pour ceux impliqués dans le plaidoyer, le défi est de comprendre la loi relative aux droits de la personne et les mécanismes de protection, et de développer leurs capacités de revendication et de lobbying. Pour d'autres groupes professionnels, il s'agit de les sensibiliser sur la nature des violations de droits humains et sur leur potentiel en tant que professionnels dans leur domaine[825].

---

[822] *Etude sur la perception de la culture de la paix et des droits humains, ministère de l'éducation de base* (MEB) PNUD, Août 1999, P. 47 et suivants.

[823] Voir Eduardo MATOKO, Représentant de L'UNESCO Bureau sous-régional multi pays (Mali, Niger et Burkina Faso) interview accordée au journal « *Les Echos* » n° 2875 du jeudi 12 avril 2007.

[824] La décision et les termes de référence du curriculum se trouvent définis dans la loi n° 99-046 du 28 décembre 1999 portant loi d'orientation sur l'éducation au Mali et le cadre général d'orientation du curriculum.

[825] Il existe certains mécanismes qui œuvrent dans ce sens notamment la Commission Nationale des Droits de l'Homme (CNDH créée en 1996) et plus récemment le Programme d'Appui Conjoint à la Promotion des Droits de l'Homme et du Genre (PCDHG). La CNDH a pour mission principale de contribuer à la promotion et à la protection des droits de l'homme et de prévenir la torture et autres peines ou traitements cruels, inhumains ou dégradants. A cet effet, elle mène des campagnes de sensibilisation de l'opinion publique et de l'administration par l'information, l'éducation et la communication. Elle entreprend également les mêmes actions pour prévenir la torture.

Dans le domaine du renforcement des capacités nationales en matière des droits de l'homme, le Mali a mis en place , en collaboration avec le Programme des Nations Unies pour le Développement (PNUD), le PCDHG . Ce Projet appuie la promotion et la protection des droits humains à travers le renforcement des

Enfin, la troisième approche sera basée sur l'idée de transformation de la société. Dans cette approche, l'éducation des droits humains visera à renforcer les capacités des individus et des communautés afin qu'ils puissent reconnaître les abus et de s'engager à leur prévention. Parmi les gens ciblés, sont inclus ceux qui ont subi des violations eux-mêmes et qui sont ainsi disposés à devenir promoteurs des droits humains.

C'est l'ensemble de ces démarches qui pourrait permettre aux droits de l'homme de progresser au Mali.

capacités des entités gouvernementales et des organisations non gouvernementales pour l'amélioration de la situation des droits humains et le renforcement de l'Etat de droit au Mali. La sensibilisation et la formation figurent au rang de ses stratégies d'intervention.

Conclusion de la deuxième partie

Les observateurs maliens [826] ne cessent d'attirer l'attention des autorités publiques sur la nécessité de procéder à une refondation du système judiciaire au risque d'une prochaine révolution contre la justice[827].

Le juge est perçu comme garant du maintien de la paix sociale. Son rôle est déterminant et même crucial : interpréter un contrat, ordonner une expulsion, placer sous mandat de dépôt nécessitent, non seulement une analyse juridique exacte mais encore la prise en considération d'éléments qui sont extérieurs au conflit lui-même et se trouvent cependant étroitement liés à son origine et à son règlement. Le juge applique la loi. Mais derrière la loi, il y a *l'homme*. La loi ne peut plus s'appliquer sans référence aux conséquences humaines de cette application. Nous sommes là au cœur des difficultés de la justice de notre temps. Ce n'est plus tant la norme juridique applicable au cas qui lui est soumis que doit chercher le juge mais bien la solution qui, humainement, socialement, économiquement lui paraît la plus opportune. Juger implique, à notre époque, plus encore que la connaissance de texte, la connaissance du contexte. Bien juger, serait-ce donc, avant tout, comprendre ?

Les développements précédents montrent qu'une meilleure protection juridictionnelle des libertés et droits fondamentaux ne pourrait être envisagée sans renforcer les capacités des juges dans de nombreux domaines de la vie sociale, économique et culturelle. Mais en même temps il faudrait impérativement promouvoir une culture démocratique intériorisée en vue d'assurer le plein respect des droits de l'homme. Pour cela, il faut revivifier les fondements endogènes d'une culture des droits de l'homme afin que les populations, au lieu de considérer les droits de l'homme comme une matière étrangère, les intériorisent. En effet, les variations culturelles sont omniprésentes et ne doivent pas être considérées comme une entrave à la protection juridictionnelle des droits et libertés fondamentaux mais, plutôt, comme une richesse nous permettant de comprendre le monde à l'aide de nos valeurs traditionnelles.

Au delà des bonnes intentions, il reste que l'efficacité du système juridictionnel malien de protection des droits et libertés fondamentaux est fortement tributaire de la volonté populaire. Il faut nécessairement que l'on intègre nos réalités à nos analyses et nos choix. En somme, la véritable crise de la justice est peut-être une crise morale qui atteint l'opinion publique tout autant que le juge lui-même. Il faut donc trouver une solution au risque de compromettre l'équilibre social.

[826] On peut citer notamment les auteurs de l'ouvrage collectif sur la gouvernance de la justice au Mali

[827] Hawaï KANTE et Mamadou Gaoussou DIARRA, *« Rôle et mission des professions judiciaires dans la reforme juridique et judiciaire »*, communication au colloque international sur l'analyse comparée de processus de reforme juridique et judiciaire, Bamako le 18-20 septembre 2006, p 4.

CONCLUSION GÉNÉRALE

Le Mali traverse une transition difficile vers l'établissement d'un Etat de droit. De profonds changements au niveau de l'administration, de la gestion des affaires et des finances publiques ainsi que dans les rapports entre l'Etat et la société civile tardent à se concrétiser. Le processus paraît long, mais il est incontournable et constitue la condition *sine qua non* de la prospérité économique, surtout dans un contexte où différents facteurs freinent le développement, tels, le manque d'efficacité du secteur judiciaire et la pénurie de ressources humaines qualifiées.

Il faut bien se rendre compte que la démocratie est le régime politique le plus fragile, et cette fragilité lui est consubstantielle. Le juge qui est l'un des principaux acteurs est mal compris et de plus en plus marginalisé. Cela tient vraisemblablement au fait que la plupart des décisions qu'il rend ne correspondent, ni en droit ni en fait, aux attentes légitimes des citoyens, conscients que leurs droits et libertés n'ont pas été respectés. Les décisions rendues par le juge malien, même souvent justifiées au regard des lois en vigueur et des conventions internationales ratifiées par le Mali, bénéficient difficilement de l'adhésion des populations pour la simple raison que celles-ci ne correspondent pas à l'idée qu'elles se font de la justice.

Pourtant, notre pays fait partie des rares pays ouest-africains où le tableau en matière de démocratie et des droits de l'homme est assez acceptable. Vivement que cette image colle à la réalité. Il y a certes, des indices qui montrent que cette image peut être réaliste : notre pays n'a pas encore connu un conflit armé de grande intensité, même s'il y a une revendication sécessionniste déjà pluri-décennale. Outre le phénomène de pauvreté récurrente qui, par ailleurs, n'est pas particulier au Mali, le pays n'accuse pas une fracture sociale des plus remarquables. Par ailleurs, les différentes étapes de notre histoire n'ont pas été marquées par la violence, à part la révolution de mars 1991 qui, elle aussi, était un passage obligé de la dictature à la démocratie. Faut-il, pour autant, penser que tout est définitivement acquis ? Ce serait, à notre avis la pire des attitudes.

Aussi, en nous proposant de réfléchir sur le sujet « *La protection des libertés et droits fondamentaux par le juge malien* » souhaitions-nous évaluer la réalité de la protection juridictionnelle des droits humains au Mali, tirer les conséquences sur les acquis et les limites, de manière à capitaliser les expériences *et bâtir l'avenir*.

Aux termes de nos analyses et réflexions, convient-il de nous demander si nous avons atteint nos objectifs ?

Il faut d'abord reconnaître que dès nos premières réflexions, nous avons trouvé le sujet très complexe. Aussi, avons-nous, dans l'humilité, analysé les faiblesses du système malien de protection juridictionnelle des libertés et droits fondamentaux de l'homme et, en même temps, formulé des pistes et recommandations susceptibles d'impulser une dynamique de changement.

Notre première partie a été consacrée à une mise au point de la protection juridictionnelle des droits et libertés fondamentaux. Conscient que le juge est le dernier rempart contre l'injustice et l'arbitraire, nous avons tenté de comprendre l'attitude adoptée par le juge dans la protection des droits fondamentaux de l'homme, ce qui devait nous ouvrir, dans une deuxième grande partie, à formuler des recommandations en vue d'une protection juridictionnelle efficace.

Nous avons dû recourir à l'approche historique et de la critique historique, en interpellant successivement les grandes étapes de notre histoire nationale. Nous avons ainsi constaté que le juge, préférant l'inaction à l'engagement libérateur, s'est délibérément rangé derrière les régimes en place qui, certes, ne lui accordaient que très peu d'espace pour asseoir et mettre en œuvre son « autorité » et son champ de compétences. Il a même, par endroit, servi de relais et de caution aux stratégies politiciennes de prise et de conservation du pouvoir.

Le Mali qui a échappé de justesse à une guerre civile en 1991 avait besoin d'une justice digne de ce nom pour assurer les garanties nécessaires. Malgré les insuffisances qui ne pouvaient pas manquer, notamment les contestations électorales et le difficile apprentissage du jeu pluripartite, la démocratie malienne décolla. Dans cette nouvelle donne, le juge s'est affirmé dans la protection des droits de l'homme. Il a acquis une expérience significative et est parvenu même à asseoir ses propres techniques et un début de jurisprudence, notamment en matière de contrôle de constitutionnalité.

Cependant, pour consolider les acquis, il faudrait, prioritairement, résoudre le problème de l'inaccessibilité du juge constitutionnel en aménageant la possibilité pour le commun des justiciables de faire un recours direct devant l'instance constitutionnelle. De même, il faudrait remettre dans le débat l'hypothèse de l'auto-saisine du juge constitutionnel, si besoin, en limitant les domaines juridiques où cette auto-saisine est possible, pour ainsi atténuer le risque d'un envahissement du juge constitutionnel.

Une recommandation générale a été formulée, à savoir capitaliser les expériences acquises dans les différents domaines de la pratique judiciaire. Tout n'est pas à réinventer, le juge malien a déjà fait du chemin en matière de protection des droits humains. Il faut donc sur la base des succès réalisés, les retards accusés et les échecs accumulés, penser des améliorations et d'autres innovations. Il y a, en effet, d'importants défis qui persistent et qui entravent la confirmation des acquis et l'amorce d'un renouveau en matière de protection juridictionnelle. De façon précise, il faudrait oser conduire une étude socio-juridique pour montrer à quel point la justice étatique est totalement en déconnection avec les aspirations des populations.

Cette justice importée de l'Occident répondrait-elle efficacement aux attentes des populations qui, pour une écrasante majorité, sont handicapées par l'analphabétisme et ne peuvent que compter sur les us et coutumes ainsi que sur les structures traditionnelles pour régler leurs différends.

Il importe donc de réconcilier la justice étatique avec l'ensemble de la population qu'elle est amenée à servir. La démarche devra être inversée : il faut désormais partir du capital de valeurs traditionnelles favorables aux droits de l'homme vers le droit écrit de type moderne et non l'inverse. En d'autres termes, les populations auront davantage confiance en la justice étatique, lorsqu'elles se rendront compte que cette justice intègre leurs profondes aspirations. Concrètement, il faudra envisager une réhabilitation des fondements endogènes pour une culture du droit et des droits de l'homme au Mali.

La réussite de cette démarche requiert l'avis des populations, en intégrant leurs préoccupations majeures dans les textes législatifs. La tendance à la nationalisation des sources internationales par la technique de la transposition de leurs contenus dans des règles nationales et la résistance de certains juges à appliquer les règles de droit international soit du fait des pesanteurs sociologiques, soit pour des raisons d'opportunité politique sont des obstacles réels à l'effectivité des normes internationales. D'ailleurs, il n'y a pas ici à proprement parler de jurisprudence d'application des traités de droit de l'homme.

La problématique de l'effectivité des normes internationales des droits de l'homme demeurera récurrente et continuera à entraver la réalisation des droits de l'homme aussi longtemps que ces normes ne seront pas mises sous les « yeux du juge ». Il faudrait, pour ce faire, mettre sur pied une commission de juristes qui dressera un état des lieux des ratifications et des besoins des mesures d'applicabilité de chacune des normes internationales des droits de l'homme. Ladite Commission collaborerait avec un groupe parlementaire qui serait créé à cet effet, lequel groupe mettrait au courant l'ensemble du parlement et mettrait sur la table, des propositions d'intervention législative.

La question de la corruption des juges nous est apparue comme la partie visible de l'iceberg : il apparaît clairement qu'il se pose en termes d'indépendance de la magistrature dans toutes ses composantes. Ayant mené des enquêtes sur la question, engagé un dialogue avec les acteurs de la justice, après réflexion, nous arrivons à la conclusion que l'Etat malien devrait s'investir davantage dans l'assainissement global de la justice. Dans cette perspective, il est nécessaire de réaffirmer l'autonomie et l'indépendance du pouvoir judiciaire qui doivent exister dans les constellations des institutions de l'Etat.

L'attitude consistant à fustiger le juge ne nous semble pas du tout servir à quoi que ce soit. Il faudrait renforcer l'indépendance objective et subjective du juge, en lui procurant une formation appropriée et en le mettant dans des conditions matérielles idoines. Dans cette perspective, l'assainissement des relations institutionnelles entre le Judiciaire et les autres pouvoirs s'impose, de manière à rendre effective la séparation-collaboration des pouvoirs et rassurer le juge.

Nous nous sommes interrogé également sur l'opportunité d'une véritable refondation de la justice au lieu de permanentes réformes qui se sont révélées limitées. Dans la perspective d'une réhabilitation de nos valeurs traditionnelles, il serait souhaitable d'accorder une importance particulière à nos pratiques de la justice.

La fonction du juge comme figure d'autorité doit être impérativement restaurée en privilégiant l'exercice de toutes les compétences disciplinaires et de toutes les voies de recours nécessaires pour moraliser et professionnaliser la magistrature à ce niveau.

La restauration de la confiance des justiciables est incontournable. Pour cela, il ne suffit pas de commenter de façon plus ou moins élogieuse les avantages comparatifs de la justice moderne. Cette attitude risque surtout de favoriser un certain « *griotisme* » (flatterie) tout en renforçant le caractère dualiste (à double vitesse) du régime judiciaire actuel dont une très large partie, la « justice traditionnelle » est actuellement condamnée à une vie occulte. Cette entreprise devrait plutôt aider à mieux repenser la réforme judiciaire en cours, en revalorisant la solution des conflits au sein des communautés et en y donnant la publicité souhaitée dans le cadre d'un mouvement de pacification de la société.

Les réponses nouvelles qui viennent d'être adoptées par le droit judiciaire répressif, en l'occurrence, la médiation pénale, empruntent davantage au référant culturel africain où il est question de résoudre un conflit en réconciliant les deux parties plutôt que d'en exclure une. Elle permet une grande humanisation de la justice. Elle permet aussi d'associer les populations à l'exercice de la justice qui recouvre alors une dimension éducative. Enfin, pourrait être évité, l'engorgement des prisons en faisant l'économie de l'emprisonnement de petits délinquants qui ne gagneraient dans leur séjour carcéral que leur endurcissement au contact des grands délinquants.

Par ailleurs, la redéfinition du rôle des juges devrait être une occasion de rendre à l'institution judiciaire son rôle de garant des libertés et droits fondamentaux, de l'unité nationale, de la démocratie et d'acteur impartial du développement. Dans le même ordre d'idées, il est indispensable de supprimer la Cour suprême ayant atteint ses limites après quarante années d'existence. L'idée est de la remplacer par trois juridictions suprêmes : une Cour de cassation, un Conseil d'Etat et une Cour des Comptes. L'objectif recherché, à travers, cette restructuration est d'accélérer le nécessaire renouveau du service public de la justice et la consolidation de l'Etat de droit.

Cette restructuration devrait permettre de mieux garantir l'exercice effectif des droits et libertés inscrits dans la constitution, de renforcer le contrôle des juges sur l'administration et l'indépendance du juge. Ainsi, la Cour de cassation sera chargée de réguler l'activité des cours et tribunaux, d'assurer l'égalité de tous devant le droit. La Cour des comptes s'occupera de la garantie de la sécurité de l'activité économique et la transparence dans la gestion des affaires publiques. Enfin le Conseil d'Etat se chargera de contrôler et conseiller l'administration. La reforme ainsi proposée s'explique par un souci de spécialisation et d'efficacité.

La protection juridictionnelle des libertés et droits fondamentaux est un chantier complexe qui interpelle l'Etat et l'ensemble des acteurs de la justice. Les différentes couches de la population pensent que le système judiciaire doit changer de méthode et de logique. La prise de conscience généralisée de la culture et des droits de l'homme est indispensable à l'effectivité des libertés et droits fondamentaux au Mali.

Il est certain que le redressement de la justice n'est pas qu'une question de simple technique encore moins financière. Entre la loi et la justice, le droit strict et l'équité, la conscience professionnelle et la conscience morale, la réflexion mérite d'être approfondie à partir de nos propres valeurs et de notre philosophie du droit.

Plutôt que de plaquer des institutions, importées de l'étranger, ne pourrait-on pas prendre en compte certaines pratiques traditionnelles notamment la médiation et faire un effort d'imagination pour essayer de les adapter aux traditions et réalités locales des institutions qui ont fait leurs preuves ?

BIBLIOGRAPHIE

I. Ouvrages et Manuels

Droits de l'homme, Libertés et droits fondamentaux, Libertés publiques

BREILLAT Dominique, *Libertés publiques et droits fondamentaux,* Paris, éd. Seuil Fév. 2004.

CAPITANT David, *Les effets juridiques des droits fondamentaux en Allemagne*, LGDJ, 2001.

DEGNI-SEGUI René, *Les droits de l'homme en Afrique noire francophone (Théorie et réalité)*, Imprimob, Abidjan, 1997.

DOKHAN David, *Les limites du contrôle de la constitutionnalité des actes législatifs*, éd. L.G.D.J, 2001.

FROUVILLE Olivier de, *L'intangibilité des droits de l'homme en droit international* (régime conventionnel des droits de l'homme et droit des traités), éd. Pedonne, 2004.

GOY Raymond, *La cour internationale de justice et les droits de l'homme,* Collection Droit et Justice, éd. Bruylant Bruxelles, 2002.

HEYMANN-DOAT Arlette, *Libertés publiques et droits de l'homme,* 3 éd. LGDJ-EJA, 1994.

ISRAEL Jean-Jacques, *Droit des libertés fondamentales,* éd. LGDJ, 1998.

LAQUEUR Walter et RUBIN Barry, *Anthologie des droits de l'homme,* éd. Nouveaux horizons, 1989.

LEBRETON Gilles, *Libertés publiques et droits de l'homme,* éd. Armand Colin, 2003.

LECLERQ Claude, *Libertés publiques,* 4e éd., Paris, Litec, 2000.

MALIVERNI Georgio, *L'accès aux droits fondamentaux : la liberté de conscience,* in l'effectivité des droits fondamentaux dans les pays de la communauté française.

MALONE Linda A, *Les droits de l'homme dans le droit international,* éd. Nouveaux horizons, 2003.

M'BAYE Keba, *Les droits de l'homme en Afrique,* éd. Pedonne, 1992.

M'BAYE Keba, *Les droits de l'homme en Afrique,* éd. Pedonne, 2002.

MORANGE Jean, *Libertés publiques,* PUF, 1985.

OBERDORFF Henri et ROBERT Jacques, *Libertés fondamentales et droits de l'homme,* éd. Armand Colin, 2003.

OBERDORFF Henri et ROBERT Jacques, *Libertés fondamentales et droits de l'homme,* éd. Montchrestien, 2002.

ROCHE Jean, *Libertés publiques,* éd., Dalloz, 1987.

Droit international

DAILLIER Patrick et PELLET Alain, *Droit international public,* EJA, 2002.

MAYER Pierre, *Droit international privé,* éd., Montchrestien-E.J.A, 1994.

SUDRE Fréderic, *Droit international et droit européen des droits de l'homme,* PUF, 1995.

Droit civil

BEIGNER Bernard, *Les droits fondamentaux dans le procès civil,* éd. Montchrestien, 1997.

DAVID René, *La refonte du code civil dans les Etats africains,* éd., Penant, 1982.

Droit constitutionnel

DELPEREE François, *Le recours des particuliers devant le juge constitutionnel,* éd. Economica-Bruyland, 1991.

KELSEN Hans, *Théorie pure du droit,* traduit par EISMANN Charles, éd. Dalloz, Paris, 1962.

ROUSSEAU Dominique, *Droit du contentieux constitutionnel,* éd. Montchrestien, 1993.

RUEDA Frédérique, *Le contrôle de l'activité du pouvoir exécutif par le juge constitutionnel,* éd. LGDJ, 2000.

Droit administratif

BOCKEL A, *Le juge et l'administration en Afrique noire francophone* (*Introduction à l'étude du problème*), éd. Pedone, Paris, 1973.

CHAPUS René, *Droit administratif général,* Tomes 1 et 2, éd. Montchrestien-EJA, 1994.

Institutions judiciaires

JEOL Michel, *La reforme de la justice en Afrique noire,* éd. Pédone, Paris, 1963.

MOULAYE Zeini, DIABATE Amidou et DOUMBIA Yaya, *Gouvernance de la Justice au Mali*, FES, Bamako, éd. Imprim Color, Novembre, 2007.

TUFFERY Adrien Jeanne Marie, *La discipline des juges, les miracles de DAGUESSEAU,* LGDJ, 2007.

VINCENT jean et GUINCHARD Serge, Montagnier Gabriel VARINARD André, *La justice et ses institutions,* éd. Précis Dalloz, 1991.

Droit pénal et procédure pénale

BEIGNER Bernard, *Les droits fondamentaux dans le procès pénal,* éd. Montchrestien, 1997.

LARGUIER Jean, *Droit pénal des affaires,* éd. Dalloz, 1993.

LEVASSEUR George, CHAVANE Albert et MONTREUIL Jean, *Droit pénal général et procédure pénale,* éd. Sirey, 1991.

MERLE et VITU, *Traité de droit criminel,* 2ème éd., Cujas, Paris, 1989.

PIE Frédérique, *Les politiques pénales en Afrique noire francophone : le cas du Gabon*, Institut d'études politiques, CEAN (Bordeaux), 1989.

PRADEL Jean, *Droit pénal comparé,* 2e éd., Précis Dalloz, 2002.

VERON Michel, *Droit pénal spécial*, 9ème éd., Sirey, 2002.

Sciences politiques

DIAWARA Daba, *Les grands textes de la pratique institutionnelle de la IIIe République*, Société Malienne d'Edition, Bamako, 1994.

DRAGO Roland (sous la dir.), *La confection de la loi, in* Cahiers des sciences morales et politiques, éd. PUF, 2005.

GONIDEC Pierre F., *Les systèmes politiques africains,* 2e éd., LGDJ, 1978.

KONARE Alpha Oumar, *Les constitutions du Mali,* Bamako, Centre Djoliba, 1986

LAWAUX Philipe, *Les grandes démocraties contemporaines,* éd. PUF, Paris, 1998.

MORAND Charles Albert (sous la dir.), *Eléments de la légistique formelle et matérielle,* Presse universitaire d'Aix Marseille, 1999.

MOULAYE Zeini et KEITA Amadou, *L'Assemblée nationale du Mali sous la troisième République*, Bamako, Friedrich Ebert, 2007.

MOULAYE Zeini, *Gouvernance démocratique de la sécurité au Mali : un défi du développement durable, Bamako,* Friedrich Ebert, décembre 2005.

TUNC André, *Les aspects juridiques du développement économique,* Dalloz, Paris, 1966.

WEBER Max, *Le savant et la politique,* éd. Plon, 1963.

Systèmes juridiques

DAVID René et JAUFFRET-SPINOZI Camille, *Les grands systèmes de droit contemporains,* éd. Dalloz, 2002.

WIDNER A Jennifer, *Construire l'Etat de droit* (*Francis Nyali et le combat pour l'indépendance de la justice*), éd. Nouveaux horizons, Paris, 2003.

Histoire

BANCAUD Alain, *Une exception ordinaire : la magistrature en France 1930-1950*, éd. Gallimard, coll. « NRF Essais », Paris, 2002.

BENNETT T.W., *Les droits de l'homme et les traditions culturelles africaines*, in Démocratie et développement : Mirage ou espoir raisonnable ? (Sous la direc). Manassée ESOAVELOMANDROSO et Gaétan FELTZ, éd. Karthala, 1995.

KONARE Alpha Oumar et KONARE Adam BA, *Les grandes dates du Mali,* Editions & Imprimeries du Mali, 1983.

KY-ZERBO Joseph, *Histoire de l'Afrique noire,* éd. Hatier, 1972

SOLUS Henry, *Traité de la condition des indigènes en droit privé,* Sirey, 1927.

Sociologie et Anthropologie

LAMPUE Pierre, *Droit écrit et Droit coutumier en Afrique Francophone,* éd. Penant, 1979.

RIPERT Georges, *La force créatrice du droit,* LGDJ, 1955.

ROULAND Normand, *L'anthropologie juridique,* Que sais-je ? PUF, 1995.

Philosophie

KANT Emmanuel, *Métaphysique des mœurs, doctrine du droit* (1796), traduit par A. Philomenko Vrin, Paris, 1988.

MONTESQUIEU, *De l'esprit des lois,* éd. Garnier-Flammarion, 1979.

II. Ouvrages méthodologiques

BEAUD Michel, *L'art de la thèse,* éd. La Découverte, 2006.

CABAKULU Mwama et CHIMOU Mosé, *Initiation à la recherche et au travail scientifique*, Saint Louis, éd. Xamal, 2001.

COLLIARD Anne, *« Identités stratégiques »*, Actes de recherche en sciences sociales n° 73, 1988.

DEYFUS Simone et VULIERME Laurence Nicolas, *La thèse de doctorat et le mémoire, étude méthodologique,* (Sciences juridiques et politiques), éd. Cujas, 2000.

DURKEIM Emile, *Les règles de la méthode sociologique,* Paris, éd. PUF, 1981.

GRAWITZ Madeleine, *Méthodes des sciences sociales,* Paris, Dalloz, 2001.

III. Thèses et mémoires

BIRUKA Innocent, *La protection de la femme et de l'enfant dans les conflits armés en Afrique,* thèse, UCAD, Dakar, 2005.

CAMARA Boubacar, *Le contentieux douanier au Sénégal : Réflexions sur la place du juge dans le traitement des infractions,* thèse, Université Pierre Mendès de Grenoble, 2005.

DIAKITE Mamadou, *Le contrôle juridictionnel de l'administration en république du Mali,* thèse, Paris, Sorbonne, 1985.

DIALLO Toumany, *Réflexion sur une reforme du droit malien des successions,* Thèse, Orléans, 1992.

FALL Badara A., *La responsabilité extra-contractuelle de la puissance publique au Sénégal : essai de transposition des règles de droit administratif français dans un pays d'Afrique francophone,* thèse d'Etat, Bordeaux, 1994.

KONE Cheick Mohamed Chérif, *L'organisation judiciaire et son impact sur la distribution de la justice au Mali,* Mémoire Sciences juridiques, ENA, Bamako, 1985.

LAMOUREUX François, *L'application du droit international conventionnel par les tribunaux français,* Thèse, Paris II, 1973.

SANOGO Kary, *La défense et la protection des droits de l'homme : nouvelle mission du ministère des droits de l'homme et des relations avec les institutions*, Mémoire, ENA, 1992.

SIDIBE Sotigui Penda Mori, *La rencontre de Jésus Christ en milieu bambara,* Thèse, Lyon, 1974.

SOW SIDIBE Amsatou, *Le pluralisme juridique en Afrique (l'exemple du droit successoral sénégalais),* thèse, Paris II, 1987.

TRAORE Abdoul Aziz, *La protection du citoyen au Mali,* Mémoire, ENA, Sciences juridiques, 1992.

IV. Articles scientifiques

ABDOURHAMANE Boubacar Issa, *Les juges à l'épreuve de la démocratie : l'exemple du Niger,* in Revue Africalex n°03/2003.

ALEN André et LACHIOR Michel, *Les relations entre les Cours constitutionnelles et les autres juridictions nationales, in RUDH vol n° 9-12-31 décembre 2002.*

ALLERSSON Dundes, *International Human Rights : Universalism versus Relativism, Frontiers of Anthropology,* Pub. New Burg Park, London, 1990.

AMNESTY INTERNATIONAL, P*rotéger les droits humains, outils et mécanismes juridiques internationaux,* Jurisclasseur, 2003.

ASANTE SKB, *« Nation Building and Human Rights in Emergent African Nation »,* Cornell int. Law Journal (1969).

ATANGANA AMOUGOU, Jean-Louis, *Avancées et limites du système africain de protection des droits de l'homme : la naissance de la cour africaine des droits de l'homme et des peuples*, Droits fondamentaux n°3, janvier-décembre 2003.

AUBERT Alfred, Coutume Bambara de Bougouni, in *Coutumiers juridiques de l'Afrique occidentale française, Tomme II, Soudan op. cit. p. 8.*

BA Boubacar, *Pouvoir local et expression démocratique au Mali : Nouvelle vision en construction avec les chefs de village et les représentants des institutions sociales intermédiaires émergentes*, ONG Eveil –Sevaré, Mopti, Mali 2003.

BAGAYOGO Shaka, *Démocratie et multipartisme au Mali*, Xé anniversaire « Bâtissons la mémoire du Mali démocratique », Centre Djoliba, Bamako, 2002.

BASDEVANT J, *Le rôle du juge national dans l'interprétation des traités diplomatiques,* R.C.D.I.P. 1949.

BEDJAOUI M, *La difficile avancée des droits de l'homme vers l'universalité,* in RUDH, V1, 1989.

BONIFACE SCHIMTT J P, *La part et le rôle joués par les modes alternatifs de règlement des litiges dans le développement du pluralisme judiciaire*, Revue droit et société n°6, 1987.

BOROAN V.K. E., *Les entreprises et la justice : le cas de la Cote d'Ivoire*, Afrique contemporaine, 1990.

BRETON Jean-Marie, *Légalité et Etat de droit : statut et perception du juge de l'administration,* in Revue électronique Afrilex n° 03/2003.

CHASSIN Catherine , *La protection des droits fondamentaux à travers le recours d'amparo constitutionnel en Espagne,* in Cahiers de recherche sur les droits fondamentaux n°1, 2002.

CONAC Gérard, *Le juge et la construction de l'Etat de droit en Afrique francophone*, RFDA, 1996.

CORNU Gérard, *Codification contemporaine : valeurs et langage,* in Actes du colloque international du droit civil comparé Montréal, 1er, 2 et 3 octobre, 1981.

COULIBALY Cheibane, *Foncier et loi d'orientation agricole au Mali : Réviser les paradigmes,* in Revue trimestrielle de l'Université Mandé Bukari n° 04, 2006.

COUVRAT Pierre, *L'accès à la justice et ses obstacles,* in L'Effectivité des droits fondamentaux dans les pays de la communauté francophone AUPELF-UREF, 1993.

DEGAUDUSSON Jean Dubois, *La nécessité des élections : les élections à l'épreuve de l'Afrique* in cahiers du conseil constitutionnel, N° 13.

DHOMMEAUX Jean, *Culture et droits culturels dans les instruments internationaux relatifs aux droits de l'homme : le système des Nations Unies,* in Diversité et droits culturels, OIF, septembre 2002.

DIAKITE Modibo, *De l'action du CNID-Association pour l'avènement de la démocratie au Mali,* in « Bâtissons la mémoire du Mali 26 mars 1991-26 mars 2001 », Centre Djoliba, Bamako, 2002.

DIARRA Abdoulaye, *La protection constitutionnelle des droits et libertés en Afrique noire francophone depuis 1990 : les cas du Mali et du Bénin,* in *www. Droit-francophonie.org*

DIARRA Eloi, *Constitution et Etat de droit au Mali,* in Revue juridique et politique, n°3, Octobre-Décembre 1995.

DIARRA Eloi, *Les Administrés et l'Administration,* in La France face à la Charte des droits fondamentaux de l'Union Européenne, Sous la dir. de Laurence Burgorge-Larsen, éd. Bruylant, Bruxelles, 2005.

DIARRA Eloi, *La protection des droits de l'Homme en Afrique et en Europe : convergences et divergences*, in Quelle Europe pour les droits de l'homme sous la dir. de Paul Tavernier, éd. Etablissements Emile Bruylant Bruxelles, 1996.

DIARRA Eloi, *La liberté religieuse au Mali*, in Mélanges Raymond Goy du droit interne au droit international : le facteur religieux et l'émergence des droits de l'homme, Publications de l'Université de Rouen, n°251, avec le concours du Conseil général de la Seine-Maritime et du CREDDHO.

DECAUX Emmanuel, *Justice et droits de l'homme*, Revue droits fondamentaux, n° 2, de janvier 2002.

DEGAUDUSSON jean Dubois, *La sincérité des élections : les élections à l'épreuve de l'Afrique,* in Cahier du conseil constitutionnel, n° 13.

DEGNI-SEGUI René, *Modes informels de régulation dans les quartiers urbains pauvres: l'exemple d'Abidjan*, in Pauvreté urbaine et accès à la justice en Afrique, Impasses et alternatives, L'Harmattan, 1995.

DEGNI-SEGUI René, *Codification et uniformisation du droit*, in Encyclopédie juridique de l'Afrique.

DELPERE. F., (sous la dir.), *Le recours des particuliers devant le juge constitutionnel,* éd. Economica, 1991.

DIAGNE Pathé, *Accès à la justice dans les quartiers urbains pauvres : Dakar , Abidjan , Niamey , Ouagadougou,* in Pauvreté urbaine et accès à la justice en Afrique : Impasses et alternatives , l'Harmattan 1995.

DIENG A., *L'assistance juridique aux populations rurales*, in La justice en Afrique, Afrique contemporaine, n° spécial, 1990.

DONNELLY. J., *Human Rights and Human Dignity, an Analytical Critic of non Western Conception of Human Rights*, American Political Science Review, 1982.

DOOKHY Perrez, *Le constitutionnalisme Mauricien*, Etudes et doctrines, Cahier constitutionnel, n° 10.

DOSSOU Robert, *La Cour constitutionnelle du Benin, l'influence de sa jurisprudence sur le constitutionnalisme et les droits de l'homme au Benin*, Communication à la Conférence mondiale sur la justice constitutionnelle, Cape Town, Afrique du Sud, du 23 au 24 janvier 2009.

FALL Badara Alioune, *Le juge constitutionnel artisan de la démocratie en Afrique ?* CEDRADI ? Université Montesquieu Bordeaux IV, 2000.

FALL Badara Alioune, *Le juge, le justiciable et les pouvoirs publics : Pour une appréciation concrète de la place du juge dans les systèmes politiques en Afrique,* Afrilex, N° 3/2003.

FAVOREU Louis, *Droit de la Constitution et constitution du droit,* RFDC, 1990.

FAVOREU Louis, *L'introduction hypothétique de 1997 au recours individuel devant le conseil constitutionnel*, Cahier du conseil constitutionnel, n° 10.

FAVOREU Louis, *Brèves réflexions sur la justice constitutionnelle en Afrique,* in les Cours suprêmes en Afrique, Tome 2, Economica, Paris, 1989.

FAVOREU Louis, *Modèle européen et modèle américain de justice constitutionnelle*, AIJC, 1988.

FAVOREU Louis et PHILIP Loïc, *Les grandes décisions du Conseil constitutionnel,* 6e éd., Sirey, 1991.

GONIDEC Pierre-François, *La place des juridictions dans l'appareil d'Etat,* in Encyclopédie juridique de l'Afrique, 1982.

GUERTI Hesseling et BA Boubacar Moussa, *Le foncier et la gestion des ressources naturelles au Sahel : expériences, contraintes et perspectives,* Club du Sahel, janvier 1994.

KANTE Hawaï et DIARRA Mamadou Gaoussou, *Rôle et mission des professions judiciaires dans la reforme juridique et judiciaire,* Communication au colloque international sur l'analyse comparée de processus de reforme juridique et judiciaire, Bamako, les 18-20 septembre 2006.

KEITA Namory K, *Quelle lecture faire du foisonnement des partis politiques au Mali ?* Article publié en 2003 sur le site Gouvernance en Afrique.

LACHAUME Jean François, *Droits fondamentaux et droit administratif,* AJDA, n° spécial, 1998.

LE ROY Etienne, *Contribution à la refondation de la politique judiciaire en Afrique francophone à partir d'exemples maliens et centrafricains* Revue Africa Spectum, Jahgang, n° 3, 1997.

LE ROY Etienne, *L'ordre négocié, l'oralité juridique et les mutations techniques et sociales,* in Cahiers sciences technologiques et société, n°12, Paris, CNRS, 1986.

LEROY E., KUYU C. et CONDE K., *Rapport d'enquête anthropologique* réalisé pour le ministère de la justice de la république de la Guinée, LAJP, mai 1996.

LE ROY Etienne et WANE Mamadou, *La formation des droits "non étatiques"*, in Encyclopédie juridique de l'Afrique, Tome I, Chapitre XV, (pp. 353 à 391).

LHAPORT, *International Protection of Human Rights and the Family : African Variations on a Common Theme*, in Journal of Law and the Family, 1989.

LISSOUK Félix François, *L'évolution politique et institutionnelle récente au Mali : les leçons d'une expérience démocratique,* in www.fineprint.com

M'BAYE Keba, Q*uel avenir pour la justice en Afrique ?* in Afrique contemporaine, la justice en Afrique, n°156, 1990.

MANGIN Gilbert, Les *structures de l'appareil juridictionnel,* in Encyclopédie juridique de l'Afrique, Tome 1.

MELONE Stanislas, *Les juridictions mixtes de droit écrit et de droit coutumier dans les pays en voie de développement,* (Du bon usage du pluralisme judiciaire en Afrique : l'exemple du Cameroun), RIDC-2-1986.

MORALES Vera, *La protection juridictionnelle des droits fondamentaux : révélation d'une entente conceptuelle,* Communication au congrès français de droit constitutionnel, Montpellier, 9,10 et 11 juin 2005.

MOUSSA Iye, *Le verdict de l'Arbre : autopsie d'une démocratie pastorale*, Djibouti, International Printing Press, 1990.

NELSON and V. M. GRENN (eds), International Human Rights Contempory Issues, 1989.

N'ZOUANKEU Jacques Mariel, *Alternative de démocratique dans le tiers Monde : la Transition démocratique au Mali,* Revue d'études de recherches, d'informations et d'opinions du CERDET, Janvier 1991 - juin 1992.

OTIS Ghislain, *Le pouvoir d'injonction du juge comme condition de l'efficacité des droits fondamentaux,* in L'Effectivité des droits fondamentaux dans les pays de la communauté francophone.

PEETERS Marguerite A., *La mondialisation de la révolution féministe occidentale,* (concepts-clefs, mécanismes opérationnels), Institute for Intercultural Dialogue Dynamics, 2004.

PICARD E., *L'émergence des droits fondamentaux en France,* ADJA, N° spécial ,1998.

ROBERT Jacques, *La protection des droits fondamentaux et le juge constitutionnel français : bilan et reforme,* RDP, 1990.

ROUSSEAU Dominique, *Le rôle du juge dans les sociétés modernes,* Communication, 25 Août 2001, Université de Montpellier.

SANDWIDI Kouritia, *La protection des droits de l'homme au Burkina Faso,* in Les Droits de l'homme en Afrique, IDHP-UCAD, 1991.

SAWADOGO Filiga Michel, *L'Accès à la justice en Afrique francophone : problèmes et perspectives. Le cas du Burkina Faso,* in L'Effectivité des droits fondamentaux des pays de la communauté francophone.

SAWADOGO Filiga Michel, *Le juge national et le droit communautaire,* Communication introductive au colloque de Ouagadougou sur l'application du droit international dans l'ordre juridique interne des Etats francophones Ouest-Africains, in Cahiers de l'Association des Hautes Juridictions Francophones.

SY Demba, *La condition du juge en Afrique : l'exemple du Sénégal*, Revue Afrilex, n°03/2003.

TOE Jean Yado, *Les modes informels de régulation des délits et des conflits dans les quartiers pauvres de Ouagadougou,* in Pauvreté urbaine et accessibilité à la justice en Afrique : impasses et alternatives, éd. l'Harmattan 1995.

TRAORE Kadari, *Quelques réflexions sur le nouveau Code domanial et foncier : la question de la prise en compte du foncier rural,* in Revue trimestrielle de l'Université *Mandé Bukari,* n° 01, 2003.

VANDERLINDEN Jacques, *Rendre la production du droit aux peuples*, Revue Politique Africaine, n°62, 1996.

VEDEL Georges, *Le Conseil constitutionnel, gardien du droit positif ou défenseur de la transcendance des droits de l'homme,* in Pouvoirs, n° 13.

VIGUIER Jacques, *Le juge constitutionnel français et la protection des libertés,* in RDP, 1990.

V. Etudes, Actes et autres documents officiels

ALLUSON Durdes Renter, *International Human Right : Universalism versus relativism, Frontiers of Anthropology,* Vol. 6, Publications Newburg Park, London, 1990.

A.U.F. *Francophonie et démocratie,* (Textes de référence), éd. Pedonne 2003.

BALLEUIL *Père Charles, Sagesse bambara : proverbes et sentences, éd. Donniya, Bamako, 2005.*

BENOIST de (J.R), *Le Mali,* nouvelle édition mise à jour, l'Harmattan, 1998.

Brasseur G., *Les Bambaras, in* Etablissements humains au Mali, I.F.A.N, Dakar, 1968.

CEHSAO, *Coutumiers juridiques de l'Afrique occidentale française, Tome II – Soudan, Paris V, Larousse éditeurs, 1939, (Publication du comité d'études historiques et scientifiques de l'Afrique occidentale française).*

DARBON Dominique et DEGAUDUSSON Jean Dubois, *(Sous la dir.), La création du droit en Afrique,* éd. Karthala, 1997.

DIOUF Babacar Dedith, *L'éthique des cousinages ou l'humour au service de la paix,* Enda Tiers-monde, Dakar, 1997.

KONATE Doulaye, *Les fondements endogènes d'une culture de la paix au Mali : mécanismes traditionnels de prévention et de résolution des conflits,* Pub. UNESCO 1999.

KONATE Doulaye, Anatole SANGARE et Issa Meyes COULIBALY, *Etude sur la perception malienne de la culture de la paix et des droits de l'homme*, Ministère de l'éducation nationale, PNUD, 1999.

KORNIO Ousmane, DIALLO Aziz et SOW Fatimata, *Recherche à finalité pédagogique sur la prévention et la gestion des conflits communautaires au Mali,* FES, 2004.

LEMAHUERESSE Catherine, *Le droit et les droits des femmes en Afrique de l'Ouest et du Centre*, Human Right Fellow, Haward Law School, 2000-2001.

MEHL Géraldine, *Etude sur l'état des lieux des droits humains au Mali,* PNUD, 2002.

M'BAYE Keba, *Propos d'un juge,* NEA, 2006.

N' DIAYE Amadou, *La Cour suprême du Mali : démarche vers la constitution d'un état de droit (de 1986 à la chute de la 2e république)*, Mai 1991.

ROCHEGUIDE Alain, *Décentralisation, acteurs locaux et foncier : mise en perspective juridique des textes sur la décentralisation et le foncier en Afrique de l'Ouest et Centrale,* 2000.

ROUSSEAU Dominique, *L'Etat de droit est-il autre chose* ? Article psychiatrie n° 144, décembre 2005. Source : Centre national de la recherche scientifique, INST France.

SY *Mansour et FALL Ismaël Madior, Le renouveau du contrôle de la constitutionnalité des lois au Sénégal : « Mythe ou réalité », IDHP- UCAD.*

VANDERLIN Jacques, *Rendre la production du droit au peuple,* in Revue politique Africaine n°62, 1996.

Institut international de droit d'expression et d'inspiration française, justice et droits de l'homme (XXVIIIe congrès de l'IDEF), direction scientifique du professeur Emmanuel DECAUX.

Actes du forum national sur la justice au Mali, Ministère de la justice, 1999.

Actes du colloque sur la bonne gouvernance, du 11 au 14 juillet 1996, publiés par l'Observatoire panafricain de la démocratie, Lomé, 1996.

Actes du colloque international sur l'Analyse comparée de processus de reforme juridique et judiciaire, Bamako, sept 2006.

Actes du colloque international sur l'Indépendance de la magistrature au Maroc à la lumière des normes internationales et des expériences régionales, Rabat, 2 au 4 février 2006.

Actes du colloque « Entre traditions et modernité, quelle gouvernance pour l'Afrique ? », organisé par l'Institut de recherche et débat sur la gouvernance (IRG), l'Alliance pour refonder la gouvernance en Afrique et le Centre d'Expertises politiques et institutionnelles en Afrique (CEPIA), du 23 au 25 janvier 2007, à Bamako (Mali).

Etude institutionnelle du Ministère de la justice, PRODEJ, Bamako, 2001.

Etude sur le droit au développement au Mali, PDHRE/DPDEH, Mali juillet 2004.

Etude sur les modes alternatifs de règlement des conflits au Mali, PRODEJ, 1999.

Etude sur la situation des droits humains au Mali, Avril 2006.

Etude sur la discrimination dans le système de justice pénale, ZEROUGUI Leila, ECOSOC juin 2003.

Etude sur le système de traitement et de diffusion de l'information juridique, PRODEJ 1999.

Etude sur l'état de la nation : Bilan (08 juin 1992-08 juin 2002) et perspectives de la situation politique économique sociale et culturelle du Mali, Mai 2003.

Etude sur la problématique de la justice : cas du Mali, Amidou DIABATE, septembre 2006.

Rapport de la mission d'évaluation des besoins du Mali en matière de droits de l'homme, MUBIALA M et BOURGI A, Haut Commissariat des Nations Unies aux Droits de l'Homme, Août 1998.

Rapport introductif au symposium international de Bamako sur le bilan de la pratique des droits et libertés dans l'espace francophone, Bamako 2002.

Rapport du 2e Congrès de l'ACCPUF, 1er Février 2000.

Rapport de formation : Le droit de la famille au Mali : Réflexion de l'auditeur de justice, du 27 février au 5 mars 1996, INFJ et Centre Djoliba, Bamako, 1996.

Rapport de la 5e réunion préparatoire du symposium international sur les pratiques de la démocratie des droits et libertés dans l'espace francophone, Sofia (Bulgarie), 22 au 24 juin 2000, DDHD.

Rapport sur la situation des droits humains au Mali, PNUD, 2002.

Rapport de l'AMDH sur la situation des droits humains au Mali, 2005, 2006, 2007.

Rapport sur l'évaluation du budget national de la justice de 2000 à 2005, Ministère de la justice du Mali, 2006.

Rapport de l'Inspection des services judiciaires, (période allant du 1er Janvier 1995 au 27 septembre 2005).

Rapport de la formation sur la bonne gouvernance, CEDREF, APID-PNUD, Décembre 2006.

Rapports du PNUD sur le développement humain durable, 2000-2007.

Recueil des textes statutaires de la fonction publique malienne, CNRA 1981.

Recueil des discours et interventions de Modibo KEITA de 1960 à 1964, *L'Essor*, 1965.

Recueil des discours et intervention An I de la révolution du Mali, 1967.

Guide pratique du travail d'intérêt général (TIG), Penal Reform International, 2003.

IV. Encyclopédie Dictionnaires et Lexiques

CORNU Gérard et autres, *Vocabulaire juridique*, Association Henri Capitant, Paris, PUF, 4e éd., 2003.

Grevisse, *Le bon usage*, 13 éd., André Goosse, Duculot, 1993.

Encyclopédie Dalloz.

Encyclopédie Sirey, 1867, 1839,1971.

Encyclopédie juridique de l'Afrique, Tomes I, II, IV.

Encyclopédie Encarta, 2007.

Le petit Larousse illustré, 1996.

V. Essai

CAMARA Moussa Makan, *Questions brûlantes pour démocratie au Mali,* éd. NEA, Dakar, 1998.

DEMBELE Assimi S., *Transferts définitifs,* éd. Le figuier, 2003.

DIARRAH Cheik Oumar, *Le Mali de Modibo Keita,* éd. l'Harmattan, 2003.

MARA Moussa, *Pour un Mali meilleur : piste de réflexion,* éd. Jamana, 2006.

SIDIBE Adama Yoro, *Droit et pratique du droit au Mali,* éd. Jamana, 2007.

VI. Articles de presse

Le problème de la justice, in *L'Essor* n°62, du 27 mai 1960.

Journées d'études des magistrats maliens, in *L'Essor* n° 424, du 11 septembre 1967, et n° 425, du 18 septembre 1967.

Clôture des travaux du 2e séminaire de la justice malienne, in *L'Essor* n°456, du 25 septembre 1967.

Youssouf CISSE, *Le système judiciaire au Mali,* in Le Hérisson : Alternatives africaines n°01, du 23 mai 2003.

Seydina Oumar DIARRA, *La maîtresse du président de la République,* in *Info-matin* du Mali, n° 2182, du 1er juin 2007.

Almahady M. CISSE, *Affaire : la maîtresse du président de la République,* in *Le Républicain* du Mali n° 2415, du 21 Juin 2007.

« Moussa Traoré, le CMLN et moi », Interview de M. Victor SY, réalisée par Cheickna Hamala SYLLA et Issa DOUMBIA, in *Le Républicain* n° 127, du 15 février 1995.

Me Amadou Tiéoulé DIARRA, *Procès des journalistes : la loi violée,* in *Le Républicain* n° 2418, du 29 Juin 2007.

Affaire du juge Malick COULIBALY, in *L'Essor* n°16297, du 08 octobre 2008.

VII. Webographie

www.hri.ca

www.aoahijf.org

www.acaj.org/lajp

www.acat.asso.fr

www.tribunaux.qc.ca

www.diplomatiejudiciaire.com

www.gouvmali.ml

www.justicemali.org

www.droitfrancophomie.org

www.afriquegouvernance.net

www.fineprint.com

www.worldbank.org

VIII. Instruments, Textes législatifs et réglementaires

Instruments internationaux relatifs aux droits de l'homme

- La Déclaration Universelle des Droits de l'Homme du 10 décembre 1948, (adhésion le 22 septembre 1960).
- Déclaration de Fribourg sur les Droits culturels, Institut interdisciplinaire d'éthique et des droits de l'homme, adopté à Fribourg le 7 mai 2007.
- La convention pour la prévention et la répression du crime de génocide du 8 décembre 1984, (ratifiée par l'ordonnance n°22/CMLN du 3 Juin 1974).
- Le Pacte International relatif aux Droits civils et politiques du 16 décembre 1966, (ratifié le 16 juillet 1974).
- Le Protocole facultatif se rapportant au Pacte relatif aux droits civils et politiques relatif au droit de plainte des particuliers de 1996, (adhésion par ordonnance N°00-001/P-RM du 9 février 2000).
- Le Protocole facultatif se rapportant au Pacte relatif aux droits civils et politiques relatif et à l'abolition de la peine de mort de 1989, (non ratifié).
- Le Pacte international relatif aux droits économiques sociaux et culturels du 16 décembre 1966, (ratifié le 16 juillet 1974).
- La convention supplémentaire relative à l'abolition de l'esclavage, de la traite des esclaves et des institutions et pratiques analogues du 7 septembre 1956, (ratifiée le 22 Septembre 1960).
- La Convention internationale sur l'élimination de toutes les formes de discrimination à l'égard des femmes du 18 décembre 1979, (ratifiée par l'ordonnance n°85-13 du 17 février 1985 et la loi n°86-19/AN-RM du 21 Mars 1986).
- La Convention sur les droits politiques de la femme, adoptée le 20 Décembre 1952, (ratifiée par l'ordonnance n°22/CMLN du 3 juin 1974).
- La Convention relative aux droits de l'enfant du 20 Novembre 1990, (ratifiée par la loi n°90-72 ANRM du 29 aout 1990).
- Le protocole facultatif à la convention relative aux droits de l'enfant, concernant l'implication d'enfants dans les conflits armés (2000).
- Le protocole facultatif à la convention relative aux droits de l'enfant, concernant la vente d'enfants, la prostitution des enfants et la pornographie mettant en scène des enfants (2000).
- La Convention contre la torture et autres peines et traitements cruels, inhumains ou dégradants du 10 décembre 1984, (ratifiées par la Loi n°95-063 du 2 juillet 1995 et par le décret n°95-370 : P-RM du 16 Octobre 1995).

- La Convention relative au statut des refugiés du 28 Juillet 1951, (adhésion le 2 février 1973).
- Les principales conventions de l'UNESCO et particulièrement la convention concernant la lutte contre la discrimination dans le domaine de l'enseignement.
- La Déclaration de Bamako sur la démocratie, les droits et libertés dans l'espace francophone, adoptée le 3 novembre 2000 par le symposium international organisé par l'OIF.
- La Déclaration et plan d'action quinquennal du Caire, adoptés par la 3eme Conférence des ministres de la justice de la Francophonie, 1995.

Instruments régionaux relatifs aux droits de l'homme

- La Charte Africaine des Droits de l'Homme et des Peuples du 27 juin 1981, (ratifiée par décret n°290/P-RM du 29 Octobre 1981).
- La Charte des Droits et du Bien-être de l'Enfant du 22 février 1996, (ratifiée le 3 juin 1998).
- La Charte Africaine de la Jeunesse du 25 octobre 2006, (adopté en Conseil des Ministres du 28 décembre 2006).
- Le Protocole à la Charte Africaine des Droits de l'Homme et des Peuples, relatif aux Droits des Femmes du 09 décembre 2003, (ratifié par l'ordonnance n°04-019 du 16 septembre 2004).
- La Déclaration de Grand Bay (Ile Maurice) et le Plan d'action pour la promotion et la protection des droits de l'homme en Afrique, (1999).
- Le Protocole relatif à la Charte Africaine portant création d'une Cour Africaine des Droits de l'Homme et des Peuples (1998).
- La Charte Culturelle de l'Afrique, du 03 juillet 1976, (ratifiée par la loi n°81-33/AN-RM du 03 mars 1981).
- La Convention de l'Union Africaine sur la prévention et la lutte contre la corruption du 09 décembre 2003, (ratifiée par l'ordonnance n°04-021 du 16 septembre 2004).

Instruments juridiques nationaux

- Constitution du 25 février 1992.
- Loi n° 01-079 AN-RM du 20 août 2001 portant création du Code pénal.
- Loi n° 01-080 AN-RM du 20 août 2001 portant création du Code de procédure pénale.
- Loi n° 01-81 AN-RM du 24 août 2001 portant sur la minorité pénale et institution de juridiction pour mineurs.
- Loi n° 88-39/AN-RM du 05 avril 1988 portant réorganisation judiciaire.

- Loi n° 96-071 AN-RM du 16 décembre 1996 fixant l'organisation, les règles de fonctionnement de la Cour suprême et la procédure suivie devant elle.
- Loi n° 97-010 AN-RM du 11 Février 1997 fixant la composition et les règles de fonctionnement de la Cour constitutionnelle ainsi que la procédure devant elle.
- Loi n° 94-006 AN-RM du 18 mars 1994 portant organisation et fonctionnement des tribunaux administratifs.
- Loi n°01-082 AN-RM du 21 août 2001 relative à l'Assistance judiciaire.
- Loi n° 02-054 du 16 décembre 2002 portant Statut de la magistrature.
- La loi n°00- 046 du 07 juillet 2000 portant Régime de la presse et délit de presse.
- Ordonnance n° 00-057/P-RM du 28 Septembre 2000 portant création de l'Inspection des services judiciaires.
- Ordonnance n°01-037 /P-RM portant Code de procédure civile, commerciale et sociale du 15 août 2001.
- Décret n° 01-073/P-RM du 12 Février 2001 fixant l'organisation de l'Inspection des services Judiciaires.
- Loi n° 94-042/AN-RM du 13 octobre 1994 portant création et organisation de la profession d'avocat.
- Loi organique n°3-29/AN-RM du 21 aout 2003 portant organisation, composition, attribution et fonctionnement du Conseil Supérieur de la Magistrature.

IX. JURISPRUDENCE

Cette liste reprend l'ensemble des décisions que nous avons citées dans la thèse, collectées au cours de nos recherches.

Jurisprudence de la Cour constitutionnelle

En matière de contrôle de constitutionnalité :

- Arrêt n°001 CC du 1er février 1995 relatif au contrôle de constitutionnalité du règlement du conseil Economique Social et Culturel.
- Arrêt n°96-002 CC du 25 juillet 1996 relative au statut des députés et demande d'annulation de la levée de l'immunité parlementaire.
- Arrêt n° 96-003 CC du 25 octobre 1996 portant contrôle de la constitutionnalité de la loi n°96-50/AN-RM adoptée le 27 Septembre 1996 portant loi organique déterminant les règles d'organisation et de fonctionnement de la Cour constitutionnelle ainsi que la procédure suivie devant elle.
- Arrêt n° 00-120 CC du 27 juillet 2000 portant sur la requête du Président de l'Assemblée nationale aux fins d'interprétation de l'article 74 de la Constitution.

- Arrêt n°01-123 CC du 30 mars 2001 portant sur la requête de la Confédération Syndicale des Travailleurs du Mali (CSTM) à la Cour Constitutionnelle afin que celle-ci fasse appliquer l'arrêt de la Cour suprême portant annulation du décret n° 99-272/PRM du 20 Septembre 1999.
- Arrêt n°01-125 CC du 01 Octobre 2001 portant requête d'Alphonse Oya DEMBELE et de 24 autres députés à l'Assemblée nationale aux fins de suspension du scrutin du 21 octobre 2001 portant élection des conseillers nationaux.
- Arrêt n°01-128 CC du 12 décembre 2001 portant sur la requête de M. Boubou KOITA et 25 autres députés à l'assemblée Nationale aux fins de déclarer inconstitutionnelle la loi n° 00-54/AN-RM portant révision de la Constitution du 25 Février 1992 votée le 21 juillet 2000.
- Arrêt n°02-129CC du 29 janvier 2002 portant sur la requête du Conseil National de l'ordre des comptables agréés et experts comptables agréés du Mali aux fins de faire respecter la règle de Droit édictant la certification des comptes sociaux des partis politiques.
- Arrêt 06-173 CC du 15 septembre 2006 portant requête d'un groupe de députés aux fins d'annulation de l'élection du Bureau de l'Assemblée Nationale.
- Arrêt n°08-189 CC du 28 novembre 2008 portant saisine de la Cour constitutionnelle par le Président du Parti Solidarité Africaine pour la Démocratie et l'Indépendance aux fins d'interprétation de l'article 4 de la loi n°06_044 du 04 septembre 2006 portant loi électorale.
- En matière électorale :
- Arrêt 97-013 du 12 février 1997 sur la requête en date du 08 février 1997 du Parti pour l'Unité, la Démocratie et le Progrès (P.U.D.P) enregistrée au Greffe de la Cour Constitutionnelle sous le n° 07 du 10 février 1997 pour, entre autres, « violation de l'article 71 de la Constitution par la C.E.N.I. »
- Arrêt n°97- 033/ CC-EL du 22 mars 1997, requête en date du 20 Mars 1997, enregistrée au Greffe de la Cour Constitutionnelle sous le n° 39 du 22 Mars 1997, à 22 h 30 mn, le Secrétaire général de la Section ADEMA- PASJ de San saisit la Cour Constitutionnelle aux fins d'annulation de la liste UFDP dans la circonscription électorale de San.
- Arrêt n° 97- 047CC-EP du 08 mai 1997, requête en date du 22 mars 1997 de l'ADEMA-Parti Africain pour la Solidarité et la Justice, enregistrée au Greffe de la Cour constitutionnelle sous le n° 40 le 22 mars 1997, à 23 h 55 mn, aux fins de valider la liste ADEMA de Bankass aux motifs que des originaux des casiers judiciaires des trois candidats sont produits pour se conformer aux prescriptions de la Cour qui a rejeté le premier dossier.
- Arrêt n° 97- 033 CC-EL du 23 mars 1997, requête en date du 20 mars 1997 du secrétaire général de la section ADEMA-PASJ de San, enregistrée au greffe de la Cour Constitutionnelle le 20 mars 1997, à 222 h 30 mn, aux fins de d'annulation de la liste UFDP dans la circonscription électorale de San aux

motifs pris de ce que l'un des candidats de la liste, en l'occurrence Youssouf TRAORE, aurait été condamné à la date du 18 mars 1997 par le tribunal de San à 8 mois d'emprisonnement avec sursis.

- Arrêt n°97- 034/ CC-EL du 23 mars 1997 requête en date du 22 mars 1997 de l'ADEMA-Parti Africain pour la Solidarité et la Justice, enregistrée au Greffe de la Cour constitutionnelle sous le n° 40 le 22 mars 1997, à 23 h 55 mn, aux fins de valider la liste ADEMA de Bankass.
- Arrêt n° 97 039/CC-EL du 11 avril 1997, requête en date du 27 mars 1997, enregistrée au Greffe de la Cour Constitutionnelle le 27 mars 1997, sous le n° 46 par Monsieur Mohamed KIMBIRI, candidat indépendant de la Commune II.
- Arrêt n° 97- 041 /CC-EL du 11 avril 1997, requête présentée par le Secrétaire général de l'U.S.- R.D.A. de Kayes, Monsieur Amadou THIAM, enregistrée au Greffe de la Cour Constitutionnelle sous le n° 89/ CCM le 8 avril 1997, faisant état d'irrégularités dans l'établissement des listes électorales et de violation de la loi électorale.
- Arrêt n° 97-044 /CC-EL du 11 avril 1997. Requête en date du 27 mars 1997, présentée par Monsieur Mohamed KIMBIRI, candidat indépendant enregistrée au greffe de la Cour constitutionnelle le 27 mars 1997, sous le n° 46.
- Arrêt n°97-046/CC-EL du 25 avril 1997, requêtes tendant à l'annulation partielle ou totale des résultats du 1er tour des élections législatives du 13 avril 1997, enregistrées au greffe de la Cour constitutionnelle.
- Arrêt n° 02-133/ E.P du 06 avril 2002, requête présentée par Monsieur Lamine DOUMBIA, élève domicilié à Faladiè commune VI du district de Bamako, enregistrée au Greffe de la Cour constitutionnelle le 6 avril 2002 à 4 h du matin sous le n° 51 demandant l'invalidation de la candidature du général Amadou Tounani TOURE
- Arrêt n° 02-134/ E P du 06 avril 2002, requête présentée par Monsieur Cheik Cherif DIAKITE domicilié à Kalanbacoura, enregistrée le 6 avril 2002 à 09 h 45 mn demandant l'annulation de la candidature de M. cheik Hassane Youssouf DIALLO.
- Arrêt n°97-047/CC-EL du 8 mai 1997 requête de Maître Abdoul Wahab BERTHE enregistrée au Greffe de la Cour Constitutionnelle sous le n° 195 du 29 avril 1997 et les requêtes enregistrées au Greffe de la Cour Constitutionnelle sous le n° 196 du 2 mai 1997 et 200 en date du 5 mai 1997, portant proclamation des résultats définitifs du 2e tour de l'élection, du Président de la République (scrutin du 12 mai 2002)
- Arrêt n° 02-137/CC-EP du 23 mai 2002 portant proclamation des résultats définitifs du 2e tour de l'élection du Président de la République (scrutin du 12 mai 2002)
- Arrêt n° 02- 139/ CC EL du 22 juin 2002, requête présentée par Me SOUMARE, avocat en date du 18 juin 2002 par laquelle il s'oppose à la candidature de Monsieur Babani SISSOKO

- Arrêt n° 02- 140/CC- EL du 22 juin 2002, requête présentée par Mohamed Ag Almaoud commerçant domicilié à Tombouctou par lettre en date du 10 juin 2002, demandant l'opposition à la candidature de Monsieur Samba Sall ancien député de l'UDPM.
- Arrêt n° 02-144/CC-EL du 9 août 2002, portant proclamation des résultats définitifs de l'élection des députés de l'Assemblée Nationale (scrutin du 28 juillet 2002)
- Arrêt N°06-168 du 12 Janvier 2006 déclarant la vacance de siège de député à l'Assemblée Nationale dans la circonscription électorale de la Commune V du District de Bamako ;
- Arrêt N°06-169 du 12 Janvier 2006 déclarant la vacance de siège de député à l'Assemblée Nationale dans la circonscription électorale de Mopti ;
- Arrêt n° 06-171/CC-EL du 02 avril 2006 portant proclamation des résultats définitifs du premier tour de l'élection législative partielle d'un député dans la circonscription électorale de la Commune V du district de Bamako et d'un député dans la circonscription électorale de Mopti

Jurisprudence de la Cour suprême

Section administrative :

- Arrêt CSSA du 5 décembre 1975 : Ismaël SIDIBE contre Ministère de la fonction publique.
- Arrêt CSSA n°7 du 18 septembre 1978 : Makan COULIBALY contre le service des domaines.
- Arrêt CSSA du 29 juillet 1981 : Mamadou KEITA contre Ministère des finances et du commerce - service des domaines de Bamako.
- Arrêt CSSA du 15 juin 1981 : Dédé FANE contre Ministère de la défense, de l'intérieur et de la sécurité.
- Arrêt CSSA du 29 juillet 1981 : Bengoro COULIBALY contre Ministère de la fonction publique.
- Arrêt CSSA n°2 du 12 janvier 1981 : Seydou KONE contre District de Bamako.
- Arrêt CSSA n° 30 du 19 décembre 1985 : Alfred SPINGER contre Direction nationale de la Douane.
- Arrêt CSSA n° 56 du 08 novembre 1990 : Modibo DIARRA et Youssouf GANABA contre Ministère de l'Emploi et de la Fonction publique.
- Arrêt CSSA n° 57 du 14 novembre 1989 : Issa N'DIAYE contre Ministère de l'Emploi et de la fonction publique.
- Arrêt n° 41 CSSA du 04 octobre 1990 : Manassa DANIOKO contre Ministère de la Justice.

- Arrêt CSSA n° 136 du 10 novembre 1994 : Koudédia Coulibaly et autres contre Perception et commandant de cercle de Nara.
- Arrêt CSSA n° 104 du 18 Août 1994 : Moussa papa TALL contre Directeur général de l'Office de la haute vallée du Niger – OHVN.
- Arrêt CSSA n° 4 CSSA du 27 février 1992 : Boureima GUINDO, Secrétaire général de la section ADEMA de Bankass, contre Candidature aux législatives de Tidiane GUINDO et Mamadou YOSSI du parti Démocratique pour le Progrès de Bankass.
- Arrêt CSSA Arrêt n° 5 du 27 Février 1992 : Amadou DIAKITE, représentant section UDD Commune VI, contre résultats scrutin municipal du 19 Janvier du bureau de vote n° 5 de Sogoniko, en commune VI.
- Arrêt CSSA Arrêt n° 7 du 5 mars 1992 : Baba TRAORE, Secrétaire général sous-section RDA de la Commune de San, contre Boureima DIASSANA, candidat aux élections municipales de la sous- section UFDP de San.
- Arrêt CSSA n° 9 du 15 Mars 1992 : CNID Faso Yiriwa Ton, représenté par Me Mountaga TALL, contre élections municipales dans les Communes I, II, II, IV, V et VI du district de Bamako.
- Arrêt CSSA n° 8 du 5 mars 1992 : Secrétaire général de la Sous section USRDA commune de Koulikoro contre résultats du scrutin du 19 janvier 1992 du bureau de vote de Katibougou.
- Arrêt CSSA n° 54 du 3 juin 1992 : Secrétaire général de la sous-section USRDA de Gao contre résultats de l'élection du maire de la commune de Gao et de ses adjoints.
- Arrêt CSSA n° 5 du 03 février 1994 : société SINFRATO contre le Ministère de l'Economie et des fiances.
- Arrêt CSSA n° 6 du 03 février 1994 : Mamadou SANOGO et autres contre Gouverneur du District de Bamako.
- Arrêt CSSA n° 42 du 17 mars 1994 : Brahima BAGAYOKO contre Ministère de la fonction publique.
- Arrêt CSSA n° 112 du 17 octobre 1996 : Monsieur Drissa SANGARE contre Ministère des travaux publics.
- Arrêt CSSA n° 27 du 27 Mars 1997 : BDIA Faso-Jigui contre RAMAT.
- Arrêt CSSA n° 34 du 13 Mai 1999 : Mamadou Lamine SISSOKO, directeur de Campagne Liste B élection Chambre de commerce et d'industrie de Kayes, contre Drissa KONATE.
- Arrêt CSSA n° 19 du 18 Mai 2000 : Conseillers municipaux ADEMA contre Elections du 2 Mai 1999.
- Arrêt CSSA n° 69 du 13 mars 2001 : ADEMA- PASJ contre Arrêt n° 47 du 9 décembre 2000.

- Arrêt CSSA n°16 du 20 Avril 2000 : CENI contre Madiassa MAGUIRAGA.
- Arrêt CSSA : Sous-sections ADEMA, CNID, US-RDA, RDT, RDP et UFD de la commune de San contre le Parti UFDP de San.
- Section judiciaire
- Arrêt n° 186 CS-SJ du 24 octobre 2006.
- Arrêt n° 160 CS-SJ du 17 juillet 2007.
- Arrêt n° 294 CS-SJ du 17 déc. 2007.
- Arrêt n° 221 du 08 Octobre 2007 CSSJ 2e Chambre : Affaire Mohamedoun Hamed Mint contre Oumarou Fatoumata Mint Ibrahim.
- Arrêt n° 212 CS-SJ du 08 octobre 2007 : Affaire Yacouba TOLO contre Amadou GAYE.
- Arrêt n° 268 CS-SJ du 19 novembre 2007 : Affaire Garber Samassekou contre BIM-Sa.
- Arrêt n° 285 CS-CJ 2e Chambre du 19 novembre 2007 : Affaire Lahaou FOFANA contre Ibrahim SYLLA.
- Arrêt n° 149 CS-SJ du 22 août 2006, Réclamation d'objet transport aérien : Affaire Aguibou SANOGO contre CAMAIR.
- Arrêt n°193 CS-SJ du 26 septembre 2005 : Affaire Georges Francis contre Archevêché de Bamako.

Jurisprudence de la Cour d'Appel

- Arrêt n° 169 du 04 mars 2009 de la Cour d'Appel de Bamako : Affaire O. S. contre F.B., partage de succession.

Jurisprudence de tribunaux de première instance

TPI (communes III et V du district de Bamako)

- Jugement n° 309 du 27 décembre 2004 de la Chambre successorale du Tribunal de Première Instance de Commune III du District de Bamako.
- Jugement n° 173 TPI CIII : Atteinte à la liberté de travail, violence légère et jets d'immondices sur les personnes ; Ministère public et Chao PANUA contre Cheick Oumar SANGARE.
- Jugement n° 339 TPI CIII du 26 Juin 2007 : Affaire Ministère public contre Bassirou Kassim MINTA, Sambi TOURE, Seydina Oumar DIARRA, Hamèye CISSE et Alexis KALAMBRY pour offense au Chef de l'Etat.
- Jugement n° 19/JGT TPI CIII du 16 février 2006 : Affaire Madame Siriri Dohi Pauline, adoption-protection.

- Jugement n° 578 /JGT TPI CV du 25 septembre 2006 : Affaire Fatoumata DIAW contre la Direction Nationale de la Promotion de l'Enfant et de la Famille (adoption-protection).
- Jugement n° 84/JGT TPI CV du 13 avril 2006 : Affaire Ministère public et CAREF (Centre d'Appui à la Recherche et à la Formation) contre Boubacar SANGARE, Aziz Ould, Journal « 26 mars », pour diffamation et injures.
- jugement n° 132/JGT TPI CV du 17 mars 2009 : Affaire Ministère public, Transrail Sa et Eve PEIFFER contre Oumar Babi et Jean Pierre JAMES.
- Jugement n° 400 TPI CIII, du 20 juin 2006 : Affaire Ministère public et Lassana KOUYATE contre Brahima SIDIBE.
- Jugement n°733TPI CIII du 11 décembre 2007 : Affaire Ministère public, Awa DIALLO, Djelika DIALLO, Racky Aliou DIALLO contre Abdoulaye TOURE et Karamoko TOURE.
- Jugement n° 30 JGT TPI CIII du 16 janvier 2007 : Affaire Ministère public et Bintou TRAORE contre Daouda KONATE.

Tribunal de travail

- Jugement n° 190 /JGT du 10 novembre 2008 : Aminata DOUMBIA contre Mme Coulibaly Fatoumata DIARRA et Madou COULIBALY.
- Jugement n° 123 /JGT du 03 juillet 2000 : Sylla contre ATVR.
- Jugement n° 236 /JGT du 9 octobre 2008 : Mme Baby, M.Barka Ben Ahmed contre FINAUDIT SARL.
- Jugement 111 /JGT du 15 mai 2006 : Amadou FOFANA et 03 autres contre CETEO SARL.

INDEX ALPHABÉTIQUE

A

B

C

D

L

M

P

R

TABLE DES MATIÈRES

Le Mali
aux éditions L'Harmattan

Dernières parutions

ESCLAVAGE AU MALI
Des victimes témoignent
TEMEDT Justice - Paix - Développement
Dans le cadre du projet Lutte contre l'esclavage par ascendance au Mali, des récits, témoignages et anecdotes ont été collectés. Des entretiens (individuels ou groupés), des interviews de personnes ressources dans des communautés nomades et sédentaires, originaires de villages et de fractions des régions de Tombouctou, Gao, Mopti et Bamako ont permis de constituer ces 101 récits et témoignages.
(Coll. Harmattan Mali, 16.50 euros, 168 p.)
ISBN : 978-2-343-04506-1, ISBN EBOOK : 978-2-336-35697-6

FILLES (LES) À L'ÉCOLE AU MALI
Langage, représentations et interactions
Thole Marie Gaëlle - Préface de Nicole Mosconi ; postface de Michèle Verdelhan-Bourgade
Au Mali, l'un des pays les plus pauvres du monde, le système scolaire est préoccupant. Il en est de même de la situation des filles et des femmes dans la société. À partir d'entretiens et de vidéos de classe réalisés à N'Kourala, village rural, et Bamako, la capitale, cet ouvrage tente de décrire les représentations sociales des enseignants et des filles ainsi que les phénomènes langagiers et interactionnels qui se produisent dans la classe afin de déterminer si le fonctionnement reflète celui de la société.
(Coll. Savoir et formation, 27.50 euros, 270 p.)
ISBN : 978-2-343-00713-7, ISBN EBOOK : 978-2-296-53668-5

GOUVERNANCE PARTICIPATIVE ET PRATIQUES DÉMOCRATIQUES AU MALI
Sous la direction de Keita Modibo, Dakouo Ambroise ; Préface d'Ousmane Sy
Au moment où le Mali vit une crise profonde et multiforme qui risque de remettre en cause ses acquis démocratiques, la publication de cet ouvrage sur la gouvernance sonne comme un appel à une prise de conscience. Les auteurs se proposent d'accompagner les acteurs publics que sont les décideurs des collectivités territoriales, dans l'accomplissement de leurs missions pour la délivrance d'un service public de qualité aux populations dans un contexte de crise.
(Coédition La Sahelienne 17.50 euros, 176 p.)
ISBN : 978-2-343-00675-8, ISBN EBOOK : 978-2-296-53517-6

AZALAI
Retour au désert
Bugaud Thierry
«Azalai» (45'). Au nord du Mali, à la lisière du grand Sahara, vit un peuple nomade. Ils sont des gardiens de l'islam. Un ancien voit partir ses enfants pour la grande caravane... l'Azalaï. Par cette aventure, il raconte comment vivent les Kountas depuis la venue de leur prophète... «Retour au désert» (52'). Après plusieurs reportages en Afrique, Thierry Bugaud s'apprête à tourner «Azalaï». Une aventure humaine étonnante, que nous partagerons avec eux dans ce film.
(20.00 euros)
ISBN : 978-2-336-00786-1

ÉMANCIPATION DE LA FEMME MALIENNE
La famille, les normes, l'État
Tounkara Dianguina - Préface de Florence Bellivier
Un demi-siècle après l'indépendance du Mali, le législateur est toujours à la recherche d'un Code de la famille. Cette question a pour toile de fond l'émancipation de la femme malienne. En effet, subordonner les lois aux règles coutumières ou religieuses empêcherait toute émancipation des femmes, condamnées à vivre sous leur tutelle. L'auteur s'est penché sur l'articulation de la famille, de l'État et des normes : quelle est la bonne combinaison en vue de l'émancipation de la femme malienne ?
(Coll. Études africaines, 47.00 euros, 486 p.)
ISBN : 978-2-336-00522-5, ISBN EBOOK : 978-2-296-51269-6

FAIRE FACE À LA RÉALITÉ
Diallo Bassirou
Ce livre retrace le vécu d'un jeune médecin et de son équipe dans la prise en charge des personnes vivant avec le VIH dans une région du Mali située à 675 km de Bamako. Chaque histoire présentée dans ce livre soulève des réflexions, des questionnements sur le système de soins malien et au-delà sur la société malienne.
(Coll. La Sahélienne, 10.50 euros, 72 p.)
ISBN : 978-99952-54-76-6, ISBN EBOOK : 978-2-296-51549-9

PORTRAIT D'UN VILLAGE MALIEN AU BORD DU GOUDRON
Un seul pied ne trace pas le sentier
Haslé Maurice
Accueil villageois, mariage, circoncision, marchandage, polygamie, confréries initiatiques, kola, thé, parole et palabre, cousinage à plaisanterie, voici quelques thèmes abordés par l'auteur, tirés de son vécu dans un village malien ou de ses enquêtes sur le terrain. Autant de fragments de réalité qui proposent de découvrir l'autre, l'image d'une communauté rurale traditionnelle d'aujourd'hui au Mali, restée intacte malgré son désenclavement -»au bord du goudron».
(Coll. Écrire l'Afrique, 22.50 euros, 288 p.)
ISBN : 978-2-336-00573-7, ISBN EBOOK : 978-2-296-51083-8

HISTOIRES POLITIQUES DU SYNDICALISME MALIEN
DE SES ORIGINES À NOS JOURS
Sidibé Hamed
L'auteur donne sa vision sur les origines lointaines du syndicalisme en Afrique occidentale française et au Mali. Il permettra aux futurs syndicalistes d'avoir une orientation plus conforme au contexte du pluralisme politique, du libéralisme, de la mondialisation, et de l'obligation de renforcement de la démocratie interne, condition *sine qua non* du syndicalisme libre.
(Coédition Tropique Editions, 29.00 euros, 276 p.)
ISBN : 978-2-296-99300-6, ISBN EBOOK : 978-2-296-50545-2

PALUDISME, CULTURES ET COMMUNAUTÉS
Le cri du hibou
Diarra Tiéman - Préface d'Antoine Kaboré
Ce livre montre l'importance de la prévention et de la prévision dans la vie des communautés. La connaissance des cultures peut permettre de mieux mener la lutte contre le paludisme avec les communautés. Plaidoyer pour la santé par tous, ce livre met l'accent sur la nécessité du financement de la lutte contre le paludisme, contre la maladie.
(Coll. Etudes africaines, 37.50 euros, 368 p.)
ISBN : 978-2-296-96304-7, ISBN EBOOK : 978-2-296-50659-6

SANTÉ, MALADIE ET RECOURS AUX SOINS À BAMAKO (MALI)
Les six esclaves du corps
Diarra Tiéman - Préface d'Abdoulaye Ag Rally
Ce livre porte sur la santé, la maladie, le corps, les six esclaves du corps (que sont les deux yeux, les deux bras, les deux pieds), d'autres parties du corps, de leur état, de leurs positions dans l'espace.

Les recours aux soins sont analysés pour comprendre les motivations qui en sont la base, dans trois quartiers de Bamako. L'auteur présente les paroles de malades ou de leurs parents, de thérapeutes aussi bien de la médecine moderne que traditionnelle.
(Coll. Etudes africaines, 38.00 euros, 380 p.)
ISBN : 978-2-296-96305-4, ISBN EBOOK : 978-2-296-50656-5

TOMBOUCTOU, SON SAVOIR-ÊTRE MULTIPLE
Première capitale de la culture islamique d'Afrique
Magassa Hamidou - (dir)
Venant des cinq continents, d'éminents intellectuels présentent la ville de Tombouctou, en français, en anglais et en arabe. Est retracée l'épopée contemporaine de la Cité Mystérieuse qui ne finit pas de faire couler beaucoup d'encre et de jeter des ancres sur les bords du Niger en plein désert du Sahara.
(Coédition Editions Yeredon, Coll. Etudes Eurafricaines, 27.00 euros, 264 p.)
ISBN : 978-2-296-96612-3, ISBN EBOOK : 978-2-296-50317-5

SÉCURITÉ ALIMENTAIRE ET ORGANISATIONS AGRICOLES ET RURALES AU MALI
Keïta Abdoulaye
L'ouvrage développe les relations complexes entre sécurité alimentaire et organisations agricoles et rurales, et met en lumière la place et le rôle qu'elles peuvent jouer dans le contexte d'une insécurité alimentaire chronique comme c'est le cas dans les Pays du Sahel.
(Coll. Etudes africaines, 15.50 euros, 158 p.)
ISBN : 978-2-296-96259-0

CONVENTION
Mur noir/Trous blancs
Lachaise Joris
Comment un film qui prend comme point de départ la postcolonisation en Afrique rejoint la question plus générale de la colonisation des esprits et des corps par toutes les formes de «conventions» ? Comment la célébration du cinquantenaire de l'indépendance au Mali, en 2010, devient matière à interroger la fonction du rhapsode, de celui qui raconte et par conséquent crée ? *Convention* est un film libre, digressif, inventif, qui incite à penser l'histoire sans didactisme et interroge les conditions et conséquences de l'acquisition de la liberté.
(20.00 euros)
ISBN : 9782-296-56747-4

NYOLA N'GOLO DIARRA FONDATEUR DU ROYAUME DYNASTIQUE DE SÉGOU-SIKORO
Diarra Bakary
La richesse du patrimoine du vaste empire de Ségou (1712-1864) et du Kaarta est très souvent contée sous forme de sagas, d'épopées, de légendes, flirtant souvent avec la frontière des contes de fées. Cependant cette histoire résiste bien à la critique et devrait retrouver ses lettres de noblesse dans la dynamique d'une restitution fondée sur le réel et le vrai, dans laquelle ce livre voudrait s'inscrire.
(Coll. Harmattan Mali, 17.50 euros, 166 p.)
ISBN : 978-2-296-99382-2

L'HARMATTAN ITALIA
Via Degli Artisti 15; 10124 Torino

L'HARMATTAN HONGRIE
Könyvesbolt ; Kossuth L. u. 14-16
1053 Budapest

L'HARMATTAN KINSHASA
185, avenue Nyangwe
Commune de Lingwala
Kinshasa, R.D. Congo
(00243) 998697603 ou (00243) 999229662

L'HARMATTAN CONGO
67, av. E. P. Lumumba
Bât. – Congo Pharmacie (Bib. Nat.)
BP2874 Brazzaville
harmattan.congo@yahoo.fr

L'HARMATTAN GUINÉE
Almamya Rue KA 028, en face
du restaurant Le Cèdre
OKB agency BP 3470 Conakry
(00224) 657 20 85 08 / 664 28 91 96
harmattanguinee@yahoo.fr

L'HARMATTAN MALI
Rue 73, Porte 536, Niamakoro,
Cité Unicef, Bamako
Tél. 00 (223) 20205724 / +(223) 76378082
poudiougopaul@yahoo.fr
pp.harmattan@gmail.com

L'HARMATTAN CAMEROUN
BP 11486
Face à la SNI, immeuble Don Bosco
Yaoundé
(00237) 99 76 61 66
harmattancam@yahoo.fr

L'HARMATTAN CÔTE D'IVOIRE
Résidence Karl / cité des arts
Abidjan-Cocody 03 BP 1588 Abidjan 03
(00225) 05 77 87 31
etien_nda@yahoo.fr

L'HARMATTAN BURKINA
Penou Achille Some
Ouagadougou
(+226) 70 26 88 27

L'HARMATTAN SÉNÉGAL
10 VDN en face Mermoz, après le pont de Fann
BP 45034 Dakar Fann
33 825 98 58 / 33 860 9858
senharmattan@gmail.com / senlibraire@gmail.com
www.harmattansenegal.com

L'HARMATTAN BÉNIN
ISOR-BENIN
01 BP 359 COTONOU-RP
Quartier Gbèdjromèdé,
Rue Agbélenco, Lot 1247 I
Tél : 00 229 21 32 53 79
christian_dablaka123@yahoo.fr

Achevé d'imprimer par Corlet Numérique - 14110 Condé-sur-Noireau
N° d'Imprimeur : 115698 - Dépôt légal : février 2015 - *Imprimé en France*

www.ingramcontent.com/pod-product-compliance
Lightning Source LLC
LaVergne TN
LVHW011436061026
849535LV00004BA/832
* 9 7 8 2 3 4 3 0 5 5 8 0 0 *